读懂投资 先知未来

大咖智慧
THE GREAT WISDOM IN TRADING

成长陪跑
THE PERMANENT SUPPORTS FROM US

复合增长
COMPOUND GROWTH IN WEALTH

一站式视频学习训练平台

舵手证券图书
www.duoshou108.com

精准择时

波浪理论实战策略

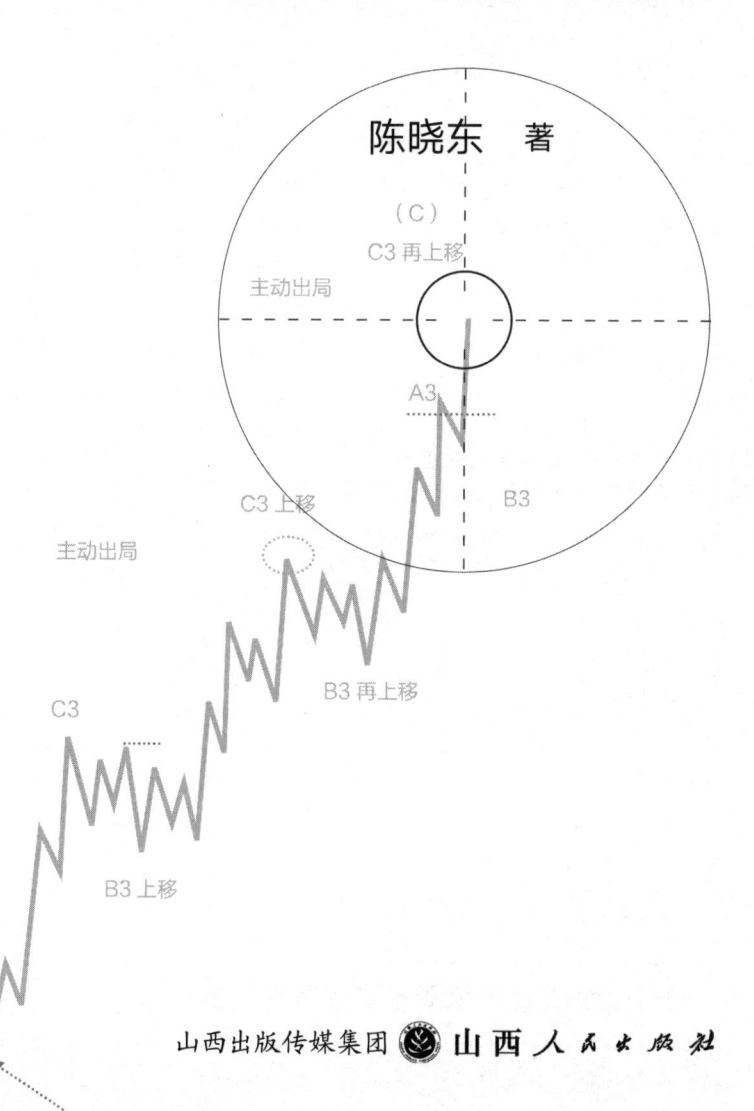

陈晓东 著

山西出版传媒集团　山西人民出版社

图书在版编目（CIP）数据

精准择时：波浪理论实战策略/陈晓东著. —太原：山西人民出版社，2023.6
ISBN 978-7-203-12813-7

Ⅰ.①精… Ⅱ.①陈… Ⅲ.①证券投资—投资分析
Ⅳ.① F830.91

中国国家版本馆 CIP 数据核字 (2023) 第 071812 号

精准择时：波浪理论实战策略

著　　者：	陈晓东
责任编辑：	徐　琼
复　　审：	魏美荣
终　　审：	梁晋华
装帧设计：	卜翠红

出 版 者：	山西出版传媒集团·山西人民出版社
地　　址：	太原市建设南路 21 号
邮　　编：	030012
发行营销：	0351-4922220　4955996　4956039　4922127（传真）
天猫官网：	https://sxrmcbs.tmall.com　电话：0351-4922159
E - mail：	sxskcb@163.com　发行部
	sxskcb@126.com　总编室
网　　址：	www.sxskcb.com

经 销 者：	山西出版传媒集团·山西人民出版社
承 印 厂：	廊坊市祥丰印刷有限公司
开　　本：	710mm×1000mm　1/16
印　　张：	22.5
字　　数：	302 千字
版　　次：	2023 年 6 月　第 1 版
印　　次：	2023 年 6 月　第 1 次印刷
书　　号：	ISBN 978-7-203-12813-7
定　　价：	98.00 元

如有印装质量问题请与本社联系调换

前言　价值投资也需精准择时

浪形内部结构分析的作用，是通过周期、结构特性找到调整浪逆势点、上涨浪顺势点进行交易。更稳妥的是通过两个或多个周期、结构配合，找到关键买点，此点不但是本周期调整浪逆势点（或上涨浪顺势点），也是更大的一个甚至两个、三个周期的逆势点（或上涨浪顺势点）。

如，贵州茅台周线推动浪第1浪具备条件之时，是之前年线第{4}调整结束并设止损于1浪低点以下（详见图1）。{a}、{b}、{c}三浪具备第2浪结构条件即是关键买点，并设止损于1浪低点以下（见图1右下日线部分），目标为月线第（1）浪或年线第{5}浪上涨具备结束条件之时主动出局。C4上破A4高点并上破第1浪高点，是第2浪演变成"双节棍"调整上倾结构的信号。

（附表：浪形级别说明）

周期	五浪					三浪		
...	...	...	...	...	...	...	...	...
年线	{1}	{2}	{3}	{4}	{5}	{A}	{B}	{C}
月线	(1)	(2)	(3)	(4)	(5)	(A)	(B)	(C)
周线	1	2	3	4	5	A	B	C
日线	{i}	{ii}	{iii}	{iv}	{v}	{a}	{b}	{c}
30分线	(i)	(ii)	(iii)	(iv)	(v)	(a)	(b)	(c)
5分线	i	ii	iii	iv	v	a	b	c
备注：加下画线的与不加下画线的同级别，60分线与30分线同级别								

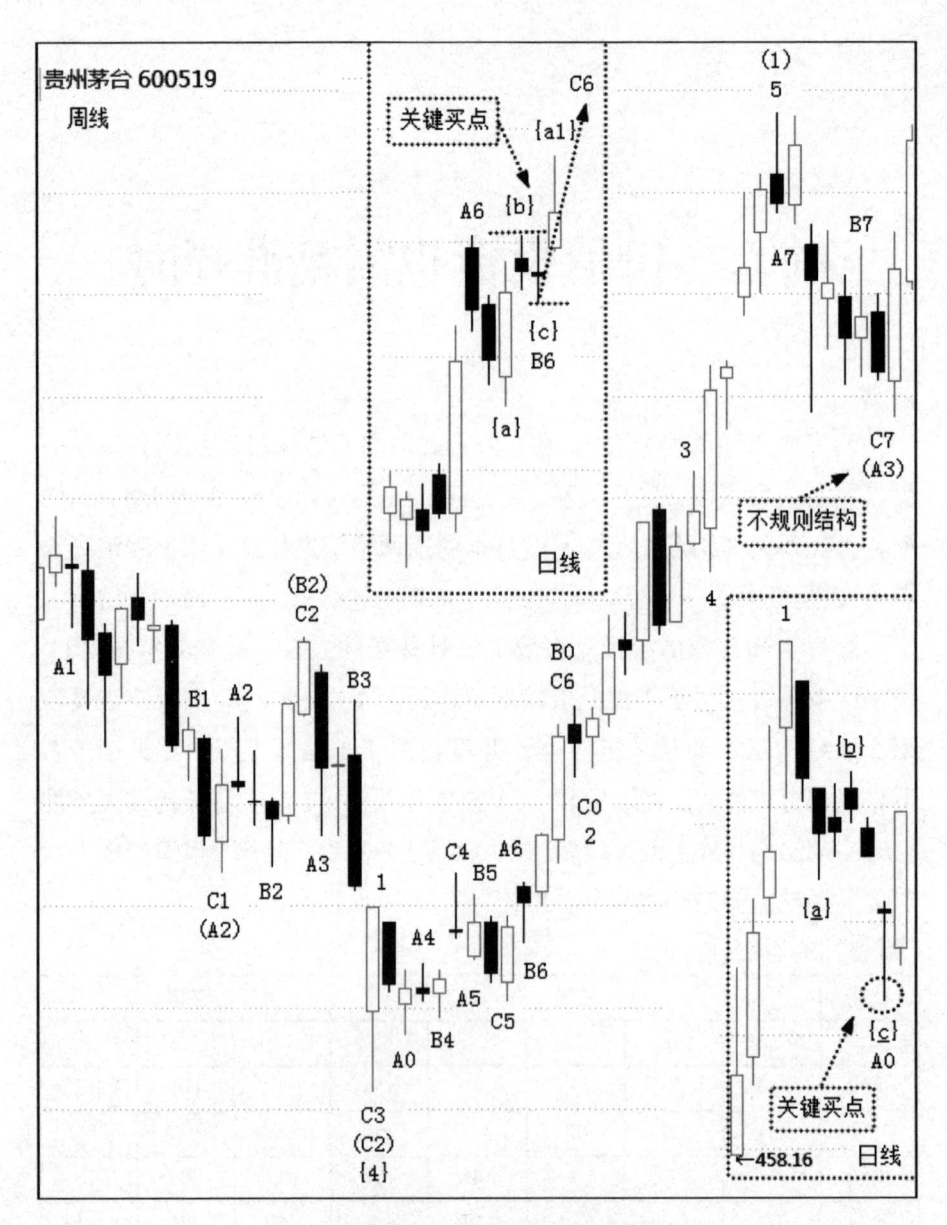

图1 贵州茅台年线推动浪上涨关键买点

2019年1月9日，{a1}上破A6高点是第2浪持续上倾的关键买点，并设止损于B6低点以下（见图1上方日线）。

月线（B3）上破（1）浪高点，是第（2）浪演变成上倾结构，并预期第（3）浪强劲上涨的信号（见图2）。(B3)内周线A8、B8、C8三浪变为"双节棍"结构，(C3)内周线A9、B9、C9三浪为"双节棍"结构。根据"双节棍"结构特性，逆势抓周线C9之底，不但是逆势抓（C3）之底的时机，还是逆势抓第（2）浪之底的时机。C9内{a}、{b}、{c}形态分析是日线"剪刀"式一次分解，内部结构分析具备二次分解条件，C9下破C5低点，具备月线（C3）结构条件，是同时逆势抓周线、月线、年线三浪调整上倾之底的关键买点，并设止损在C9低点以下，目标为推动浪第（3）浪或第（5）浪上涨具备结构条件之时主动出局。

2020年3月31日，{b}上破1浪高点是第2浪演变成上倾结构的关键买点，并设止损在{a}或{c}低点以下（见图2内日线部分）。

第1浪上破B10高点是月线（4）浪结束信号（见图3）。2020年12月2日{a5}上破{b}高点是B01结束信号和关键买点，并设止损在B01低点以下，目标为第（5）上涨具备结构条件主动出局。

2021年11月19日，上破B1高点（见图4内左下日线部分）是月线（B9）调整结束信号，也是自C1低点起预期（C9）上涨的顺势点，并设止损在C1低点以下，目标为（C9）上涨具备结构条件之时主动出局。

年线{A}下破第（5）低点，是自高点开始预期年线{A}、{B}、{C}三浪调整的信号。

后市变化和预测：

1. 目前月线(A9)、(B9)、(C9)三浪反弹只是具备年线{B}结构的条件，在没有出现{B}反弹结束信号之前，还存在继续演变而使{B}结束点上移可能性。只有出现本年线反弹结束信号，才可确定本级反弹的结束点。年线{B}反弹结束点也是反向预期{C}调整的起点。

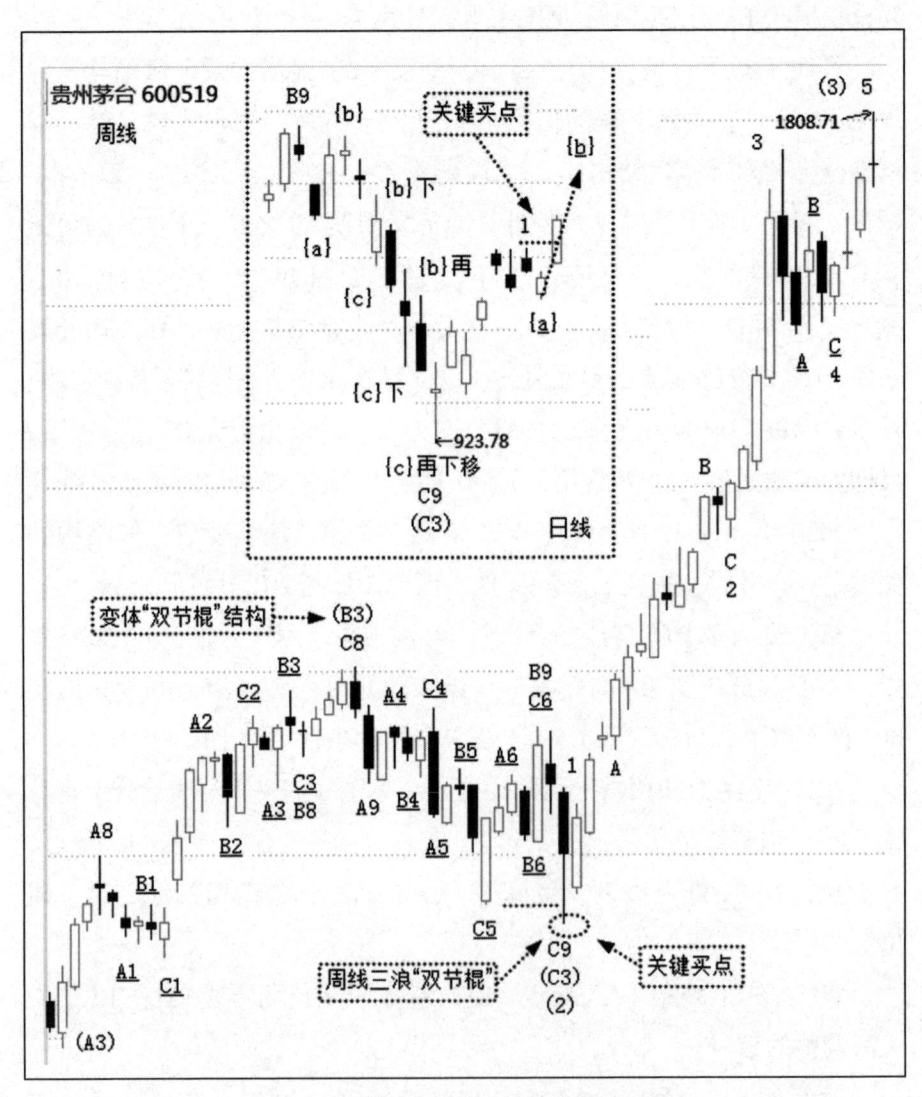

图2 贵州茅台年线推动浪上涨关键买点

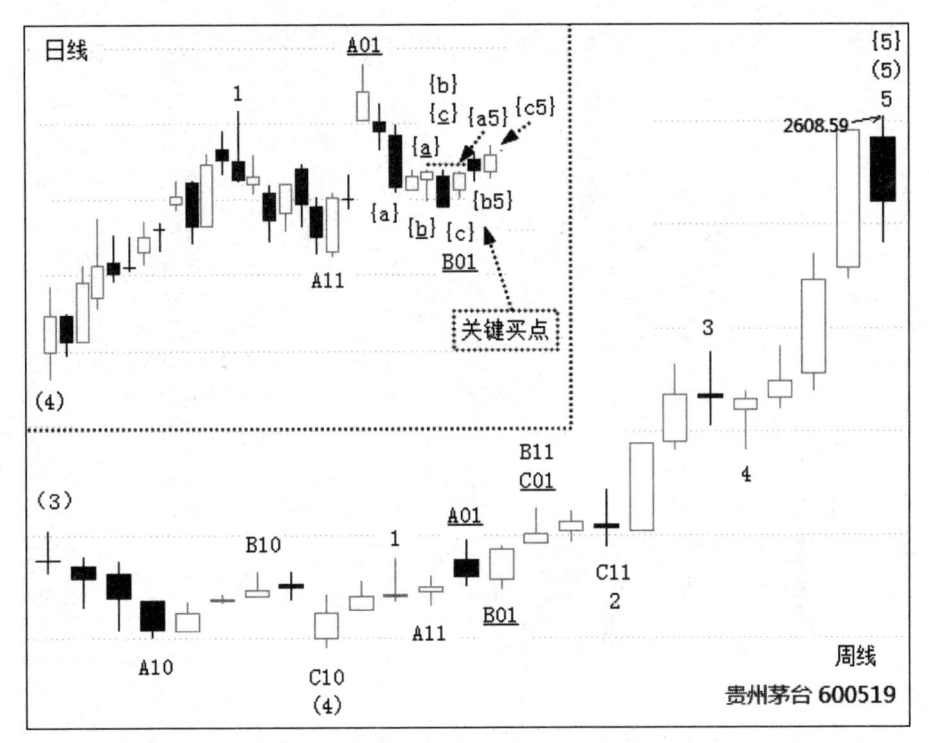

图3 贵州茅台年线推动浪上涨关键买点

2. 年线 {C} 调整理论目标要下破 {A} 低点，在这种预期下，在 {B} 反弹具备结束条件之时主动出局，然后耐心等待 {C} 下破 {A} 低点，根据其内月线 (A10)、(B10)、(C10) 三浪结构和（C10）内周线三浪结构逆势抓周线、月线之底，然后观察后市预期的月线上涨对年线 {C} 调整趋势的影响，来考虑抓底的目标。当然也不排除年线 {A}、{B}、{C} 三浪调整演变成三角形结构的可能性。要注意的是，在没有出现三角形结构最初信号之前，不要这样臆想（按正常调整去预测）。每一个结构都有最初信号、成功信号，有了预期三角形最初信号才可去预测，并要关注其变化和成功信号。

重点关注：

（1）年线 {C} 中月线（C10）内周线三浪结构和周线 C 内日线三浪

5

图 4　贵州茅台年线反弹顺势点

结构。

（2）月线（C10）、年线 {C} 调整结束信号。

波浪理论内部结构分析原理：通过每一浪（如周线）下跌区间内的次一级（如日线）三浪结构，预测其具备结构条件的点，并等待通常的二次分解逆势抓其底，或在其出现结束信号后，预期周线上涨。在次一级三浪上涨形成过程中，通过结构特性找到关键买点，顺预期大一个周期上涨之势交易。根据次一级三浪上涨结构、特性，在其具备结构条件或一次分解、二次分解具备结构条件之时主动出局。

《精准择时》是在《精准数浪》展示各种结构基础上，根据周期、结构、形态对走势进行分段，找到每浪起点、终点，着重找到每个周期、每个结构的调整逆势点、转势点、上涨浪顺势点等关键买点，再结合政策、基本面、成交量等选板块、个股。

学习波浪理论内部结构分析目的：

知道所处位置及是否适合交易；

知道等什么样的机会；

提前核算风险回报比。

实际交易有此足矣！

波浪理论内部结构分析创始人陈晓东在此抛砖引玉，期待在读者群与您进行更深入的交流。

本部分配套讲解视频：

0-1　精准择时简介

0-2　价值投资也需精准择时

0-3　浪形结构是优势地利

0-4　三个调整结构的由来

0-5　艾略特波浪理论

0-6　三个复杂调整结构

0-7　三角形、调整上倾形态

0-8　三个复杂反弹结构

微信扫码观看

特色术语

艾略特波浪理论经典八浪循环（见图5），周线推动浪1、2、3、4、5上涨，A、B、C三浪调整。

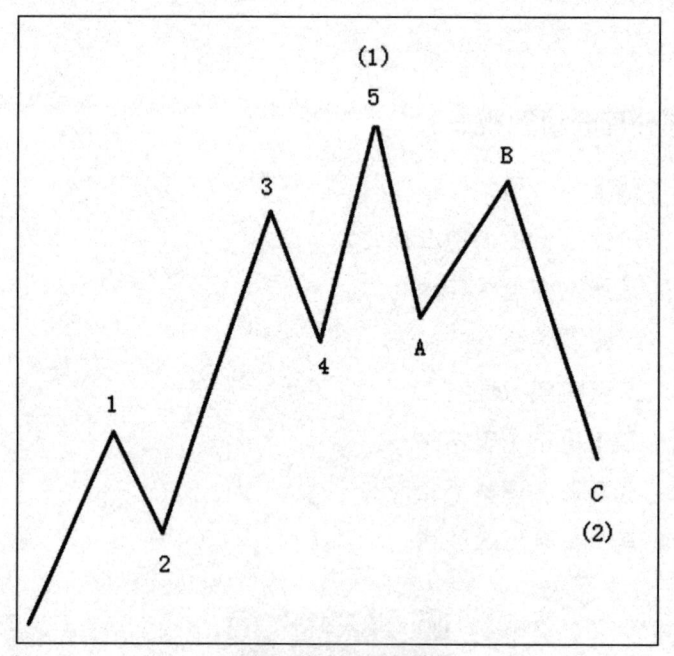

图5 经典八浪循环

往上，1、2、3、4、5上涨构成大一级的月线第（1）浪，A、B、C三浪构成大一级第（2）浪调整（见图1-3），月线（1）、（2）、（3）、（4）、（5）构成年线第{1}浪。

往下，每一个周线1、3、5推动浪都是由次一级日线{i}、{ii}、{iii}、{iv}、{v}推动浪五浪组成；每一个周线2、4浪和A、B、C浪都是由次一级日线{a}、{b}、{c}三浪组成。

艾略特波浪理论中 3-3-5 是本体三浪结构中的次一级结构（见图6），日线 {a}、{b}、{c} 三浪可由次一级 60 分线或 30 分线 3-3-5 结构组成。60 分线（a）、(b)、(c) 三浪构成日线 {a} 浪调整，60 分线（a2）、(b2)、(c2) 三浪构成日线 {b} 浪反弹，60 分线（i）、(ii)、(iii)、(iv)、(v) 五浪构成日线 {c} 浪调整，再构成更高一级周线 C 浪。

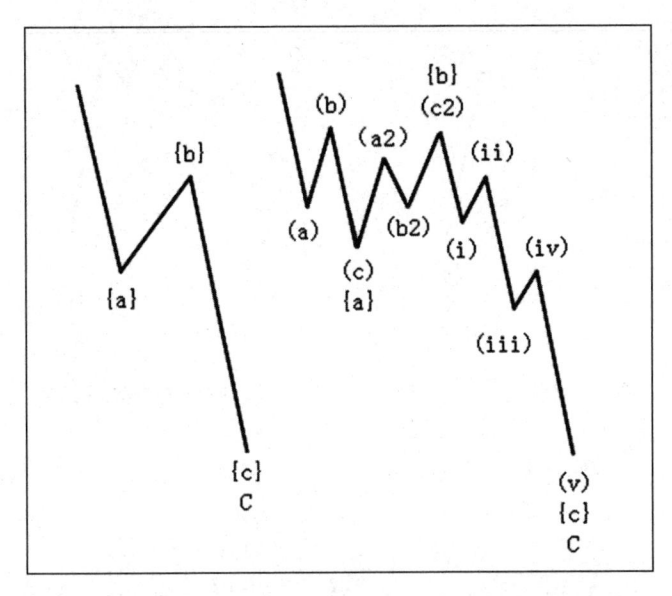

图 6　日线 {a}、{b}、{c} 三浪与次一级 60 分线 3-3-5 结构

艾略特波浪理论中 5-3-5 锯齿结构也是本体三浪结构中的次一级结构（见图 7），60 分线（i）、(ii)、(iii)、(iv)、(v) 五浪构成日线 {a} 浪调整，60 分线（a2）、(b2)、(c2) 三浪构成日线 {b} 浪反弹，60 分线（i）、(ii)、(iii)、(iv)、(v) 五浪构成日线 {c} 浪调整，再构成更高一级周线 C 浪。

常见的次一级也是普通的三浪结构（见图 8），日线 {a}、{b}、{c} 三浪与次一级 60 分线 3-3-3 结构。60 分线（a）、(b)、(c) 三浪构成日线 {a} 浪调整，60 分线（a2）、(b2)、(c2) 三浪构成日线 {b} 浪反弹，60 分线（a3）、(b3)、(c3) 三浪构成日线 {c} 浪调整，再构成更高一级

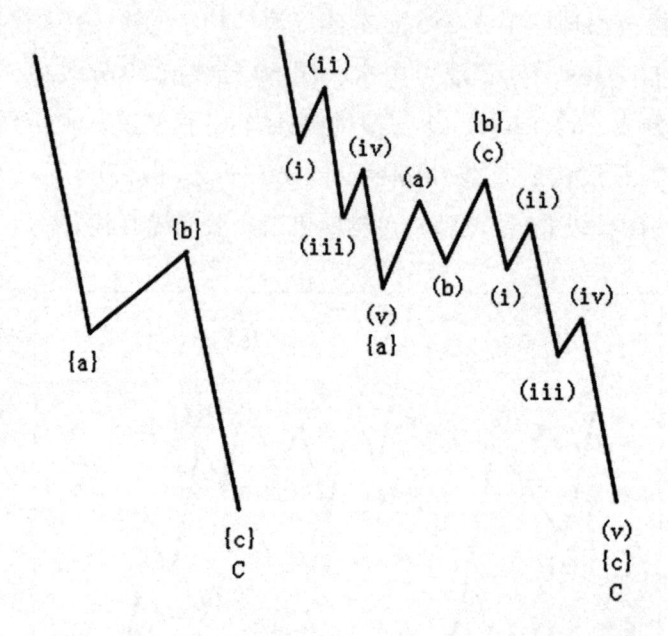

图 7　日线 {a}、{b}、{c} 三浪与次一级 60 分线 5-3-5 结构

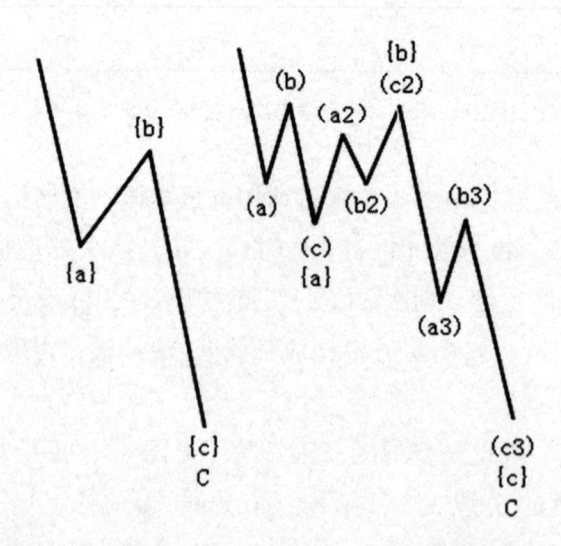

图 8　日线 {a}、{b}、{c} 三浪与次一级 60 分线 3-3-3 结构

周线 C 浪。

波浪理论内部结构分析是在艾略特基础上，通过每一个级别的（b）、{b}、B 浪分解或三浪同时分解，正确区分级别、结构，结合形态分析找到调整浪（或反弹浪）的起始点及关键点。

"剪刀"式、"镰刀"式、"双节棍"式调整是 {a}、{b}、{c} 三浪中 {b} 浪分解的结果，与普通的三浪同级别。大到月线、年线，小到 5 分线、1 分线，都会出现这些结构模式，且有多种不同的形态。

1. "剪刀"式调整是顺着普通三浪持续下跌，{b} 浪一次分解或二次分解的结果。图 9 的第一个结构是普通三浪调整，第二个结构是普通三浪调整一次分解的结果，称"剪刀"式一次分解，{b} 浪分解成 {a}、{b}、{c} 三浪反弹下倾结构。第三个结构是普通三浪调整二次分解的结果，称"剪刀"式二次分解，{b} 浪分解成 {a}、{b}、{c} 三浪反弹下倾，{b} 浪再次分解成 {a0}、{b0}、{c0} 三浪调整。第四个结构标注成"{b}下移""{c}下移"和"{b}再下移""{c}再下移"，是结构运行中的动词，实际走势运行中的称呼。

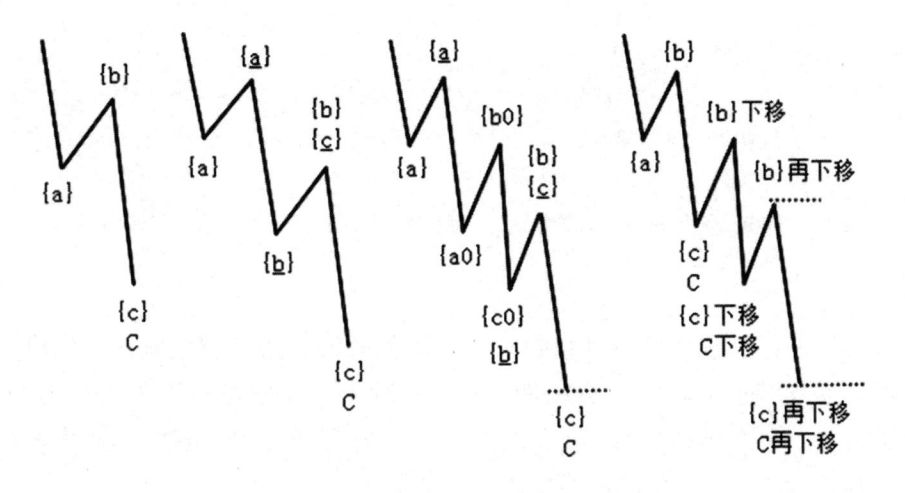

图 9 普通三浪调整与"剪刀"式调整

2. "镰刀"式调整是在预期的三浪调整多空争夺过程中空头明显占优的一种结构模式（见图10），{b}浪分解成{a}、{b}、{c}三浪反弹下倾结构，其中{b}浪再次分解成{a0}、{b0}、{c0}三浪调整，是{b}浪二次分解的结果。

3. "双节棍"式调整是预期的三浪调整多空争夺难解难分（见图11），{b}浪一次分解成{a}、{b}、{c}三浪反弹下倾结构，后三浪同时再分解的结果，最终以空头占优结束调整。

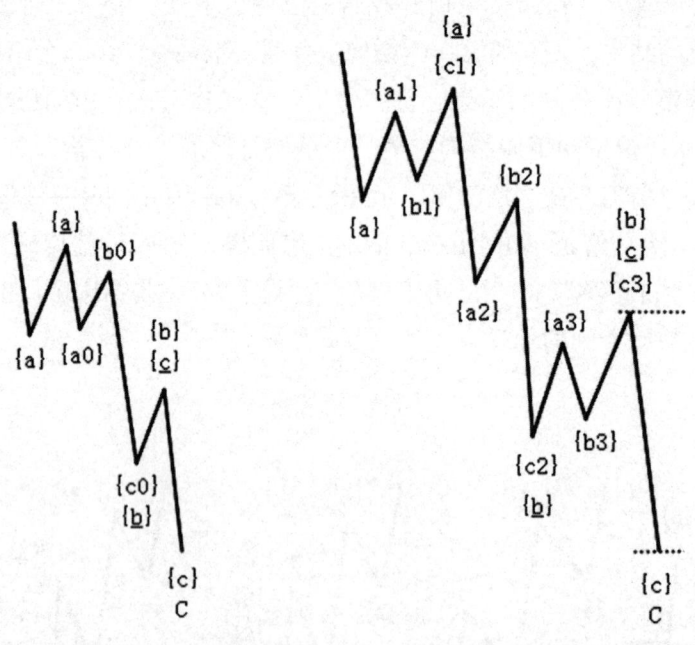

图10 日线三浪"镰刀"式调整　　图11 日线三浪"双节棍"式调整

4. 调整上倾结构出现在各级三浪反弹中的B浪调整位置，通俗讲调整本身应是下跌的，实际是上涨的，预示后市C浪反弹强劲有力。如图12，B浪调整是由{a2}、{b2}、{c2}三浪上倾结构构成，{b2}反弹上破了{a2}高点，且可继续分解。

5. 反弹下倾结构出现在各级三浪调整中的B浪反弹位，通俗讲反弹本身应是上涨的，实际是下跌的，预示后市C浪调整重挫。如图13，

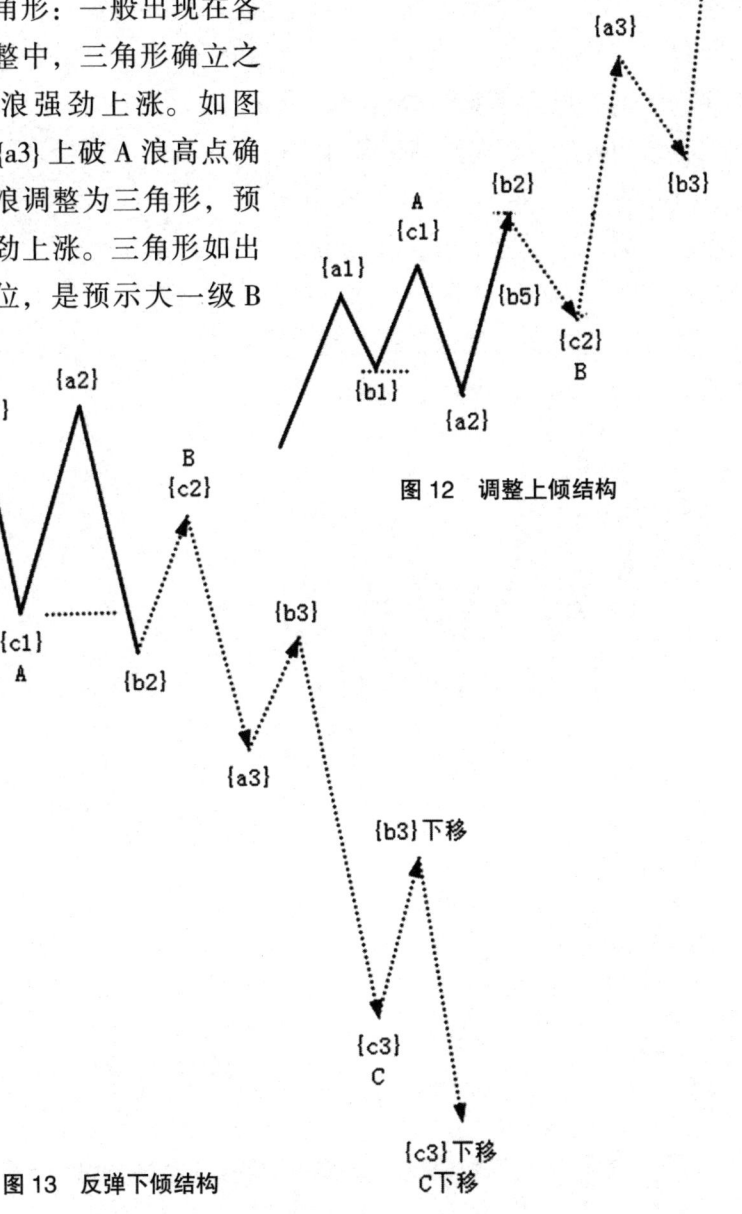

B浪反弹是由{a2}、{b2}、{c2}三浪反弹下倾结构组成，{b2}调整下破了{a2}低点，且可继续分解。

6. 三角形：一般出现在各级B浪调整中，三角形确立之时预示C浪强劲上涨。如图14，日线{a3}上破A浪高点确定周线B浪调整为三角形，预示C浪强劲上涨。三角形如出现在{a2}位，是预示大一级B

图12 调整上倾结构

图13 反弹下倾结构

浪调整未来可能演变成三角形或上倾等强势调整结构信号。如出现在 {c2} 位，则更预示 C 浪更加强劲有力。

7. 多空分解点：多出现在"双节棍"调整结构具备结束条件之时、调整上倾结构信号出现之前反弹再次具备反弹结束条件之时、反弹下倾结构信号出现之前调整结构再次具备调整结束条件之时。如图 15 周线 A、B、C 三浪"双节棍"调整中，A2 浪低点是周线三浪调整具备结构结束条件的点，是月线多空分界点。即在此点以上看多，预期运行月线反弹；下破此点看空，是月线调整持续信号。C

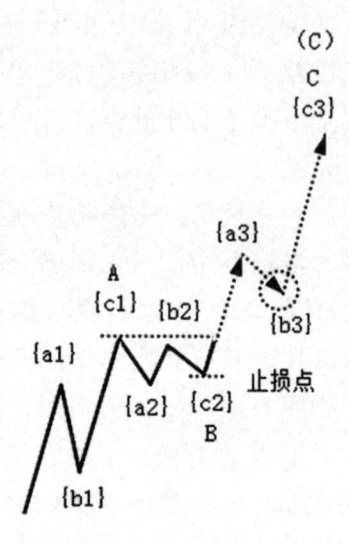

图 14 三角形结构

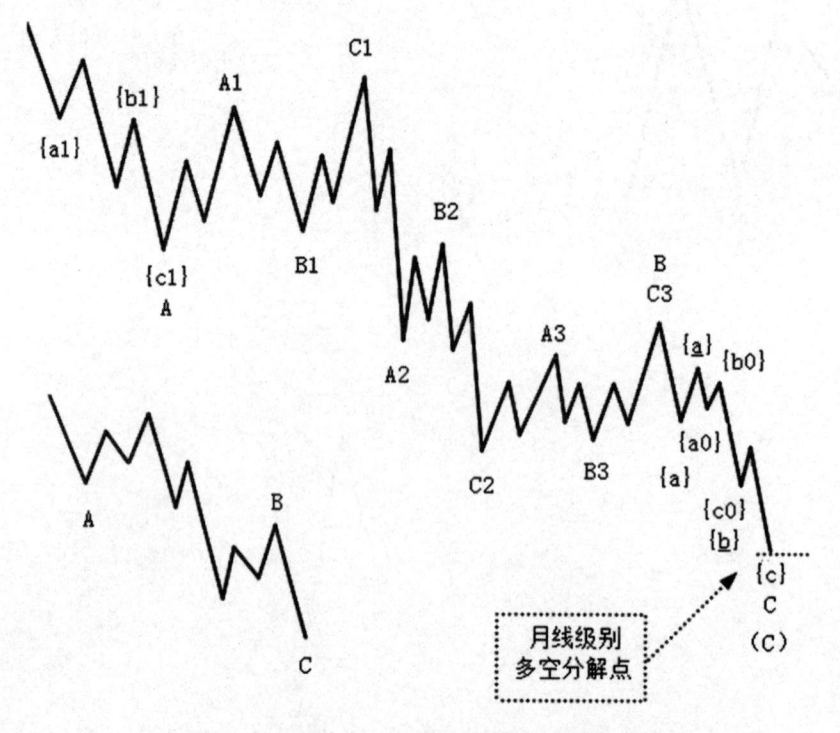

图 15 周线三浪"双节棍"结构月线多空分界点

浪低点也是月线多空分界点。

如图 13 的周线反弹下倾结构，{b2} 下破 A 浪低点发出周线反弹下倾信号。此时 {b2} 低点本身就具备自 {a1} 高点开始的三浪调整不规则底结构结束条件（见图 16），{b1} 改 {a} 浪，{c1} 改 {b} 浪，{a2} 改 {c} 浪且 {b1} 上移至此，{b2} 具备"{c1} 下移"条件，也就具备"A 下移"结构条件，后市面临周线级别反弹。即 {b2} 是周线多空分界点。在此点以上可运行周线 B 浪反弹见虚线，A 浪则是一个不规则底结构的"双节棍"雏形模式。如未运行三浪反弹前直接下破 {b2} 低点，是周线反弹下倾持续信号。{b2} 也可分解。

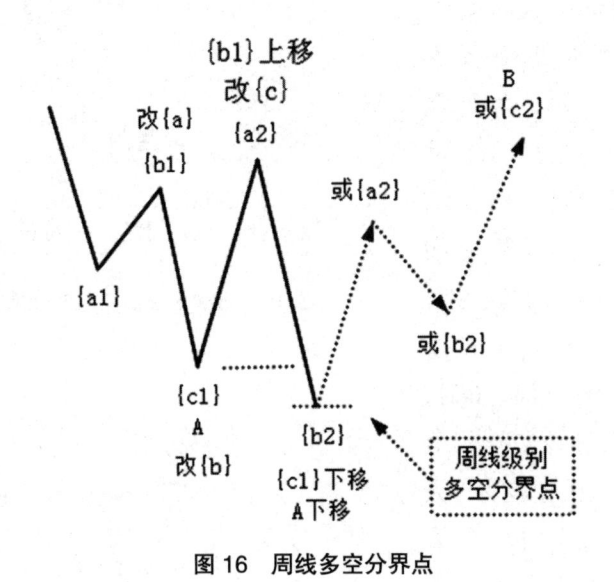

图 16 周线多空分界点

8.浪中浪结构：一个调整（或复杂调整）结构中包含另一个调整（或复杂调整）结构，有时还包含复杂的反弹结构，不改变这个调整结构的级别。看似复杂，其实两结构之间的连接清晰可见。如图 17 是 {a}、{b}、{c} 三浪"双节棍"式调整结构，其中的 {a2}、{b2}、{c2} 三浪调整本身又是"镰刀"式调整结构，这就是常说的浪中浪结构之一，即"双节棍"式调整中包含"镰刀"式调整。{a2}、{b2}、{c2} 三浪"镰刀"式调整不能说是日线三浪，更不能说是高一级周线一浪。要说是日线 {a}、{b}、{c} 三浪"双节棍"式调整结构中的调整三浪。

9. 组合结构：复杂调整结构是 {a}、{b}、{c} 三浪中的 {b} 单独分解或多次分解。如 {a}、{b}、{c} 三浪同时分解即为组合结构。但有时所处位置不同，意义不一样。如处在 {i}、{ii}、{iii}、{iv}、{v} 推动浪上涨后，属于组合结构（见图18），是蓄势的一种方式，不改变其级别，即组合 {a}、{b}、{c} 三浪和 {a}、{b}、{c} 三浪，{a2}、{b2}、{c2} 三浪等是同一个级别。同样的一段K线，如处在 {a}、{b}、{c} 三浪反弹（即A浪）后（见图19），属于预期周线三浪上涨中的B浪蓄势结构，见A1、B1、C1三浪，与A浪一起具备"双节棍"式结构条件。如处在大一个级别的A、B、C三浪反弹后（见图20），即不是组合结构，也不是蓄势结构，是普通的高一个级别的 A、B、C 三浪调整。

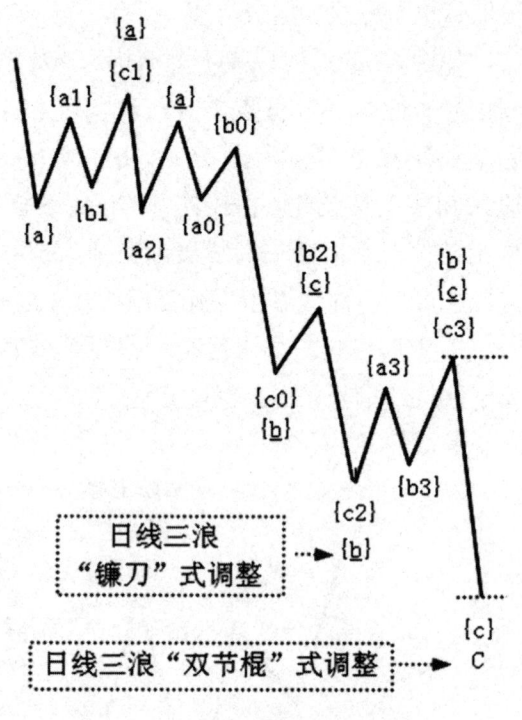

图17 日线三浪浪中浪调整结构

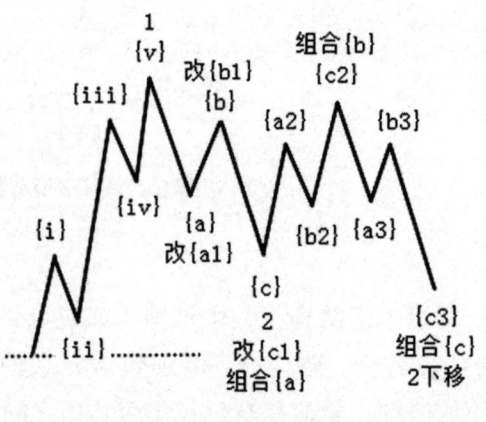

图18 组合结构

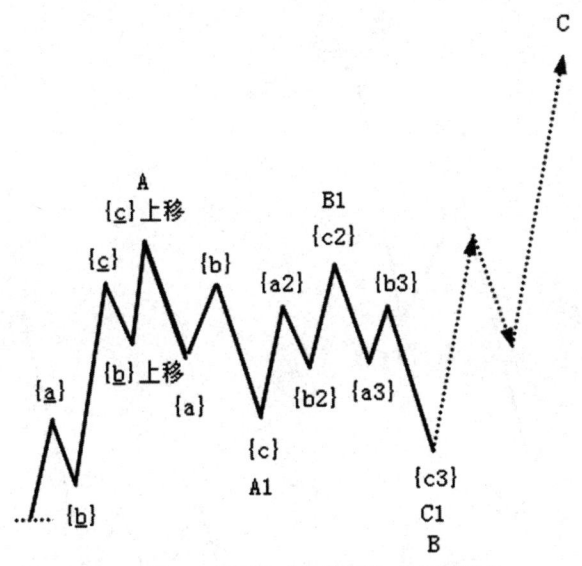

图 19 预期"双节棍"式蓄势结构

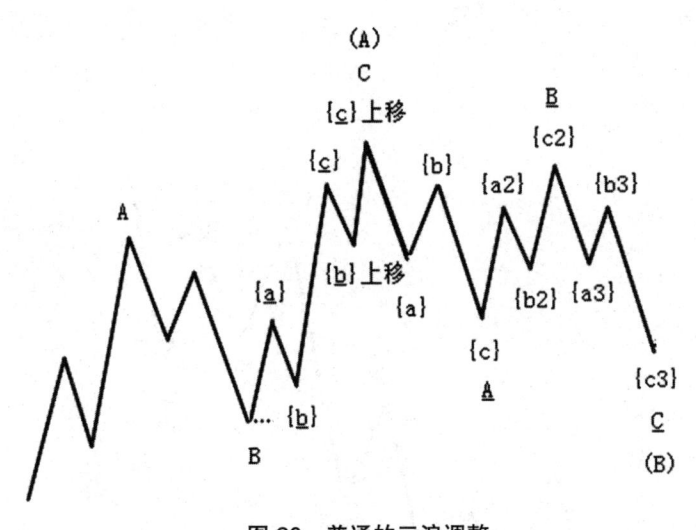

图 20 普通的三浪调整

反过来，也有"剪刀"式反弹(见图 21)、"镰刀"式反弹(见图 22)、"双节棍"式反弹(见图 23)。各结构、特性、规律、关键点等跟相应调整浪基本一致，也有各种形态的反弹浪。

图 21 "剪刀"式三浪反弹

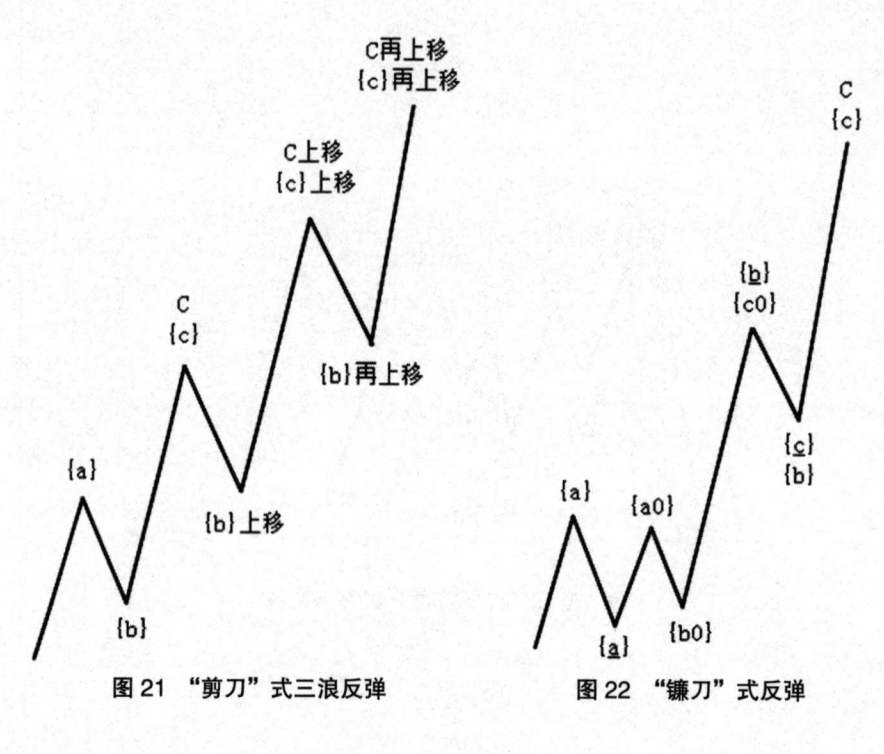

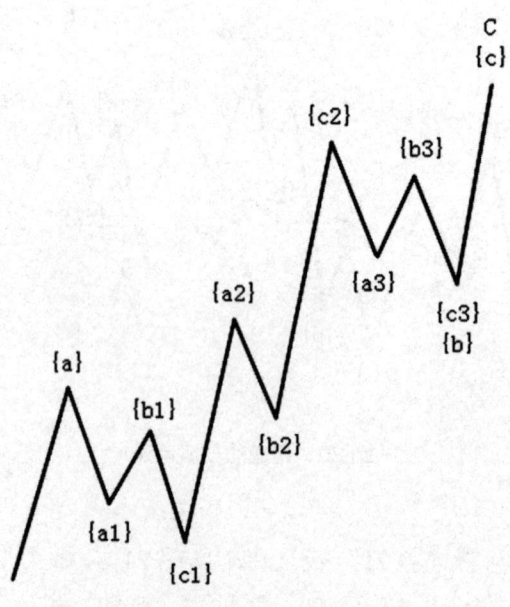

图 22 "镰刀"式反弹

图 23 "双节棍"式反弹

目 录

第一章 市场规律 / 1

第一节 波浪理论内部结构分析理论依据 1
一、定趋势方向和级别 / 1
二、等待和寻找顺势点 / 2
三、后市验证和变化以及应对策略 / 2
四、继续等待顺势时机点出现 / 2
五、重点关注周线调整对月线上涨趋势方向的影响 / 2

第二节 基础浪和细分浪 / 5
一、什么是基础浪、细分浪 / 5
二、交易点的变化 / 7
三、周线交易点的选择和仓位控制 / 9

第三节 阻力、支撑和回撑位 / 10

第四节 浪形终点、起点的判断 / 12
一、周线调整终点、反弹起点判断 / 12
二、月线调整终点、反弹起点判断 / 13
三、"双节棍"式调整多空分界点成为反向同级上涨浪起点 / 15
四、日线三浪"镰刀"式上涨终点判断 / 17

第五节 交易C浪 / 18
一、已知A浪交易C浪 / 18
二、先定B浪，再定A浪，交易C浪 / 19
三、"剪刀"式上涨交易（c）浪时机（顺势点）/ 21

1

第六节　逆势交易点 / 25
　　一、日线三浪"剪刀"式调整逆势交易点 / 25
　　二、日线三浪"双节棍"式调整逆势交易点 / 27
　　三、日线三浪"镰刀"式调整逆势点 / 30
　　四、逆势抓小周期调整之底顺大周期上涨之势 / 32

第二章　小周期波幅符合大周期趋势 / 37

第一节　年线调整中小周期波幅符合大周期趋势 / 37
　　一、大周期为周线趋势认定 / 37
　　二、大周期为月线趋势认定 / 39
　　三、大周期为年线趋势方向认定 / 41

第二节　年线上涨中小周期波幅符合大周期趋势 / 44
　　一、大周期为周线、月线趋势方向认定 / 44
　　二、大周期为年线趋势方向认定 / 48

第三章　如何预测未来走势结构 / 51

第一节　如何预测未来 / 51
　　一、结构预测未来 / 51
　　二、形态预测未来 / 51
　　三、周期预测未来 / 52
　　四、所处位置对走势的影响和预测 / 55
　　五、关键阻力点、支撑点、多空分界点对走势的影响和预测 / 59

第二节　如何选择关键点 / 60

第三节　如何回避回调 / 65
　　一、如何回避周线回调 / 65
　　二、如何回避月线回调 / 66
　　三、如何回避年线回调 / 66
　　四、如何回避年线三浪回调 / 67

第四节　沪深 300 未来走势预测 / 67

第四章　调整浪、反弹浪的关键买卖点 / 73

第一节　5 分线三浪调整逆势点、转势点、预期上涨顺势点 / 73

目 录

　　一、5分线三浪"镰刀"式调整逆势点、转势点，预期上涨顺势点 / 74

　　二、5分线三浪"剪刀"式上涨逆势点、转势点，预期下跌顺势点 / 76

第二节　日线调整逆势点、转势点和预期上涨顺势点 / 78

　　一、60分线三浪"剪刀"式调整逆势点、转势点和预期上涨顺势点 / 78

　　二、60分线三浪"镰刀"式调整逆势点、转势点和预期上涨顺势点 / 81

　　三、60分线三浪"双节棍"式上涨逆势点、转势点和预期下跌顺势点 / 83

第三节　周线调整逆势点、转势点、预期上涨顺势点 / 86

　　一、日线三浪"剪刀"式调整逆势点、转势点、预期上涨顺势点 / 87

　　二、日线三浪调整"镰刀"式逆势点、转势点、预期上涨顺势点 / 89

　　三、日线三浪调整"双节棍"式逆势点、转势点、预期上涨顺势点 / 91

第四节　月线调整逆势点、转势点、预期上涨顺势点 / 94

　　一、周线三浪调整"剪刀"式逆势点、转势点、预期上涨顺势点 / 94

　　二、周线三浪"镰刀"式调整逆势点、转势点、预期上涨顺势点 / 99

　　三、周线三浪调整"双节棍"式逆势点、转势点、预期上涨顺势点 / 103

第五节　年线调整逆势点、转势点、预期上涨顺势点 / 107

　　一、月线三浪调整"剪刀"式一次分解逆势点、转势点、预期上涨顺势点 / 107

　　二、月线三浪调整"剪刀"式二次分解逆势点、转势点、预期上涨顺势点 / 110

第六节　日线顺势点、出局点 / 115

　　一、60分线三浪上涨预期"剪刀"式日线顺势点 / 115

　　二、60分线三浪上涨预期"镰刀"式日线顺势点 / 117

　　三、60分线三浪上涨预期"双节棍"式日线顺势点 / 118

第七节　周线顺势点、出局点 / 120

一、日线三浪上涨预期"剪刀"式周线顺势点、出局点 / 121

二、日线三浪上涨预期"镰刀"式周线顺势点、出局点 / 122

三、日线三浪上涨预期"双节棍"式周线顺势点、出局点 / 123

第八节　月线顺势点、出局点 / 126

一、周线三浪上涨预期"剪刀"式月线顺势点、出局点 / 126

二、周线三浪上涨预期"镰刀"式月线顺势点、出局点 / 129

三、周线三浪上涨预期"双节棍"式月线顺势点、出局点 / 133

第九节　年线顺势点、出局点 / 136

一、月线三浪上涨预期"剪刀"式年线顺势点、出局点 / 137

二、月线三浪上涨预期"镰刀"式年线顺势点、出局点 / 139

三、月线三浪上涨预期"双节棍"式年线顺势点、出局点 / 142

第十节　年线三浪顺势点、出局点 / 146

一、预期年线三浪上涨顺势点 / 146

二、年线三浪上涨顺势点 / 149

第五章　短线买点 / 153

一、周线 B 回调幅度相对少、时间短的短线买点 / 154

二、周线 B 回调为三角形结构上破即为短线买点 / 154

三、周线调整出现上倾信号短线买点 / 155

四、周线调整结构出现由弱转强信号的短线买点 / 157

第六章　板块启动大级别上涨时选股 / 159

一、板块月线三浪调整演变成上倾结构时选股 / 159

二、板块月线三浪调整出现预期三角形信号之时选股 / 161

三、板块月线三浪调整确定幅度少选股 / 165

四、交易月线（C）浪 / 169

五、逆势抓年线调整中月线（C）之底 / 182

六、房地产板块启动年线上涨 / 188

第七章　重点个股关键买点 / 193

一、九安医疗关键买点 / 193

二、英科医疗关键买点 / 193

　　三、红星发展关键买点 / 196

　　四、中国医药关键买点 / 196

第八章　波浪理论难点 / 201

　　一、形态分析是三浪但内部结构分析是一浪 / 202

　　二、形态分析是一浪，但内部结构分析既具备三浪条件也具备一浪条件 / 202

　　三、三浪、一浪在运行中转化 / 204

　　四、如何认定不规则结构？ / 209

　　五、形态分析和内部结构分析综合判断 / 210

　　六、隐藏的周线调整转势信号 / 213

　　七、隐藏的月线调整转势信号 / 214

　　八、日线看杂乱无章，内部结构看较标准 / 216

　　九、日线 {b} 反弹下倾信号及关键点 / 217

　　十、周线 B 反弹下倾信号及关键点 / 220

　　十一、反弹无力结构信号对后市调整的影响和预测 / 221

　　十二、周线调整上倾信号和关键买点 / 225

　　十三、预期"镰刀"式调整转变为三角形信号和关键点 / 226

　　十四、月线多空分界点附近策略及关键点 / 227

　　十五、股票月线下跌趋势中如何做短线周线反弹 / 233

　　十六、策略、目标定位、止损点设置、反转信号 / 241

　　十七、沪深 300 期指关键买卖点、止损点、目标位 / 244

　　十八、同一段 K 线多种标注下的买入策略 / 247

第九章　位置决定策略和结果 / 251

　　一、月线三浪反弹中（B）调整为上倾结构月线、周线位置及策略 / 251

　　二、月线三浪反弹"剪刀"式二次分解中月线、周线位置及策略 / 253

　　三、月线三浪"镰刀"式和"双节棍"式上涨中月线、周线位置及

策略 / 255

四、年线上涨内部结构月线（B）调整上升三角形中月线、周线位置及策略 / 255

五、普通月线三浪上涨中月线、周线位置及策略 / 257

六、周线涨跌处于月线涨跌各种位置、策略 / 261

七、关键位置日线一浪影响月线趋势方向 / 263

八、关键位置日线一浪影响年线趋势方向 / 267

九、关键位置日线一浪影响年线三浪趋势方向 / 270

十、趋势方向的多空争夺和认定 / 272

第十章　胜率高的几种结构及关键买点 / 279

一、调整上倾信号及关键买点 / 279

二、月线（B）调整上倾信号及关键买点 / 288

三、一点三级顺势（共振）/ 296

四、周线B、月线（B）、年线{B}、年线三浪调整三角形结构及关键买点 / 300

五、周期、结构配合造就关键买点 / 307

六、月线浪中浪结构信号及关键买点 / 322

七、月线调整稳健买点 / 325

八、低位承接有力结构及关键买点 / 327

第一章　市场规律

我们都在寻找市场运行规律，希望轻松赢利；有用基本面的，有用技术指标的，也有看消息面的，各有优点，但都有一个小缺点：无法找到准确的买点和出局时机。波浪理论形态分析把市场规律定位为八浪循环，但结构变化和关键点没解析清楚，也存在无法找到准确交易点的问题。波浪理论内部结构分析力求精准找到各周期与各结构逆势点、顺势点，具备结构条件的主动出局点，出现结束信号的被动出局点、技术止损点，力求轻松应对市场变化和在变化中寻找或等待风险回报比合适的点。

第一节　波浪理论内部结构分析理论依据

常用的技术分析和基本面分析，大部分没有定级别和判断趋势方向的方法，波浪理论内部结构分析已有一套完整的定趋势级别、方向以及起点、终点和转势的方法。

一、定趋势方向和级别

周线 C1 上破 A1 高点是确立运行月线（A）上涨的趋势信号（见图 1-1），B1 内部结构日线三浪任何结构和形态都有可能，此图是强势的

{a2}、{b2}、{c2} 三浪三角形。

二、等待和寻找顺势点

三角形 B1 调整被上破之时是月线顺势点，设止损 B1 低点以下。

"B1 上移"调整具备结构条件之时（日线 {a4}、{b4}、{c4} 三浪一次分解或二次分解），或出现结束信号（{a5} 上破 {b4} 下移高点）之时，验证周线"B1 上移"调整收在 B1 低点以上之时是好的月线顺势时机。

三、后市验证和变化以及应对策略

当"B1 上移"出现结束信号验证收在 B1 低点以上后，理论上自"B1 上移"低点开始的预期周线上涨应上破 C1 高点，具体上涨幅度需要根据日线 {a5}、{b5}、{c5} 三浪结构来定。实际上，破 C1 高点则证明之前顺势交易成功，根据日线三浪上涨结构赢利后主动出局。

当自"B1 上移"低点开始的周线"或 B2"上涨出现结束信号（如 {a8} 下破"或 {b5} 上移"低点）验证收在 C1 高点以下，则不单是自 C1 高点开始预期运行月线调整信号，也是月线（A）上涨的转势信号。更是验证之前在 {a5} 上破"{b4} 下移"高点顺势交易未达理论目标的信号和被动出局点。

四、继续等待顺势时机点出现

{a5}、{b5}、{c5} 三浪上破 C1 高点，验证顺势交易成功。主动出局后继续等顺势时机点。{a7} 上破 {b6} 高点验证周线"B1 再上移"调整收在"B1 上移"低点以上也是月线顺势点，根据日线 {a7}、{b7}、{c7} 三浪结构预测后市上涨的幅度，以结束点位置判断顺势是否成功。

五、重点关注周线调整对月线上涨趋势方向的影响

周线 A2 调整下破"B1 再上移"低点是月线（A）上涨的转势信号，此时 B2 反弹和 C2 下跌成为可预测结构，重点关注 B2 反弹内日线三浪结构和结束信号，以及结束点位置对月线趋势方向的影响。{a0} 下

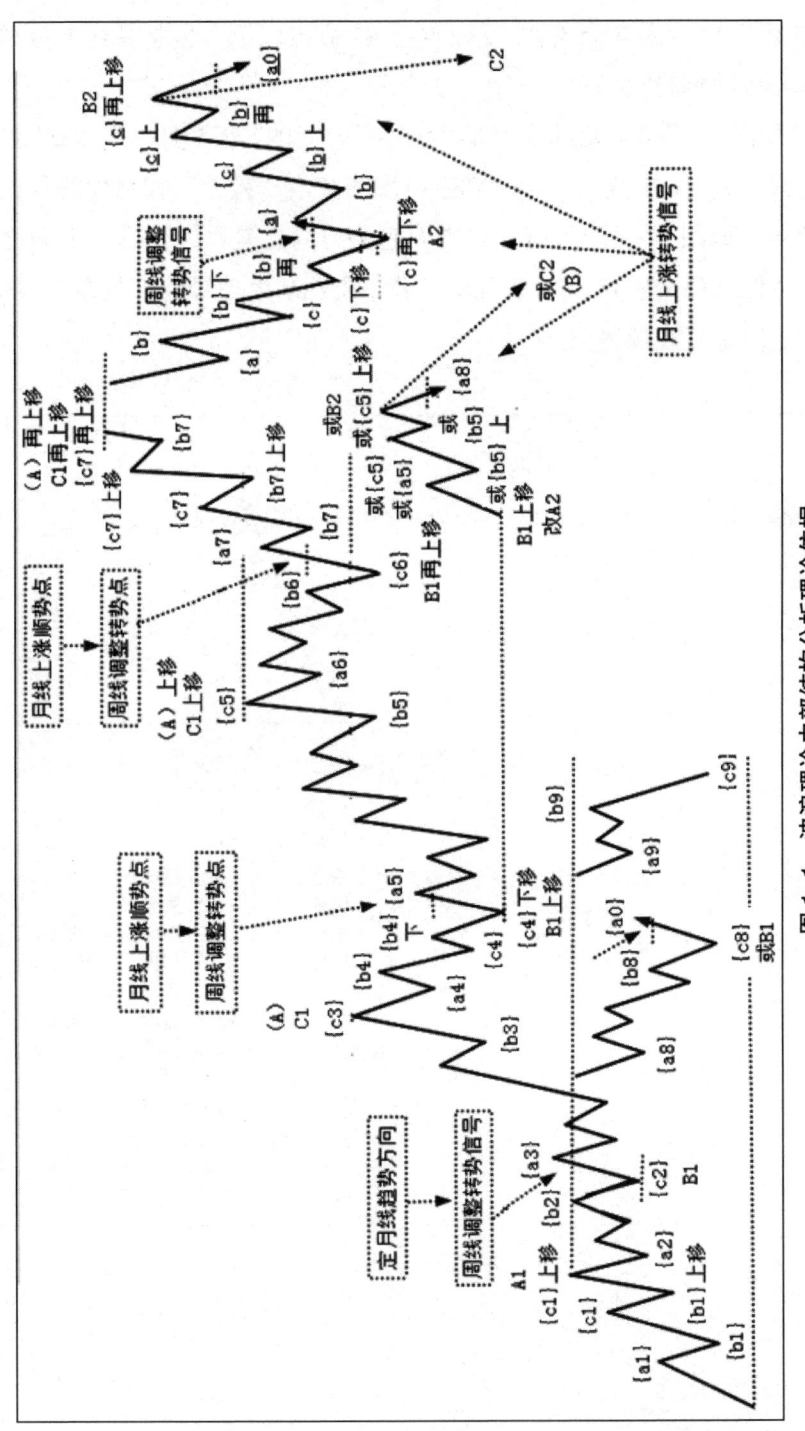

图 1-1 波浪理论内部结构分析理论依据

破"{b}再上移"低点验证B2反弹收在A2高点以下，也是月线上涨转势信号和被动出局时机。

中国石油自4.64元低点开始阶段定级：2022年1月7日上破A3高点之时，是自A3低点开始预期运行周线三浪"镰刀"式结构的月线上涨信号（见图1-2）。上破之时本段趋势方向就是月线上涨，上破之时也是月线顺势交易点，未来周线C调整出现结束信号验证收在B0低点以上之时是月线顺势点。

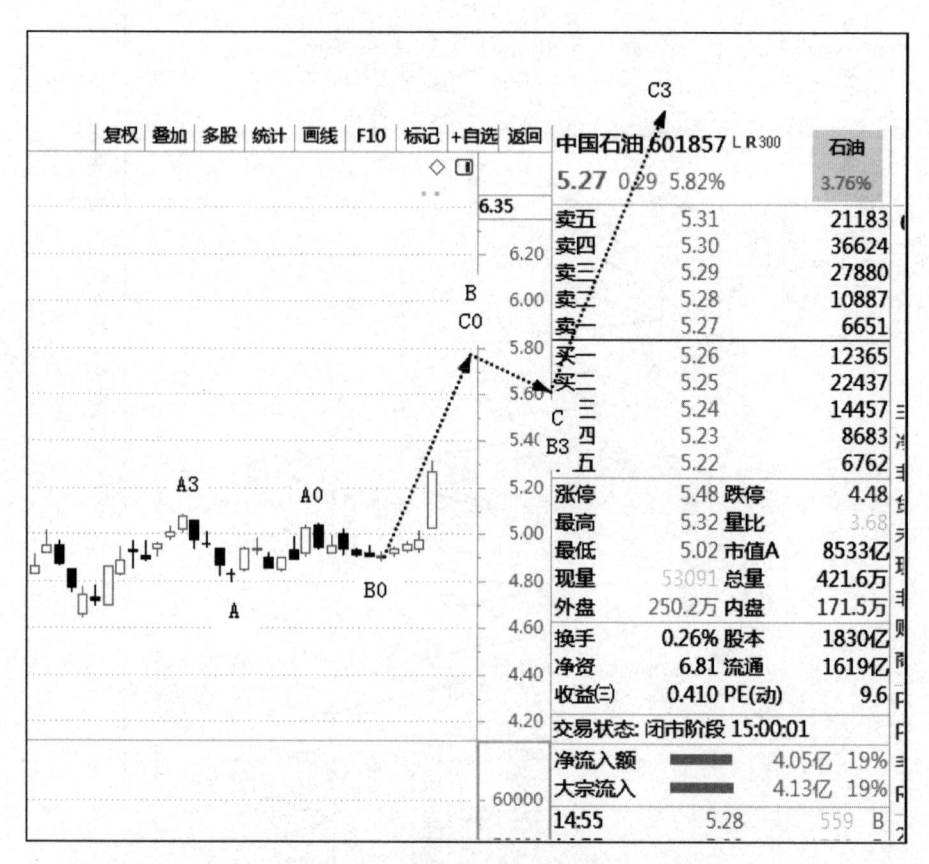

图1-2 中国石油阶段定级别

第二节 基础浪和细分浪

通常，没有确定浪形级别，主要原因是没有区分好基础浪和细分浪。大部分投资者都知道五浪上涨和三浪回调，但在应用中不知道以哪个位置作为第1浪（或A浪）来数。只有找对正在运行的基础浪起点，才可以确定已经走过的浪形和正确预测后市级别和结构。

一、什么是基础浪、细分浪

以正运行最高级别推动浪为基础浪，基础浪内次一级的就是细分浪，更次一级的是细分浪中细分浪。

如图1-3，最高级别是大浪级 {1}，大浪级就是基础浪，中浪级就是细分浪，小浪级就是细分浪中细分浪。你也可把正在运行的中浪级作为基础浪，小浪级就是细分浪，细浪级就是细分浪中细分浪，但你心里要明白你的基础浪实际是大浪级的细分浪。只有这样才可明白目前所处的位置、级与级之间的关系。

如前言中图1，把月线（C2）结束点定为年线第{4}浪，那么年线第{5}浪就是基础浪，意味着正在运行的是以（C2）低点为起点的年线第{5}浪，月线（1）、（2）、（3）、（4）、（5）浪是细分浪，（1）、（3）、（5）浪中的每一个周线1、2、3、4、5浪是细分浪中细分浪。只有这样你才有机会、有可能把目标定为年线第{5}浪具备结构条件之时主动出局。

反弹浪和调整浪也有基础浪和细分浪之分。如前言中图4，在年线{B}浪反弹具备结构条件之时，后市面临的基础浪就是年线{C}浪调整，月线（A10）、（B10）、(C10)每一浪都是细分浪。要说调整结束，需要出现年线{C}调整结束信号才算调整结束，（A10）出现结束

5

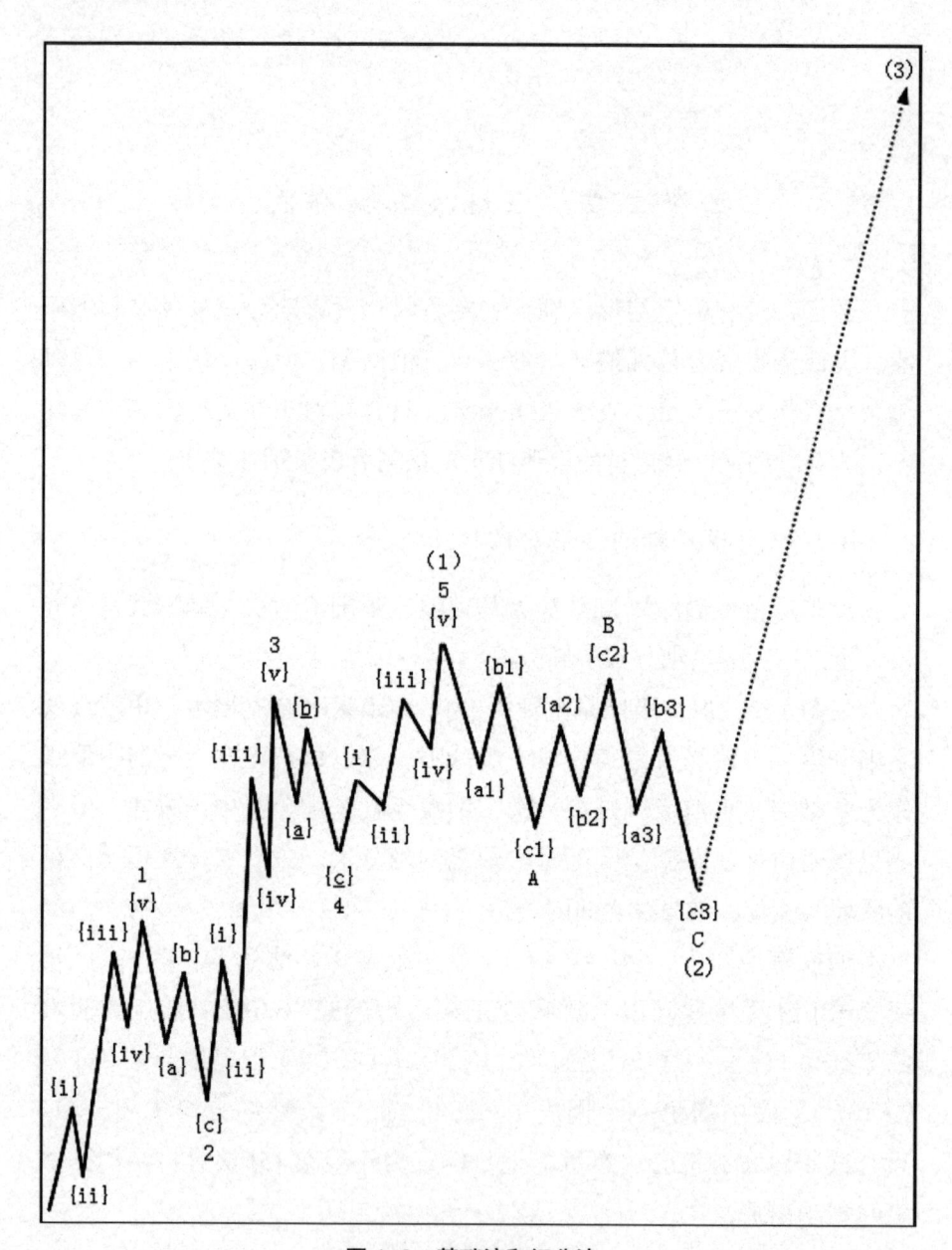

图 1-3 基础浪和细分浪

信号之时是细分浪结束不是整体调整结束。(C10)出现结束信号之时也是细分浪结束，也不能算整体调整结束，只是 {C} 调整具备结束条件。对于年线 {C} 调整来说，还存在（A10）、（B10）、（C10）三浪复杂演变的可能性。

二、交易点的变化

实际走势中交易时机有很多个，且存在继续演变的可能性，有些交易点相对来说可靠性高、后市的变化较少，有的交易点相对来说可靠性低且后市的变化大。图 1-4 月线（1）、（2）、（3）、（4）、（5）构成年线第 {1} 浪，（A）、（B）、（C）三浪构成年线第 {2} 浪，（C）低点成为具备第 {2} 浪结构条件的点。

（A）、（B）、（C）三浪调整的（C）中，周线 C3 中日线 {c3} 低点，只是具备年线第 {2} 浪结构条件，在没有出现结束信号前，存在继续演变而使第 {2} 浪结束点下移的可能性：

1. 日线 {c3} 在没有出现结束信号之前，本身存在次一级周期 60 分线三浪继续演变的可能性；即使日线 {c3} 通过 60 分线三浪出现了结束信号，也存在继续演变的可能性，只能说这种演变的概率低，但不能够直接排除再下移的可能性。因有了日线 {c3} 结束点下移，周线 C3 结束点会跟着下移，周线 C3 结束点的下移，又引起月线（C）结束点的下移。总之，这是日线 {c3} 内部结构 60 分线三浪的继续演变，引起日线和周线、月线结束点的同时下移，周期越是小，出现变化的概率越高。

2. 月线（C）内周线 C3 在没有出现结束信号之前，存在内部结构日线 {a3}、{b3}、{c3} 继续演变使周线 C3 结束点下移的可能性，同时也引起高一个级别的（C）结束点，随着周线 C3 结束点下移而下移。这是周线 C3 内日线三浪的演变引起周线、月线结束点同时下移。如日线 {a3}、{b3}、{c3} 三浪中 {b3} 分解成 {a}、{b}、{c} 三浪反弹下倾结构，使 {b3} 下移至 {c} 浪位置，{c3} 下移至新低，再引起周线 C3 结束点下移到新低，进而引起月线 (C) 也下移至周线 "C3 下移" 低点；第 {2} 浪具备结构条件的点也跟着下移至新位置。

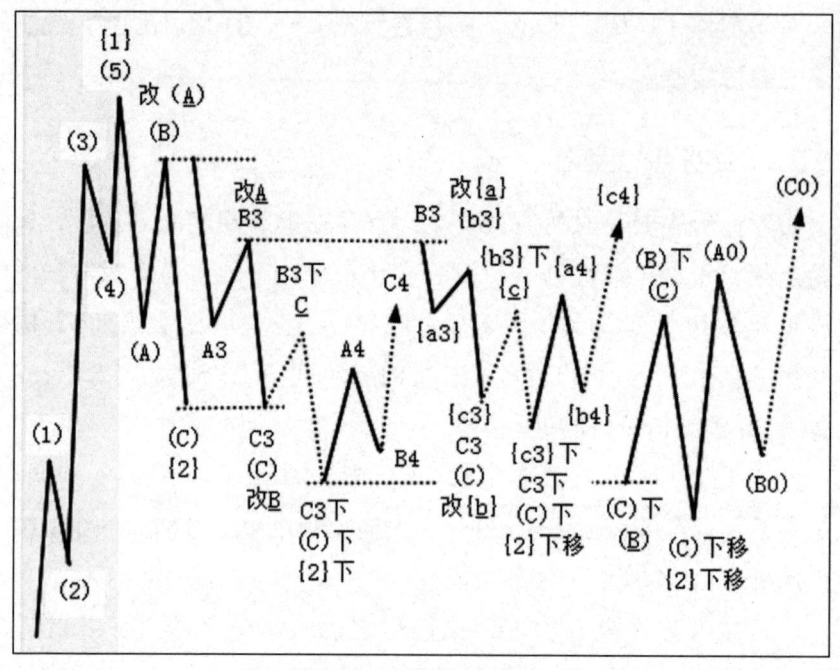

图 1-4 交易点的变化

3. 月线（C）在没有出现结束信号之前，存在周线 A3、B3、C3 三浪继续演变使（C）结束点下移的可能性，同时也引起（A）、（B）、（C）三浪结束点随着（C）结束点下移而下移。这是（C）浪内周线三浪的演变引起月线（C）和月线三浪的结束点下移。如周线 A3、B3、C3 三浪中，B3 分解成 A、B、C 三浪反弹下倾结构而使 B3 下移至 C 位置，同时 C3 下移至新低，引起（C）结束点也下移到新低，再引起（A）、（B）、（C）三浪的结束点也下移至新低，第 {2} 浪具备结构条件的点也随之下移。

4. 月线（C）出现结束信号（如 B4 出现结束信号验证收在 A4 低点以上之时），不代表（A）、（B）、（C）三浪出现了结束信号，即月线（A）、（B）、（C）三浪本身也存在继续演变［即（B）分解］的可能性。如（B）分解成 A、B、C 三浪反弹下倾结构，使月线三浪的结束点下移至"（C）下移"低点。月线"（C）下移"在运行中，也存在内部结构周线三浪的继续演变，而引起"（C）下移"结束点不断下移的可能性；周线三浪中的C浪内部结构日线三浪也存在继续演变，引起周线C浪结束点不断下移的可能性，同时也带动月线"（C）下移"结束点不断下移；周线三浪中C浪内部结构日线三浪中的{c}浪内部结构60分线三浪，也存在继续演变而引起日线{c}浪结束点不断下移的可能性，同时也带动周线C浪和月线"（C）下移"的结束点不断下移。

5.即使月线（A）、（B）、（C）三浪调整出现结束信号，也不代表一定会引起年线第{3}浪上涨。因自"（C）下移"低点开始的同级（A0）、（B0）、（C0）三浪上涨，如不具备推动浪的结构条件，则是（A）、（B）、（C）三浪演变成组合结构的信号。逆势抓年线第{2}浪的低点就演变成抓组合（C）浪中的月线（C0）[假设组合（C）浪是由月线（A0）、（B0）、（C0）三浪组成]浪之底。

这是在调整没有出现结束信号之前逆势抓底为什么存在风险且风险很大的原因，即存在多级（同级或次一级、次两级……）复杂演变而引起结束点不断下移的可能性。实践表明，三浪调整二次分解的极端区域趋逆势抓底的成功率高。

三、周线交易点的选择和仓位控制

日线{a1}、{b1}、{c1}三浪构成周线A浪上涨（见图1-5），后市通常有以下几种调整：

1.{a2}、{b2}、{c2}三浪调整二次分解距离A浪低点达到可接受止损空间，则逆势抓"{c2}再下移"之底成为好的逆势抓周线B浪之底时机（距离A浪低点越近仓位可适当越重些），并可设止损于B或A浪低点以下。{a3}上破"{b2}再下移"高点验证逆势抓底成功。上破之时、{b3}调整具备结构条件和出现结束信号之时（因周线调整已反转且有明确的止损点，仓位可适当重些）是好的交易时机，并可设止损于{a3}或A浪低点以下。

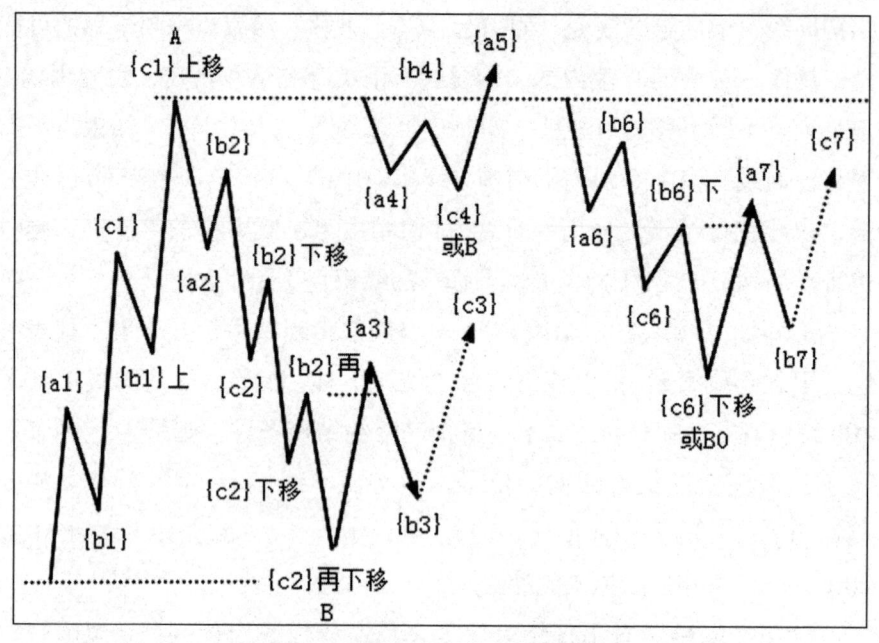

图 1-5 周线交易点的选择和仓位控制

2. {a4}、{b4}、{c4} 三浪调整幅度较小即强势结束，预期后市强劲上涨。上破 {a4} 高点之时，可根据自己承受能力重仓操作并设置止损于 {c4} 低点以下。

3. {a6}、{b6}、{c6} 三浪调整幅度相对尴尬，不适合逆势抓底，如要逆势抓周线调整之底，需要控制仓位在 30%~50% 区间分批操作。{a7} 上破 {b6} 下移高点是周线调整结束信号，但相对前面两种情况则建议仓位轻点。最好等待 {b7} 调整具备结构条件或出现结束信号之时交易，风险回报比相对好，并设止损于 {a7} 低点以下。

第三节 阻力、支撑和回撑位

股市中经常用到阻力和支撑位，但往往只是根据某些指标或其他方法定位为某一阶段或点，这种阻力和支撑的定位，对于未来走势是否具备真正的参考价值及其重要性的程度没有说清楚，更没有指明属于哪个级别的阻力和支撑。波浪理论则通过对结构特性、浪形起点和终点的判断，以及对后市变化的预期，把阻力和支撑精确定为某个级别的关键点，重要性和变化也很清楚。

日线 {a} 调整高点（起点）是预期周线 A 调整重要回撑位（但对于次一级 {b} 浪反弹来说是阻力点）（见图 1-6），{a} 低点是 A 浪调整的次要阻力。{b} 反弹结束验证收在 {a} 高点以下之时，其高点是 A 调整的次要回撑位。{c} 下破 {a} 低点，其低点是 A 调整的次要阻力，即 A 调整的次要阻力从之前 {a} 低点下移到 {c} 低点。

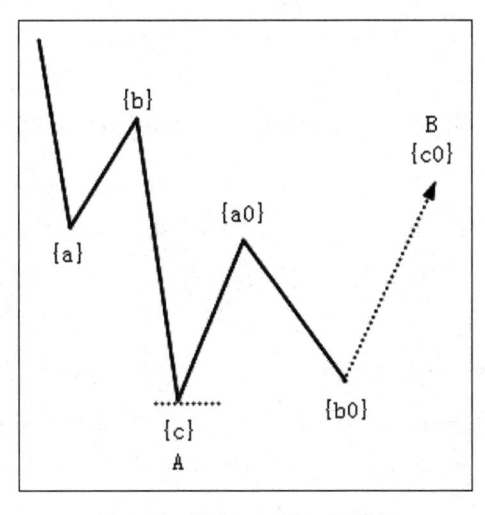

图 1-6 阻力、支撑、回撑位

{a0} 反弹出现结束信号验证收在 {b} 高点以下，则 A 调整的次要回撑从 {b} 高点下移至 {a0} 高点，并预期 A 继续调整再创新低。{b0} 调整通过内部结构次一级 60 分线三浪出现结束信号，验证收在 {a0} 低点以上之时，是自 {a0} 低点开始预期运行 {a0}、{b0}、{c0} 三浪构成的 B 上涨信号，也是 A 调整在 {c} 低点的结束信号，以及周线 A 调整趋势发生反转的信号。此时 {c} 低点由 A 调整的次要阻力上升为重要阻力，也是

11

B 反弹的重要支撑。{a0} 低点成为预期 B 反弹的次要阻力，{b0} 低点成为预期 B 反弹的次要支撑位。{a0} 低点成为预期 B 反弹的重要支撑位。

止损的设置和变化：短线 {b} 反弹结束验证收在 {a} 高点以下之时，可顺 A 的调整之势做空，设止损于 {b} 或 {a} 高点以上。短线 {a0} 反弹结束验证收在 {b} 高点以下之时，也是顺周线调整之势做空的时机。同时是之前顺势做空未主动出局者，把技术止损从之前 {b} 高点下移至 {a0} 高点以上的时机，预期 A 浪调整要下移。但当 {b0} 调整结束验证收在 {a0} 低点以上，发出 A 调整趋势反转信号之时，是之前顺势做空的被动出局时机，同时是顺 B 反弹之势做多的时机，可设止损于 {b0} 或 {a0} 低点以下。

第四节　浪形终点、起点的判断

浪形终止点的判断可从浪形具备结构条件和出现结束信号等方面考虑。每一浪在具备结构条件之时存在继续演变的可能性，此时趋势方向依然是之前的方向，而在出现结束信号后该浪终止，趋势方向改变。后市虽然也存在继续演变的可能性，但这种演变的概率低很多。因此对浪形终点的判断应坚持本级浪形通过次一级三浪出现结束信号的原则。

判断浪形终止点应遵循出现结束信号原则。在浪形具备结构条件位置选择主动出局即可。在出现浪形结束信号之时反向交易必须设止损于本浪起点以下，因为即使本浪出现结束信号也存在继续演变的可能性；一旦出现演变，其时间和幅度难以预计，且还有浪中浪结构，波动幅度难以提前预测，有时日线一浪波动幅度比周线一浪波动幅度还大。

浪形结束信号出现之时，其低（或高）点就是反向浪的起点。

一、周线调整终点、反弹起点判断

日线 {b1} 反弹出现结束信号验证收在 {a1} 高点以下，是预期 A 调整的信号。A 调整的起点是 {a1} 高点（见图 1-7），{b2} 调整出现结束

信号验证收在 {a2} 低点以上，是 A 调整在 {c1} 低点终止，以及预期的 B 反弹起点是 {a2} 低点的信号。

{a3} 下破 A 低点及 {b3} 反弹验证收在 {a3} 高点以下，确定 A 高点是预期月线（A）的下跌起点，也是 B 反弹在 {c2} 高点终止和 {a3} 高点是 C 调整的起点信号。{a4} 上破"{b3} 下移"高点及 {b4} 验证收在 {a4} 低点以上，不仅是 C 调整在"{c3} 下移"低点的终止信号，还是"B 下移"上涨起点为 {a4} 低点的信号。{b5} 反弹验证收在 {a5} 高点以下，是"B 下移"上涨在 {c3} 高点终止和"C 下移"下跌自 {a5} 高点启动的信号。{b6} 调整验证收在 {a6} 低点以上，是"C 下移"调整在"{c5} 下移"低点终止信号，同时是 A0 反弹起点是 {a6} 低点的信号。

二、月线调整终点、反弹起点判断

周线 A0 上破"B 下移"高点，是月线（A）浪（通称）在"C 下移"低点终止，以及预期的月线（B）反弹起点是 A0 低点的信号。

{a9} 上破 {b8} 和 A2 高点，不但是 B2 调整在 {c8} 低点终止和自 {a9}

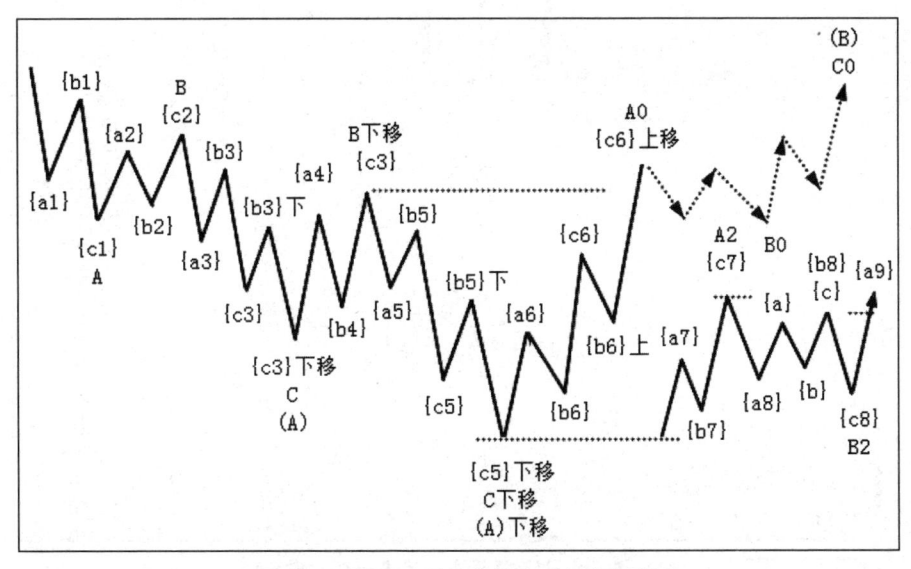

图 1-7　周线、月线的终点、起点判断

低点预期运行周线上涨的信号，也是（A）在"C下移"低点终止和A2低点是预期月线上涨起点的信号。

例1：2022年1月18日，华林证券A3上破"B2下移"高点之时（见图1-8），1月17日的低点就是周线A3上涨和预期的月线（C）浪上涨起点。

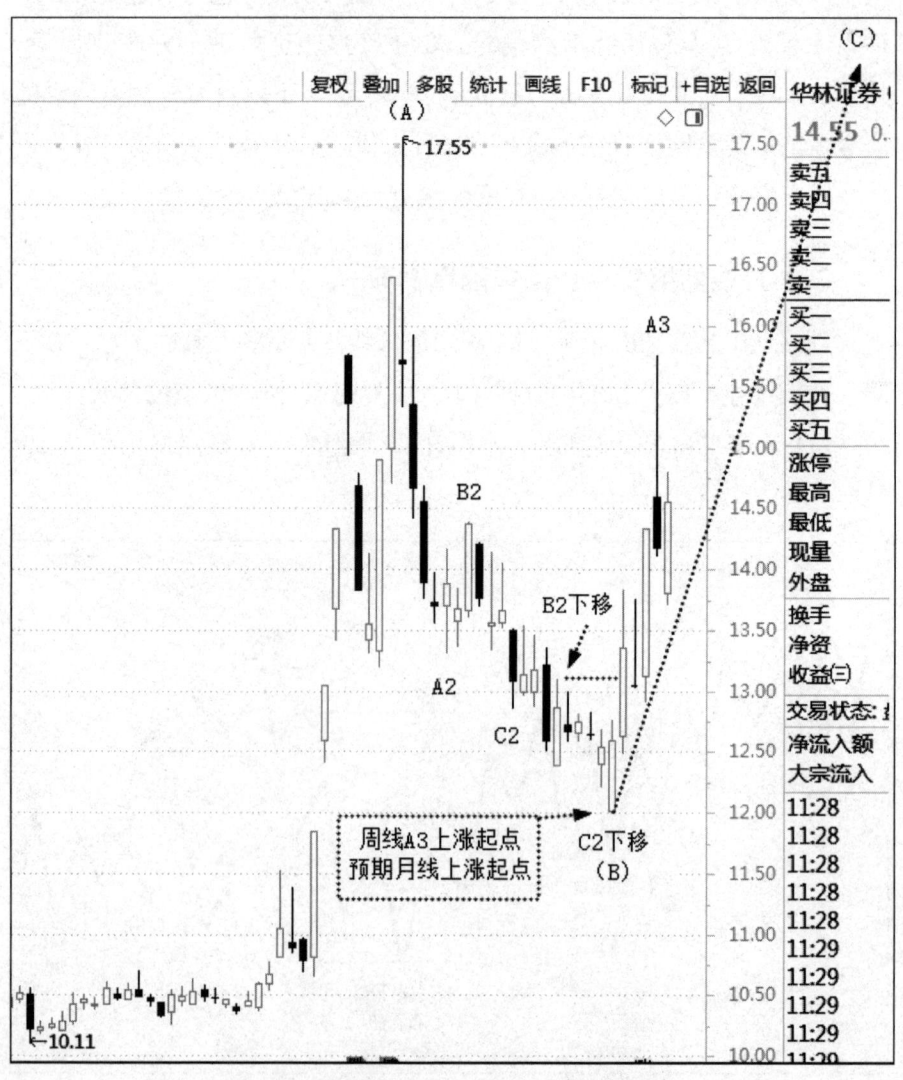

图1-8 华林证券周线、月线上涨起点判断

例2：2022年1月6日，证券指数{a3}下破{b2}低点，不但表示{a3}高点是周线C3下跌起点（见图10-36），还是月线（B3）在A3高点终止，以及A3高点是（C3）调整起点的信号。

2022年2月14日，{a7}下破{b}低点，不但是周线"B3再下移"在{c}高点终止信号，还是{a7}高点的"C3再下移"起点的信号。

2022年3月30日，{c}上破{a}高点，不但是周线B6调整在"{c9}再下移"低点终止，以及预期自{a}低点运行C6上涨信号，还是月线（C3）在{c7}低点终止信号，同时是自{c7}低点启动预期月线"（B3）下移"上涨信号。

三、"双节棍"式调整多空分界点成为反向同级上涨浪起点

周线三浪A、B、C"双节棍"结构中C浪低点是月线多空分界点（见图1-9），{a3}上破{b2}高点和{b3}调整验证收在{a3}低点以上的点，都是认定{c}低点是月线（A）上涨起点以及（C）调整在C浪的日线{c}

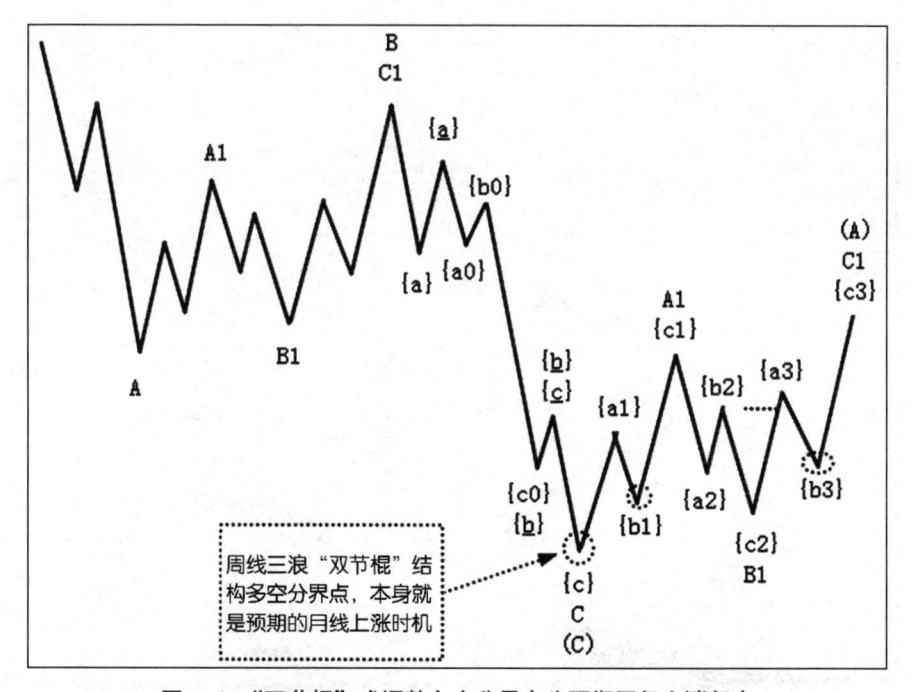

图1-9 "双节棍"式调整多空分界点为预期同级上涨起点

图 1-10 香溢融通月线多空分界点为预期月线上涨起点

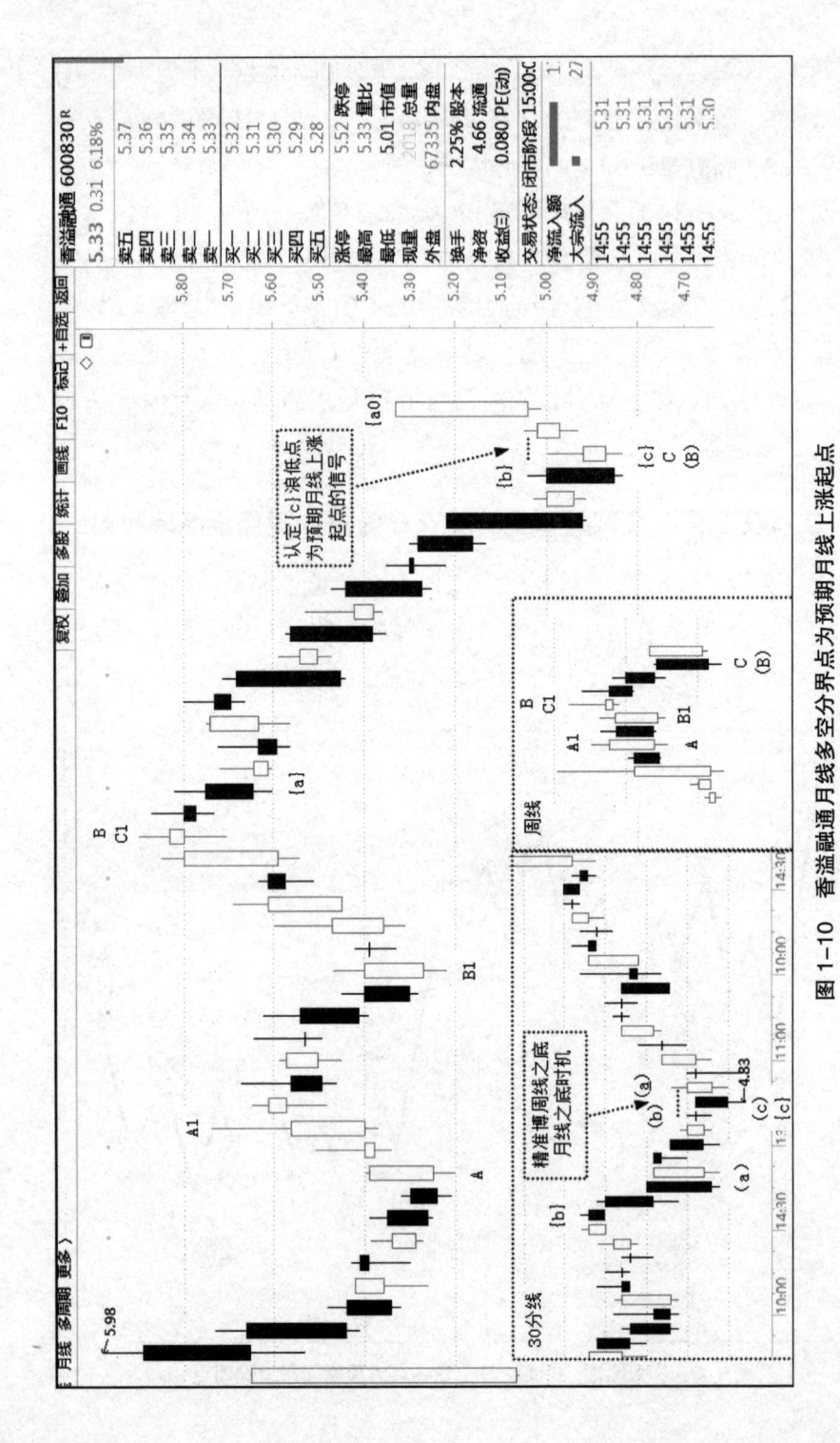

浪低点终止的信号，设止损于 C 浪低点以下，防止结构变化。

2022 年 2 月 7 日，香溢融通上破 {b} 浪高点之时，是预期的月线上涨起点为 {c} 浪低点的信号（见图 1-10）。这是因自 5.98 元开始的调整是周线三浪"双节棍"结构，根据"双节棍"结构特性，{c} 低点是月线多空分界点，如不下破则是预期运行月线上涨信号。注 {a}~{c} 浪这段本身是既可做周线一浪，也可做三浪的结构（形态分析此段为周线一浪，见图下周线 C），这种情况下变化比较大。此点也是（B）调整在 C 低点终止信号，设止损于 C 低点以下，防止结构变化。

四、日线三浪"镰刀"式上涨终点判断

日线 {a1}、{b1}、{c1} 三浪"镰刀"式上涨在 {c1} 高点，具备周线 A 上涨的结构条件（见图 1-11）。{a2} 下破 {b1} 低点不但是 A 上涨在 {c1} 高点结束的信号，还是自 {a2} 高点启动 B 的调整信号。如自 {c1} 高点的 {a3} 调整未能下破 {c1} 低点，则 {b3} 反弹出现结束信号验证收在 {a3} 高点以下，也是 A 上涨在 {c1} 高点的结束信号，也是 {a3} 高点是 B 调整的起点信号。

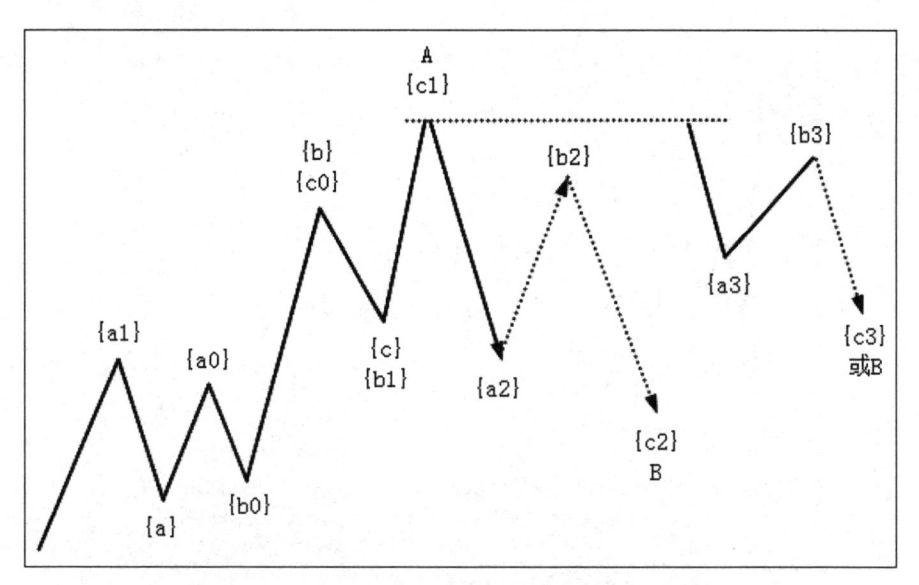

图 1-11　日线三浪"镰刀"式上涨终点判断

第五节　交易 C 浪

交易 C 浪的关键点是顺势点。

一、已知 A 浪交易 C 浪

有的结构已有明确的 A 浪上涨，有非常好的 B 浪调整，以及具备结构条件或出现结束信号的点可交易预期的 C 浪上涨。A2 上破 B1 高点后，A2 就是预期月线上涨中的明确 A 浪（见图 1-12）。日线 {a2}、{b2}、{c2} 三浪具备结构条件之时（最好是一次分解或二次分解）即可逆势抓 B2 之底、顺预期月线上涨之势交易。{a3} 上破 {b2} 高点和 {b3} 调整出现结束信号验证收在 {a3} 低点以上，并验证 B2 收在 A2 低点以上，是顺势交易预期 C2 上涨更好的时机。

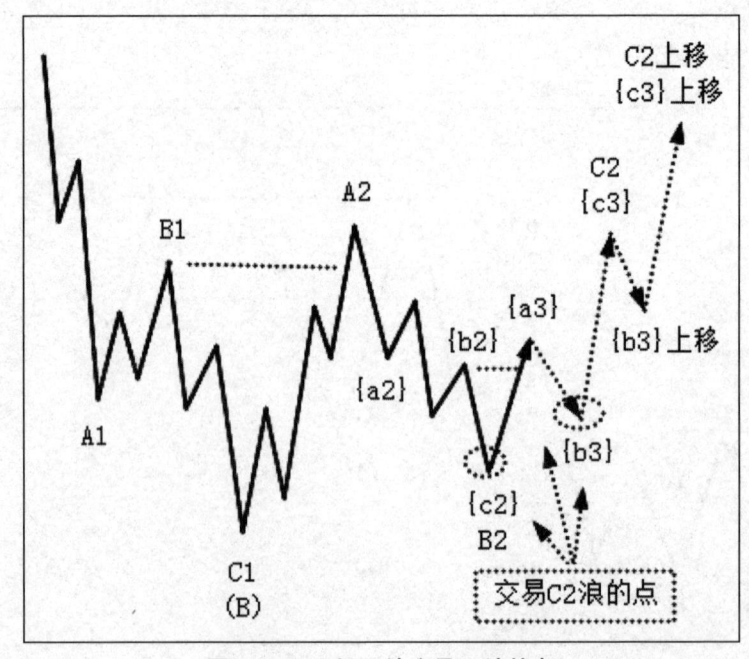

图 1-12　已知 A 浪交易 C 浪的点

新希望从 10.66 元运行至 16.56 元具备月线三浪上涨条件（见图 1-13），周线 A4、B4、C4 三浪调整在 A5 上破"B4 下移"高点之时，确立 (B) 上移至"C4 下移"，并预期（C）上移。A5 是确定性的 A 浪，那么在 B5 内部结构日线 {a}、{b}、{c} 三浪一次、二次分解具备结构条件之时、距离 A5 低点达到可接受止损空间、出现结束信号之时，都是好的已知 A5 在 B5 交易 C5 的时机。日线 {c} 上破 {a} 高点之时，就是 B5 调整结束信号和精准的预期周线、月线、年线上涨的共振顺势点，可设止损于 {a} 浪低点以下或 A5 低点以下。

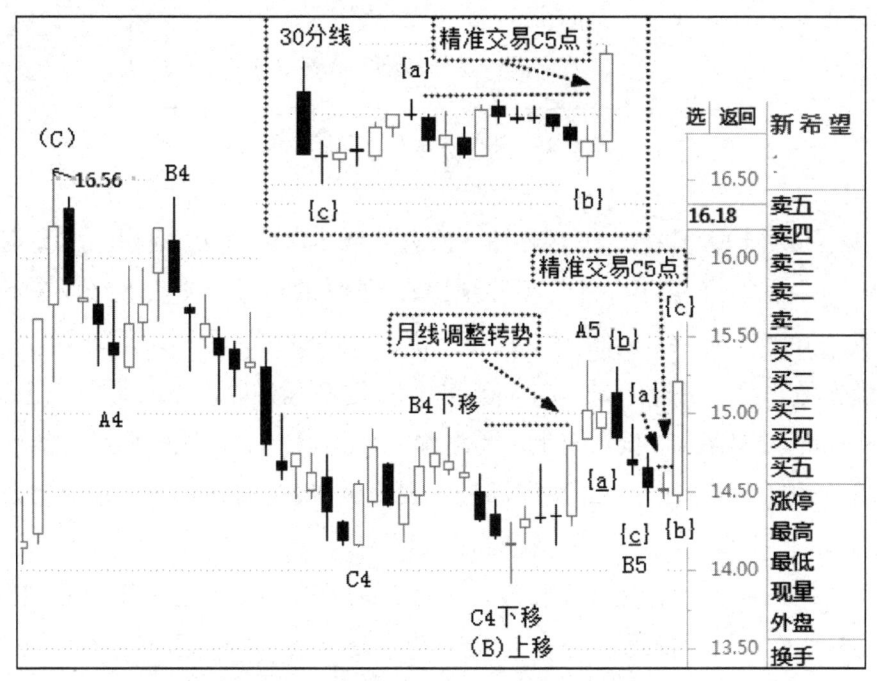

图 1-13 新希望已知 A5 浪交易 C5 浪的点

二、先定 B 浪，再定 A 浪，交易 C 浪

有的结构没有明确的 A 浪，那么只有等待后市结构出现明确的 A、B 浪信号之时，才可交易预期的 C 浪。A1、B1、C1 三浪构成月线下跌

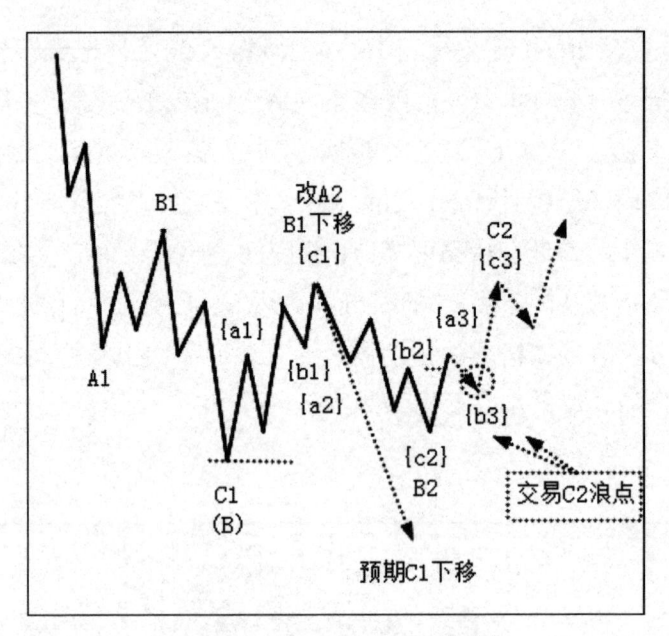

图 1-14 未知 A 浪交易 C 浪的点

（见图 1-14），日线 {a2} 下破 {b1} 低点验证本段周线上涨收在 B1 高点以下，是 B1 下移至 {c1} 高点和预期 C1 下移的信号。此段上涨现在不能说是预期的月线上涨中的 A2 浪上涨，反而应该说是月线下跌中的周线反弹。但当 {a3} 上破 {b2} 高点和 {b3} 调整验证收在 {a3} 低点以上，并验证 B2 收在 C1 低点以上，是明确 {a1}、{b1}、{c1} 这段周线上涨为 A2 浪和 {a2}、{b2}、{c2} 这段周线下跌为 B2 浪的信号，同时是交易预期 C2 上涨的时机，设止损于 A2 低点以下。

在图 1-15 中，长城证券自 14.8 元开始调整至 C2 只是具备月线（B）调整结构条件，日线 {c} 下破 {a} 浪低点，是 B2 确定下移及预期 C2、（B）下移的信号。但当后市直接上破 {b} 浪高点之时，因所处的特殊位置（结构特性）不但是交易 C3 上涨的时机，也是之前"B2 下移"更改为 A3 的信号，并可预期自 A3 低点开始运行的月线有上涨趋势。也就是说，此段是未知 A3 浪，根据所处位置先定 B3 浪，再定 A3 浪，交易预期 C3 上涨。因之前（A）浪已上破 11.86 元高点，被定位为确定性的

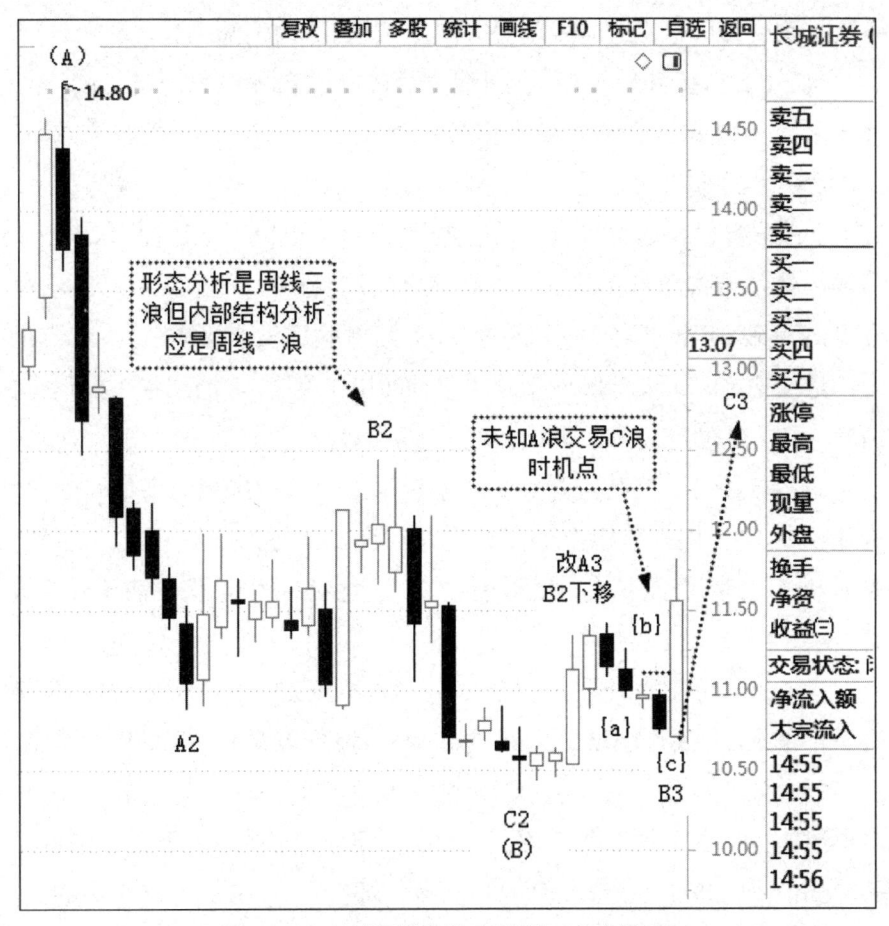

图 1-15 长城证券先定 B3 再定 A3 交易 C3

月线（A）浪，那么此点也是交易预期（C）浪上涨的时机。

三、"剪刀"式上涨交易（c）浪时机（顺势点）

"剪刀"式反弹（a1）、（b1）、（c1）三浪，其中（b1）分解成（a）、（b）、（c）三浪调整上倾结构（见图 1-16）。实际交易中，在（b）确定结束之时抓高一级一浪上涨之顶的成功率低，因（b）通过内部次一级三浪出现确立结束信号之时，是 60 分线（b）之顶，但不是日线 {a} 浪之顶。此点只是高一级（即 {a}）上涨具备结构条件的点，没有出现高一级上涨反转信号，此时的趋势方向依然是{a}浪上涨之势。

自（b）高点开始（c）浪调整，通过内部次一级a2、b2、c2三浪极端之时逆势或出现确立结束信号（a7上破"b2下移"高点），验证（c）收在（a）低点以上之时，是顺（a1）、（b1）、（c1）三浪（高一级{a}浪）上涨之势做多的时机点，设止损位于c2低点以下，目标为{a}浪上涨再次具备结构条件（如a、c、c1浪位置）或（c1）出现确立结束信号（a6下破b1低点之时）。因为（c）调整验证没有下破（a）低点的话，是预期（b1）浪分解或上移[之前（b1）在（a）浪位置]的信号，预期（c1）也跟着上移，证明{a}上涨的趋势没有变。

后市自（c1）浪高点开始的调整极端之时，或出现结束信号之时，验证收在（c）浪低点以上的点，也是一个非常好的交易"（c1）上移"浪时机（也是顺势点），并预期"（c1）上移"浪上破之前（c1）浪高点。

自（c1）浪高点开始的"双节棍"式结构a3、b3、c3三浪具备结构条件的c3浪低点区域，因未下破（c）浪低点是一个逆势抓"（b1）上移"之底，顺高一级{a}上涨之势交易非常好的时机。自c3浪低点出现预期运行5分线三浪上涨信号的点，不但是"（b1）上移"浪调整的转势信号，也是{a}浪上涨的顺势点，即交易"（c1）上移"浪的点。看实际走势需重点关注5分线a4、b4、c4三浪上涨结构和结束信号，以及结束点所处位置对日线{a}趋势的影响。

当a4、b4、c4三浪上涨出现结束信号（a5下破b4低点），验证自c3浪低点的高一个级别一浪上涨收在之前（c1）浪高点以下之时，此点不但是高一个级别60分线（b3）的转势信号，而且因其所处的特殊位置，还是高两级{a}浪上涨的最初转势信号。此时之前"（b1）上移"浪应更改为（a3）浪，此点同时是之前{a}浪上涨顺势交易的最后被动出局点。

2022年3月9日，黄金2206期货自398.38元开始上涨，在60分线（c）上破（a）高点，发出日线上涨信号（见图1-17），后市上破5

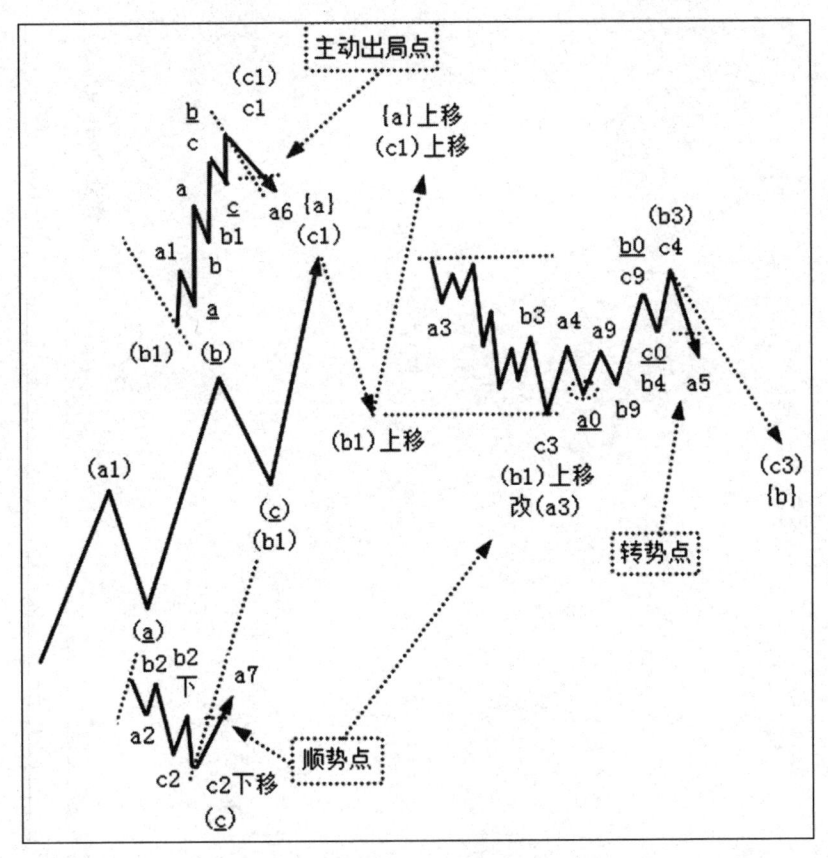

图 1-16 "剪刀"式上涨交易（c）浪

分线 a1 高点，是 60 分线 "（b）上移"调整出现结束信号的日线顺势点，设止损于 a1 低点以下。5 分线 a3 上破 b2 高点是 "（b）再上移"调整三角形结构结束信号和日线顺势点，设止损于 a3 低点以下。5 分线 a5 上破 b4 高点，是 "（b）三上移"调整结束信号和日线顺势点，设止损于 a5 低点以下。从实际走势可看出，日线上涨过程中 60 分线（c）、"（c）上移"、"（c）再上移"、"（c）三上移"浪内 5 分线三浪是复杂的浪中浪结构，且幅度较大者居多，而调整的 "（b）上移""（b）再上移""（b）三上移"以普通的三浪调整、三角形结构和幅度较小者居多。

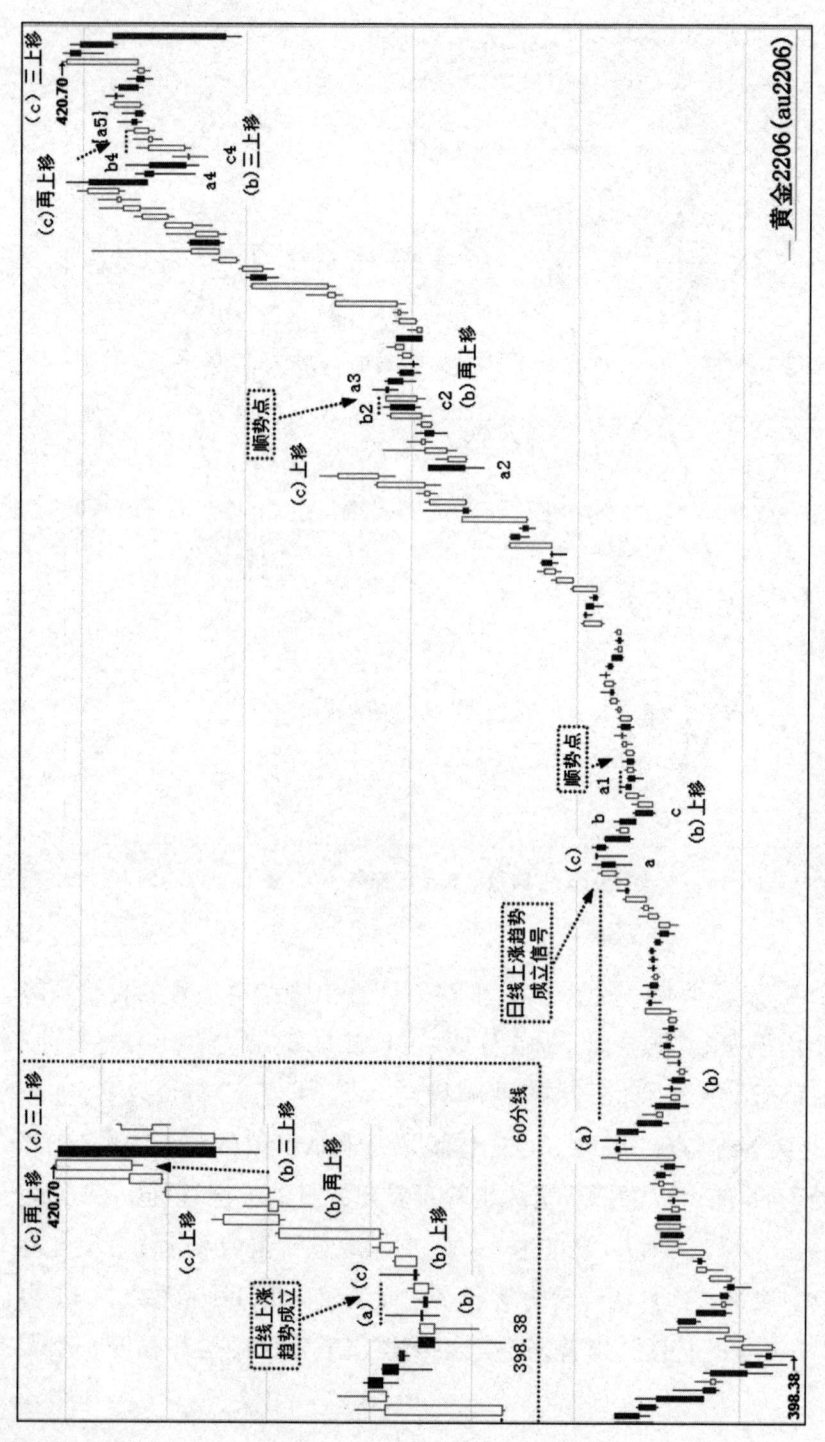

图 1-17 黄金 2206 "剪刀" 式上涨交易（c）浪

第六节 逆势交易点

逆势交易要在调整浪极端之时（调整浪内部结构一次或二次分解具备结构条件）逆势抓底；或在大周期上涨趋势成立后，逆势抓小周期调整之底，顺大周期上涨之势。

一、日线三浪"剪刀"式调整逆势交易点

日线 {c} 下破 {a} 低点，确立趋势的方向是高一级别的 C 浪下跌（见图 1-18）。"{b} 下移"反弹对于高一级别的 C 浪下跌之势来说是逆势，如要交易"{b} 下移"反弹就是逆势交易，成功的概率低。{b}、"{b} 下移"、"{b} 再下移"都是逆势交易，哪种逆势交易成功率高、后市回报高呢？

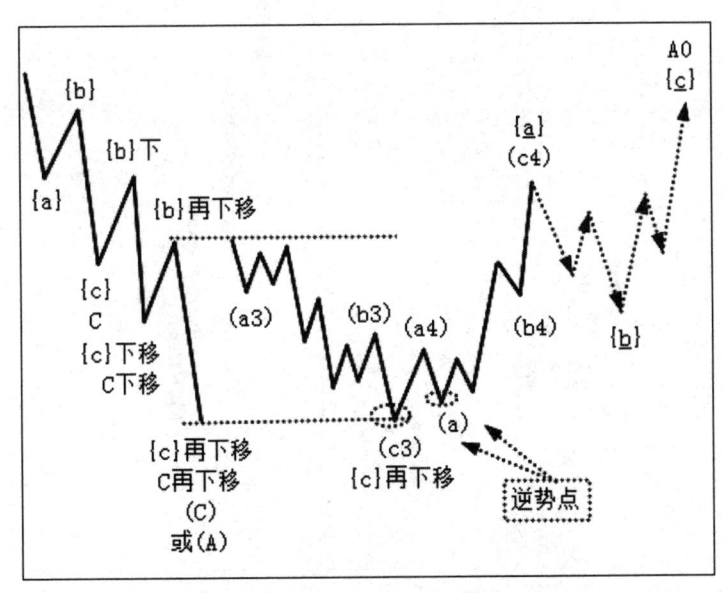

图 1-18 日线三浪"剪刀"式调整逆势交易点

一般来说，{a}、{b}、{c}三浪二次分解，"{c}再下移"内60分线（a3）、（b3）、（c3）三浪二次分解之时，逆势抓"{c}再下移"之底的同时抓"C下移"之底成功率高、回报大。如，在（c3）具备结构条件，或（a）调整通过再次一级5分线三浪结束信号，验证收在（a4）

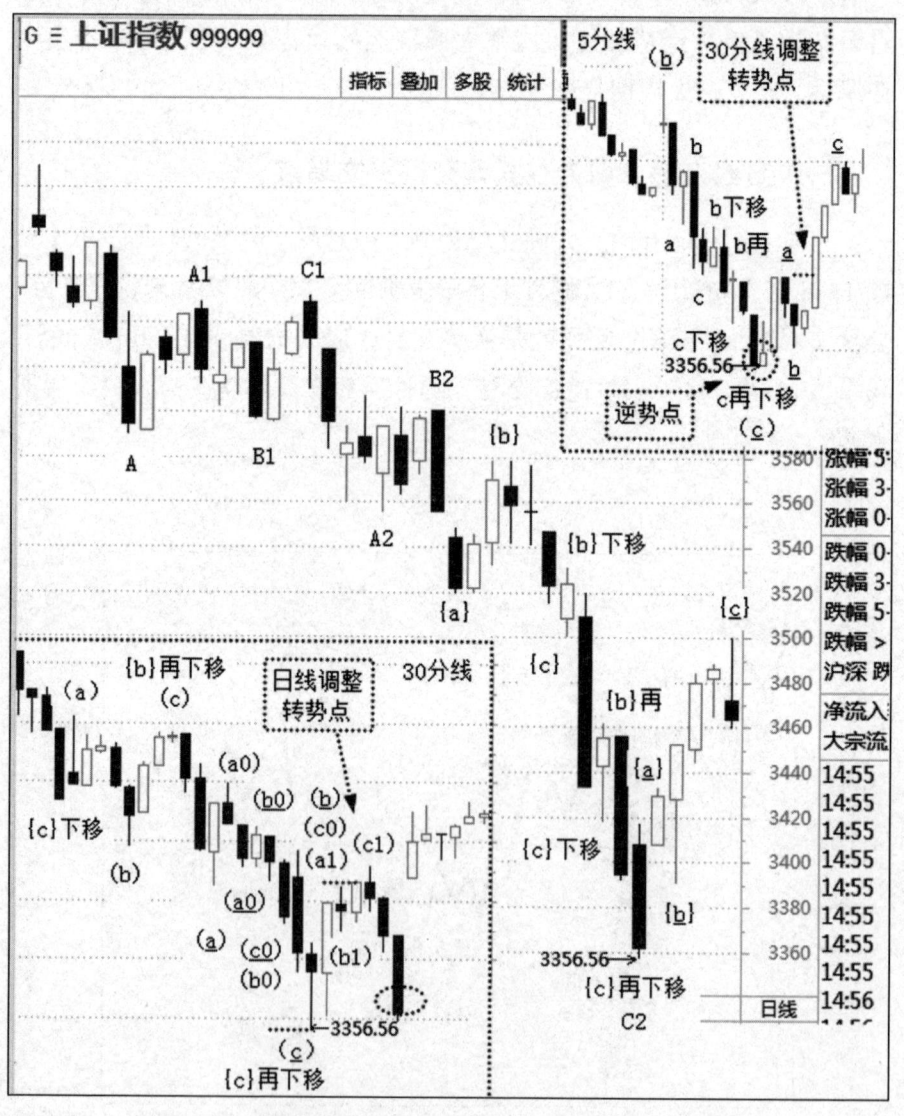

图1-19 上证指数日线三浪"剪刀"式二次分解逆势抓底

低点以上之时，同时抓两级之底并设止损于（a4）低点之下。

上证指数自 3601.07 开始的周线调整内，日线三浪"剪刀"式二次分解至"{c}再下移"浪阶段（见图 1-19），其"{b}再下移"内部结构分析是 30 分线（a）、(b)、(c) 三浪反弹下倾结构（见图 1-19 左下），预示后市继续重挫，"{c}再下移"内部结构是 30 分线（a）、(b)、(c) 三浪"镰刀"式调整（图左下）。(c) 内 5 分线 a、b、c 三浪二次分解"c 再下移"具备结构条件之时，是逆势抓 60 分线、日线、周线之底的时机，设止损于"{c}再下移"低点以下。5 分线 c 上破 a 高点是 30 分线（c）调整转势点和周线调整逆势点之一。30 分线（c1）上破（a1）高点，是日线"{c}再下移"调整转势和周线"C 下移"逆势点，设止损于（a1）低点以下。后市日线 {b} 调整出现结束信号，验证收在 {a} 低点以上的点是预期周线上涨顺势点。月线下跌结构是 A、B、C 三浪"双节棍"式，正运行"双节棍"式调整中的 A2、B2、C2 三浪调整，月线下跌趋势未变，目标可定为周线反弹或周线三浪反弹具备结构条件之时主动出局。

二、日线三浪"双节棍"式调整逆势交易点

细浪级 {a}、{b}、{c} 三浪"双节棍"式调整在 {c} 低点具备高一个级别 C 浪结构条件（见图 1-20），但在没有出现结束信号之前还存在继续演变的可能性。因"双节棍"式 {c} 低点是周线多空分界点，可通过抓 {c} 之底来同时抓大周期 C 调整之底。{c} 内 60 分线（a）、(b)、(c) 三浪运行中，(b0) 通过再次一级 5 分线 a、b、c 三浪出现结束信号（即 a0 上破 b 高点）验证（b0）调整收在（a0）低点以上，是大两个周期 {c} 调整在"(c) 下移"低点结束的信号。此点同时是自"(c) 下移"低点开始预期运行同级别三浪（或高一个级别 {a0}）反弹的信号。没有出现 C 结束信号（上破 {b} 高点）之前趋势的方向依然是 C 下跌，在（b0）结束之时交易预期（c0）和 {a0} 反弹也是逆势。但因 {c} 低点是"双节棍"式日线三浪调整周线多空分界点，

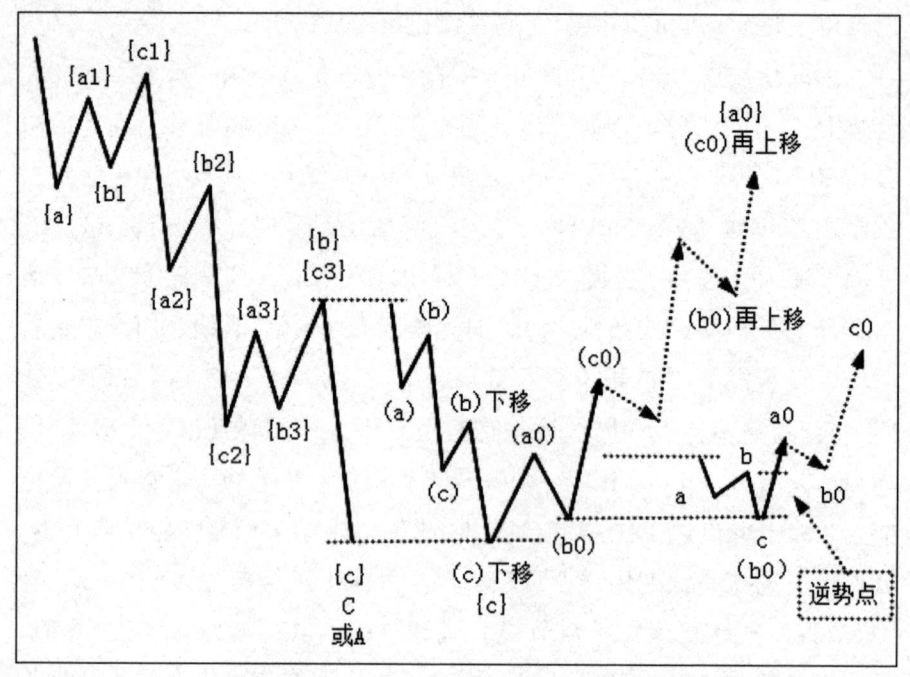

图 1-20　日线三浪"双节棍"式调整逆势点

其实是以（b0）出现结束信号至"(c)下移"低点这个很小的止损空间，博预期的 a0、b0、c0 三浪演变成复杂结构而引发（c0）大幅上涨，博预期的（a0）、（b0）、（c0）三浪演变成复杂结构而引发 {a0} 大幅上涨，博后市自 {c} 低点开始运行日线三浪反弹，即博 C 在 {c} 低点结束。如后市出现周线反转信号，就把盈利目标上调至周线反弹具备结构条件之时主动出局。由此可见，a0 上破 b 高点做多交易高两级的 {a0} 反弹是逆 A 调整之势，但后市若出现周线趋势反转信号可转化成反弹之势，做多点和技术止损位维持在原低点以下不变。

沪深 300 日线三浪"双节棍"结构中（见图 1-21），{a1}、{b1}、{c1} 三浪反弹是个不规则底结构，预示 {a2}、{b2}、{c2} 三浪调整重挫。{c3} 具备 {b} 浪结构条件，后市直接单浪下破 {c2} 低点的日线一浪具备 {c} 浪结构条件，那么精准抓 {c} 浪之底和 {c} 浪转势时机点就是周线 C

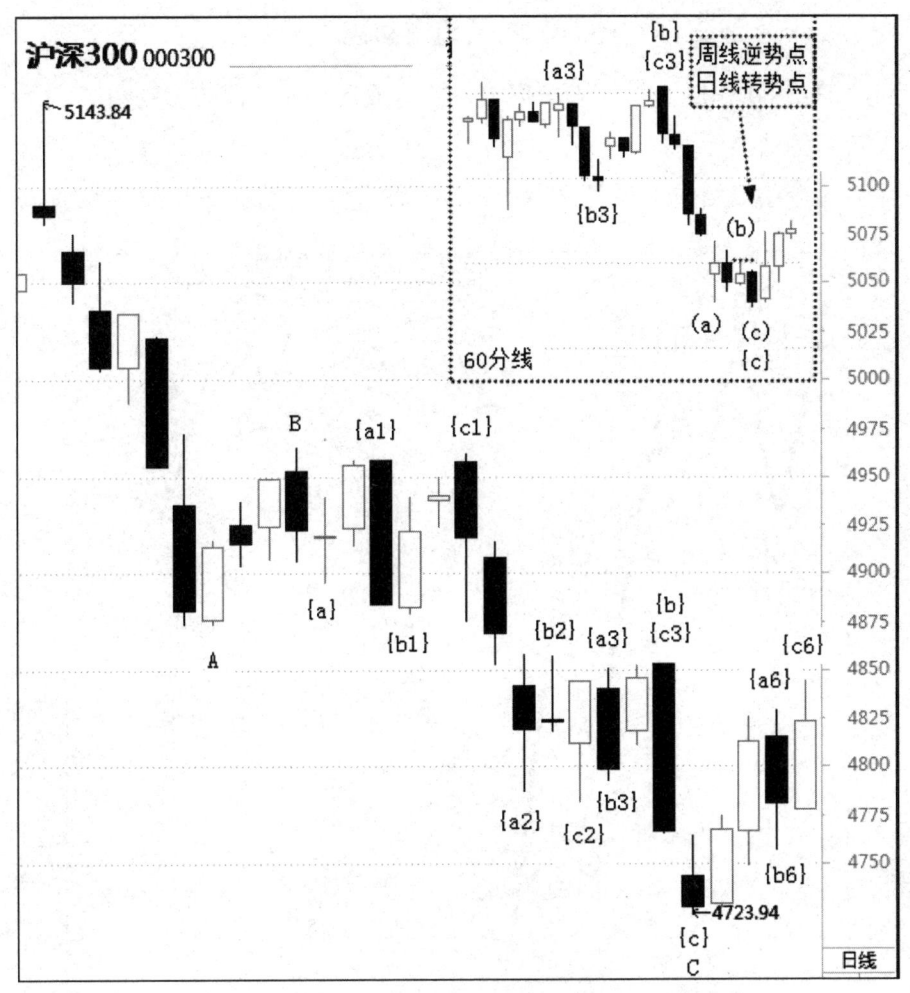

图 1-21　沪深 300 日线三浪"双节棍"结构逆势时机

浪的逆势点，设止损于 {c} 浪低点以下。60 分线（a）、(b)、(c) 三浪下降三角形构成 {c} 浪，上破（b）浪高点之时是日线 {c} 浪转势点、周线 C 浪逆势点。因对于自高点 5143.84 开始的月线调整来说目前趋势向下没有改变，那么自 {c} 浪低点开始的周线上涨应定为反弹，这种情况下应在周线反弹具备结构条件之时主动出局。

三、日线三浪"镰刀"式调整逆势点

日线 {a}、{b}、{c} 三浪"镰刀"式构成周线 A 浪调整（见图 1-22）。A 浪具备结构条件的 {c} 下跌过程中，60 分线（a）、(b)、(c) 三浪运行中一次分解具备结构条件之时，可以 50% 仓位逆势抓底（余下 50% 仓

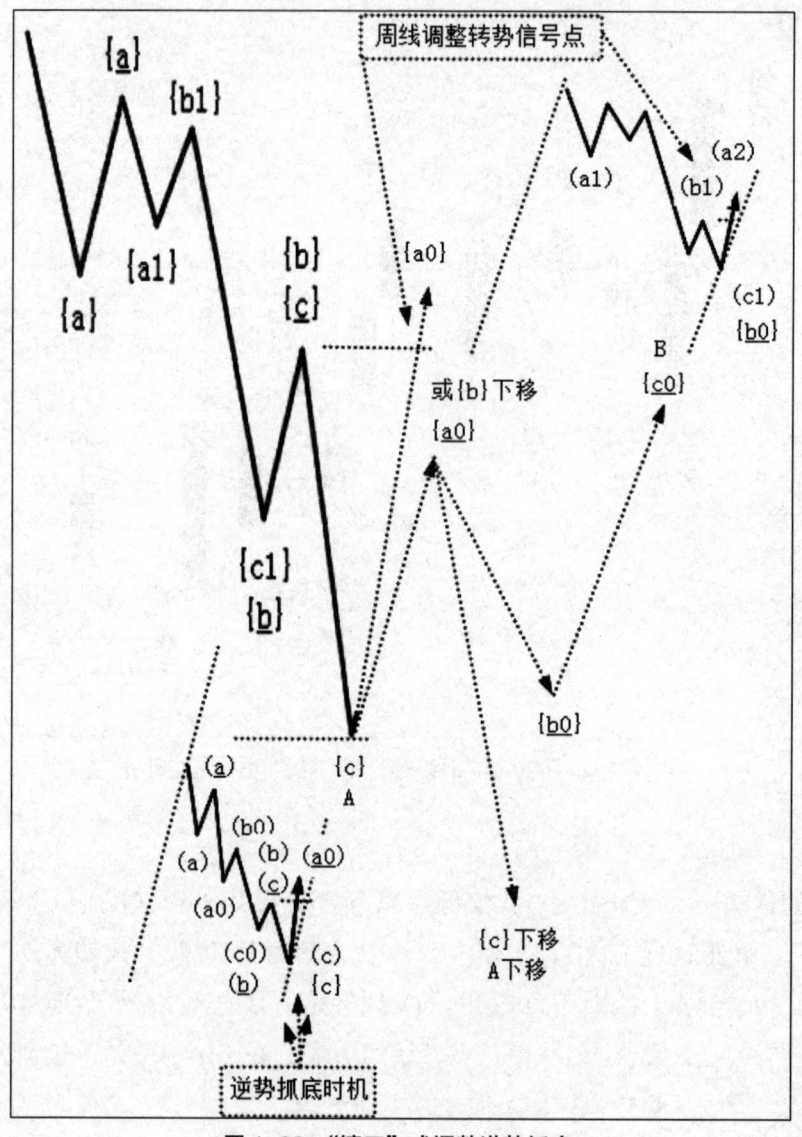

图 1-22 "镰刀"式调整逆势抓底

位等待 60 分线三浪二次分解或出现结束信号之时加仓操作），或直接等待 60 分线三浪二次分解的（c）位置精准逆势抓底。

此位置逆势抓底一般成功率高，但此时也没有确定是否为底部。需要观察后市日线上涨对周线下跌趋势的影响来验证，即通过是否出现周线调整结束信号来验证。

后市日线上涨如 {a0} 上破 {b} 高点，则是验证之前逆势抓底成功的信号，目标此时可定为自 {c} 低点开始日线三浪上涨，且不排除复杂演变的可能性。

后市日线上涨如 {a0} 未能上破 {b} 高点，则重点关注自 {a0} 高点开始的日线调整内部结构和结束信号。有两种可能性：其一，之前 {a}、{b}、{c} 三浪三次分解下破 {c} 低点，即"镰刀"式调整演变成浪中浪；其二，自 {a0} 高点开始日线 {b0} 调整出现结束信号，验证收在 {c} 低点以上［如 60 分线（a2）上破（b1）高点，验证 {b0} 调整收在 {a0} 低点以上］，发出周线调整结束和预期周线上涨信号。

神州信息自 16.85 元开始运行的是日线三浪"镰刀"式调整结构。在 {c} 浪低点具备结构条件（图 1–23），需注意的是 {c} 浪反弹是个 60 分线不规则底结构，预测 {c} 浪重挫。{c} 浪内部结构 30 分线（a）、(b)、（c）三浪中,（b）浪也是不规则底结构，预示（c）浪重挫，所以逆势抓 {c} 之底需要等待结构和幅度基本达到才可考虑。但在 2022 年 2 月 8 日，上破（b1）浪高点之时是日线 {c} 浪调整转势信号，设止损于（a4）低点以下，此点也是周线调整的逆势点和买入时机。后市上破（b）浪高点之时是周线调整的转势信号和预期周线上涨顺势点，是买入时机，设止损于（a4）低点以下。

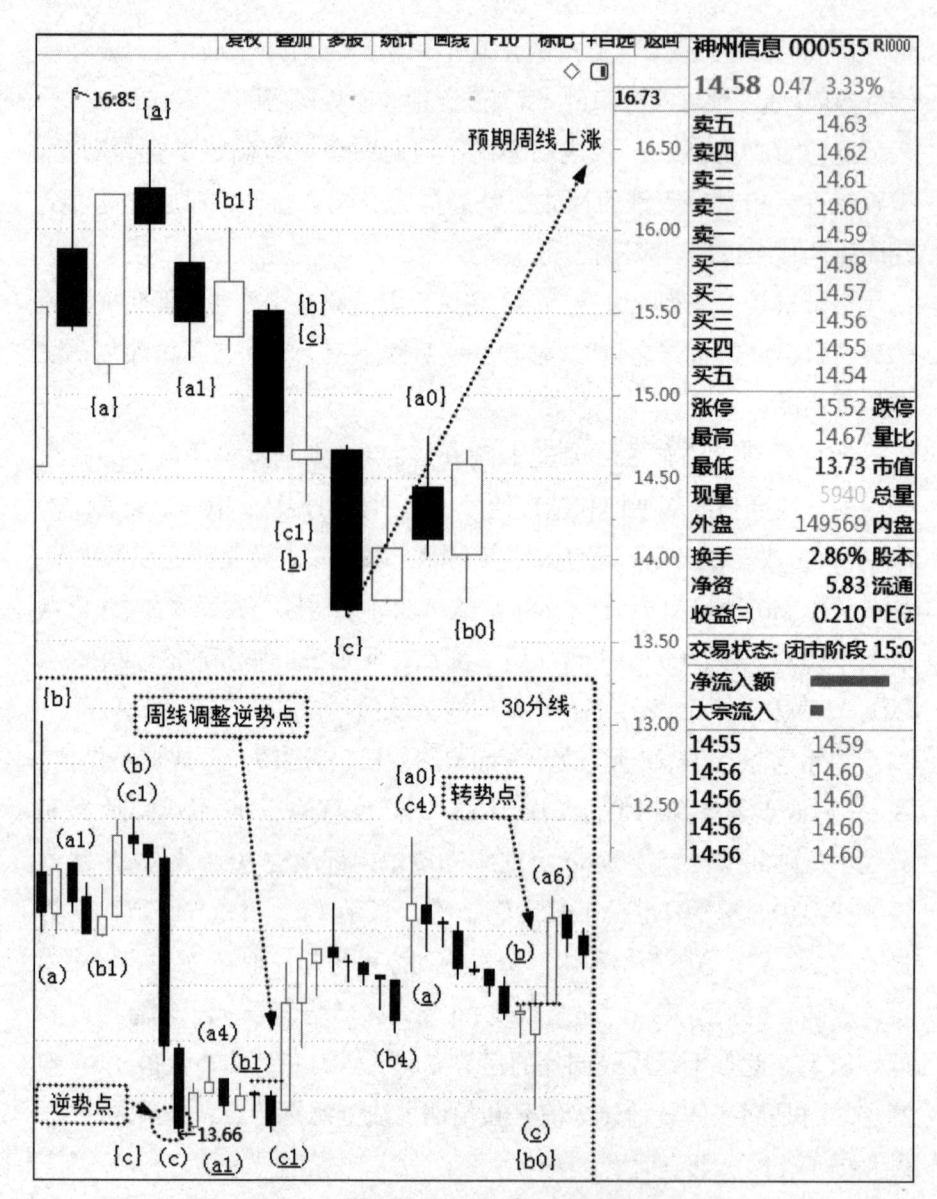

图1-23 神州信息"镰刀"式调整逆势抓底

四、逆势抓小周期调整之底顺大周期上涨之势

日线 {a1}、{b1}、{c1} 三浪构成周线 A1 上涨，C1 上破 A1 高点确立月线（A）上涨趋势（见图1-24），根据 {a3}、{b3}、{c3} 三浪结构模

式、特性逆势抓自 C1 高点开始的预期周线"B1 上移"之底，就是较好的顺大周期（A）上涨之势交易的时机。{a3}、{b3}、{c3} 三浪正常调整、一次分解"{c3} 下移"具备结构条件、二次分解"{c3} 再下移"具备结构条件之时，都是较好的分批逆势抓小周期周线调整之底，以及顺大周期月线上涨之势交易的时机，设止损于"B1 上移"低点以下。{a4} 上破"{b3} 再下移"高点之时，验证之前逆势抓小周期之底顺大周期之势交易成功，目标为自 {a4} 低点开始的预期"C1 上移"具备结构条件之时主动出局。

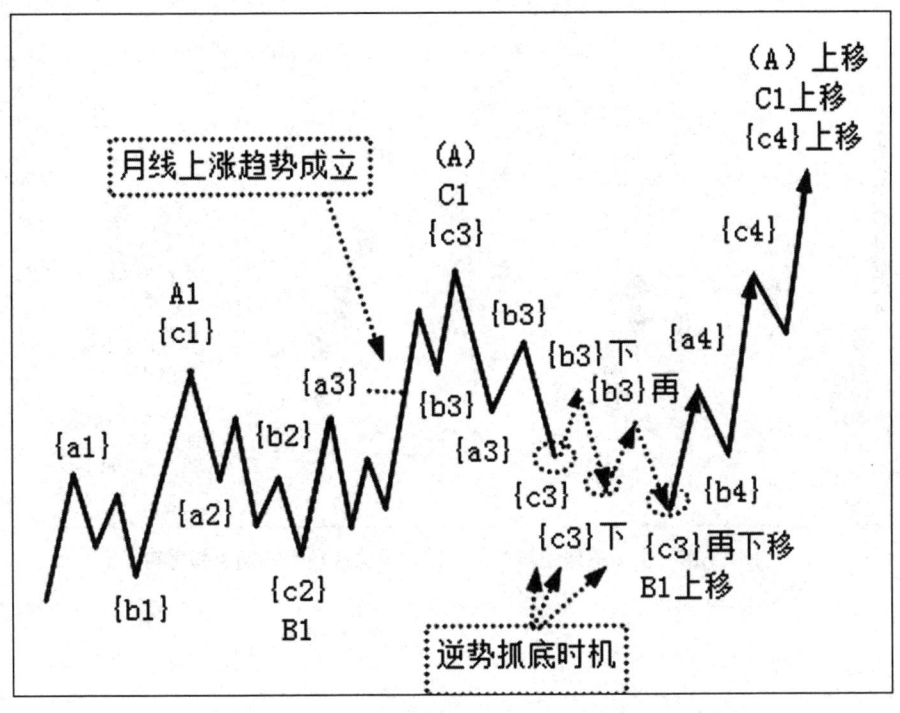

图 1-24　逆势抓小周期调整之底顺大周期上涨之势

2021 年 4 月 2 日，上证指数周线 C1 上破 A1 高点之时确立运行月线（B）反弹（见图 1-25），自 C1 高点开始的预期周线调整内日线 {a4}、{b4}、{c4} 三浪在 {c4} 下破 (a4) 低点，日线 {c4} 具备结构条件（见图

1-25 上 30 分线）。即具备周线 "B1 上移" 调整结构条件（距离 B1 低点越近越好），是逆势抓小周期周线调整之底顺大周期月线上涨之势交易的时机。{a5} 上破 {b4} 高点（月线上涨顺势点）是验证之前逆势抓小周期之底顺势交易成功的信号。{c5} 上破 {a5} 高点是之前交易盈利后的主动出局时机，{a6} 下破 {b5} 低点之时是被动出局时机。

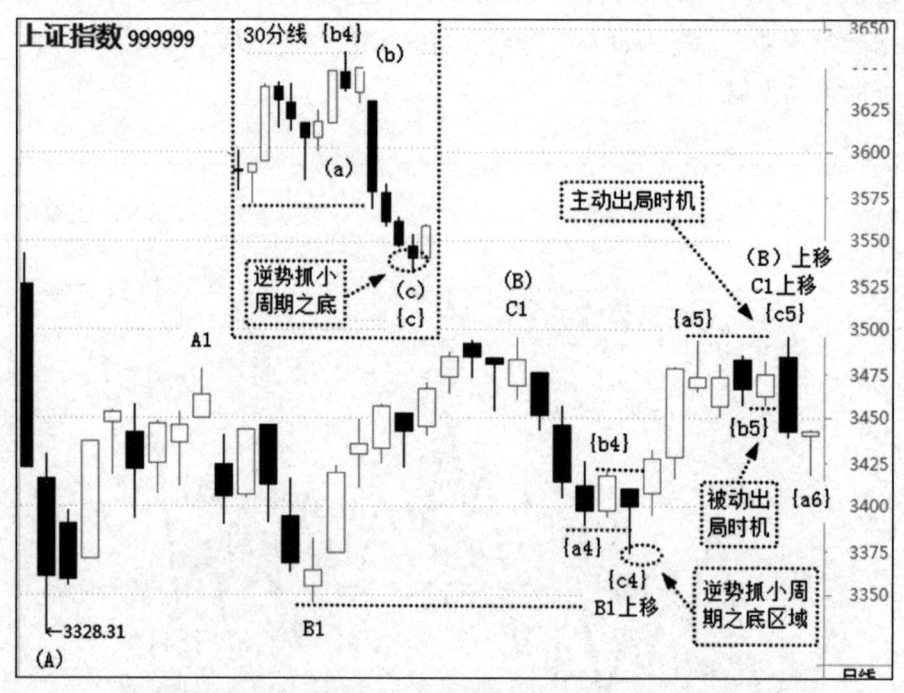

图 1-25　上证指数逆势抓小周期调整之底顺大周期上涨之势

第一章配套讲解视频：

1-0　金融市场规律

1-1-0　波浪理论内部结构分析理论依据

1-1-1　定趋势方向和级别

1-1-2b　等待和寻找顺势点

1-1-3　后市验证和变化以及应对策略

1-1-4　继续等待顺势时机点出现

1-1-5　重点关注

1-1-6　中国石油定级别找顺势点

1-2　基础浪细分浪

1-3　阻力、支撑、回撑

1-4-1　浪形终点、起点的判断

1-4-2　月线调整终点的判断

1-4-3　多空分界点成为反向浪的起点

1-4-4　日线三浪"镰刀"式上涨终点判断

1-5-1　交易 C 浪

1-5-2　先定 B 浪再定 A 浪交易 C 浪

1-5-3　"剪刀"式上涨交易（c）浪时机

1-6-1　逆势交易点

1-6-2　日线三浪"双节棍"式调整逆势交易点

1-6-3　日线三浪"镰刀"式调整逆势交易点

1-6-4　逆势抓小周期调整之底顺大周期上涨之势

微信扫码观看

第二章　小周期波幅符合大周期趋势

金融分析中搞清小周期波幅符合大周期结构、波幅、趋势方向的目的，是清楚认定目前正运行的周期和趋势方向、寻找和等待大周期趋势的顺势点和转势信号。

第一节　年线调整中小周期波幅符合大周期趋势

一、大周期为周线趋势认定

日线 {c} 浪下破 {a} 浪低点之时，是确立自 {a} 浪高点开始运行周线 A 下跌的信号（见图 2-1），此时大周期方向应定位为周线下跌，日线趋势方向向上定位为反弹，日线趋势方向向下定位为顺势。此时需重点关注周线下跌的顺势信号和周线调整的转势信号。

如自 {c} 浪低点开始的"{b} 下移"浪上涨，应定位为大周期 A 浪下跌中的短线（即小周期）反弹（逆势方向）。"{b} 下移"上涨出现结束信号，验证收在 {b} 浪高点以下的点，就是一个顺 A 浪下跌之势的交易时机点。此时日线涨跌会受周线 A 浪下跌的阻力点、回撑点影响，日线三浪调整结构及每一浪所处的位置也影响着 A 浪的下跌幅度和结束信号、结束点。

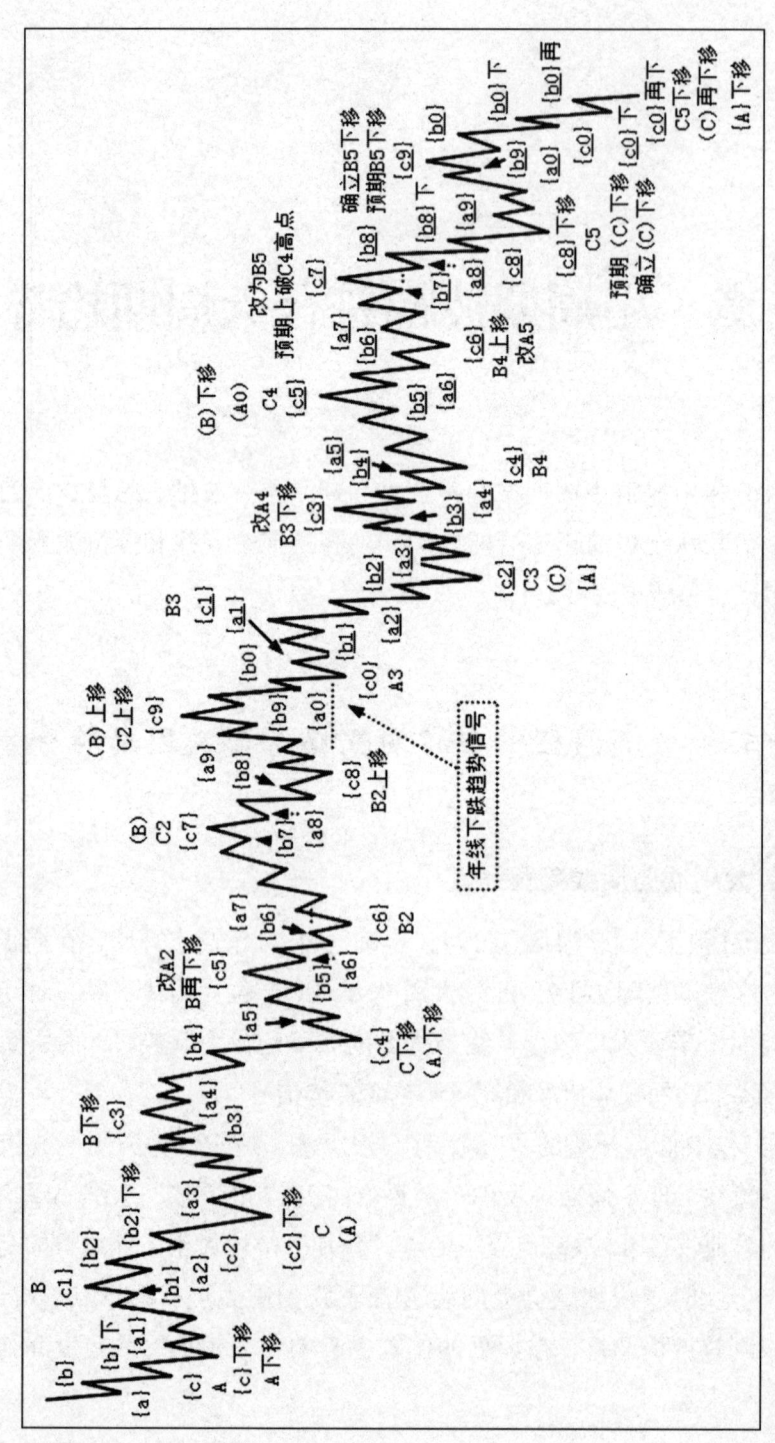

图 2-1 年线调整中小周期波幅符合大周期趋势

自 {a1} 浪高点开始的日线调整出现结束信号，验证收在 {a1} 浪低点以上的点，不但是 A 浪调整结束的信号，也是自 {a1} 浪低点开始预期 B 浪上涨信号。自此开始正在运行的大周期趋势是周线 B 浪上涨，此后日线调整是逆势，日线上涨是顺势。日线调整出现结束信号，验证收在之前日线调整低点以上的点（具体要根据日线三浪上涨结构来看）是大周期 B 浪上涨的顺势点。日线三浪上涨结构和每一浪 B 浪所处的特殊位置会影响 B 浪上涨的幅度和结束信号。

二、大周期为月线趋势认定

{a2} 下破 {b1} 浪低点出现 B 浪上涨转势信号之时，预期自 {a2} 高点开始周线 C 浪下跌，也是自 A 浪高点开始预期运行月线下跌的信号，自此趋势的方向由之前周线上涨转变为预期的月线下跌。需重点关注周线三浪下跌结构、二次分解具备结构条件的逆势抓底时机和月线调整转势信号。此时小周期应是周线，周线下跌为顺势，周线上涨为逆势，大周期为月线下跌。周线 C 浪下跌为顺月线下跌之势的方向。日线 {b2} 上涨出现结束信号，验证收在 {a2} 高点以下的点，不但是顺预期 C 浪下跌之势时机点，也是顺预期月线（A）下跌之势时机点。

C 浪下破 A 浪低点确立为月线（A）浪趋势下跌，此时，需重点关注小周期周线反弹的结束信号，即大周期月线调整的顺势点。

在月线（A）浪趋势向下的情况下，自 {a3} 低点开始的预期周线上涨应符合大周期（A）浪的下跌趋势，要关注 B 浪高点的压制，预期应收在 B 浪高点以下，即预期 B 浪应下移。此时重点关注 {a3}、{b3}、{c3} 三浪结构和结束信号，以及结束点所处的位置对月线趋势方向的影响。当 {a3}、{b3}、{c3} 三浪出现结束信号，验证本段周线上涨收在 B 浪高点以下之时，是确定 B 浪下移至 {c3} 浪高点的信号，也是月线调整的顺势点和持续信号。

在月线（A）浪趋势向下的情况下，自 {a4} 高点开始的周线下跌应符合大周期趋势，预期本段周线下跌应下破 C 浪低点，即预期 C 浪应下移。此时，需重点关注 {a4}、{b4}、{c4} 三浪结构和结束信号，以及结束点对月线趋势方向的影响。当本段调整下破 C 浪低点时，则确立 C 浪下移至 {c4} 浪低点，（A）浪也跟随下移。

在月线（A）浪趋势向下的情况下，自 {a5} 低点开始的周线上涨应符合月线趋势结构，预期本段周线上涨应收在"B 下移"高点以下，即预期 B 浪应再下移。需重点关注 {a5}、{b5}、{c5} 三浪结构和结束信号，以及结束点对月线趋势方向的影响。当 {a5}、{b5}、{c5} 三浪出现结束信号，验证本段周线上涨收在"B 下移"高点以下之时，确立 B 浪再下移至 {c5} 浪高点。

在月线（A）浪趋势向下的情况下，自 {a6} 高点开始的周线下跌，应符合月线结构，预期本段周线下跌应下破"C 下移"浪低点，即预期 C 浪再下移。需重点关注 {a6}、{b6}、{c6} 三浪结构和结束信号，以及结束点对月线趋势方向的影响。当 {a7} 上破 {b6} 高点出现本段周线 B2 调整结束信号，并验证 B2 收在"C 下移"浪低点以上之时，因对（A）浪下跌趋势产生巨大影响，有扭转（A）浪下跌趋势方向的预期和作用。自此，月线趋势方向由之前（A）浪下跌，转变为自"C 下移"浪低点开始的预期（B）浪上涨，后市小周期还是周线但周线向上应为顺势，周线向下应为逆势。

在大周期月线预期趋势向上的情况下，自 {a7} 低点开始的周线上涨，应符合月线趋势向上的条件，此时之前"B 再下移"应改为 A2 浪，同时预期本段周线 C2 上涨应上破 A2 浪高点。需重点关注 {a7}、{b7}、{c7} 三浪结构和结束信号，以及结束点所处的位置对月线趋势方向的影响。当 C2 上破 A2 浪高点之时，确立月线（B）浪上涨趋势成立。

在月线（B）浪趋势向上的情况下，周线上涨为顺势，周线下跌为逆势。自 {a8} 高点开始的周线下跌，应符合（B）浪上涨结构，预期本段周线下跌应收在 B2 低点以上，即预期 B2 浪应上移。需重点关

注 {a8}、{b8}、{c8} 三浪结构和结束信号，以及结束点对月线趋势方向的影响。当本段周线下跌出现结束信号，验证收在 B2 浪低点以上之时，确立 B2 浪上移至 {c8} 浪低点。

在月线（B）浪趋势向上的情况下，自 {a9} 低点开始的周线上涨符合月线结构，预期本段周线上涨应上破 C2 浪高点，即预期 C2 浪上移。需重点关注 {a9}、{b9}、{c9} 三浪结构和结束信号，以及结束点对月线趋势方向的影响。当本段周线上涨上破 C2 高点之时，确立 C2 浪上移至 {c9} 浪高点，（B）浪也跟随上移至 {c9} 浪高点。

在月线（B）浪趋势向上的情况下，自 {c9} 高点开始的周线下跌也应符合（B）浪结构，预期本段周线下跌应收在"B2 上移"低点以上，即预期 B2 浪应再上移。需重点关注 {a0}、{b0}、{c0} 三浪结构和结束信号，以及结束点对月线趋势方向的影响。当本段周线下跌直接下破"B2 上移"低点，则对大周期（B）浪上涨趋势产生巨大影响，有扭转（B）浪趋势方向的预期和作用。此时月线级别的趋势方向由之前月线（B）上涨转变为自 A3 高点开始的预期（C）浪下跌。重点是，此点也是自（A）浪高点开始预期运行年线下跌的信号，就此大周期趋势由之前月线上升，转为预期年线下跌。月线下跌为小周期顺势方向，月线上涨为逆势方向。

三、大周期为年线趋势方向认定

年线下跌为月线（A）、（B）、（C）三浪，正运行预期的（C）浪，且在没有出现年线下跌反转信号之前，还存在（A）、（B）、（C）三浪复杂演变的可能性。

在大周期年线下跌趋势中的小周期，预期月线（C）浪下跌中，又可把（C）浪月线定为大周期，周线为小周期，即还是周线下跌为顺势方向，周线上涨为逆势方向。

在月线（C）浪趋势向下的情况下，自 {a1} 低点开始的周线上涨，应符合大周期（C）浪调整的结构条件，预期本段周线上涨应收在 A3 浪高点以下，即预期运行 B3 浪反弹，需重点关注 {a1}、{b1}、{c1} 三浪结构和结束信号，以及结束点所处位置对月线趋势方向的影响。当 {a1}、{b1}、{c1} 三浪反弹出现结束信号（{a2} 下破 {b1} 低点），验证 B3 上涨收在 A3 高点以下之时，是顺势做空的时机。

（C）浪趋势向下的情况下，自 {a2} 高点开始的周线下跌，应符合（C）结构条件，之前 B3 反弹幅度越小，预期 C3 下破幅度越大。需重点关注 {a2}、{b2}、{c2} 三浪结构和结束信号，以及结束点对月线趋势方向的影响。

（C）浪下破（A）浪低点，确定年线 {A} 浪下跌趋势成立。

在年线 {A} 浪为下跌趋势时，（C）浪下跌中小周期周线上涨应符合（C）浪下跌结构，自 {a3} 浪低点开始的周线上涨，预期在 B3 浪高点以下结束，需重点关注预期的 {a3}、{b3}、{c3} 三浪结构和结束信号，以及结束点对月线趋势方向的影响。当本段周线上涨验证收在 B3 浪高点以下之时，确立 B3 下移至 {c3} 高点，并预期自 {c3} 高点开始的周线下跌，因要符合（C）浪下跌趋势，而预期未来下破 C3 浪低点（即预期 C3 浪下移）。需重点关注 {a4}、{b4}、{c4} 三浪结构和结束信号，以及结束点对月线趋势方向的影响。当 {a5} 上破 {b4} 高点，验证周线 B4 下跌收在 C3 浪低点以上之时。因 B4 调整处在月线（C）浪的特殊位置，再加上之前周线反弹，对（C）浪的趋势方向产生了巨大影响，有扭转（C）浪下跌趋势的预期。此时月线趋势由之前的（C）浪下跌转变为自 C3 低点开始的预期（A0）（暂定）上涨。

对于自高点开始的年线 {A} 浪下跌趋势，本段预期的月线（A0）上涨应算小周期。在这种情况下，它的涨跌应符合年线 {A} 浪的结构条件，即预期（A0）上涨应符合年线下跌结构条件，在（B）浪高点以下结束，预期（B）下移。此时之前的"B3 下移"应更改为 A4，需重点关注 A4、B4、C4 三浪结构、结束信号，以及结束点对年线趋势方向的影响。

预期月线（A0）上涨中，首先要关注的是自 {a5} 低点开始的 C4 上涨应符合大周期（A0）结构条件，预期 C4 应上破 A4 高点。需重点关注 {a5}、{b5}、{c5} 三浪结构、结束信号、以及结束点所处位置对月线趋势方向的影响。C4 浪上破 A4 浪高点之时，确立运行 (A0) 上涨。

在 (A0) 上涨中，周线下跌应符合月线 (A0) 上涨的结构条件，即自 {a6} 高点开始的周线下跌，预期应在 B4 低点以上结束，需重点关注 {a6}、{b6}、{c6} 三浪结构和结束信号以及结束点对月线趋势方向的影响。{a7} 上破 {b6} 高点，验证本段周线下跌收在 B4 浪低点以上之时，符合 (A0) 上涨的结构条件，此时，不仅是 B4 上移至 {c6} 低点的信号，也预期自 {a7} 低点开始的周线上涨会上破 C4 高点。需重点关注 {a7}、{b7}、{c7} 三浪结构和结束信号，以及结束点对月线趋势方向的影响。{a8} 下破 {b7} 低点之时，验证本段周线上涨未能上破 C4 高点。实际收在 C4 浪高点以下之时；因本段周线上涨处在月线（A0）特殊位置，结合之前的"B4 上移"调整，有扭转 (A0) 反弹趋势方向的预期和作用。此时 {c6} 低点，应由之前"B4 上移"改为 A5，{c7} 浪高点应为 B5，且月线趋势方向，由之前的（A0）浪上涨转变为自 C4 高点开始的月线预期向下。小周期周线向下为顺势，周线向上为逆势。

对于自最高点开始的大周期年线下跌来说，因验证（A0）浪反弹收在（B）高点以下，是（B）结束点下移至 C4 高点信号，即此时（A0）应更改为（B）下移，同时也是（C）预期下移的信号。需重点关注 {a8}、{b8}、{c8} 三浪结构和结束信号，以及结束点对月线趋势方向的影响。此时，自 {a8} 高点开始的周线 C5 下跌，应符合预期"（C）下移"下跌结构，即预期 C5 应下破 A5 和（C）浪低点。

在年线 {A} 浪下跌中的预期"（C）下移"运行中，C5 下破（C）浪低点之时，确立（C）下移至 C5 低点。

"（C）下移"运行中，小周期周线涨跌符合"（C）下移"结构条件，{a9}、{b9}、{c9} 三浪上涨因符合"（C）下移"结构而预期收在

43

B5 高点以下，即预期 B5 下移至 {c9} 浪高点。当 {a0} 下破 {b9} 低点，验证本段周线上涨收在 B5 高点以下，是 B5 确立下移至 {c9} 高点的信号，同时是自 {a0} 高点开始的周线下跌，因要符合"（C）下移"结构，而预期未来下破 C5 低点。需重点关注 {a0}、{b0}、{c0} 三浪结构和结束信号以及结束点，对月线"（C）下移"趋势方向的影响。当本段周线下跌下破 C5 低点之时，确立 C5 浪、（C）浪、{A} 浪都下移至其低点。后市需重点关注"（C）再下移"、年线 {A} 浪结束信号。

第二节　年线上涨中小周期波幅符合大周期趋势

一、大周期为周线、月线趋势方向认定

日线 {a}、{b}、{c} 三浪构成周线 A1 浪上涨（见图 2-2），此时大周期为周线，小周期为日线，{a}、{b}、{c} 三浪运行过程中，日线一浪涨跌应符合大周期 A1 浪上涨结构条件。在 {a}、{b}、{c} 三浪调整运行过程中，日线一浪涨跌应符合周线 B1 下跌结构条件。{a}、{b}、{c} 三浪调整出现结束信号，验证收在 A1 低点以上之时，大周期从之前的周线上升为月线，小周期从之前的日线上升为周线。此时，每一个周线涨跌应符合月线上涨的结构条件。

发出预期运行月线上涨信号后，自 {c} 浪低点开始的周线 C1 上涨，应符合月线（A）浪上涨的结构条件，而预期后市上破 A1 高点。需重点关注自 {c} 浪低点开始的日线三浪结构、结束信号，结束点对月线趋势的影响。本段周线上涨上破 A1 浪高点之时，确立运行 (A) 浪上涨。

在（A）浪上涨过程中，每一个周线涨跌都应预期符合月线结构条件，C1 浪出现结束信号后，因预期自 C1 高点开始的周线下跌，符合 (A) 浪结构条件，而预期本段周线下跌应收在 B1 浪低点以上（即

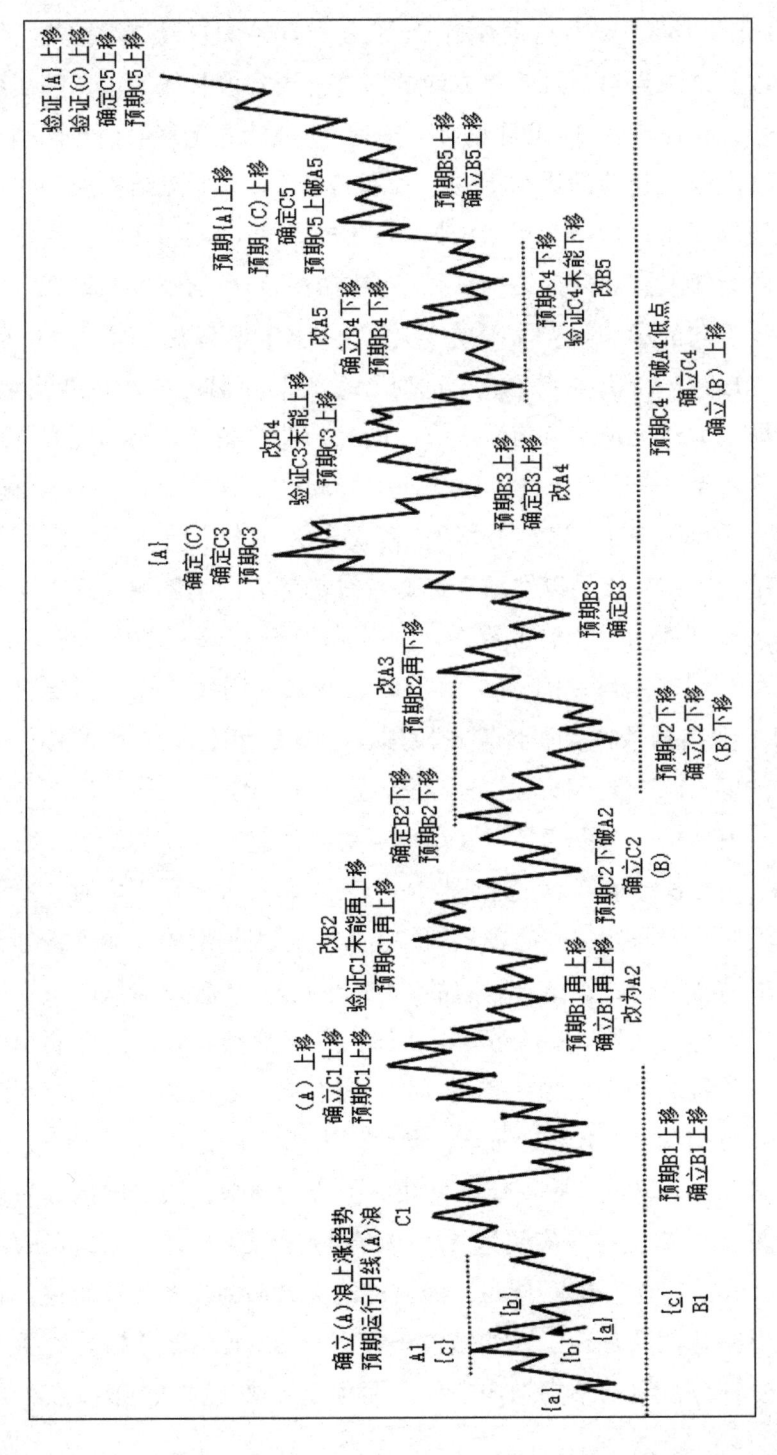

图 2-2 年线上涨中小周期波幅符合大周期趋势

预期 B1 浪上移）。需重点关注自 C1 浪高点开始的日线三浪结构、结束信号以及结束点对月线趋势方向的影响。当本段日线三浪调整出现结束信号，验证收在 B1 浪低点以上，是 B1 浪确立上移的信号。因自"B1 上移"低点开始的周线上涨，预期符合（A）上涨结构条件，而预期本段周线上涨后市上破 C1 浪高点（即预期 C1 浪上移）。需重点关注本段周线上涨的内部结构日线三浪结构、结束信号以及结束点对月线趋势方向的影响。当本段周线上涨上破 C1 浪高点之时，确立 C1 上移至本段周线上涨高点位置，同时 (A) 浪也上移至本段周线高点。当本段周线上涨出现结束信号之时，同时预期自高点开始的周线下跌也要符合（A）浪结构条件，而预期本段周线下跌应收在"B1 上移"低点以上（即预期 B1 浪再上移）。需重点关注本段周线下跌内部日线三浪结构、结束信号以及结束点对月线趋势方向的影响。当本段周线下跌出现结束信号，验证收在"B1 上移"低点以上之时，确立 B1 浪再上移；同时，自"B1 再上移"低点开始的周线上涨，因要符合（A）浪上涨结构条件，而预期本段周线上涨后市上破"C1 上移"高点（即预期 C1 浪再上移）。需重点关注，自"B1 再上移"低点开始的日线三浪结构、结束信号以及结束点对月线趋势方向的影响。当本段周线上涨出现结束信号，验证收在"C1 上移"高点以下之时，不但是自本段周线上涨高点开始预期周线下跌，还因预期的周线下跌处在月线上涨的特殊位置，结合之前的"B1 再上移"调整，而对（A）浪趋势方向产生巨大影响，有扭转大周期（A）浪趋势方向的预期和作用。此时月线趋势方向由之前的（A）浪上涨，转变为自"C1 上移"浪高点开始的预期（B）浪调整。自此，大周期还是月线，趋势方向转变为向下，小周期还是周线，周线向上应为逆势，周线向下应为顺势。之前"B1 再上移"应改为 A2，未能上破"C1 上移"浪高点的这段周线上涨，应改为 B2。同时，因目前的大周期为预期月线调整，周线涨跌应符合预期月线下跌的结构条件。自 B2 浪高点开始的周线下跌，因要符合月线调整的结构条件，而预期未来下破 A2 浪低点。需重点关注自 B2 浪高点开始的日线三浪调整结构、结束信号以及结束点对月线趋势方向的影响。当 C2 下破 A2 浪低点之时，确立正在运行月线调整。

自 C2 浪低点开始的周线上涨，也因要符合月线调整结构条件，而预期收在 B2 浪高点以下（即预期 B2 下移）。需重点关注自 C2 浪低点开始的日线三浪上涨结构、结束信号以及结束点对月线趋势方向的影响。当本段上涨出现结束信号，验证收在 B2 高点以下之时，则确立 B2 下移至本段周线高点。同时，也因自"B2 下移"高点开始的周线下跌，要符合月线调整结构条件，而预期后市下破 C2 低点（即预期 C2 下移）。需重点关注自"B2 下移"高点开始的日线三浪调整结构、结束信号以及结束点对月线趋势方向的影响。当本段周线调整下破 C2 浪低点之时，确立 C2 下移至本段周线调整低点，月线调整也跟着从之前 C2 低点下移至"C2 下移"浪低点。需重点关注自"C2 下移"低点开始的预期日线三浪上涨结构、结束信号以及结束点对月线趋势方向的影响。本段周线上涨也因要符合月线调整结构条件，而预期收在"B2 下移"浪高点以下（即预期 B2 再下移）。需重点关注自"C2 下移"低点开始的日线三浪结构、结束信号以及结束点对月线趋势方向的影响。当本段周线上涨直接上破"B2 下移"高点之时，则因本段周线上涨处在月线调整的特殊位置，而对月线调整趋势产生巨大影响，有扭转月线调整趋势方向的预期和作用。此时大周期月线趋势方向由月线调整转变为自"C2 下移"低点开始的预期（C）上涨。此时，因验证自 A2 高点开始的月线调整收在 A1 浪低点以上，方可肯定"C1 上移"浪位为（A）浪，"C2 下移"浪位为（B）浪。大周期还是月线但趋势方向转变为向上，小周期还是周线，但周线向上为顺势，周线向下为逆势；此后周线涨跌应符合预期月线上涨结构条件。

注意，当本段周线直接上破"B2 下移"高点之时应定为 A3，A3 发出扭转月线（B）下跌趋势信号的同时，出现自 A3 低点预期运行（C）上涨的信号，即自（A）低点有预期年线 {A} 上涨的作用。此时，大周期应上升为年线，小周期为月线（C）。

二、大周期为年线趋势方向认定

正运行的是自 A1 低点开始的年线上涨，预期月线（C）上涨为小周期，也可单独把（C）定为大周期，周线为小周期。

因自 A3 高点开始的周线 B3 调整，要符合月线（C）浪上涨的结构条件，而预期在 A3 低点以上结束。需重点关注自 A3 高点开始的日线三浪结构、结束信号以及结束点对月线趋势方向的影响。本段周线调整出现结束信号，验证收在 A3 浪低点以上之时，确立本段调整为 B3。并因自 B3 低点开始的周线上涨，要符合（C）上涨结构条件，而预期 C3 浪未来上破 A3 高点，需重点关注本段日线三浪结构、结束信号以及结束点对月线趋势方向的影响。C3 浪上破 A3 浪高点之时，确立运行（C）上涨。

前面解析过此时真正的大周期应为预期年线 {A} 上涨，小周期为月线。自 A3 低点开始的（C）上涨，因要符合年线 {A} 浪上涨的结构条件，而预期（C）浪未来要上破（A）浪高点。当（C）上破（A）高点之时，确立运行年线 {A} 上涨。

在年线 {A} 上涨趋势中，每一个月线涨跌都要符合年线上涨结构条件。目前正运行的是（C）上涨。

在（C）上涨中，每一个周线涨跌都要符合（C）浪结构条件。自 C3 浪高点开始的周线调整，因要符合（C）浪结构条件，而预期在 B3 浪低点以上结束（即预期 B3 上移）。需重点关注本段日线三浪结构、结束信号以及结束点对月线趋势方向的影响。当本段周线调整出现结束信号，验证收在 B3 浪低点以上之时，确立 B3 浪上移至本段周线调整低点。并因自"B3 上移"低点开始的周线上涨，要符合月线（C）浪上涨结构条件，而预期后市上破 C3 高点（即预期 C3 浪上移）。需重点关注本段日线三浪结构、结束信号、结束点对月线趋势方向的影响。

当本段日线三浪上涨出现结束信号，未能上破 C3 高点，验证收在 C3 高点以下的同时预期周线下跌。因本段周线上涨处在（C）上涨的特殊位置，预期周线下跌，再结合之前的周线调整，对（C）趋势产生巨大影响，有扭转（C）浪趋势方向的预期和作用。此时月线趋势方向由之前（C）上涨，转变为自 C3 高点开始的预期月线调整，之前"B3 上移"位置应改为 A4，相应的周线上涨为 B4。

注意，自 A1 低点开始的大周期实为年线 {A} 浪上涨，小周期月线涨跌应符合 {A} 浪上涨结构条件，这种情况下自 C3 浪高点开始的预期月线调整，应符合大周期 {A} 浪上涨结构条件，而预期未来应收在（B）浪低点以上 [即预期（B）上移]。此时不但要关注周线 A4、B4、C4 三浪调整结构、结束信号、结束点对年线趋势方向的影响，还要关注自 B4 高点开始的日线三浪调整结构、结束信号、结束点对月线趋势及年线趋势方向的影响。

在预期"（B）上移"调整运行中，自 B4 高点开始的周线 C4 调整，应符合"（B）上移"浪调整，而预期后市下破 A4 浪低点。当 C4 下破 A4 低点之时，确立运行"（B）上移"浪调整。

在"（B）上移"调整运行中，自 C4 低点开始的周线上涨，因要符合"（B）上移"调整，而预期本段周线上涨应收于 B4 浪高点以下（即预期 B4 下移）。需重点关注本段周线上涨结构、结束信号。结束点对月线趋势方向的影响。当本段周线上涨出现结束信号，验证收在 B4 浪高点以下之时，则确立 B4 下移至本段周线上涨高点。因自"B4 下移"高点开始的周线下跌，要符合"（B）上移"浪调整的结构条件，而预期本段周线下跌后市应下破 C4 低点。需重点关注本段周线调整结构、结束信号、结束点对月线趋势方向的影响。当自"B4 下移"高点开始的日线三浪调整出现结束信号，验证收在 C4 浪低点以上的同时出现预期周线上涨信号。因本段周线下跌处在月线"（B）上移"浪调整的特殊位置，结合预期的周线上涨和之前的周线上涨，对"（B）上移"产生重要影响，扭转月线调整趋势方向，并发出预期运行月线上涨信号。此时，之前"B4下移"应更改为A5，本段周线调整结束点应为B5浪。此时，对于大周期年线{A}上涨来说，不但是"（B）上移"确立在C4低点的信号，还因自A5低点开始的预期月线上涨要符合年线{A}浪上涨趋势，而预期本段月线上涨未来要上破（C）浪高点[即预期（C）浪上移]。此时不但应重点关注周线A5、B5、C5三浪上涨结构、结束信号、结束点对年线趋势的影响，还应关注自B5低点开始的日线三浪上涨结构、结束信号、结束点对月线、年线趋势方向的影响。C5上破A5高点是月线、年线上涨趋势持续信号。

在预期"（C）上移"运行中，周线涨跌应符合"（C）上移"上涨结构条件，即自C5高点开始的周线调整，因要符合"（C）上移"上涨结构条件，而预期收在B5低点以上（即预期B5上移）。需重点关注本段周线调整结构、结束信号、结束点对月线趋势方向的影响。当本身周线调整出现结束信号，验证收在B5低点以上之时，确立B5上移至本段周线调整低点，同时出现预期周线上涨的信号。并因自"B5上移"低点开始的周线上涨要符合"（C）上移"上涨结构条件，而预期未来要上破C5高点（即预期C5上移），需重点关注本段日线三浪上涨结构、结束信号、结束点对月线趋势方向的影响。

当本段周线上涨上破C5高点之时，确立C5上移。上破（C）浪高点之时，确立"（C）上移"，{A}浪跟着"（C）上移"上移至"C5上移"高点位置。后市需重点关注月线"（C）上移"具备结构条件之时、出现结束信号点以及年线{A}浪上涨转势信号。

第二章配套讲解视频：

2-0 小周期结构符合大周期趋势方向

2-1-1 年线调整结构

2-1-2 年线调整小周期符合大周期趋势

2-2-1 年线上涨小周期符合大周期

微信扫码观看

第三章 如何预测未来走势结构

我们交易的是未来，需要预测未来；我们交易的是一个点，需要选择关键点；我们买的是上涨，希望回避回调。

第一节 如何预测未来

预测未来结构，上涨幅度，以及计算风险回报比，是交易前不可缺少的元素。

一、结构预测未来

市场基本结构就几种，运行中有一定规律，可通过正运行的部分结构关键点预测完整结构。日线 {a1} 上破 {b} 浪高点，是周线 A1、B1、C1 三浪预期演变成"镰刀"式上涨信号（见图 3-1）。后市上破 A1 高点之时，进一步预期"镰刀"式三浪上涨，理论上运行至 C 浪高点，成为常见的可预测结构。

各种结构都有可预测后市的点，有的可预测部分多点，有的可预测部分少点，具体根据结构特性、周期及所处位置来判断。

二、形态预测未来

上倾和三角形是调整结构的特殊形态，有预测后市强劲上涨的作用。

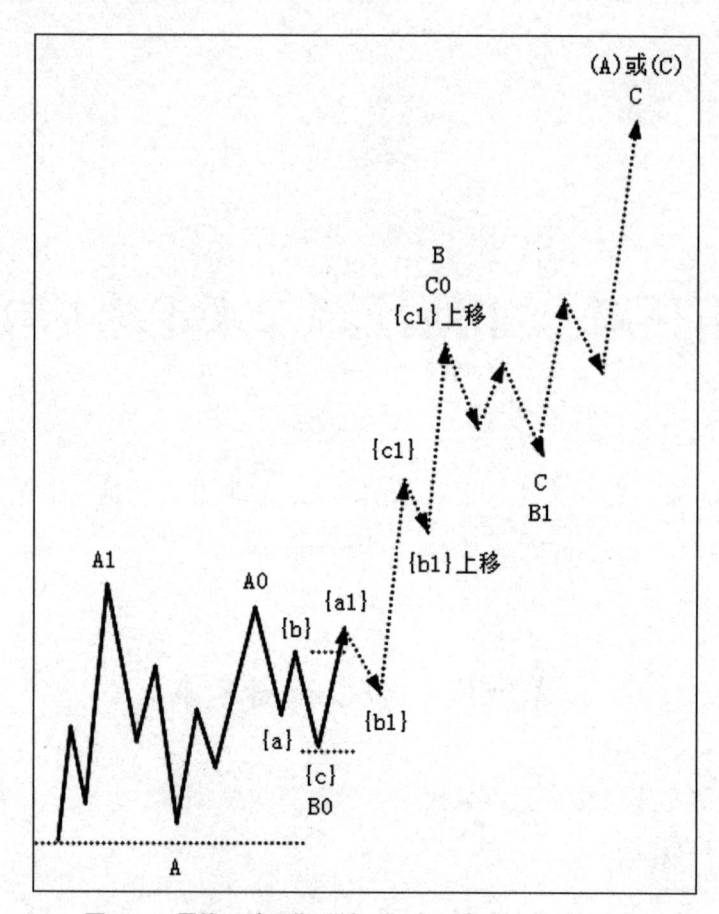

图 3-1 周线三浪预期"镰刀"式上涨关键点预测未来

周线 B2 上破（A）高点，是月线（B）调整 A2、B2、C2 三浪，预期演变成上倾形态的信号，并同时预期（C）强劲上涨（见图 3-2），后市不但存在 B2 分解的可能性，也不排除 A3、B3、C3 三浪有继续演变的可能性。

周线 A3 上破（A）高点，是月线（B）调整 A2、B2、C2 三浪确立为三角形信号，并预期（C）强劲上涨（见图 3-3），后市不但存在 A3 内日线三浪继续演变的可能，也存在 A3、B3、C3 三浪上涨继续演变的可能。

三、周期预测未来

准确认定已走过的调整周期和起点、终点，是判断调整结束信号

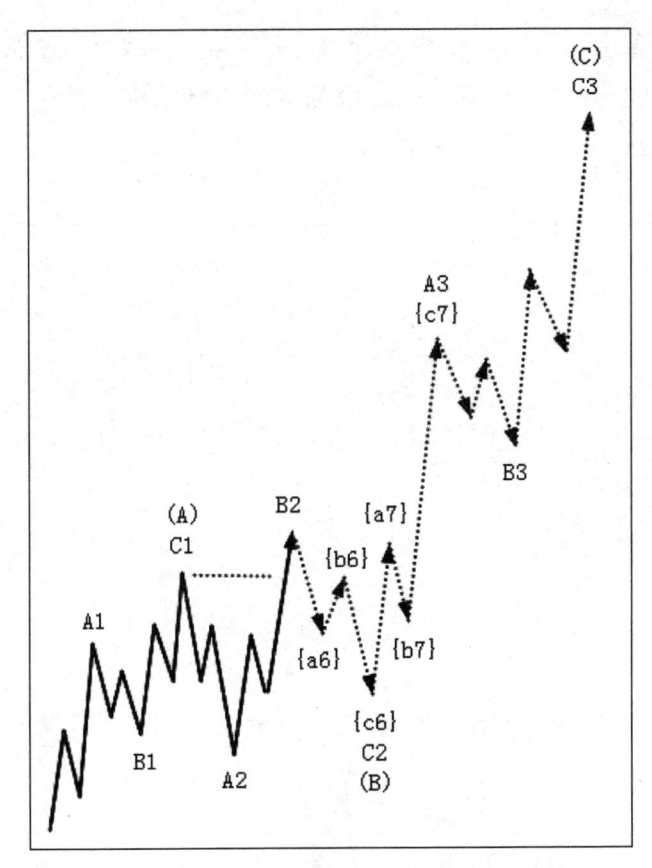

图 3-2　周线三浪调整出现上倾信号的预测

以及预测未来上涨周期、结构、幅度的重要因素。在图 3-2 中，B2 上破（A）高点预测（B）的调整为上倾结构，之前（A）和（B）浪为月线级别，对应自 C2 低点开始的上涨也应为月线级别（即周线 A3、B3、C3 三浪），那么 A3 位置就不够月线级别，只有到了 C3 位置才够月线级别。

也不排除 A1 至 A3 为月线上涨的可能性，这种只能算不规则结构，只能在自 A3 高点开始调整下破 A1 低点时才可这样认定。没有出现这种状况时，应按预期（C）浪上涨来预测。

在图 3-3 中，A3 上破 (A) 高点，是（B）调整在 C2 低点结束并为三角形的信号，那么自 A3 低点开始，起码运行周线三浪才能定为月线上涨，达到与（A）对应，这是最基本的上涨结构，且存在 A3、B3、C3 三浪上涨复杂演变的可能性。

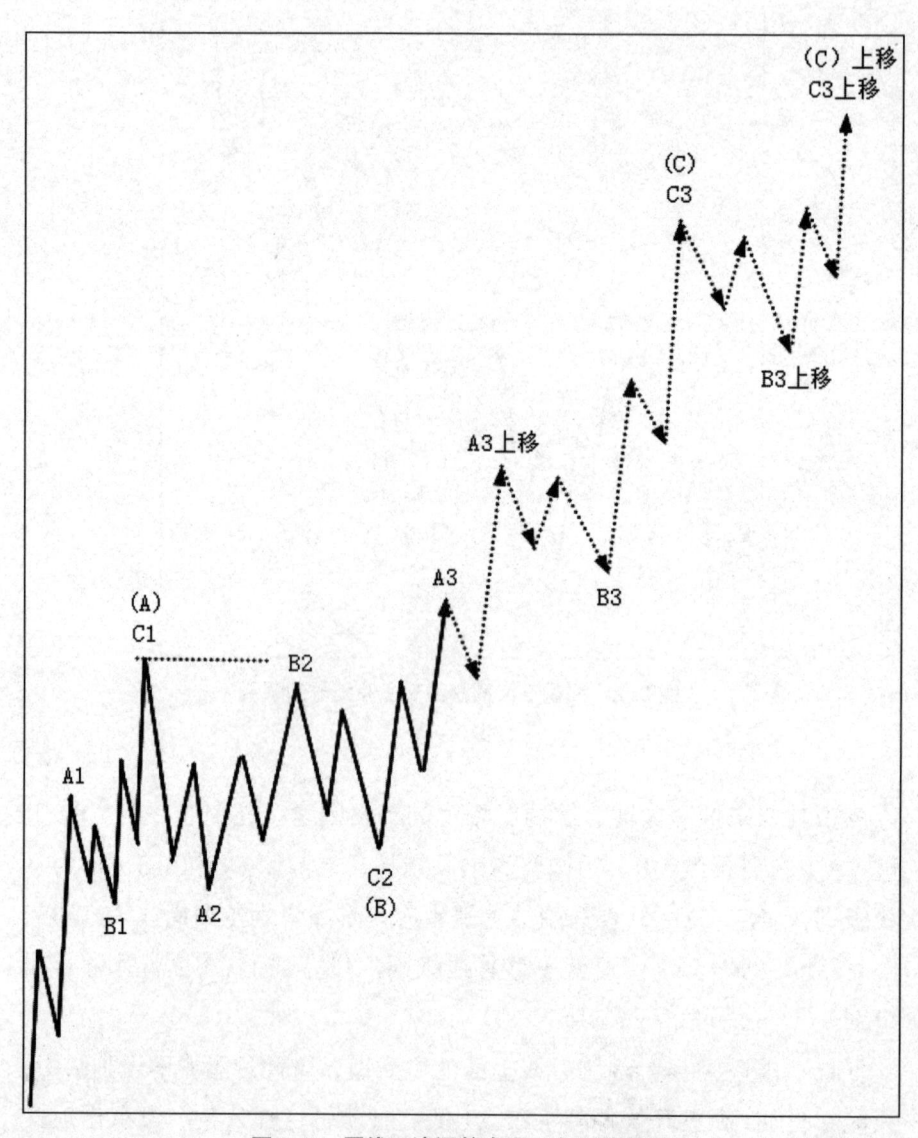

图 3-3　周线三浪调整出现三角形的预测

四、所处位置对走势的影响和预测

1. 小周期所处位置对大周期趋势方向的影响和预测

小周期一浪对大周期趋势方向的影响和预测应用最广，小周期一浪上破大周期调整内次一级三浪中的 b 浪（泛指）高点之时，是大周期调整结束的信号，改变了大周期趋势方向，并自低点开始预测运行大周期上涨。小周期一浪下破大周期反弹内次一级三浪中的 b 浪（泛指）低点之时，是大周期反弹结束的信号，改变了大周期趋势方向，并自高点开始预测运行大周期调整。

（1）在图 3-4 中，日线 {a2} 上破 "{b1} 再下移" 高点之时，是周线 A 内日线 {a1}、{b1}、{c1} 三浪 "剪刀" 式调整转势的信号，并设止损 {c1} 低点以下，预测自 {a2} 低点开始运行周线 B 上涨。

（2）在图 3-5 中，日线 {b2} 调整验证收在 {a2} 低点以上，是周线 A 调整转势的信号，并必须设止损 {a2} 低点以下（因此结构 {c1} 低点是周线多空分界点），预测自 {a2} 低点开始运行周线 B 上涨。

如 {a2} 直接上破 {b1} 高点更是日线 {a1}、{b1}、{c1} 三浪 "双节棍"

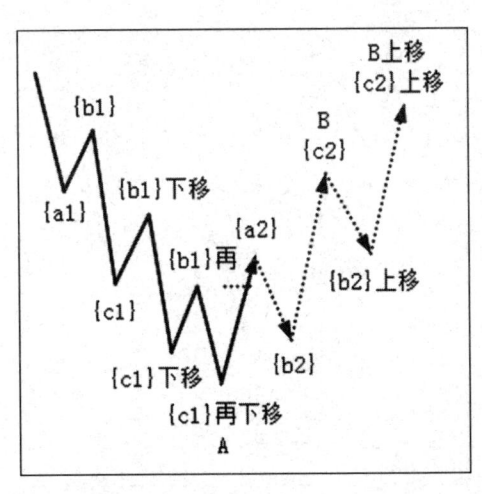

图 3-4　日线上破周线调整内 {b1} 高点的影响和预测

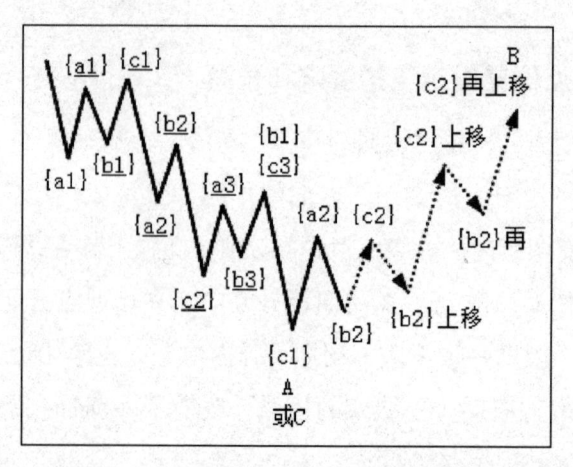

图 3-5 反向同级三浪信号出现的影响和预测

式调整转势的信号，预测自 {a2} 低点开始运行周线上涨。

（3）在图 3-6 中，日线 {a2} 上破 {b1} 高点，是周线 A 内日线 {a1}、{b1}、{c1} 三浪"镰刀"式调整转势信号，并设止损 {c1} 低点以下，预测自 {a2} 低点开始运行周线 B 上涨。

（4）在图 3-7 中，日线 {a3} 上破"{b2} 下移"高点，是周线 B 内

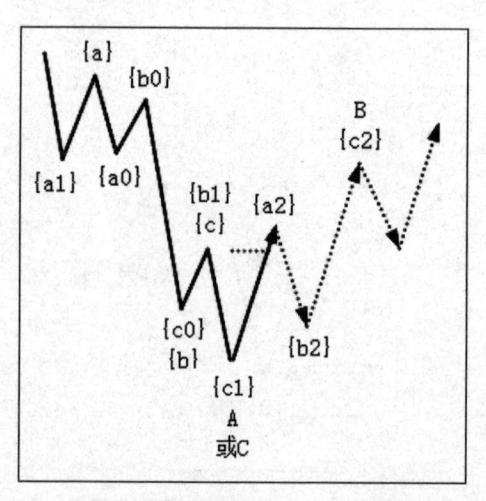

图 3-6 日线上破周线调整内 {b1} 高点的影响和预测

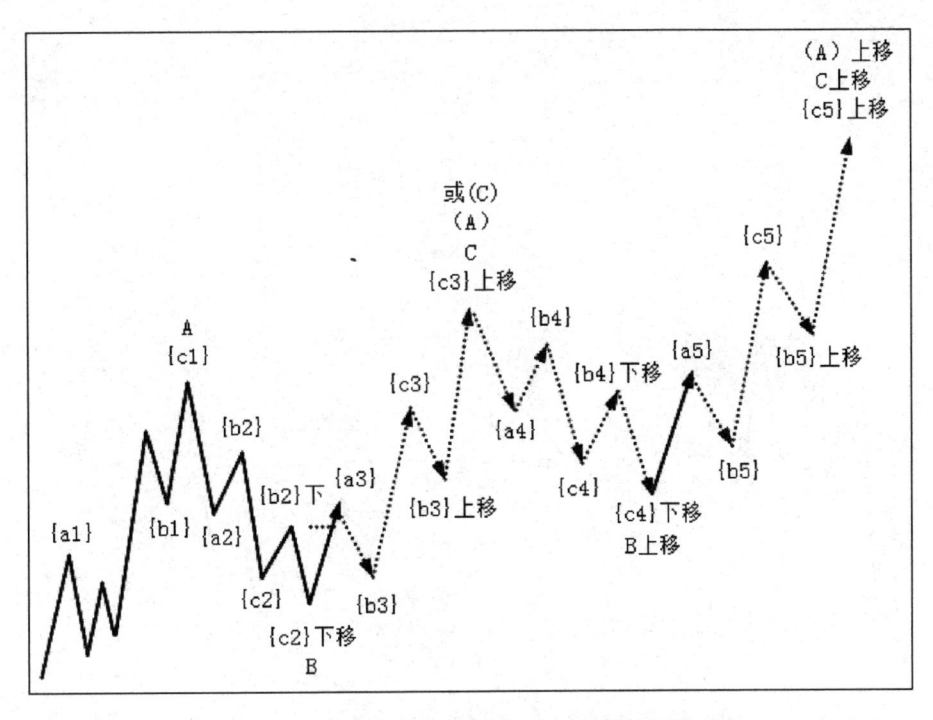

图 3-7　小周期对大周期趋势方向的影响和预测

日线 {a2}、{b2}、{c2} 三浪"剪刀"式调整转势信号，并设止损于 {c2} 低点以下，预测自 {a3} 低点开始运行周线 C 上涨。同时因 B 浪所处的特殊位置，此点可预测高两级月线的趋势，也是月线上涨趋势形成的信号，C 浪上破 A 浪高点时确定月线上涨趋势，并不排除后市周线 A、B、C 三浪存在复杂演变的可能性。

（5）在图 3-8 中，日线 {a} 下破 {b0} 低点，是周线"B2 下移"内部结构日线 {a}、{b}、{c} 三浪"镰刀"式上涨转势信号，并设止损 {c0} 高点以上，预测自 {a} 高点开始运行周线下跌。

周线 A3 上破"B2 再下移"高点是月线（B）内部结构周线 A2、B2、C2 三浪"剪刀"式调整转势信号，并设止损于"C2 再下移"或（A）浪低点以下，预测自 A3 低点开始运行月线（C）上涨。

日线"{c} 再下移""{e} 下移"等因距离重要支撑点（A）浪低点

57

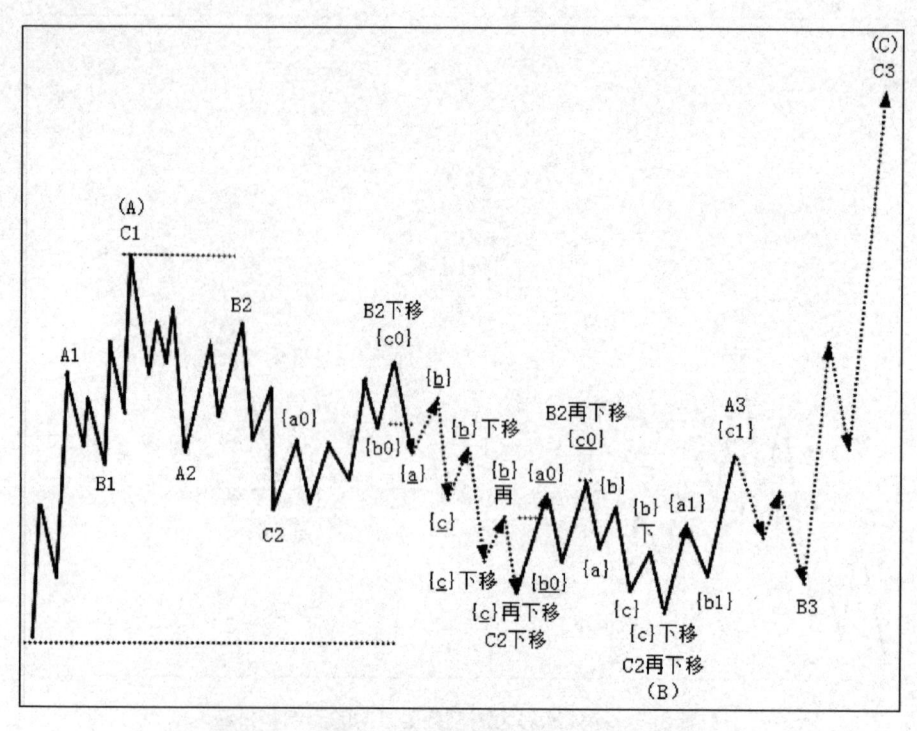

图 3-8　小周期对大周期趋势方向的影响和预测

较近，是非常好的逆势抓周线、月线调整之底，博预期（C）浪上涨时机，设止损于（A）低点以下。{a0} 上破"{b} 再下移"高点和 {a1} 上破"{b} 下移"高点，同样是逆势抓（B）浪之底博预期（C）上涨时机。

2. 小周期处在大周期内次一级三浪不同位置的预测

次一级三浪不同位置有不同的特性，A 浪下跌一般是不确定的（包括幅度和本身的定性），B 浪反弹有明确的阻力点，C 浪下跌有预期的目标。

在图 3-9 中，周线 A2 下破 B1 点改变了月线上涨方向，是（A）反弹在 C1 高点结束以及自 A2 高点开始预期月线（B）调整的信号。此 A2 调整是明确的，预期的 B2 反弹就有明确的阻力点 A2 高点（除非演变成上倾结构），如 B2 反弹在 A2 高点以下结束，预期的 C2 调整，就

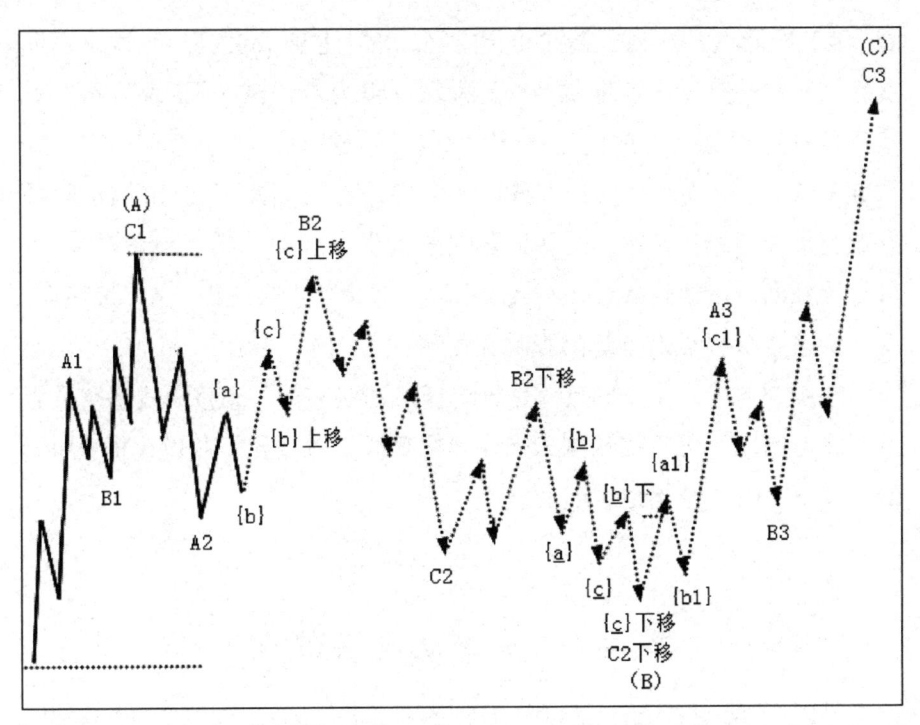

图 3-9　小周期处在大周期内次一级三浪不同位置的预测

有明确的目标，应在 A2 低点以下（除非形成三角形结构）。

五、关键阻力点、支撑点、多空分界点对走势的影响和预测

阻力点、支撑点、多空分解点要讲级别的，只对对应级别才有用，否则就会乱或效果不佳。

1. 关键阻力点、支撑点对走势的影响和预期

在图 3-8 中，周线 C2 下破 A2 低点，确立自 A2 高点开始运行月线调整，此时，自 A2 高点开始的月线调整重要支撑点（常用语是支撑点，但根据行进的方向来判断，应该是阻力点），在（A）浪低点。自 C2 低点开始的周线反弹，阻力点在 B2 高点。自 {a} 高点开始的周线调整，重要支撑点也在（A）浪低点。自"C2 下移"低点开始的周线反弹，阻力点在"B2 下移"高点。但当"C2 再下移"接近月线重要支撑

59

点（A）浪低点，达到可接受止损空间，{a1}上破{b0}高点，发出预期周线 A3 上涨信号，预期的 A3 上涨理论阻力点"B2 再下移"和（A）浪高点都应弱化，因理论上自 A3 低点开始的月线（C）上涨，本身就预期上破 (A) 浪高点。同样，在图 3-9 中，日线 {a1} 上破 {b} 高点除预期运行周线 A3 上涨外，因其位置距离重要支撑点（A）低点较近，也可直接预期后市运行 A3、B3、C3 三浪，并预期后市上破（A）浪高点。

2. 多空分界点对走势的影响和预测

在图 3-5 中，{c1} 低点，是日线三浪"双节棍"调整周线多空分界点，此点出现，可直接预测未来要运行日线三浪反弹，并设止损于 {c1} 低点以下，防止结构继续演变。

第二节　如何选择关键点

市场有各周期的各种结构、形态，各结构、形态也有各种关键点，实际用的时候每次就一两个。要找出有用的关键点，主要是关注正在运行的周期大小和结构。如自低点开始正在运行的是年线上涨趋势，则重点关注年线上涨中的重要阻力点、支撑点及其内部结构月线三浪上涨结构、形态，和短线月线回调的支撑点及其内部结构周线三浪的调整结构、形态。如自低点开始正在运行的是月线上涨趋势，则重点关注月线上涨中的重要阻力点、支撑点及其内部结构周线三浪上涨结构、形态，和短线周线回调的支撑点及其内部结构日线三浪的调整结构、形态。

月线（A）、(B)、(C) 三浪调整构成年线下跌趋势（见图 3-10），日线 {a3} 上破周线 A1 高点确定 B1 调整结束，并认定为强势调整结构和预期后市 C1 上涨强劲有力，即确立自（C）浪低点开始，运行强劲月线反弹。此时，正在运行的结构是月线反弹，关键阻力点是（B）浪高点，关键点是 {a3} 上破周线 A1 高点的点和 {b3} 调整结束信号点。需重点关注的是自 {a3} 低点开始的日线三浪结构、结束信号、结束点位置，

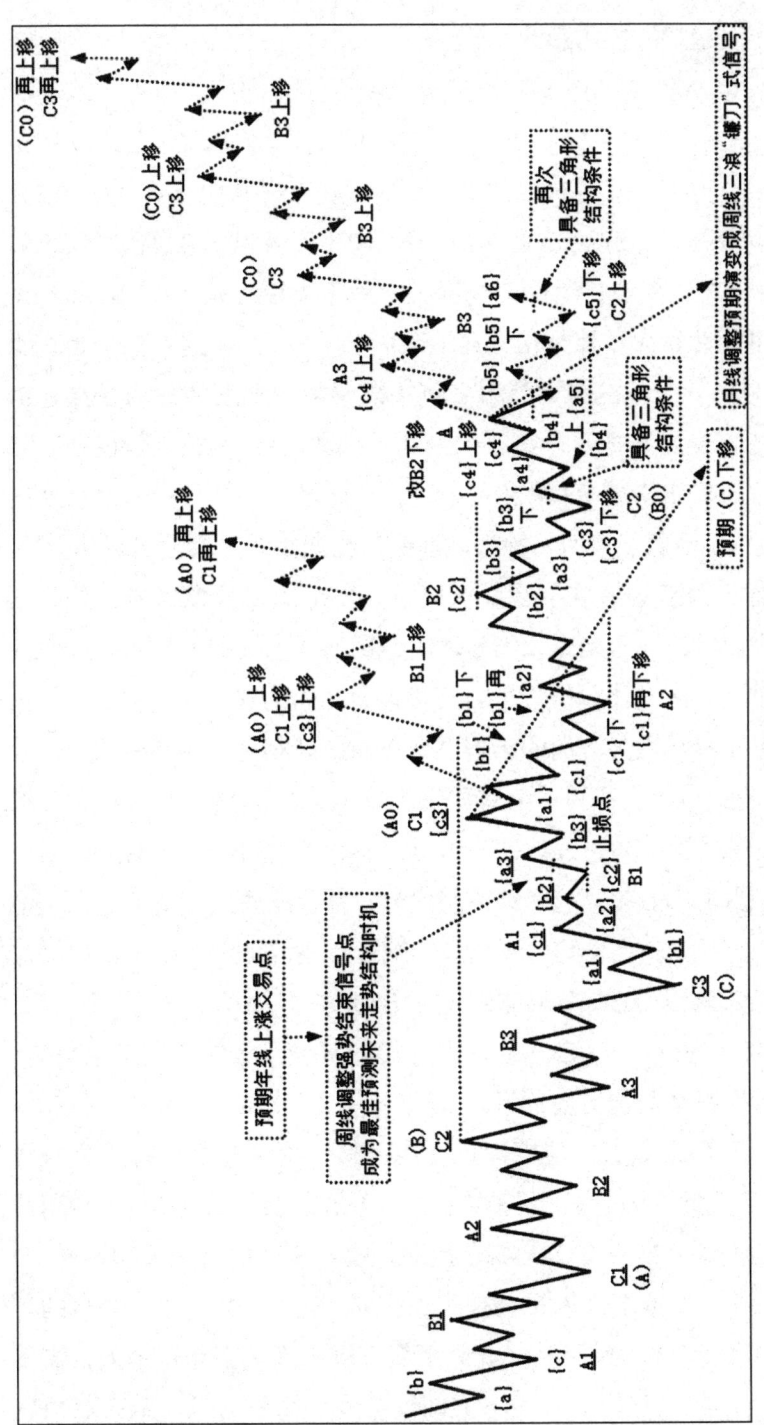

图 3-10 预测未来走势结构

对月线、年线趋势方向的影响。

预期后市 {a3}、{b3}、{c3} 三浪复杂演变（见图中"剪刀"式二次分解）并大幅上涨的可能性大，且存在 A1、B1、C1 三浪上涨复杂演变（见图中"剪刀"式一次分解）的可能性。这种情况下如果 A1 浪高点距离（B）浪高点较近 [或者（A）、(B)、(C) 三浪调整本身幅度较小]，则意味着在 C1 预期强势上涨的情况下，后市直接上破（B）浪及（A）浪高点的可能性较大。那么在 {a3} 上破周线 A1 高点，这点本身是月线顺势点的情况下，可提前定位为之前年线调整的预期转势信号点，也就是说，此点交易可把目标直接上调为预期的年线上涨，设止损于 B1 浪低点以下。后市上破 B3 浪高点之时，验证之前交易月线一浪上涨成功；上破（B）浪高点之时，验证之前交易预期年线一浪上涨成功。

如 {b1} 上涨验证收在 {a1} 高点以下，发出周线调整信号，并验证 C1 上涨未能上破（B）高点，则是之前预期的强劲周线上涨未能如愿的信号。需重点关注 {a1}、{b1}、{c1} 三浪调整结构模式、结束信号、结束点所处位置对月线趋势方向的影响。如自 {a1} 高点开始的周线调整，验证收在 B1 低点以上，坚持以前的看法，继续关注自 A1 低点开始的月线（A0）为上涨结构。如自 {a1} 高点开始的周线调整下破 B1 低点，则是自 {a1} 高点开始，预期运行月线调整信号，并预期后市下破（C）低点。

{a2} 上破"{b1} 再下移"高点，预期运行周线上涨，因有之前周线调整定位 A2，此段周线上涨应定位为 B2 反弹，周线上涨重要阻力点为 C1 高点。需重点关注自 {a2} 低点开始的日线三浪结构、结束信号、结束点位置对月线趋势方向的影响。

{a3} 下破 {b2} 低点，预期运行周线调整，验证本段周线反弹收在 C1 高度以下，此时 {c1} 位置标注为 A2，{c2} 位置标注为 B2，预期运行的为周线调整 C2，并自 A2 高点预期月线调整。此点是关键点之一，不但是月线（A0）浪上涨的反转信号，也是（A）、(B)、(C) 调整的分解信号，并预期（C）浪下移。此时下面支撑点理论上作用不大，需重点关注自 {a3} 高点开始的日线三浪调整结构、结束信号、结束点位置对月线、年线趋势方向的影响。

{a4}上破"{b3}下移"高点，预期运行周线上涨，因验证C2收在A2低点以上，使A2、B2、C2三浪调整具备三角形结构条件。此时，C2低点为关键点，后市如强势上涨上破A2高点，则确定月线（B0）调整为三角形。后市如有其它有助周线三浪调整三角形成功的结构配合，则更是预期运行三角形信号。需重点关注自{a4}低点开始的日线三浪上涨结构、结束信号、结束点位置，对月线、年线趋势方向的影响，重要阻力点为（A0）高点。

如{a4}、{b4}、{c4}三浪上破（A0）高点，确定A2、B2、C2三浪调整为三角形，并预期A3、B3、C3强劲上涨。

如{a5}下破{b4}低点，预期运行周线调整，验证A浪反弹收在B2高点以下，不但显示本段周线上涨无力，也是自A2高点开始预期的月线调整，演变成周线三浪"镰刀"式结构信号，并再次预期（C）下移。{a5}下破{b4}低点的点是关键点，此时重要阻力点是{a5}高点，周线、月线趋势预期向下，下面支撑点A2低点的支撑作用需要弱化，需重点关注自{a5}高点开始的日线三浪结构、结束信号、结束点位置对月线、年线趋势方向的影响。

如{a6}上破{b5}高点，预期运行周线上涨，且因验证"C2上移"收在C2低点以上，使A2至"C2上移"三浪调整，再次具备三角形结构条件。{a6}上破{b5}高点的点为关键点，关键支撑位为{a6}低点，阻力点位为A2高点。需重点关注自{a6}低点开始的日线三浪结构、结束信号、结束点位置对月线趋势方向的影响。后市如强势上破A2高点，则确定周线三浪调整为三角形，并预期后市强劲上涨[但此时（B0）调整结束点有两种可能性：其一，为C2低点，其二，为"C2上移"低点。]

月线（A）、（B）、（C）三浪调整构成年线下跌趋势（见图3-11），周线A1、B1、C1三浪构成月线（A0）浪上涨，且未上破（B）高点，日线{a2}上破"{b1}再下移"高点（关键点），预期运行周线上涨，且因验证"B1上移"收在B1低点以上，是A1、B1、C1三浪上涨分解的信号，即

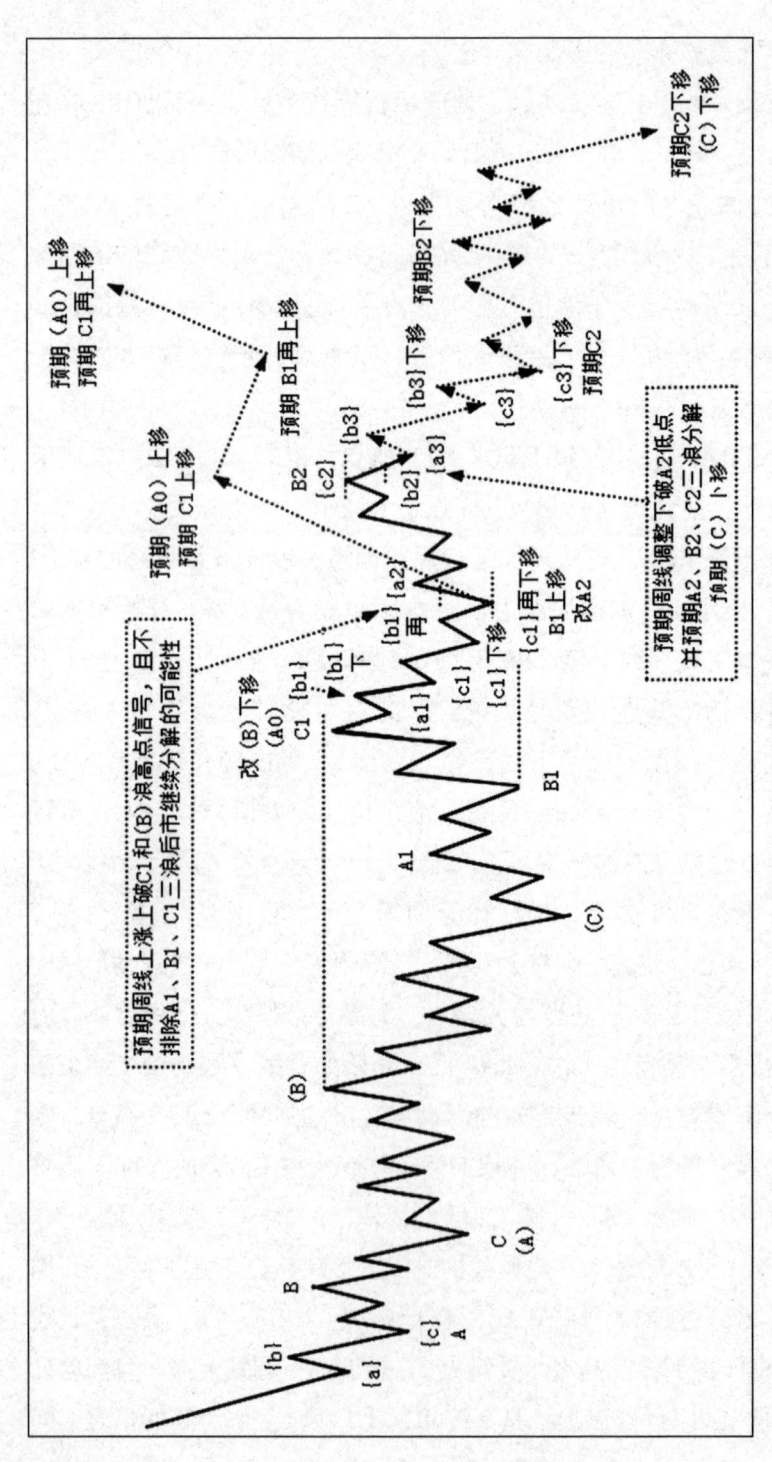

图 3-11 日线一点不但可预测周线还可同时预测月线

预期"C1 上移"。且不排除后市 A1、B1、C1 三浪有再次分解的可能性，见"B1 再上移""C1 再上移"浪。需重点关注自 {a2} 低点开始的日线三浪结构、结束信号、结束点位置对月线、年线趋势方向的影响。

{a3} 下破 {b2} 低点（关键点），预期运行周线调整，验证 B2 浪反弹收在 C1 高点以下，是本段周线上涨无力的表现，也是自（A0）高点开始预期运行月线调整的信号。此时"B1 上移"应更改为 A2 浪，并预期自 {a3} 高点开始的周线 C2 下破 A2 低点，且可预测 A2、B2、C2 三浪调整后市分解和（C）浪下移，此时（A0）需更改为"（B）下移"。需重点关注预期的日线 {a3}、{b3}、{c3} 三浪结构、结束信号、结束点位置对月线、年线趋势方向的影响。

第三节　如何回避回调

回避调整是保证盈利不被蚕食的方法，对于交易者也可认为是盈利的方法之一。在回调过程中，不输就是盈利。

一、如何回避周线回调

1. 推动浪月线（1）上涨中如何回避周线回调

明确的推动浪月线（1）、（3）、（5）上涨中最好持有，不需要回避周线回调，因为实际难以找到周线 1、3、5 浪的具备结构条件的点，第 2、4 浪常出现调整上倾结构或调整幅度少。

2. 月线反弹过程中如何回避周线回调

出现明显的周线上涨结束信号、日线三浪上涨幅度过大或极端之时（一次分解或二次分解具备结构条件）需要主动出局，回避周线调整。

3. 月线下跌过程中如何回避周线回调

月线下跌趋势确立后，回避月线调整的时机，本身就是最好的回避周线调整的时机。如要做短线周线反弹，那周线反弹具备结束条件或出现结束信号时必须主动出局回避周线回调。因此时周线调整是顺势方向，下跌结构容易形成复杂的一、二次分解结构，且跌幅难以估计，除非距离月线、年线重要支撑点较近。

二、如何回避月线回调

1. 推动浪年线 {1} 上涨中如何回避月线回调

明确的推动浪月线（1）、（3）、（5）浪上涨具备结构条件之时是主动回避月线回调的时机。

2. 年线反弹过程中如何回避月线回调

年线反弹内月线三浪上涨，每一个月线上涨内周线三浪一次、二次分解极端之时，特别是二次分解极端之时，或出现转势信号之时，是主动回避月线回调时机。

3. 年线下跌过程中如何回避月线回调

（1）出现年线下跌信号本身就是主动回避年线调整时机。回避年线调整的过程，就是最好的回避月线调整时机。

（2）明确的月线(A)调整出现，在（B）反弹具备结构条件之时主动出局，就是回避月线（C）调整的时机。

（3）在年线下跌趋势中，月线反弹具备结构条件或出现转势信号主动出局，就是主动回避月线调整的时机。

三、如何回避年线回调

1. 推动浪年线 {1} 上涨中如何回避年线回调

推动浪年线 {1} 上涨具备结构条件或出现转势信号之时是主动回避年线回调时机。

2. 年线三浪反弹过程中如何回避年线回调

年线一浪反弹具备结构条件或出现转势信号时主动出局，可回避年线回调，年线三浪反弹具备结构条件或出现转势信号，更是主动回避年线回调的时机。

3. 年线三浪下跌过程中如何回避年线回调

（1）出现预期年线三浪下跌信号主动出局，就是主动回避年线三浪调整。回避年线三浪调整的过程，本身就是最好的主动回避年线调整的时机。

（2）明确的年线 {A} 调整出现，在 {B} 反弹具备结构条件之时主动出局，就是主动回避年线 {C} 调整。

（3）年线三浪下跌趋势中，年线反弹具备结构条件或出现转势信号主动出局，就是主动回避年线调整。

四、如何回避年线三浪回调

1. 推动浪年线第 {5} 上涨具备结构条件或出现转势信号之时，是主动回避年线三浪回调时机。

2. 年线三浪反弹具备结构条件或出现转势信号之时，是主动回避年线三浪调整时机。

第四节　沪深 300 未来走势预测

沪深 300 自 5143.84 高点开始月线调整运行至 2022 年 3 月 9 日低点（A3）浪，已是周线三浪调整二次分解具备结构条件（见图 3-12），现回头看看回避各周期调整的关键点：

1. 2021 年 12 月 9 日上破 5059.79 是年线 {B} 反弹具备结构条件的点，2022 年 1 月 26 日下破 {B} 浪低点 4663.9，是主动回避预期年线 {C} 调整的时机。

2. 日线 {a1} 下破 B1 内日线 {b11}（未标）低点，是 B1 反弹结束和预期运行月线调整信号，此点不但是回避预期周线下跌的时机，也是回避预期月线下跌的时机。C1 下破 A1 低点，确立运行（A3）调整，也是回避月线调整时机。

3. {a} 下破"B1 再下移"内日线 {b12}（未标）低点，是"B1 再下移"反弹结束和预期运行周线调整信号，此点是主动回避预期周线

"C1再下移"调整的时机。

在图3-12中，周线"C1再下移"内，日线{a}、{b}、{c}三浪"双节棍"复杂结构具备结构条件之时[其中{c}浪位置形态分析是三浪，但内部结构分析是一个既可做三浪也可做一浪的结构]。做一浪好理解，内部结构是60分线三浪"双节棍"结构构成的日线一浪[见图3-12内左下方的60分线，"(c1)再下移"位置即开始具备结构条件]，做日线三浪运行至"(c1)三次下移"位置开始即具备日线三浪结构条件。在这种情况下后市变化就大了，如到目前是日线一浪，即具备周线"C1再下移"浪结构条件，此低点区域是非常好的逆势抓周线、月线之底的时机，设止损于{c}浪低点以下（即接受60分线和日线级别的继续演变，不接受周线级别的继续演变）。但到目前是日线三浪调整，则自{a}浪高点开始的日线三浪"双节棍"调整结构，构成的周线"C1再下移"浪就还没有结束。从时间和下跌幅度，再结合上证指数综合来看，此时应以具备周线"C1再下移"浪结构条件逆势抓周线、月线之底为好，但是逆势买入，需控制可接受的仓位。

这里有一个现象值得今后注意和借鉴：

1. 在日线{a}、{b}、{c}三浪"双节棍"结构运行中的{a3}、{b3}、{c3}三浪反弹，在沪深300指数位置的反弹是正常的（见图3-12），但在对应期指位置的反弹，是反弹无力的下降三角形结构（见图8-37的{a3}、{b3}、{c3}三浪），期指就有预期后市重挫（重挫的三种模式：变体的"双节棍"结构大幅下跌、正常的"双节棍"结构大幅下跌、出现浪中浪结构，总之这种情况下不应提前动手逆势抓日线{c}、周线"C1再下移"之底，而需要耐心等待{c}调整出现转势信号之时逆势抓周线之底）的信号。只有耐心等待后市重挫后或出现月线调整转势信号后再动手方能回避后市的大幅下跌。

2. 在60分线(a)、(b)、(c)运行中，根据"剪刀"式结构的特性，只有运行至"(c1)再下移"位置，才具备极端日线{c}浪结构条件（在这之前交易做多，不但是逆势，还没有按之前反弹无力结构的预测去执行），后市的继续演变是不可预测的。后市继续演变，也使自(a)

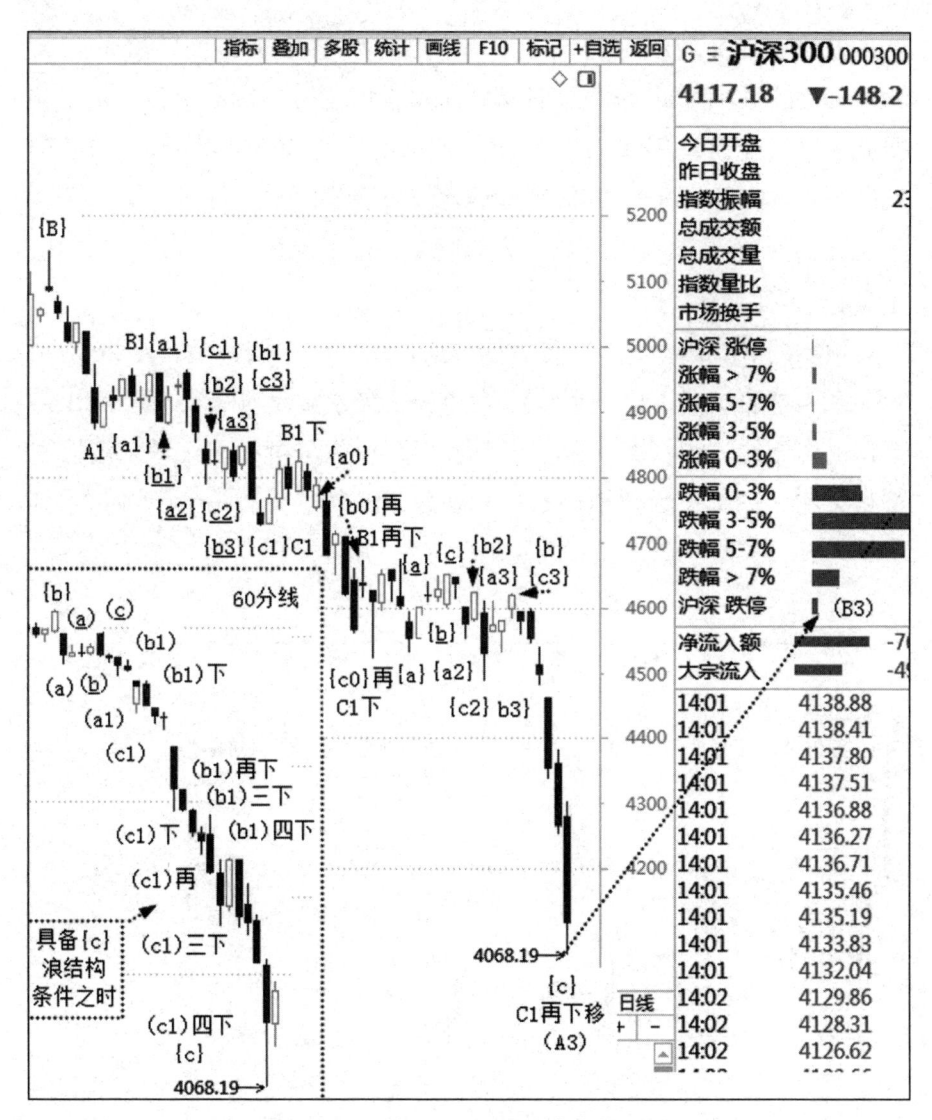

图 3-12 沪深 300 月线未来走势预测

高点开始的调整具备日线三浪结构条件。

3. 60 分线"（c1）下移""（c1）再下移""（c1）三次下移""（c1）四次下移"运行中，每一浪内部结构 5 分线三浪都是浪中浪，要想回避这些下跌，需坚持等到日线调整出现转势信号才可。

69

沪深 300 自高点 5931 开始，年线 {A} 调整至 4664（见图 3-13），5930.91 区域是年线三浪反弹具备结构条件的主动出局时机，也是主动回避未来可能出现年线三浪调整时机。{B} 反弹至 5144 区域具备结构条件主动出局是回避未来可能出现年线 {C} 调整时机。月线（A3）下破年线 {B} 反弹低点，验证 {B} 反弹幅度少，显示反弹无力，是主动回避年线 {C} 调整时机。

预期的 {C} 浪调整，目前运行的是月线（A3）浪调整，至 2022 年 3 月 9 日的 4068.19，已到周线三浪调整二次分解极端区域，其"C1 再下移"内日线三浪，到了复杂"双节棍"逆势分批抓底区域。波段需重点关注（B3）浪反弹结构和反转信号，未来应还有（C3）调整才具备年线 {C} 浪结构条件，且不排除（A3）、（B3）、（C3）有复杂演变的可

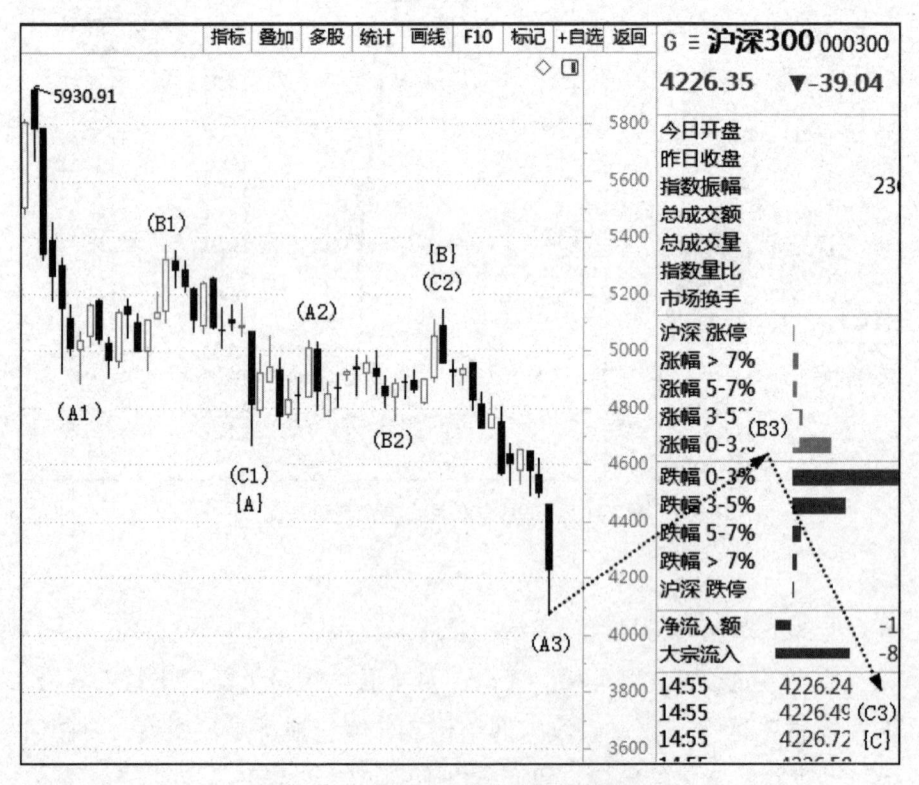

图 3-13　沪深 300 年线未来走势预测

第三章 如何预测未来走势结构

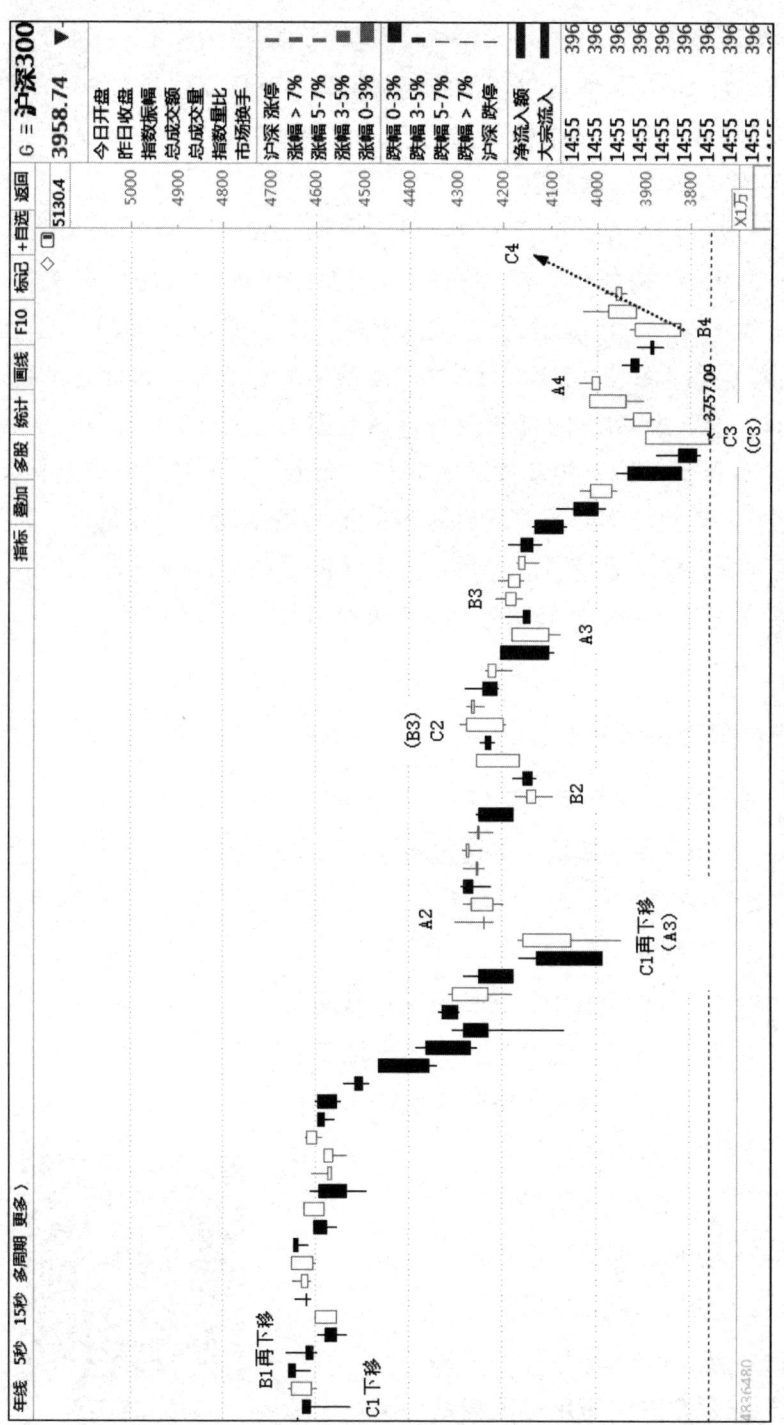

图3-14 沪深300年线实际走势

能性。长线需重点关注（A3）、（B3）、（C3）三浪调整中（C3）逆势抓底时机、转势信号和月线三浪调整的转势信号。其低点也是自5930.91开始的年线三浪调整具备结构条件的点，可能成为年线三浪调整的大底和未来年线三浪上涨的起点。

实际月线（A3）结束点下移（见图3-14），（A3）、（B3）、（C3）调整具备年线{C}结构条件，但存在继续演变的可能性。需重点关注（A3）、（B3）、（C3）三浪演变后"（C3）下移"或"（C3）再下移"的逆势点、转势点和（A3）、（B3）、（C3）三浪调整的转势点。目前正运行的A4、B4、C4三浪构成的月线反弹，重要阻力点是（B3）高点。目前A4位置具备推动浪结构条件，如本段上涨再加上未来的上涨结构，如具备月线推动浪（实际很难找到标准的推动浪结构）上涨条件，将成为年线三浪调整结束信号。如后市上破（B3）高点，则成为（A3）、（B3）、（C3）三浪调整的反转信号，后市面临月线三浪反弹。

第三章配套讲解视频：

3-0　如何预测未来走势结构

3-1-1　如何预测未来（结构预测）

3-1-2　形态预测未来

3-1-3　周期预测未来

3-1-4-1　所处位置对走势的影响和预测

3-1-4-2　小周期处在大周期内次一级三浪不同位置预测

3-1-5　阻力、支撑、多空分界点对走势的预测

3-2　如何选择关键点

3-3-1　如何回避周线回调

3-3-2　如何回避月线回调

3-3-3　如何回避年线回调

3-3-4　如何回避年线三浪回调

3-4　沪深300未来走势预测

微信扫码观看

第四章　调整浪、反弹浪的关键买卖点

大家都知道交易方式有顺势而为和逆势抓底两种，问题是要解决什么时候该顺势而为，什么时候该逆势抓底。

市场各种指标或基本面、消息面都无法精准找到顺势点，而波浪理论的内部结构分析可以通过周期和结构的起点、终点把实际走势分段，帮助我们精准找到关键买卖点。如果我们要寻找和等待的是各周期、各结构上涨浪顺势点和调整浪转势点、预期上涨顺势点，就是顺势而为。如果我们要寻找和等待的是各周期、各结构调整浪极端之时逆势点，就是逆势抓底。

第一节　5分线三浪调整逆势点、转势点、预期上涨顺势点

60分线内买卖适合衍生品日内短线交易。逆势抓60分线之底，一般需耐心等待日线调整，待内部结构60线三浪二次分解之时逆势抓"(c)再下移"之底。这种情况下，此点也是逆势抓日线之底时机。或

在日线调整出现转势信号后，逆势抓60分线（b）调整之底，这个点其实就是预期日线上涨的顺势点。或在日线上涨趋势中，逆势短线抓60分线调整之底，顺日线上涨趋势交易。

一、5分线三浪"镰刀"式调整逆势点、转势点，预期上涨顺势点

通过5分线c1浪内部结构1分线三浪结构模式，精准抓c1浪之底的时机，是同时逆势抓高一个级别60分线（b）"镰刀"式结构之底时机（见图4-1）。目标可直接定为自c1低点开始，5分线三浪上涨具备结构条件或出现结束信号之时，即高一个级别（c）上涨，设止损于c1低点以下。需重点观察自c1低点开始的5分线三浪上涨结构、结束信号，结束点对（b）浪或更高一个级别趋势方向的影响。

a2上破b1高点，是（b）调整确立在c1低点结束的信号，并预期自c1低点开始运行5分线三浪上涨。此点是（b）调整的转势信号，也

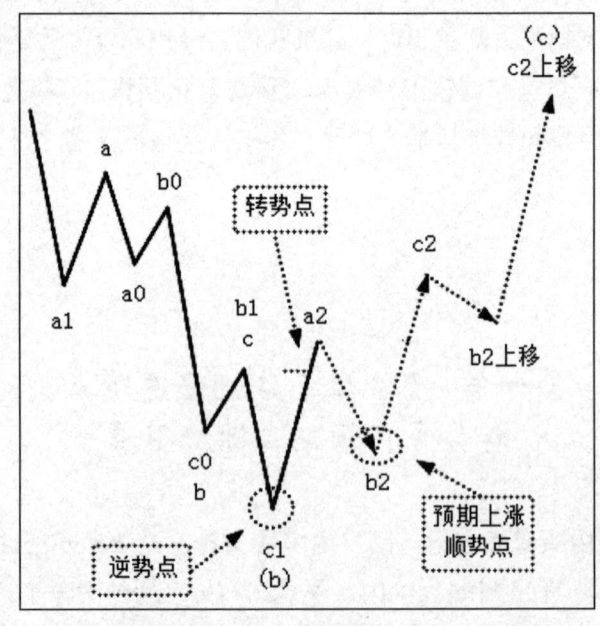

图4-1　5分线三浪"镰刀"式调整逆势、转势、预期上涨顺势点

是预期（c）上涨顺势点之一。

b2 调整出现结束信号验证收在 a2 低点以上，是预期（c）上涨的顺势点和（b）调整的结束信号，设止损于 c1 低点以下。

2022 年 1 月 7 日，沪深 300 指数反弹过程中 60 分线（a1）内 5 分线 a1、b1、c1 三浪是个"剪刀"式三浪中包含"双节棍"上倾结构浪中浪模式（见图 4-2），(b1) 调整内 a2、b2、c2 三浪是个"镰刀"式调整结构，其 c2 内 1 分线也是个"镰刀"式调整结构（见图 4-2 左上），1 分线"镰刀"式调整结构具备结构条件之时和出现结束信号之时，是非常好的 5 分线 a2、b2、c2 三浪"镰刀"式结构逆势点。a3 上破 b2 高点之时是调整浪 60 分线（b1）的转势点、预期上涨顺势点。

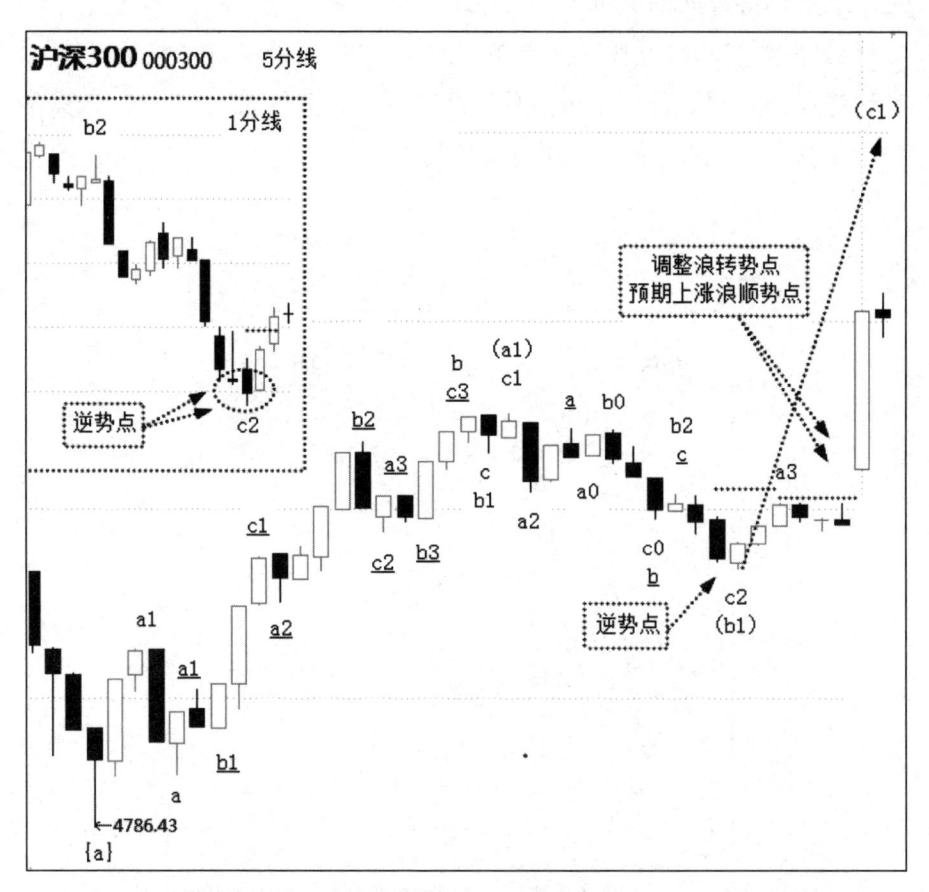

图 4-2　沪深 300 的 5 分线三浪"镰刀"式调整逆势、转势、预期上涨顺势点

二、5分线三浪"剪刀"式上涨逆势点、转势点，预期下跌顺势点

反过来，5分线"c1再上移"浪内1分线三浪逆势抓"c1再上移"之顶的时机，是同时逆势抓高一个级别60分线（c）反弹之顶时机（见图4-3）。目标可直接定为自"c1再上移"高点开始的5分线三浪下跌具备结构条件或出现结束信号之时［即高一个级别（a0）下跌］，设止损于"c1再上移"高点以上。需重点观察，自"c1再上移"高点开始的5分线三浪下跌结构、结束信号、结束点对（c）浪或高一个级别趋势方向的影响。

a2下破"b1再上移"低点是（c）在"c1再上移"高点结束信号和转势点，并预期自"c1再上移"高点开始，运行a2、b2、c2三浪下跌。此点也是预期（a0）下跌的顺势点。

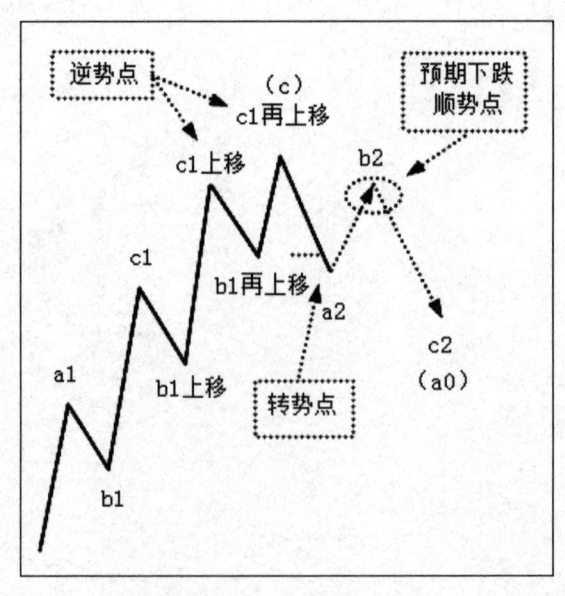

图4-3　5分线三浪"剪刀"式上涨逆势、转势、预期下跌顺势点

b2 上涨出现结束信号验证收在 a2 高点以下的点，也是预期（a0）下跌的顺势点，设止损于 a2 高点以上。

上证 50 期指 2022.1.27 日当日，c2 下破 a2 低点和下破 b1 低点之时，是 60 分线（a）反弹转势的信号，也是预期运行 60 分线一浪下跌的信号和顺势做空点，设止损于 c1 高点以上（见图 4-4）。

图 4-4 5 分线三浪"剪刀"式上涨转势点和预期下跌顺势点

第二节　日线调整逆势点、转势点和预期上涨顺势点

日线是最重要的，不管短线还是波段或中长线，短线需要顺日线之势或考虑日线趋势方向，波段或中长线需要通过日线找买卖点。

逆势抓日线之底，一般需要耐心等待周线调整内部结构日线三浪二次分解之时逆势抓"{c}再下移"之底。在这种情况下，逆势抓日线"{c}再下移"浪之底时，也是逆势抓周线之底的时机。还有就是在周线调整出现转势信号后，逆势抓短期日线{b}浪调整之底，顺预期周线上涨之势交易。或在周线上涨趋势中，逆势抓短期日线调整之底，顺周线上涨趋势交易，即真正的顺势而为。

一、60分线三浪"剪刀"式调整逆势点、转势点和预期上涨顺势点

60分线（a3）、(b3)、(c3)"剪刀"式三浪调整二次分解，在"(c3)再下移"低点具备日线结构条件（见图4-5）。通过60分线"(c3)再下移"内，次一级5分线a、b、c三浪一次分解、二次分解（"c再下移"），出现结束信号(a1上破"b再下移"高点），逆势精准抓"(c3)下移"之底，同时也是逆势抓{c}之底的最佳时机，可把目标直接上调为日线上涨具备结构条件之时，设止损于"(c3)下移"低点以下。需重点关注，自"(c3)再下移"低点开始的60分线三浪上涨结构、结束信号、结束点对{c}浪和更高一级趋势方向的影响。

(a4)上破"(b3)再下移"高点是{c}调整转势信号。

a2上破 b 高点验证高一级（b4）调整收在（a4）低点以上，也是大两级{c}浪调整的转势信号，和{a1}预期上涨顺势点，设止损于（a4）低点以下。

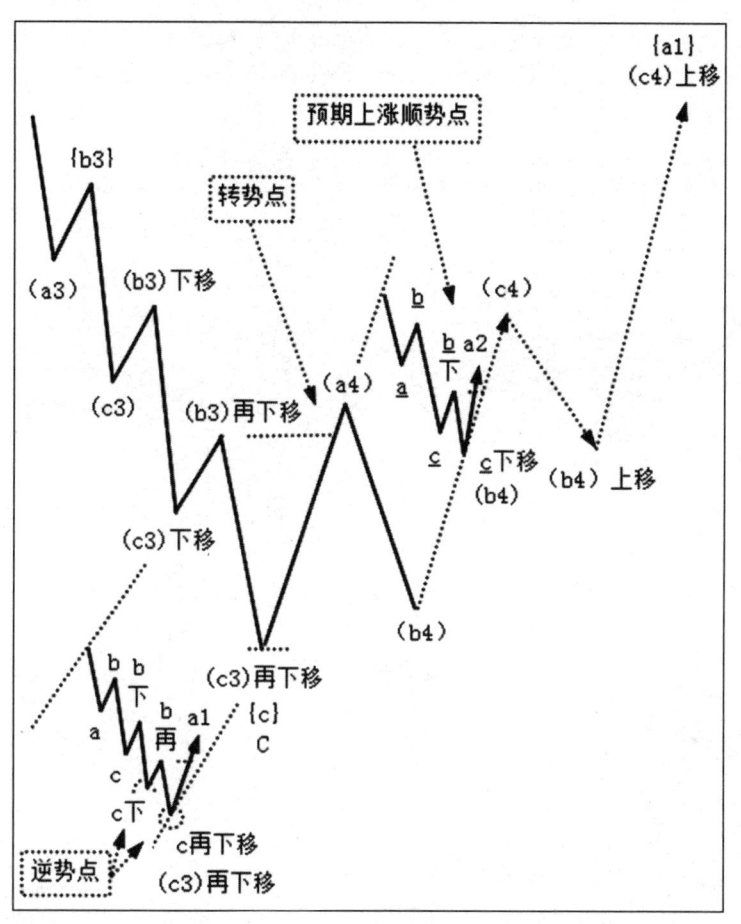

图 4-5 60 分钟三浪"剪刀"式调整逆势点、转势点及预期上涨顺势点

  要逆势抓日线之底，不但要精准且需要耐心等待并选择好的位置，这个位置不但要考虑日线处在周线调整的什么位置，还要考虑该周线处在月线调整的什么位置，甚至还要考虑该月线处在年线调整的什么位置。所处位置不同结果不一样：如不考虑日线处在周线的位置，目标只能定位日线级别上涨；如选择处在周线调整内部结构日线三浪二次分解的极端区域，逆势抓"{c}再下移"之底，可把目标直接定位为周线上涨具备结构条件之时主动出局。如再选择本周线处在月线调整内部结构周线三浪二次分解的极端区域，逆势抓"C3再下移"中"{c}

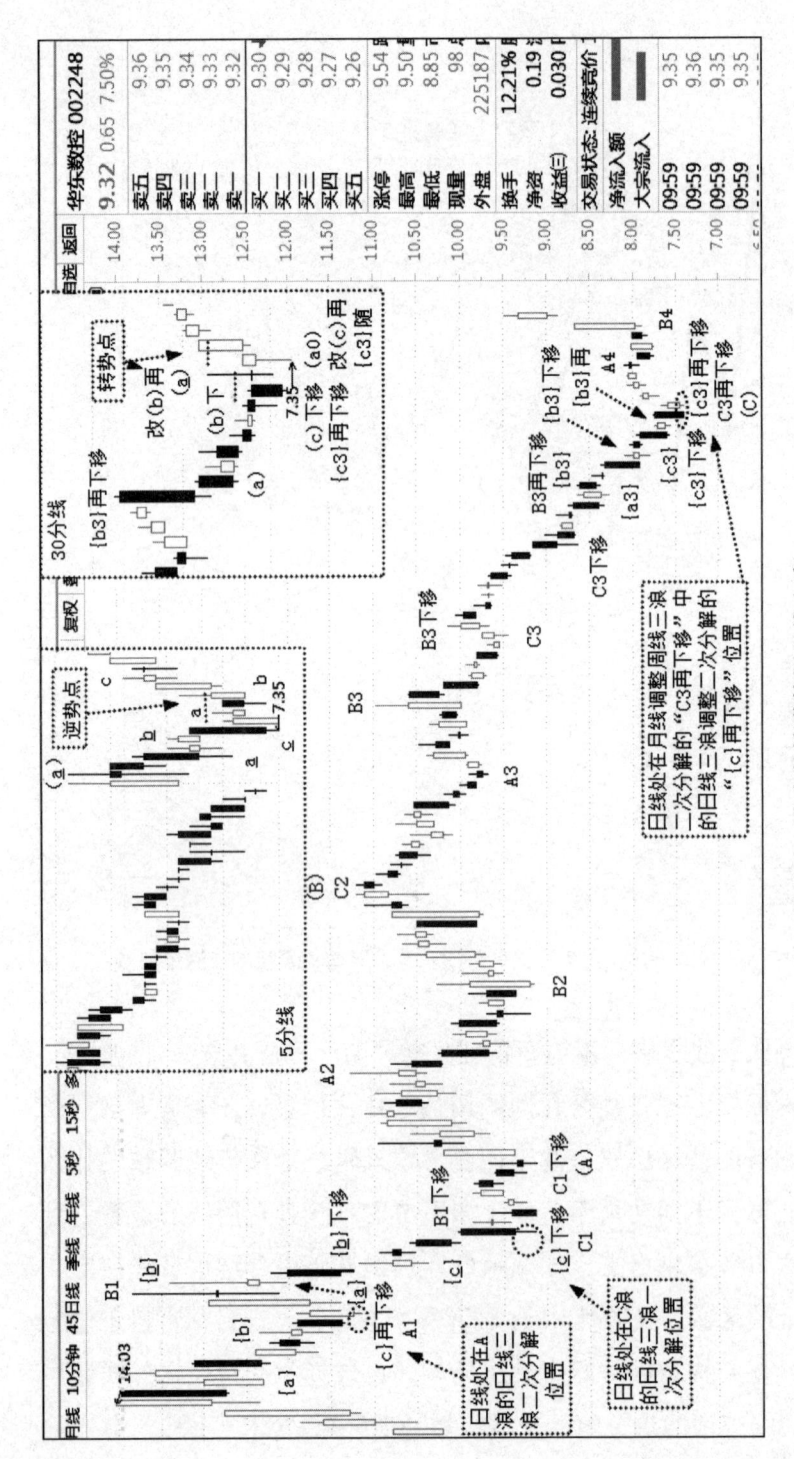

图 4-6 华中数控逆势抓日线之底

再下移"之底，可把目标直接定位为月线上涨具备结构条件之时。

华中数控处在 A1 位置的逆势抓日线"{c}再下移"之底目标只能定位周线上涨具备结构条件之时主动出局（见图 4-6），否则就会被未来的 C1 下跌吞噬利润。处在 C1 中"{c}下移"逆势抓底之时，因担心还有"{c}再下移"，目标只能定为日线上涨具备结构条件之时主动出局，或采用分批交易的策略，目标定为周线上涨具备结构条件之时主动出局。而处在月线（C）调整中，周线 A3、B3、C3 二次分解中"C3 再下移"调整中，日线 {a3}、{b3}、{c3} 二次分解"{c3}再下移"位置的，逆势抓日线之底，就不用担心后市可能存在日线下跌，可把目标直接定位为月线上涨具备结构条件之时。

逆势精准抓底的时机点：

"{c3}再下移"内 30 分线走到一次分解阶段，就出现（a）上破"（b）下移"高点的日线转势信号（见图 4-6 中 30 分线），但后市并没有直接运行日线上涨。再出现（a0）下破"（c）下移"低点这种预期后市日线重挫信号（可能三次分解）。这种结构本身有两种完全不同的标注和特性，这种位置应首先想到的是下破之时再次具备"{c3}再下移"结构条件，需重点关注（a0）调整结束信号，且短线必须设止损于（a0）低点以下，防止另一种后市重挫的可能性。5 分线 c 上破 a 高点，是（a0）的结束信号和"{c3}再下移"的逆势点，设止损于 a 低点以下。后市上破（a）高点（此点再次成为"{c3}再下移"的转势点），验证之前 c 上破 a 高点之时逆势精准抓底成功，设止损于（a0）低点以下。目前日线"{c3}再下移"处在周线"C3 再下移"的二次分解位、周线"C3 再下移"处在月线（C）二次分解这种绝对低位，目前位置买入把目标定位为日线三浪大幅上涨（一次、二次分解极端之时）主动出局后再择机买入，或可直接把目标上调至月线上涨具备结构条件之时。

二、60 分线三浪"镰刀"式调整逆势点、转势点和预期上涨顺势点

60 分线（a1）、（b1）、（c1）三浪"镰刀"式调整,（c1）内部结构

次一级 5 分线 a1、b1、c1 三浪"镰刀"式调整，c1 具备结构条件和 a2 上破 b1 高点之时，是高两级日线 {a} 调整逆势点，设止损于（c1）低点以下（见图 4-7）。5 分线 a4 上破"b3 下移"高点验证（b2）调整收在（a2）低点以上，是自（a2）低点开始预期运行 60 分线三浪上涨的信号，是日线 {a} 调整的转势点和预期 {b} 反弹的顺势点，设止损于（a2）低点以下，后市不排除（a2）、（b2）、（c2）三浪有复杂演变的可能性。

2022 年 2 月 10 日开始，东方财富日线下跌内是 60 分线"镰刀"式结构（见图 4-8）(a)、(b)、(c) 三浪，(c) 内（见 4-8 图左下）5 分线是 a、b、c 三浪下跌，没有好的逆势抓底点，只有等待后市上破（b）高点出现日线转势信号。此时日线处在周线下跌中 {a} 位，实际也没有

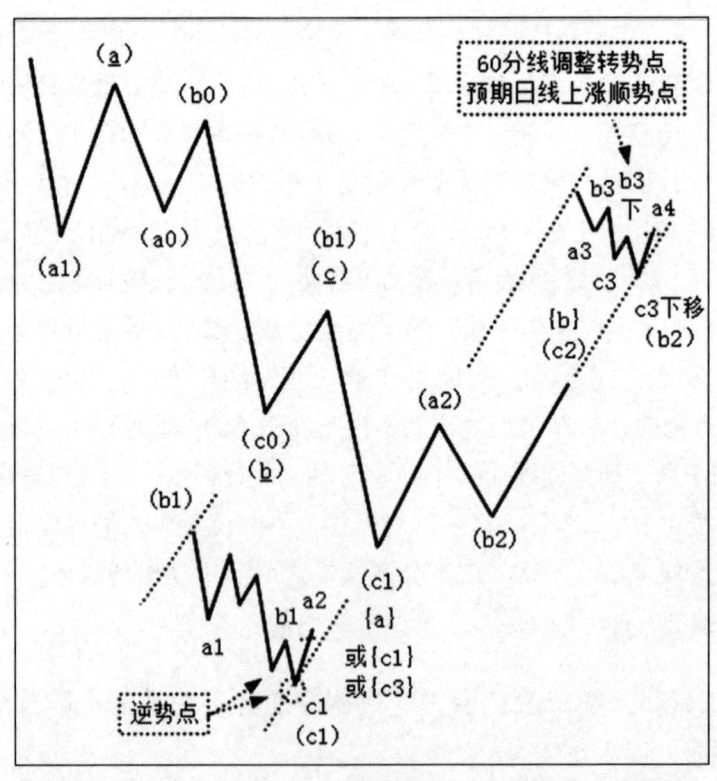

图 4-7　60 分线三波"镰刀"式调整逆势、转势和预期上涨顺势点

好的交易点，如要交易{b}浪反弹必须设止损于{a}低点以下。

注：有的以个股举例时，并没有考虑其所处位置，只展示有这些结构和信号点，实际交易时不但需要考虑个股基本面，而且特别需要考虑其所处的位置、止损点设置和目标的提前预测。

三、60分线三浪"双节棍"式上涨逆势点、转势点和预期下跌顺势点

反过来也一样，60分线（a）、（b）、（c）三浪"双节棍"式上涨见

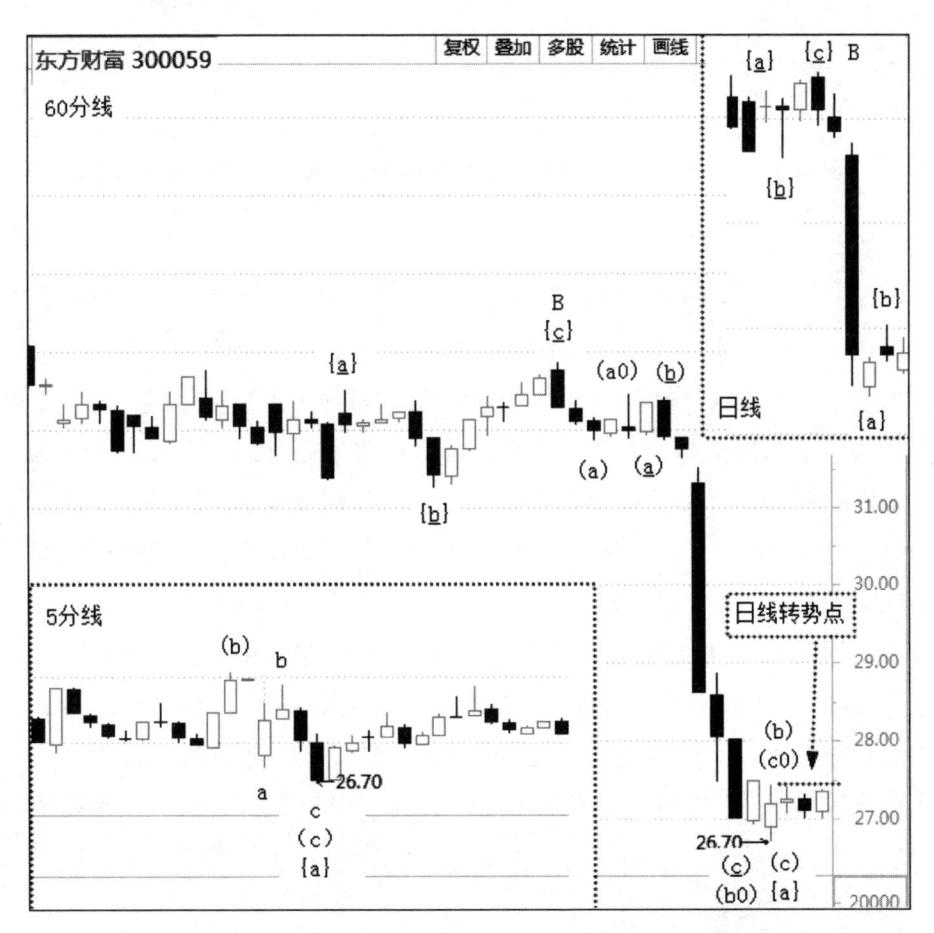

图4-8　东方财富日线"镰刀"式调整逆势点、转势点

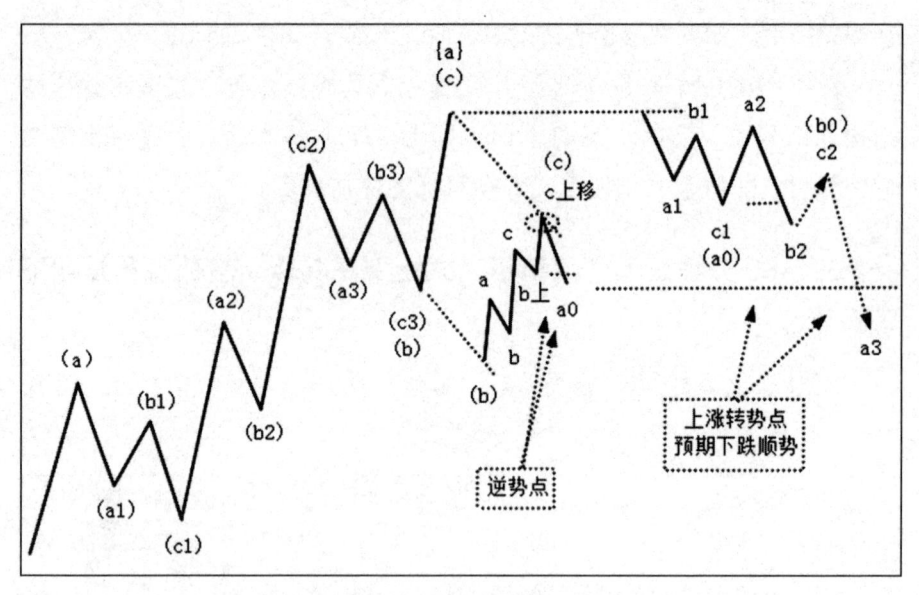

图 4-9　60 分线三浪"双节棍"式上涨逆势点、转势点和预期下跌顺势点

图 4-9，逆势逃顶（或做空）点见（c）部结构内 5 分线"c 上移"区域或 a0 下破"b 下移"低点的点，设止损于（c）高点以上。5 分线 b2 下破（a0）低点，是自 a1 高点开始预期的日线下跌内部结构（b0）反弹为下倾结构信号，并预期日线重挫。此点也是（a）、（b）、（c）三浪上涨的转势信号（结构配合典型之一）和预期日线下跌顺势点（即衍生品做空时机），设止损于 a1 高点以上。下破（b）低点，也是之前日线上涨的转势点，是验证 b2 下破（a0）低点做空成功的信号。

深圳指数 2022 年 1 月 14 日至 18 日这段 30 分线三浪"双节棍"上涨在（c）高点具备日线 {c} 浪结构件（见图 4-10），（c）内 5 分线三浪见左上，c 和"c 上移"区域，都是比较好的逆转抓日线之顶主动出局时机。下破（a4）低点，是（b4）反弹下倾和日线预期重挫信号，也是日线 {c} 上涨的转势信号，设止损于（c）浪高点以上。右下为日线实际走势。

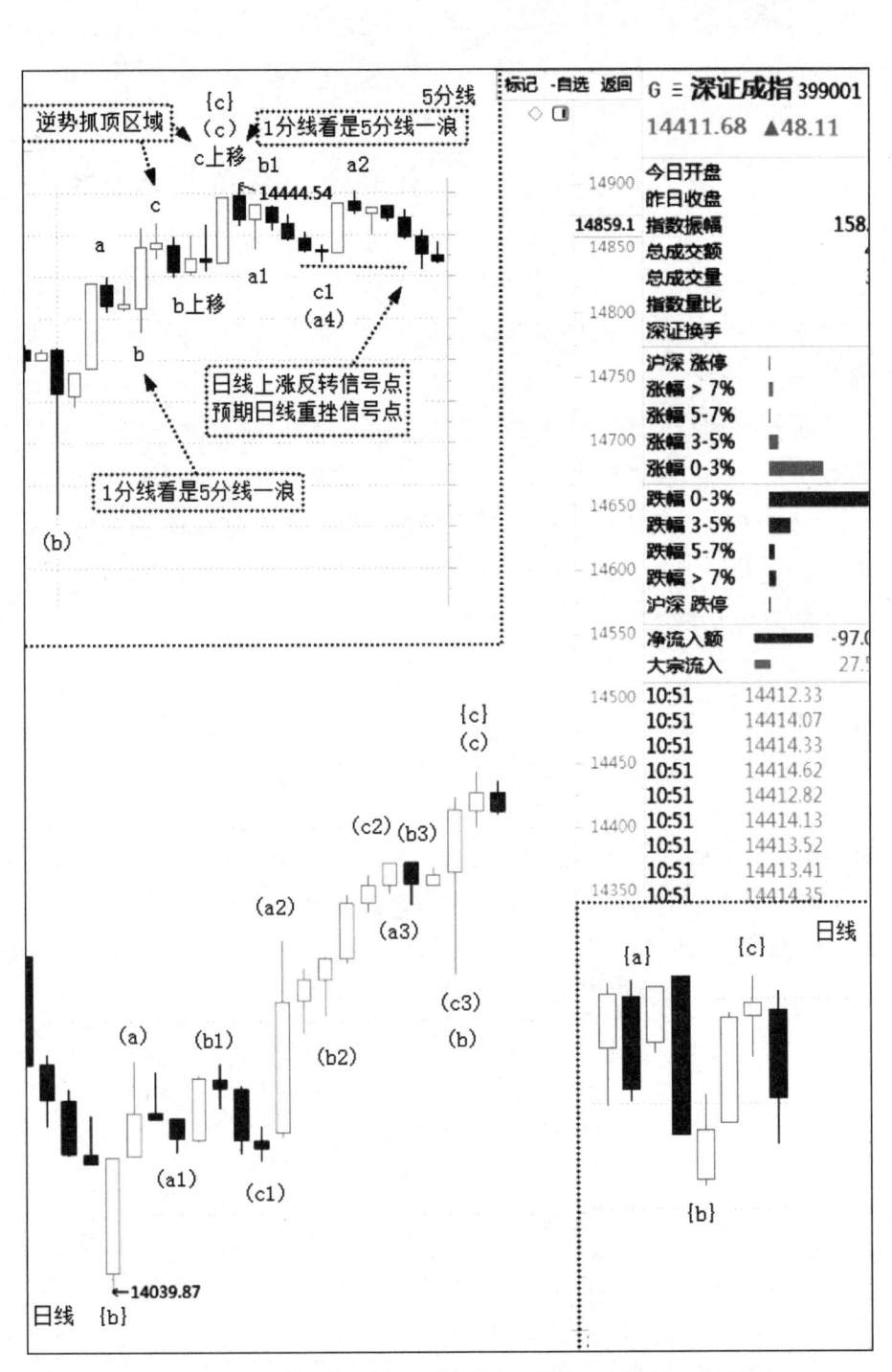

图 4-10 深指"双节棍"式上涨逆势点、转势点和预期下跌顺势点

第三节 周线调整逆势点、转势点、预期上涨顺势点

周线因内部结构为日线三浪，需根据政策、消息等判断每日走势对周线的影响，同时需根据周线所在位置判断对月线、年线趋势方向的影响。

逆势抓周线之底，一般需要耐心等待月线调整内部结构周线三浪二次分解之时，在逆势抓周线"C再下移"之底的同时抓月线之底。或在月线调整出现转势信号后，逆势抓短期周线B调整之底，顺预期月线上涨之势。或在月线上涨趋势中逆势抓短期周线"B上移"调整之底，顺月线上涨之势。

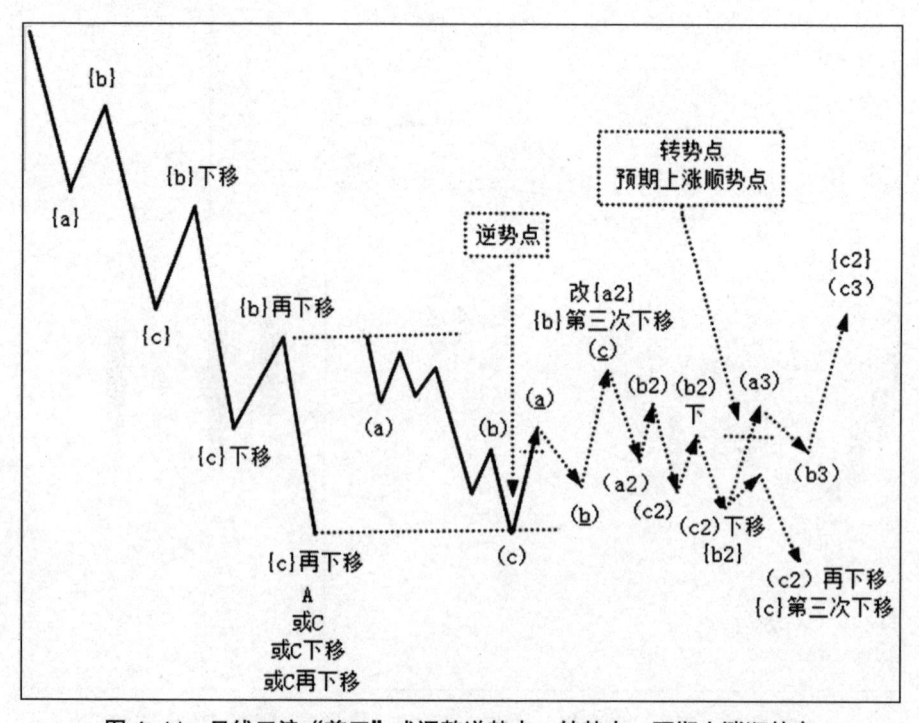

图4-11 日线三浪"剪刀"式调整逆势点、转势点、预期上涨顺势点

一、日线三浪"剪刀"式调整逆势点、转势点、预期上涨顺势点

日线{a}、{b}、{c}三浪二次分解,在"{c}再下移"位置再次具备周线A调整结构条件(见图4-11),"{c}再下移"内部结构次一级60分线(a)、(b)、(c)三浪"镰刀"式调整,在(c)内部结构再次一级5分线a、b、c三浪,逆势精准抓60分线(c)之底的同时抓日线"{c}再下移"之底,此点也是逆势抓周线A之底的时机。需重点关注自(c)低点开始的预期60分线三浪上涨结构、结束信号、结束点所在位置对周线趋势方向的影响:其一,自(c)低点开始的日线上涨验证收在"{b}再下移"高点以下,是周线趋势方向未变的信号,继续向下,{b}三次下移至(c)高点,预期后市"{c}三次下移"下破前低;需重点关注自"{b}三次下移"高点开始的60分线三浪结构、结束信号、结束点所处位置对周线趋势方向的影响。其二,自(c)低点开始的日线上破"{b}再下移"高点,发出周线调整转势信号。

(a3)上破"(c2)下移"高点,不但是日线{b2}调整的结束信号,还因验证{b2}收在"{c}再下移"低点以上,也是自"{c}再下移"低点开始预期运行日线三浪的上涨信号(此时"{b}三次下移"应改为{a2}),此点也是预期周线上涨的顺势点,设止损于{b2}低点或{a2}低点以下。短期目标定为自(a3)低点开始日线一浪上涨具备结构条件或出现结束信号之时。具体需根据(a3)、(b3)、(c3)三浪和日线{a2}、{b2}、{c2}三浪结构而定,实际需要考虑{a}、{b}、{c}三浪所处高一级月线内部结构位置而定。

凯撒文化在周线C1内日线{a}、{b}、{c}三浪二次分解"{c}二次下移"低位,是非常好的逆势抓底时机(见图4-12)。具体点见图4-13中的60分线图:

1."{c}二次下移"内60分线(a)、(b)、(c)三浪中(c)内5分线三浪一次分解或二次分解之时是好的逆势分批抓底的时机。

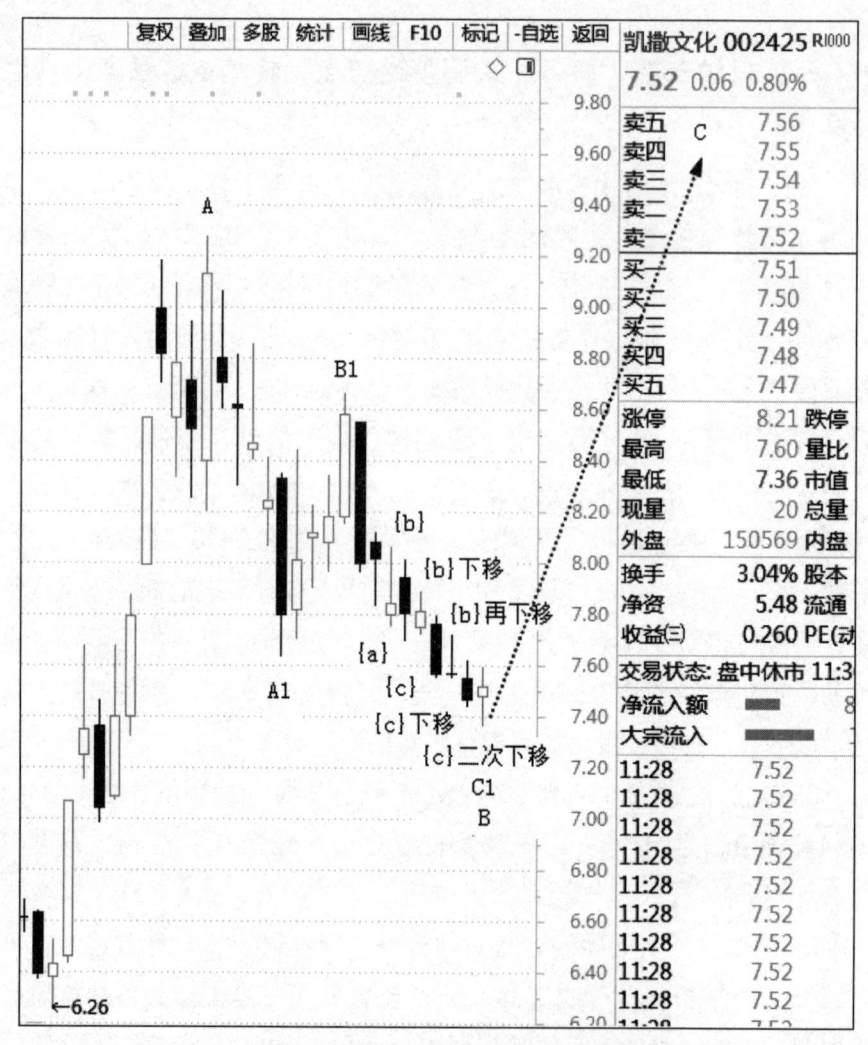

图 4-12 凯撒文化日线三浪调整"剪刀"式逆势抓底时机

2. "{c}二次下移"内（a）、（b）、（c）三浪中"（c）下移"内 5 分线三浪一次分解或二次分解之时是好的逆势分批抓底的时机。

3. (c) 上破 (a) 高点，出现 60 分线三浪上涨信号时也是逆势抓周线之底的时机。

4. 上破"(b) 下移"高点之时也是逆势抓底的时机。

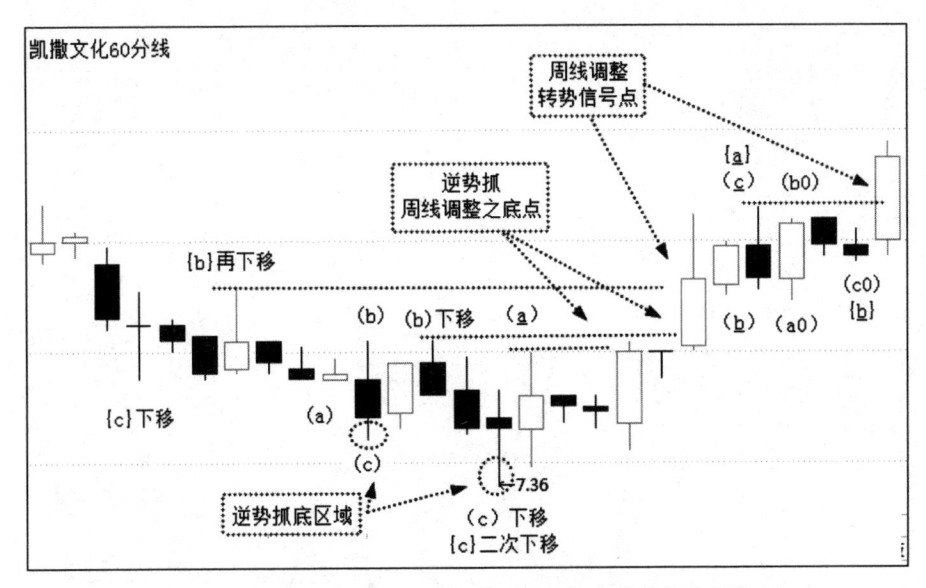

图 4-13　凯撒文化日线三浪调整"剪刀"式逆势抓底具体点

5. 上破"{b}下移"高点之时，是周线调整转势点，同时是预期周线上涨顺势点，设止损于"{c}二次下移"低点以下。

6. 上破 {a} 高点是周线上涨顺势点。

二、日线三浪调整"镰刀"式逆势点、转势点、预期上涨顺势点

日线 {a}、{b}、{c} 三浪调整"镰刀"式（见图 4-14），{c} 内部结构 60 分线（a）、（b）、（c）三浪"剪刀"式，根据"剪刀"式结构特性在其一次分解和二次分解具备结构条件之时分批买入，或在（a）上破"(b) 再下移"高点之时买入，都是逆势抓周线之底的时机。目标可直接定位自（c）低点开始，高两个级别的预期周线上涨具备结构条件之时主动出局，设止损于 {c} 低点以下。

{b0} 调整出现结束信号，验证收在 {a0} 低点以上的点，不但是周线调整转势信号，还是预期周线上涨顺势点，并设止损于 {b0} 或 {a0}

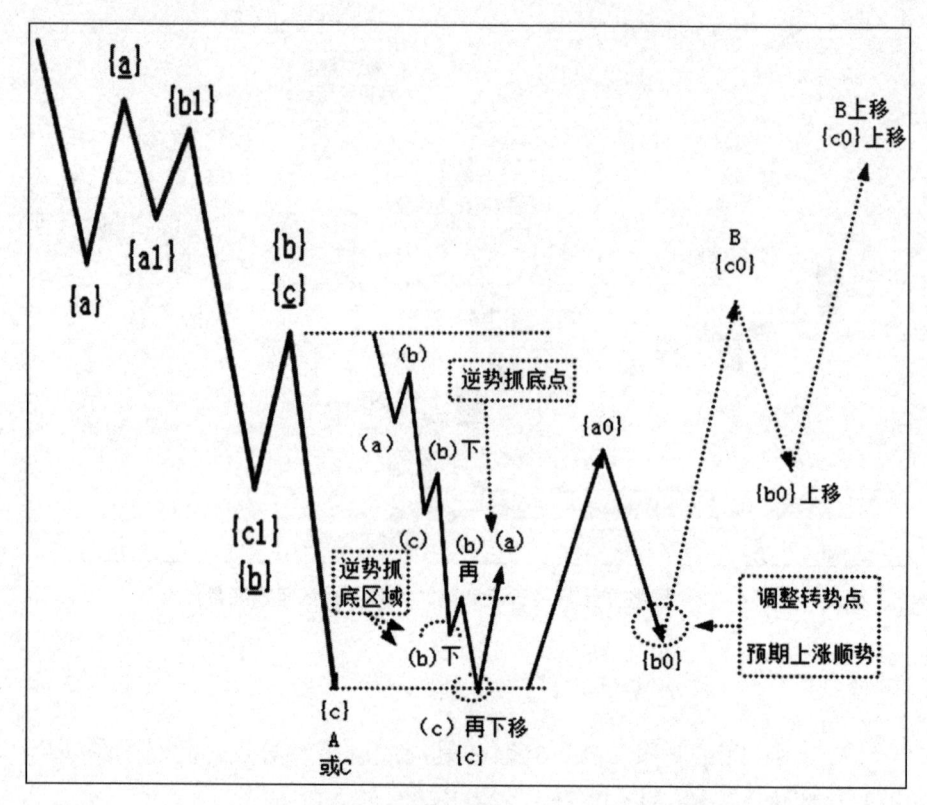

图 4-14 日线三浪调整"镰刀"式逆势点、转势点

低点以下。后市不排除 {a0}、{b0}、{c0} 三浪有复杂演变的可能性。

　　天山铝业自 9.29 元开始周线调整至 8.12 元，是日线三浪"镰刀"式（见图 4-15），但形态分析是周线三浪见周线（这种股要么回避，要么轻仓参与，严格设好止损，防止朝周线三浪发展），关键是日线 {c} 内（a）、(b)、(c) 三浪是"双节棍"式结构见 60 分线。根据"双节棍"式结构特性，关注（c）内 5 分线三浪结构，即可在其极端之时或出现结束信号之时，逆势抓（c）之底的同时抓 {c} 之底，此点还是周线调整逆势点，设止损于（c）低点以下。{a2} 上破 {b} 高点是周线的调整转势点。{b2} 调整出现结束信号，验证收在 {a2} 低点以上的点，也是本段周线调整结束的信号和预期周线上涨的顺势点。

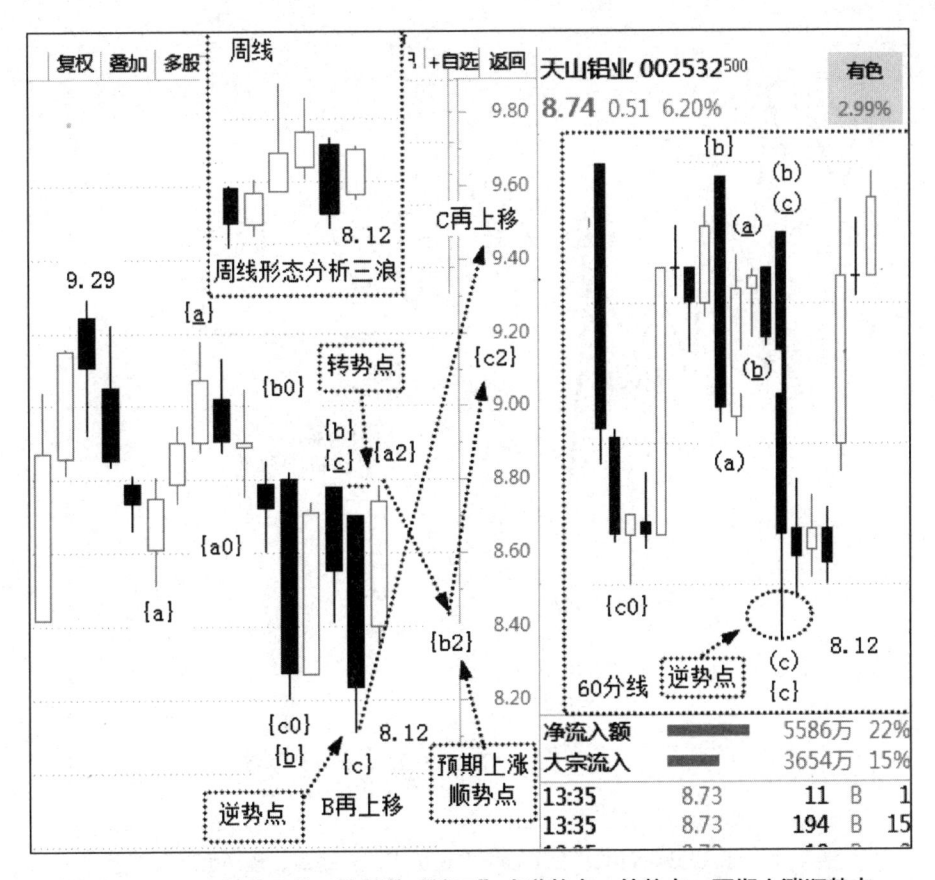

图 4-15　天山铝业日线三浪调整"镰刀"式逆势点、转势点、预期上涨顺势点

三、日线三浪调整"双节棍"式逆势点、转势点、预期上涨顺势点

日线 {a}、{b}、{c} 三浪调整"双节棍"式，日线 {c} 内 60 分线（a）、（b）、（c）三浪"剪刀"式，根据"剪刀"式结构特性，在其一次分解或二次分解具备结构条件之时分批买入（见图 4-16），或在（c）上破（a）高点之时，都是好的逆势抓周线之底的时机，设止损于 {c} 低点以下。目标可直接定位为自 {c} 低点开始的周线上涨具备结构条件之时。

注：在没有出现周线反弹前，{a}、{b}、{c} 三浪还存在继续演变的可能性，{c4} 下破 {c} 低点之时是周线调整持续信号。后市可在"{c} 下

91

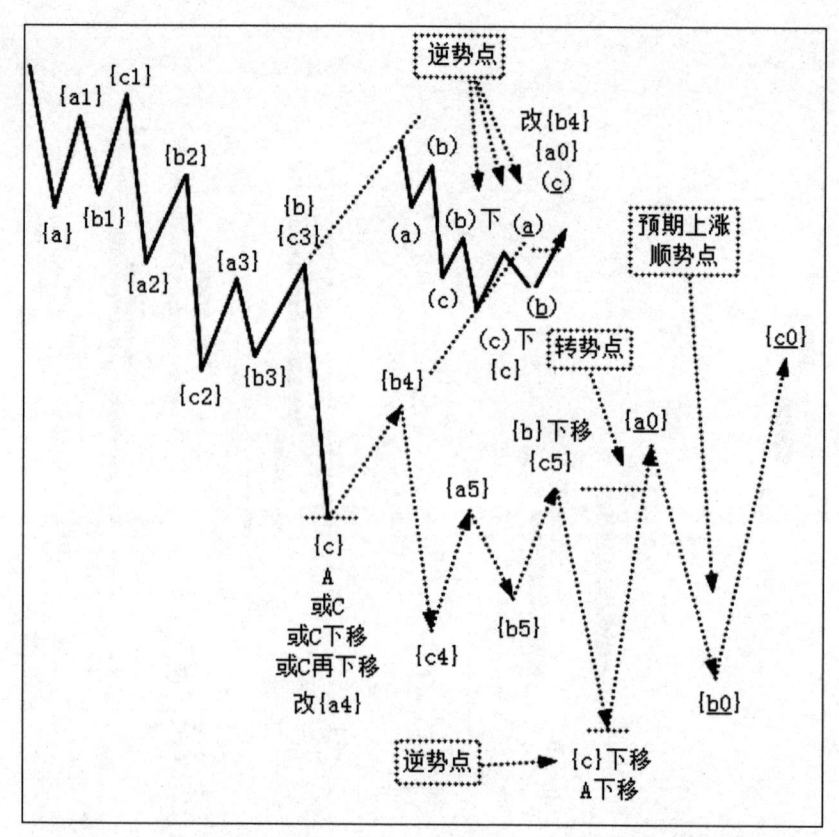

图 4-16 日线三浪调整"双节棍"式逆势点、转势点、预期上涨顺势点

移"位,根据其内部结构之次一级三浪结构再次逆势抓周线之底。

{a0} 上破 "{b} 下移"高点是周线调整转势点,{b0} 调整内 60 分线三浪逆势点、出现结束信号验证收在 {a0} 低点以上的点,是预期周线上涨顺势点,设止损于 {a0} 低点以下。

2021 年 12 月 30 日,中远海控日线 {a} 调整结束后一个 {a1}、{b1}、{c1} 三浪反弹,未上破 {a} 高点,日线三浪调整具备预期运行"双节棍"式结构条件(见图 4-17),{c1} 高点具备 {b} 浪结构条件,根据"双节棍"式结构特性,后市 {a2} 直接下破 {a} 低点,本身具备完整三浪结构条件。但因反弹未构成周线条件,后继续下破 {a2} 低点,则是日线三

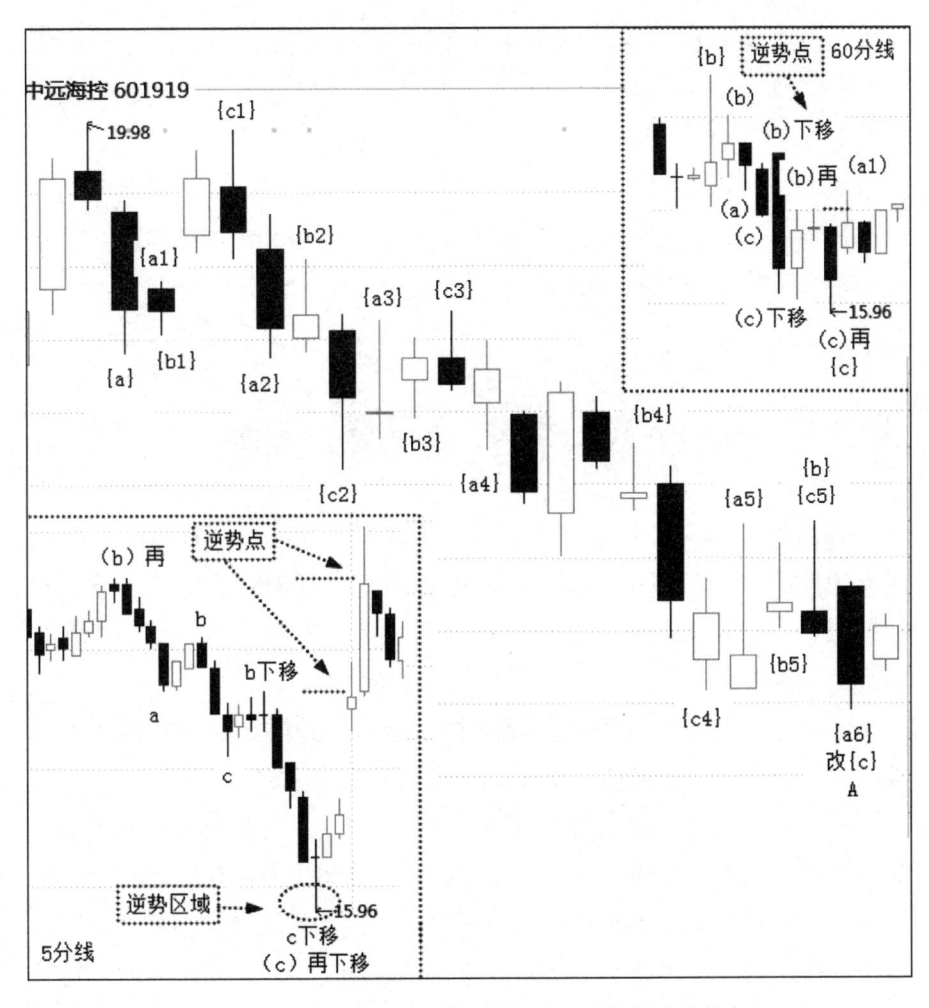

图 4-17 中远海控日线三浪调整"双节棍"式逆势点

浪调整演变成复杂"双节棍"式结构信号。{a3}、{b3}、{c3} 三浪反弹再次具备 {b} 结构条件，即 {b} 从之前 {c1} 下移至 {c3} 高点，但因后市是以三浪模式直接下破前低，发出周线持续下跌信号。{a5}、{b5}、{c5} 三浪反弹再次具备 {b} 结构条件，即 {b} 从之前 {c3} 下移至 {c5} 高点，{a6} 直接下破 {c4} 低点再次具备 {c} 浪结构条件，下破之时就可关注其内部结构 60 分线（a）、(b)、(c) 三浪结构，准备逆势抓底。(a)、(b)、(c) 三浪刚好具备二次分解结构条件（见图 4-17 中右上的 60 分线图），

93

关注"(c)再下移"内部结构 5 分线 a、b、c 三浪正在一次分解区域（见图 4-17 左下），此区域即是逆势抓"(c)再下移"之底时机，也同时是逆势抓日线、周线之底时机。后市上破"b 下移""(b) 再下移"高点也是周线调整逆势点。上破 {a6} 高点之时是验证逆势抓底成功的信号，需把 {a6} 更改为 {c}。后市日线回调内 60 分线三浪逆势点、转势点，都是预期周线上涨顺势点，设止损于 {c} 低点以下。

第四节　月线调整逆势点、转势点、预期上涨顺势点

普通投资者交易时是在一个点，不在一个区间，选择某个区间交易，说明不精准，或是长线投资者不在乎。我们想要找到符合波动规律的周期、结构的精准交易点，唯有通过浪形内部结构分析，找到正运行的调整浪逆势点、转势点和上涨浪顺势点。

月线常用于波段，其内部结构周线趋势不易因小的基本面或消息面而改变趋势方向，月线调整浪转势点和上涨浪顺势点更稳。

逆势抓月线之底需耐心等待周线三浪调整二次分解具备结构条件之时，同时抓周线、月线之底。如能等到年线调整内部结构月线三浪二次分解"（C）再下移"内部结构周线三浪二次分解具备结构条件之时，此时抓周线、月线、年线之底更好。或在年线调整出现转势信号后，逆势抓短期月线（B）调整之底，顺预期年线上涨之势。或在年线上涨趋势确立后，逆势抓预期的短期"（B）上移"调整之底，顺年线上涨之势。

如抓不到月线调整内周线三浪二次分解之底，就要耐心等待月线调整出现转势信号，这样才有机会抓到月线之底，否则就容易因提前动手而抓在半空中。

一、周线三浪调整"剪刀"式逆势点、转势点、预期上涨顺势点

周线 A1、B1、C1 三浪调整构成月线（A）（见图 4-18），一般情

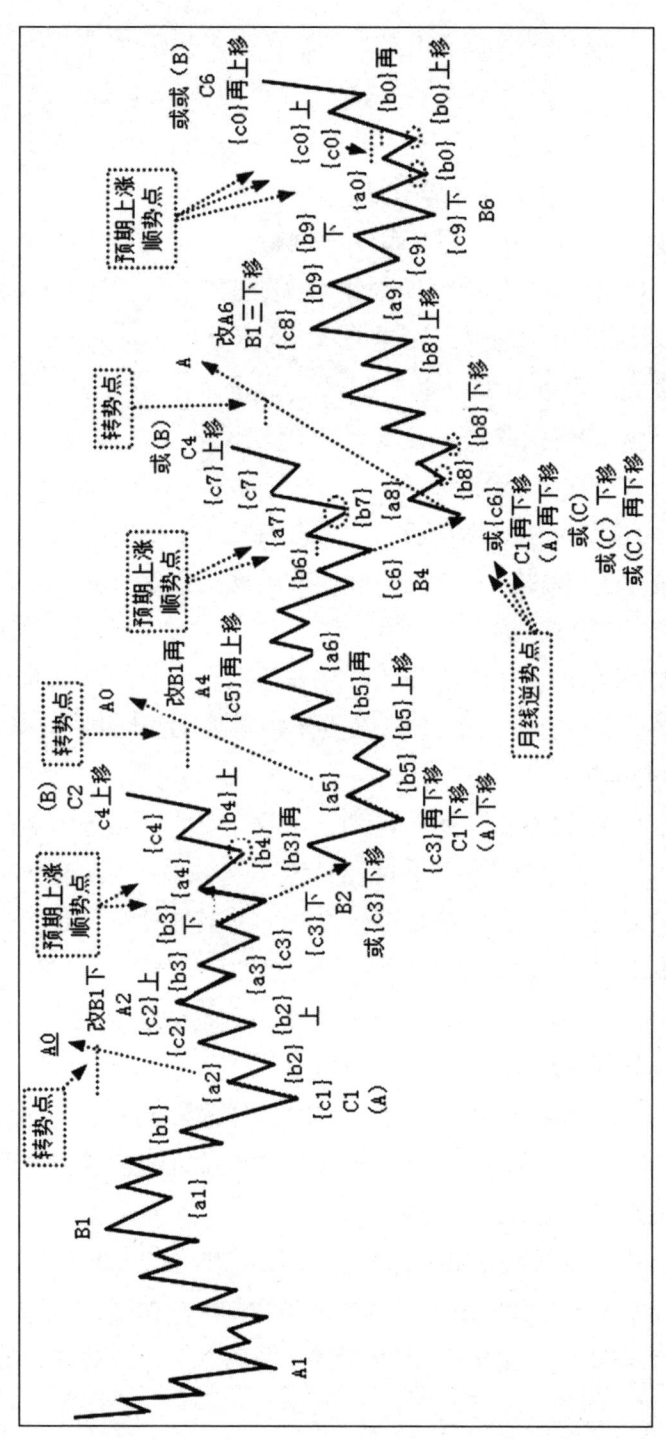

第四章 调整浪、反弹浪的关键买卖点

图4-18 周线三浪"剪刀"式调整逆势点、转势点、预期上涨顺势点

况下，周线三浪本体调整不适合逆势抓月线之底。如出现月线调整转势信号才可顺预期月线上涨之势交易。如自 C1 低点开始的周线 A0 上破 B1 高点发出（A）调整转势信号才可耐心等待预期 B0 调整具备结构条件或出现结束信号顺月线上涨之势交易。

日线 {a4} 上破 "{b3} 下移" 高点和 {b4} 调整验证收在 {a4} 低点以上的点，不但是自 {a4} 低点开始预期周线 C2 上涨的信号，还是验证 B2 调整收在 A2 低点以上的信号，也是自 A2 低点开始预期月线（B）上涨的信号和顺势点，设止损于 {a4} 或 A2 低点以下。

自 {a3} 高点开始的周线调整如直接下破 C1 低点，是 A1、B1、C1 三浪调整"剪刀"式一次分解成立，A2 改"B1 下移"。如自"C1 下移"低点开始的周线 A0 上破"B1 下移"高点，又是月线（A）调整转势点，可耐心等待逆势抓预期 B0 之底，或在 B0 调整出现结束信号验证收在 A0 低点以上之时，顺月线上涨之势交易。

{a7} 上破 {b6} 高点和 {b7} 调整验证收在 {a7} 低点以上的点，因验证 B4 调整收在 A4 低点以上，又是自 A4 低点开始预期月线上涨顺势点，设止损于 B4 或 A4 低点以下。

如自 {a6} 高点开始的周线调整下破"C1 下移"低点，是 A1、B1、C1 三浪"剪刀"式调整确立二次次分解。日线"或 {c6}"内部结构 60 分线三浪一次、二次分解或出现结束信号之时，不但是日线、周线调整逆势抓底的时机，还是月线（A）调整精准逆势抓底的时机。{b8} 和"{b8} 下移"浪调整验证收在 {a8} 低点以上的点，不但是之前的周线调整转势点，也是逆势抓月线（A）之底的时机。

如自"C1 再下移"低点开始的 A 上破"B1 再下移"高点，又是月线（A）调整的转势点，可耐心等待逆势抓预期 B 调整之底，或在 B 出现结束信号，顺预期月线上涨之势交易。

{b0}、"{b0} 上移"调整验证收在 {a0} 低点以上和上破 {a0} 高点的点，不但是预期周线 C6 上涨的信号，还因验证 B6 收在 A6 低点以上，也是预期月线上涨顺势点，设止损于 B6 或 A6 低点以下，是验证之前在"C1 再下移"附近逆势抓月线之底成功的信号。

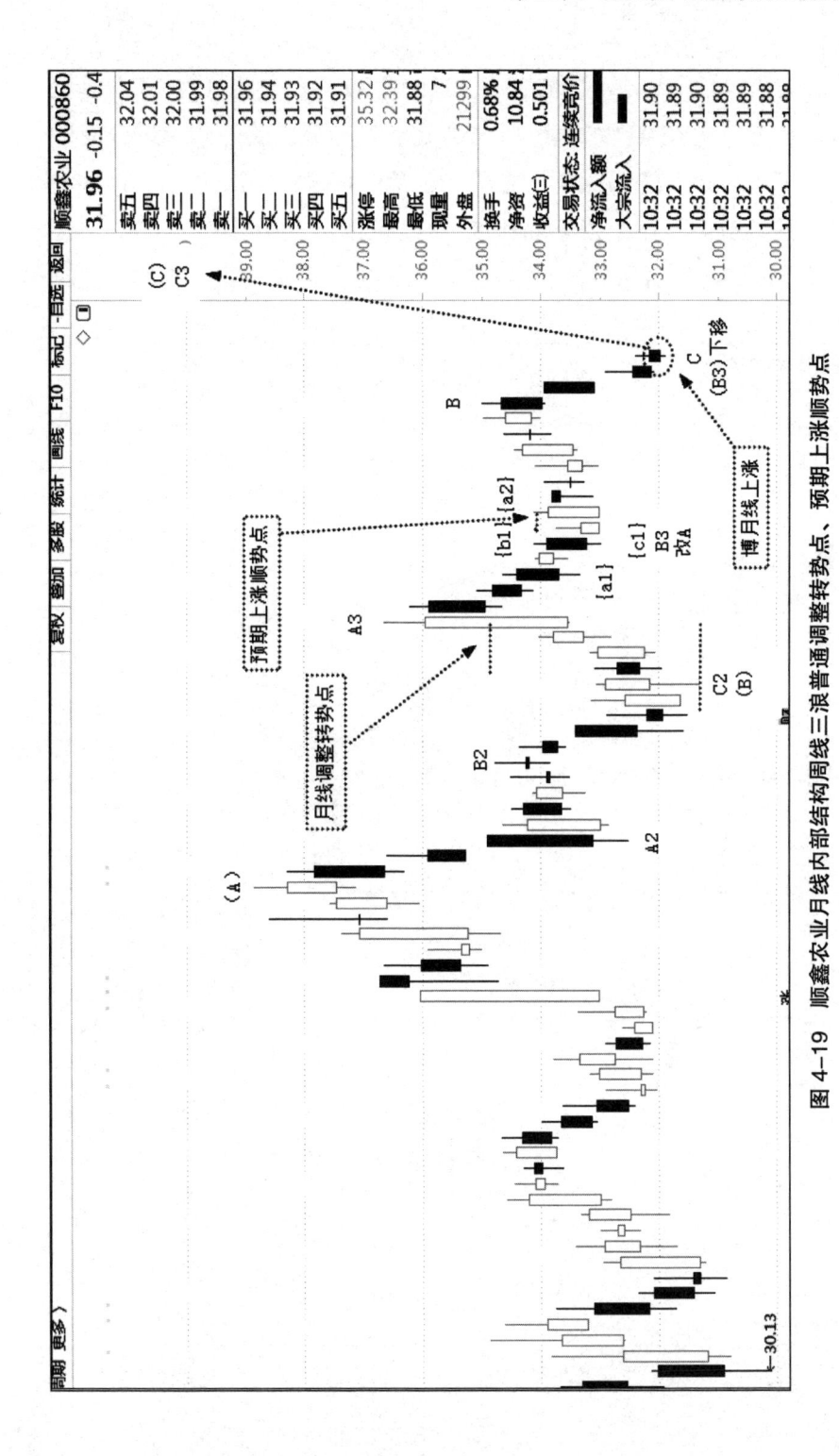

第四章 调整浪、反弹浪的关键买卖点

图4-19 顺鑫农业月线内部结构周线三浪普通调整转势点、预期上涨顺势点

2021年11月5日，顺鑫农业A3上破B2高点，是月线（B）调整转势的信号（见图4-19），因周线已是上涨趋势，此处并不适合立即交易。日线{a2}上破{b1}高点之时，是周线B3调整结束信号，是预期（C）上涨顺势点，设止损于{a2}或A3低点以下。2021年11月30日，C浪低点区域已接近重要支撑点C2低点，达到可接受止损空间。此时

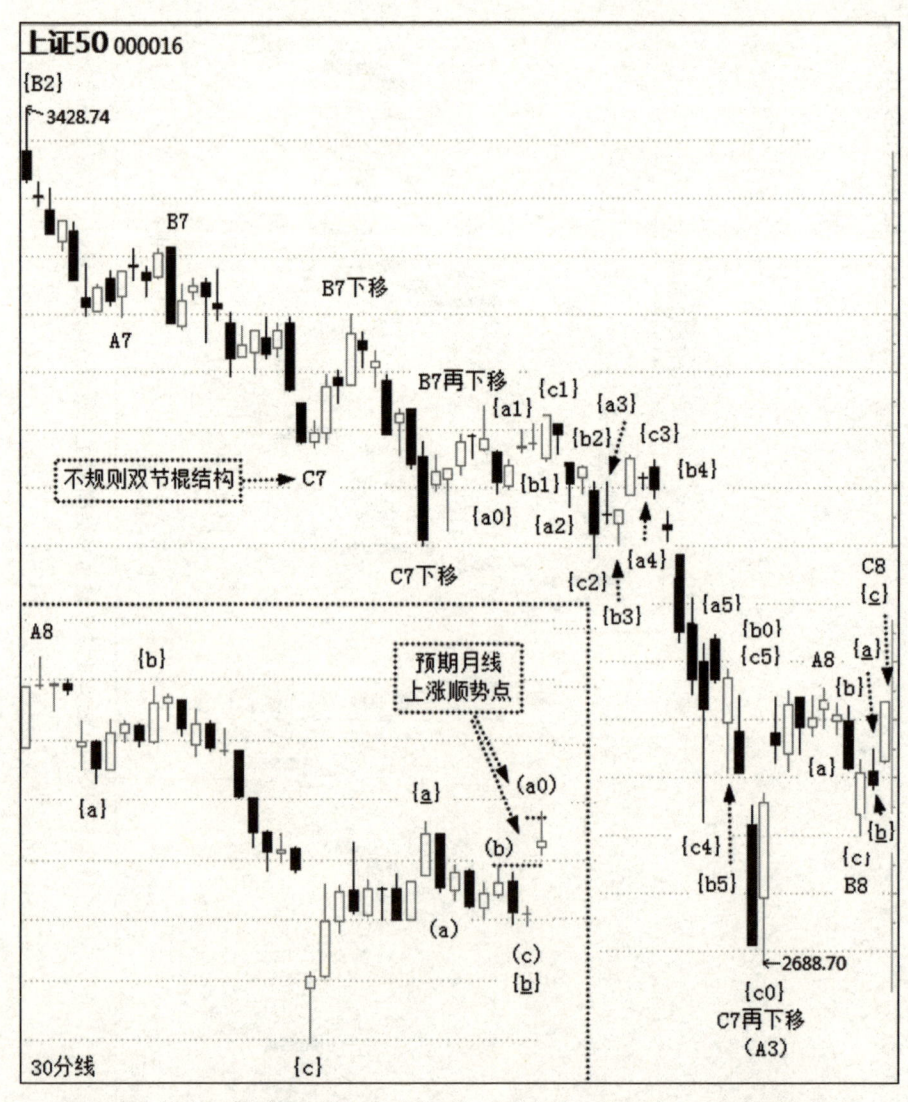

图4-20 上证50周线三浪调整"剪刀"式逆势点、转势点、预期上涨顺势点

有两种可能：其一是自 A3 低点开始形成蓄势的周线三浪"双节棍"式上涨结构，其二是 A3、B3、B 三浪构成周线三浪下降三角形月线级反弹无力结构。区分两种结果的关键点是看其是否下破 A3 低点。如下破，则是下降三角形的月线反弹无力。问题是，此时 C 调整还没有结束信号，如有，就可提前认定为周线三浪"双节棍"蓄势结构。那么在此区域交易只能说是，博预期的月线（C）继续上涨，设止损 A3 低点以下。是否在此位置博的关键，还需要关注大盘和酿酒板块，如看涨，则可博；如看跌，则不建议在此位置博。

上证 50 自 3428.74 开始月线（A3）调整（见图 4-20），周线 A7、B7、C7 三浪二次分解，"C7 再下移"内日线 {a0}、{b0}、{c0} 三浪"双节棍"复杂结构，在 {c0} 具备结构条件（注：运行至 {c0} 低点都算"双节棍"式结构，但难以实时判断该点是否为结束点，只能在后市出现月线调整转势信号之时，才可判断此点是周线、月线结束点）。

2022 年 3 月 30 日，{c} 上破 {a} 高点之时，不但是运行 C8 上涨的信号，还是（A3）调整转势的信号和预期（B3）上涨顺势点，设止损于 B8 或 A8 低点以下。后市不但存在 {a}、{b}、{c} 三浪上涨复杂演变的可能性，也存在 A8、B8、C8 三浪上涨复杂演变的可能性。

二、周线三浪"镰刀"式调整逆势点、转势点、预期上涨顺势点

周线 C0 下破 A 低点确立周线三浪调整为"镰刀"式（见图 4-21），耐心等待"镰刀"式调整具备结构条件的 C 调整内次一级日线三浪，根据其结构"剪刀"式三浪，在其一次分解具备结构条件的"{c} 下移"以 30%～50% 仓位分批逆势抓底，或二次分解具备结构条件的"{c} 再下移"逆势抓周线 C 之底，同时抓月线（A）之底。

{a1}、{c1} 调整内次一级三浪出现结束信号，验证收在 {a1} 低点以上的点，是自 {a1} 低点开始预期周线上涨的顺势点，也是 C 调整的转势点，还因其所处位置特殊，也是月线（A）调整逆势点，设止损于

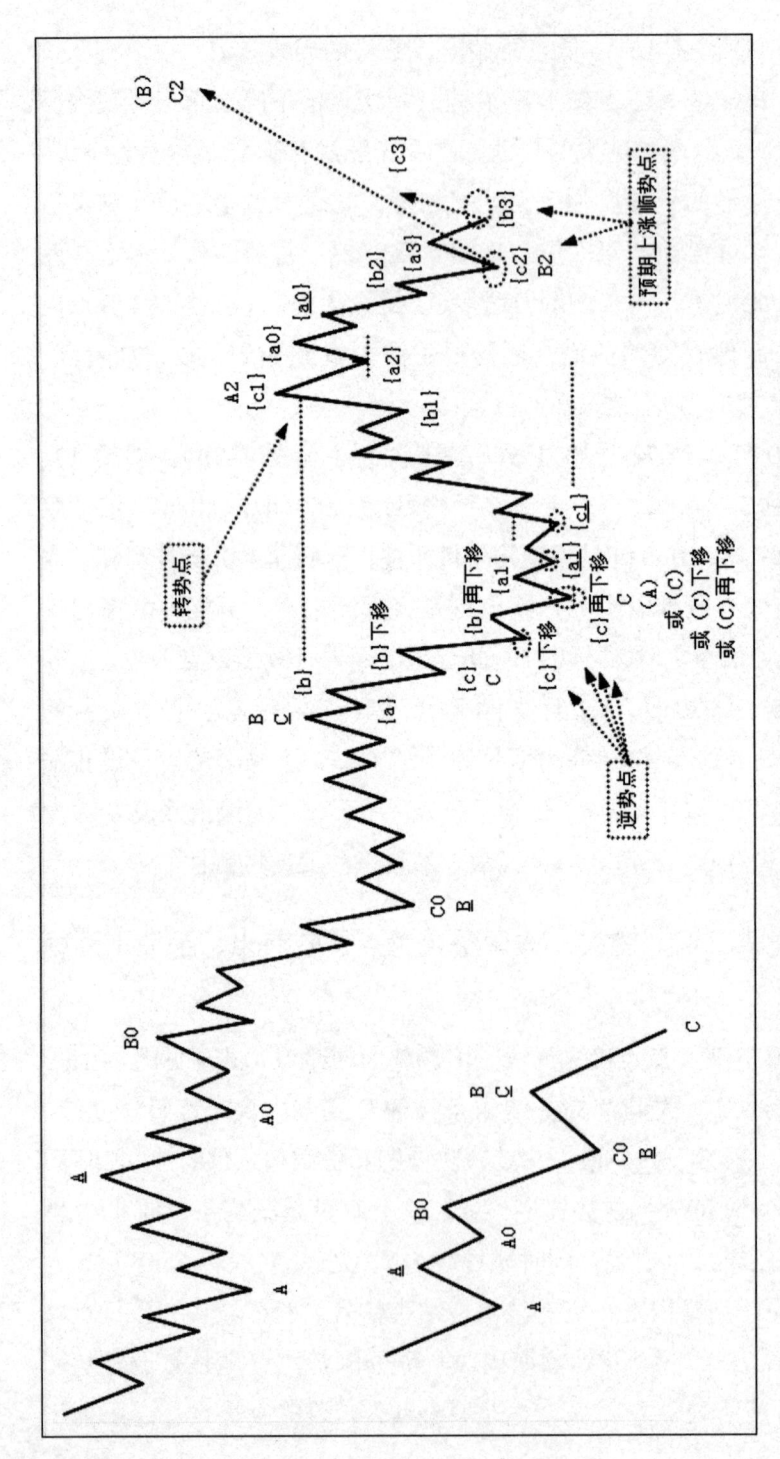

图 4-21 月线内周线三浪"镰刀"式调整逆势点、转势点、预期上涨顺势点

{a1} 低点以下。上破 {a1} 高点也是（A）调整逆势点之一。

A2 上破 B 高点，是（A）调整转势点，预期（B）上涨顺势点，但因一个周线调整的上破，大部分空间较大，此点并不是好的交易时机。耐心等待周线调整，根据内部结构来寻找和等待最佳交易时机。重点观察周线调整内日线三浪结构，可根据结构找其逆势点、转势点。如 {c2} 低点具备日线三浪调整"镰刀"式结构条件，可逆势抓底，{b3} 调整验证收在 {a3} 低点以上的点，是预期（B）上涨顺势交易时机，设止损于 B2 或 A2 低点以下。{c3} 上破 {a3} 高点，也是预期（B）上涨顺势点。

此结构作用：C0 下破 A 低点后，重点关注预期 C 调整内日线三浪逆势点、转势点，这些关键点即为本结构月线调整的逆势点。

上证指数自 2703 至 2440.91 这段调整是周线三浪"镰刀"式结构（见图 4-22），C 如再运行一个日线反弹和下跌，是日线三浪二次分解

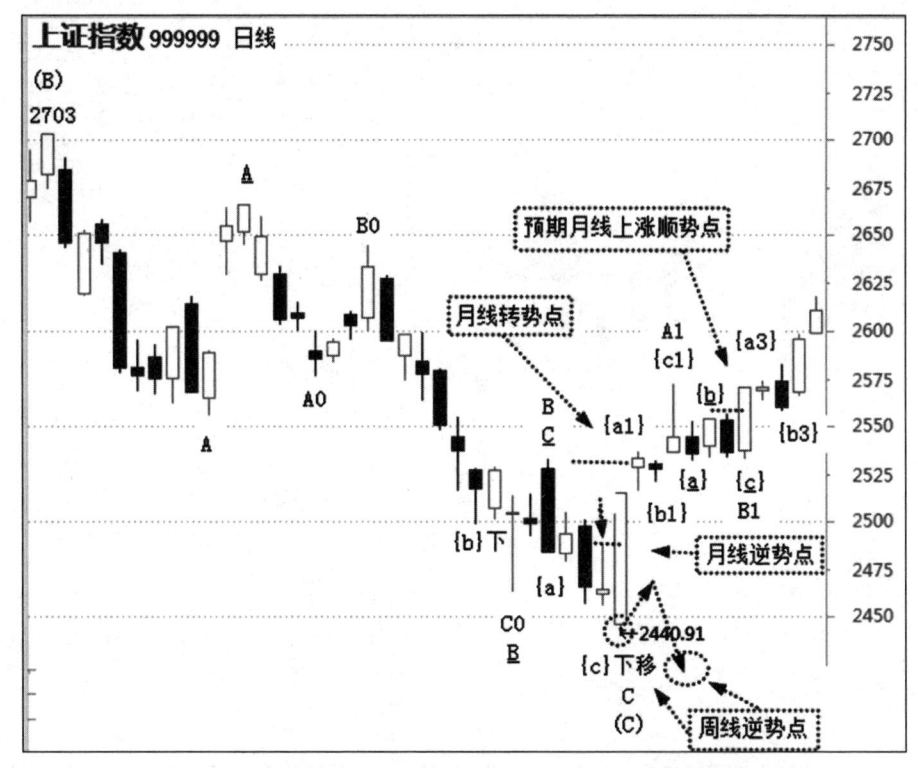

图 4-22 周线三浪"镰刀"式调整逆势、转势、预期上涨顺势点

的最佳逆势抓周线、月线之底时机，如算上自 3587 开始的调整，还是最佳逆势抓年线之底的时机。实际走势到了周线三浪二次分解位，C 内日线三浪一次分解位，"{c} 下移"内 60 分线三浪一次或二次分解及出现结束信号之时，也是非常好的逆势轻仓抓月线之底的时机。{a1} 上破"{b} 下移"高点，是 C 调整转势点、预期周线上涨顺势点和月线逆势点之一，设止损于 C 低点以下。{a1} 上破 B 高点，是月线调整的转势点。{a3} 上破 {b} 高点是 B1 调整转势点、预期月线上涨顺势点，设止损于 {c} 低点以下。目标直接定位为月线上涨具备结构条件之时，如在月线上涨过程中上

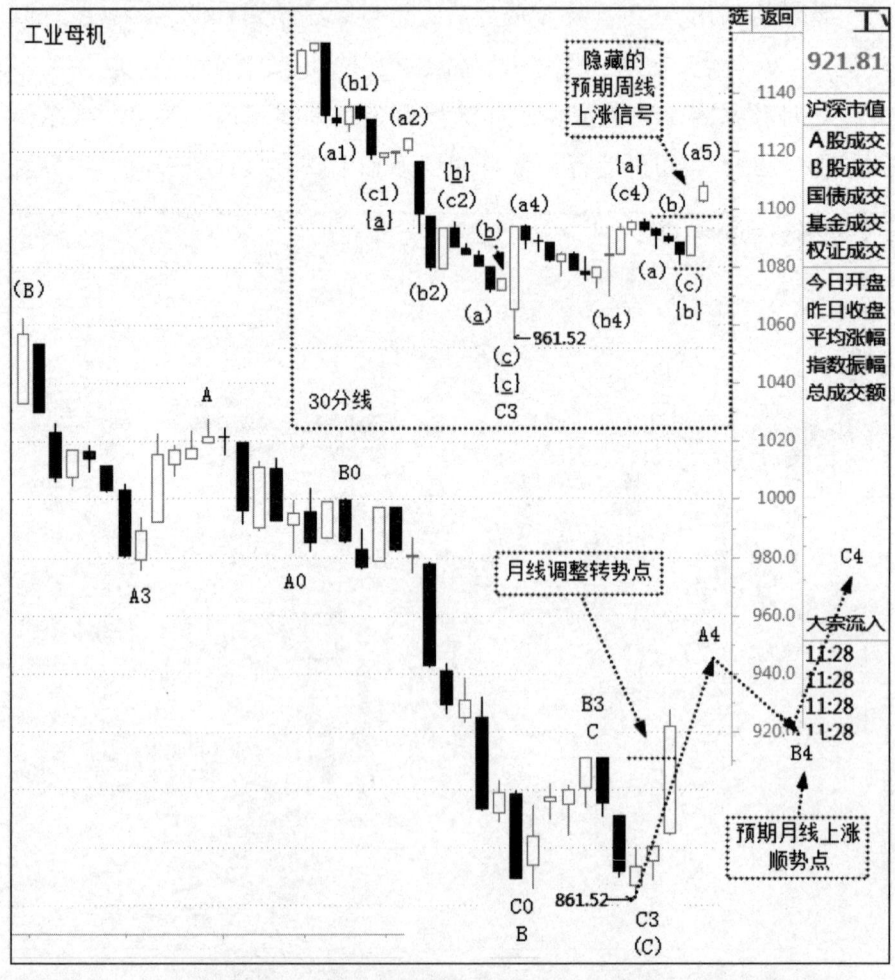

图 4-23 工业母机周线三浪调整"镰刀"式逆势点、转势点、预期上涨顺势点

破（B）高点，还可把目标直接上调为年线上涨具备结构条件之时。

自 2021 年 12 月 16 日开始，工业母机月线调整内周线 A3、B3、C3 三浪"镰刀"式结构在 861.52 的 C3 具备结束条件（见图 4-23），C3 内（见图 4-23 中的 30 分线图）(a1) 至 (c) 是个 30 分线三浪三次分解结构，既可做日线一浪，也可为日线三浪，后市上破 B3 高点后，才可肯定此段调整为周线一浪。2022 年 2 月 16 日，30 分线（a5）上破日线 {a} 高点，发出预期日线三浪上涨信号，也是 30 分线（a1）至（c）作为日线三浪情况下，C3 调整转势点和月线（C）调整逆势点，设止损（a5）低点以下。如后市直接下破（a5）低点，验证之前判断失败，如后市上破 B3 高点，验证判断成功。此点交易目标，可考虑上调至月线上涨具备结构条件之时。

上破 B3 高点，是月线（C）调整转势点，后市可等待 B4 调整内日线三浪极端之时逆势抓 B4 之底，出现结束信号验证收在 A4 低点以上之时，顺预期月线上涨之势交易。

三、周线三浪调整"双节棍"式逆势点、转势点、预期上涨顺势点

周线 C 浪低点具备 A、B、C 三浪复杂"双节棍"式月线调整结构条件（见图 4-24），C 浪内部结构次一级日线 {a}、{b}、{c} 三浪"镰刀"式结构 {c} 的内部结构再次一级 60 分线三浪逆势抓底和出现结束信号之时，不但是逆势抓周线 C 之底的时机，还因周线三浪"双节棍"式的结构特性和 C 所处的位置，还是逆势精准抓月线（A）之底的时机。C 低点是月线级别多空分界点，目标可直接定位为预期（B）上涨具备结构条件之时，并设止损于 C 低点以下。

如自 C 低点开始周线 A5 上涨上破 B 高点是月线（A）调整转势点，需耐心等待预期的 B5 调整逆势抓底，或出现结束信号验证在 A5 低点以上之时顺预期月线上涨之势交易。

{a1} 上破 {b} 高点和 {b1} 调整出现结束信号，验证收在 {a1} 低点以上是周线 C 调整的转势点，也是预期周线上涨的顺势点。此两点也是逆势抓 (A) 之底，做多预期（B）上涨时机，设止损于 C 低点以下。

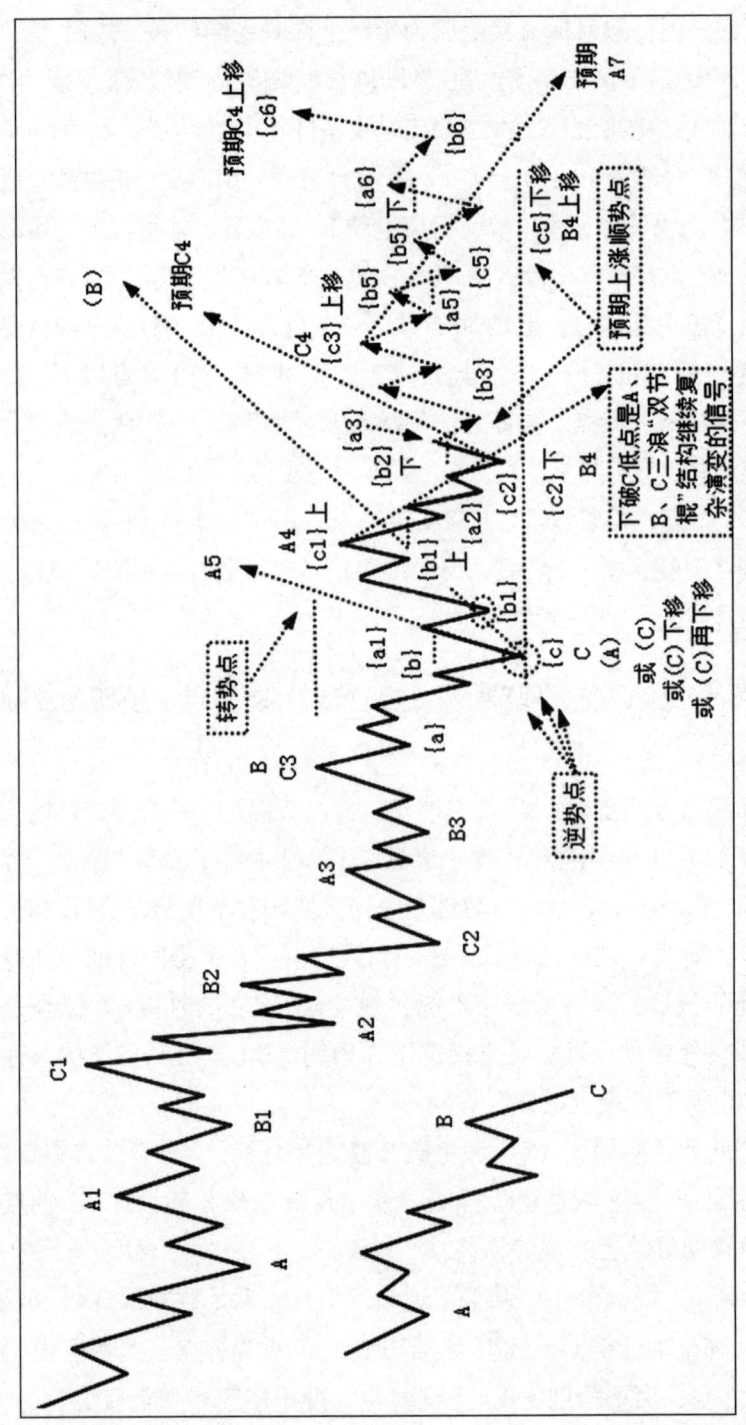

图 4-24 周线三浪调整"双节棍"式逆势点、转势点、预期上涨顺势点

因 {a2} 下破"{b1} 上移"低点验证 A4 上涨未能上破 B 浪高点，则是 A、B、C 三浪"双节棍"式结构继续复杂演变的信号，并预期自 {a2} 高度开始的周线调整下破 C 低点。但当 {a3} 上破"{b2} 下移"高点，和 {b3} 调整验证收在 {a3} 低点以上之时，不但是 B4 调整结束信号，还是预期 C4 上涨信号。此点也是预期（B）上涨顺势点，并设止损于 A4 低点以下。

　　{b5} 反弹出现结束信号验证收在 {a5} 高点以下和后市下破 {a5} 低点的点，不但是预期运行周线 A7 调整信号，还是周线 A4、B4、C4 三浪构成月线条件且反弹无力信号点，并预期 A7 下破（A）浪低点，但当 {a6} 上破"{b5} 下移"高点和 {b6} 调整出现结束信号验证收在 {a6} 低点以上之时，不但是"B4 上移"调整结束信号，还是预期"C4 上移"上涨的信号。此点也是 A4、B4、C4 三浪预期"镰刀"式结构（B）上涨的顺势点，设止损于"B4 上移"低点以下。

　　闽东电力自 5.21 元到 9.78 元是月线（A），9.78 元到 6.82 元是（B），6.82 元到 12.5 元是（C）浪。自（C）高点开始的月线调整是周线 A、B、C 三浪"双节棍"结构（见图 4-25），C3 具备 B 浪结构条件后开始进入 C 调整阶段，{c} 下破 {a0} 低点是 C 预期运行"镰刀"式调整结构信号。但后市 {a1} 直接上破 {a0} 高点，则是 C 从预期"镰刀"式结构演变成三角形，并结束调整的信号（此时 {c} 应改 {c0}、{b} 应改 {b0}，是结构由弱转强的信号）。{a1} 上破 {a0} 高点是周线 C 调整转势点，以及月线"（B）上移"调整逆势点和买入时机，设止损于 C 低点以下。上破 B 高点是月线调整转势点和之前（B）上移至 C 低点的信号。因验证"（B）上移"调整空间少，预示后市"（C）上移"强劲有力，目标为预期强劲的"（C）上移"具备结构条件主动出局。

　　{a3} 上破 {b2} 高点之时是周线 B0 调整转势点、预期 C0 上涨顺势点，因其所处位置也是月线"（B）上移"调整转势点、预期"（C）上移"顺势点和年线上涨顺势点，即此点是一点三级共振顺势点和风险回报比最佳交易时机，设止损于 B0 低点以下。

　　上破 30 分线（b）高点之时，是 {b3} 调整结束信号和交易时机点（见图 4-25 右下 30 分线），设止损于 {b3} 或 {a3} 低点以下。

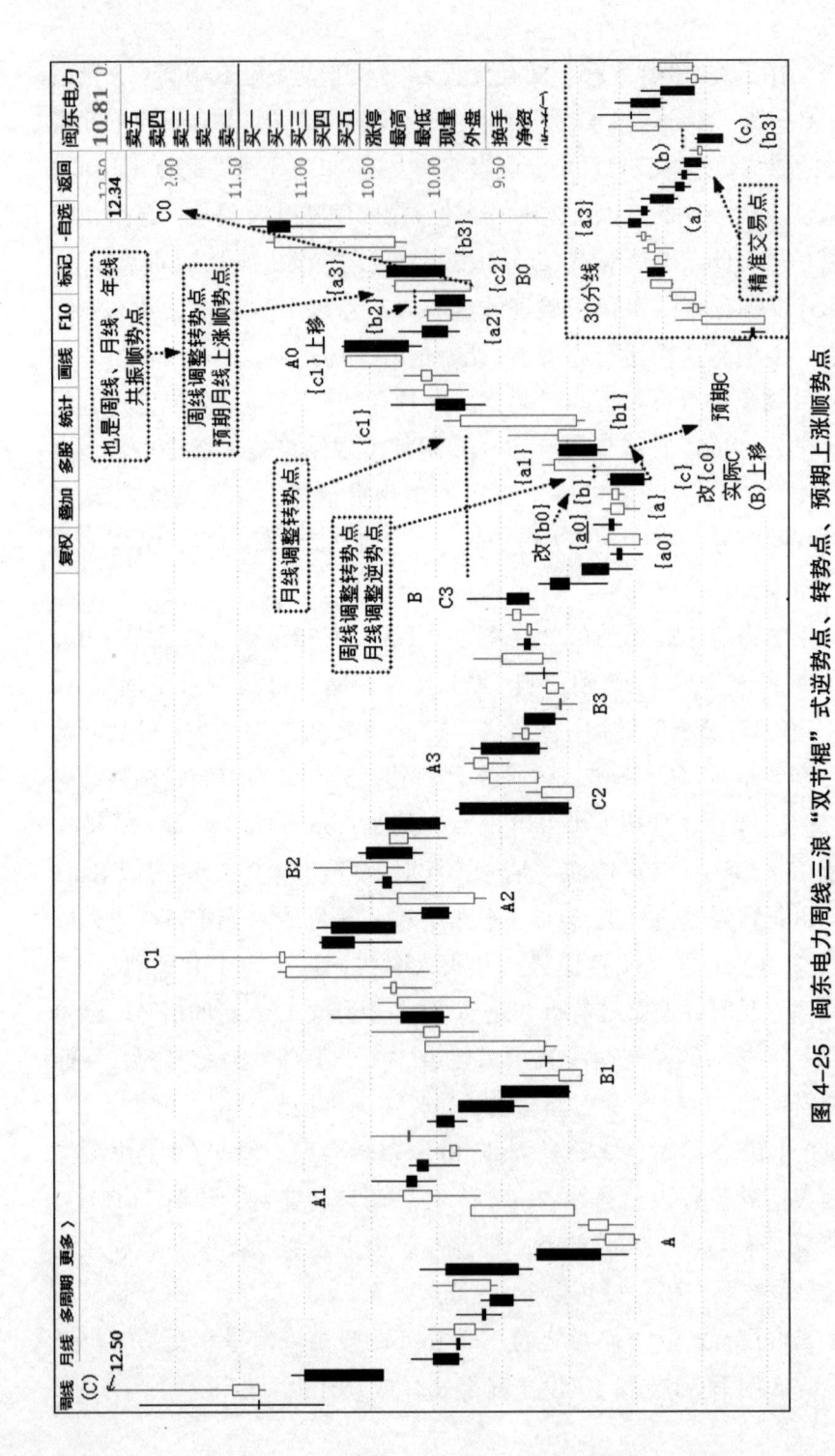

图 4-25 闽东电力周线三浪"双节棍"式逆势点、转势点、预期上涨顺势点

第五节　年线调整逆势点、转势点、预期上涨顺势点

逆势抓年线之底需耐心等月线三浪调整二次分解，逆势抓"（C）再下移"之底的同时抓年线之底。或在年线三浪调整出现转势信号后，逆势抓年线{B}调整月线三浪之底，顺预期年线三浪上涨之势。或在年线三浪上涨趋势中逆势抓短期"{B}上移"调整之底，顺年线三浪上涨之势。

一、月线三浪调整"剪刀"式一次分解逆势点、转势点、预期上涨顺势点

月线（A）、（B）、（C）三浪调整"剪刀"式一次分解具备年线结构条件（见图4-26），要逆势精准抓年线调整之底，首先需根据月线三浪结构特性、支撑点，根据月线（C）内部结构周线三浪结构特性等待合适的周线C浪时机，根据C内部结构日线三浪结构特性等待合适的日线{c}浪时机，根据日线{c}内部结构60分线三浪结构特性，精准抓60分线（c）之底的同时抓日线、周线、月线、年线之底。

C0下破A3低点是自A3高点开始预期月线"（C）下移"调整演变成"镰刀"式结构信号，要精准抓年线之底，首先必须精准抓"（C）下移"之底，根据周线A3、B3、C3三浪调整预期运行浪"镰刀"式结构特性，耐心等待C3调整之时，再根据C3内部结构日线三浪调整结构特性来定。

"{c}下移"下破{c}低点之时，可把周线调整定位为日线三浪"剪刀"式，根据"剪刀"式结构特性和目前C3所处大一级月线内周线三浪"镰刀"式二次分解具备结构条件位置，可在其一次分解"{c}下移"内部结构次一级60分线三浪一次分解或二次分解和出现结束信号之时开始，逆势分批抓日线、周线之底的同时抓月线"（C）下移"和年线之底。

{b}浪调整出现结束信号，验证收在{a}低点以上的点，也是精准

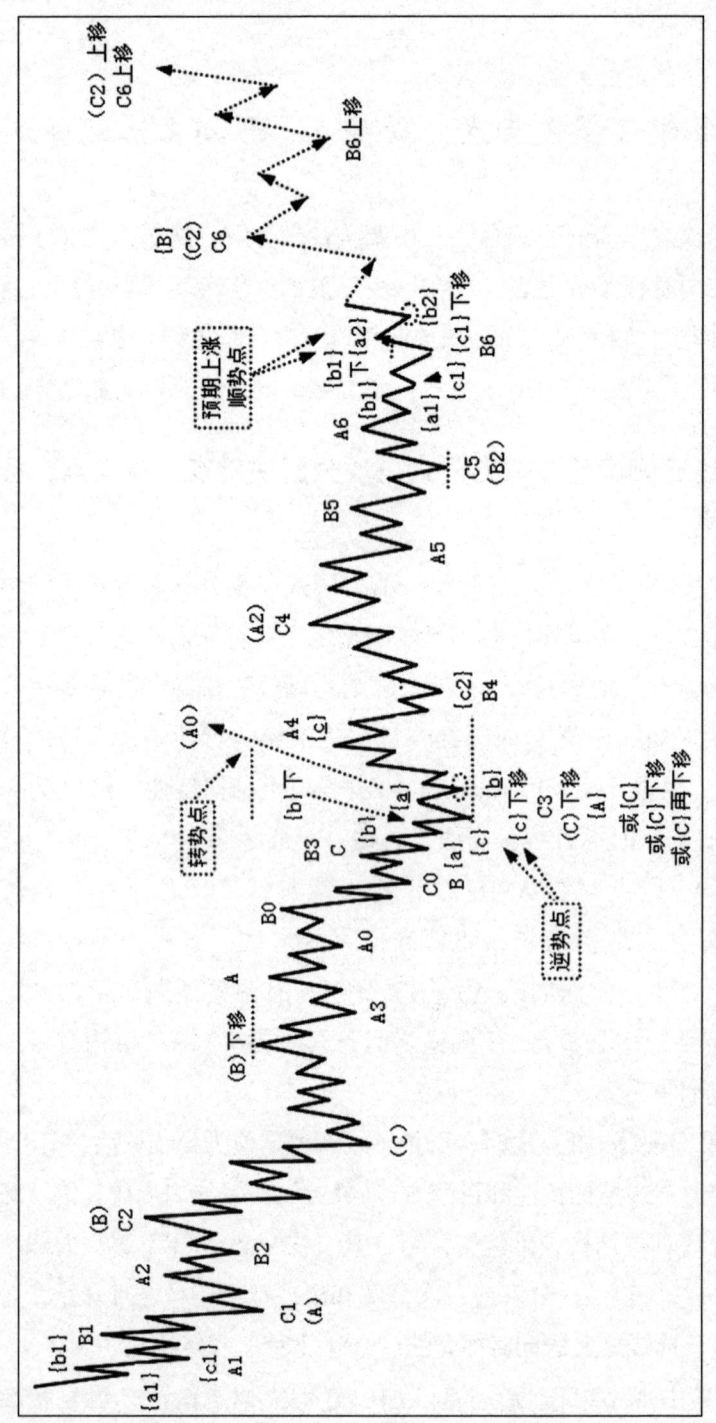

图 4-26 月线三浪调整"剪刀"式一次分解逆势点、转势点、预期上涨顺势点

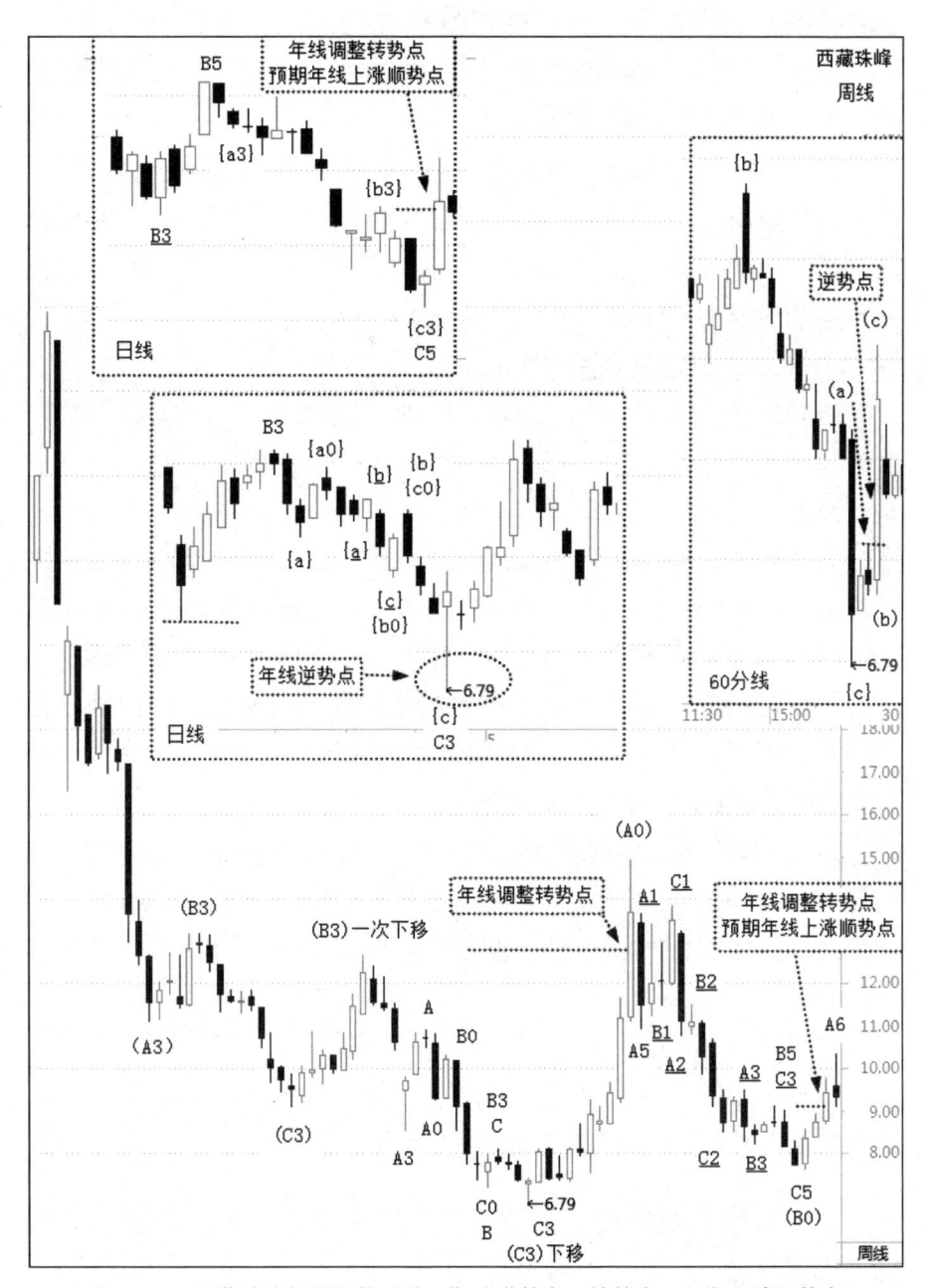

第四章 调整浪、反弹浪的关键买卖点

图 4-27 西藏珠峰年线调整"剪刀"式逆势点、转势点、预期上涨顺势点

109

抓月线和年线之底时机，设止损于C3低点以下。

如自C3低点开始的月线（A0）上破"（B）下移"高点，是年线调整转势点和验证之前逆势抓底成功信号。

{a2}上破"{b1}下移"高点和{b2}调整验证收在{a2}低点以上的点，不但是预期周线C6、月线（C2）上涨的信号，还是预期年线{B}反弹的顺势点，设止损于A6低点以下。后市不但存在日线{a2}、{b2}、{c2}三浪复杂演变的可能性，还存在周线A6、B6、C6三浪和月线（A2）、（B2）、（C2）三浪复杂演变的可能性。

西藏珠峰自27.89元开始调整至6.79元是月线三浪"剪刀"式一次分解模式（见图4-27），其"（C3）下移"内周线A3、B3、C3三浪是"镰刀"式调整结构，C3内日线{a}、{b}、{c}三浪是"镰刀"式调整，{c}下破B3低点具备C3结构条件，是月线、年线逆势点（见图中日线），具体交易点在日线{c}内60分线三浪三次分解下破B3低点部分，以及(c)上破(a)高点之时（见图4-27中右边的60分线图）。

（A0）上破"（B3）下移"高点是年线调整转势点，但因月线上涨不是买点，需耐心等待预期月线调整逆势抓月线之底，或月线调整出现结束信号顺预期年线上涨之势。

预期（B0）调整内周线A5、B5、C5三浪是"双节棍"式结构，C5内日线{a3}、{b3}、{c3}是三浪"双节棍"式结构，上破{c3}高点之时是逆势抓（B0）之底顺预期年线上涨之势买入时机（见图4-27中上方的日线图）。

A6上破C5高点是（B0）调整出现结束信号、预期年线上涨顺势点，需耐心等待预期B6调整具备结束条件之时或出现结束信号之时，顺预期年线上涨之势买入并设止损A6低点以下。

二、月线三浪调整"剪刀"式二次分解逆势点、转势点、预期上涨顺势点

A3下破"（C）下移"低点是月线三浪调整从"剪刀"式一次分解演变成二次分解信号（见图4-28），需重点关注A3、B3、C3三浪调整

结构。"C3下移"下破C3低点是月线调整演变成"剪刀"式结构信号，需重点关注A3、B3、C3三浪"剪刀"式调整是否会在一次分解位出现月线调整转势信号和是否会演变成二次分解。{a}下破"C3下移"低点是周线三浪调整演变成二次分解信号，重点关注"C3再下移"内部结构日线{a}、{b}、{c}三浪结构和转势信号。"{c}下移"下破{c}低点是日线三浪调整演变成"剪刀"式一次分解信号，重点关注"{c}下移"内部结构60分线三浪结构，和极端之时逆势抓"{c}下移"之底时机，以及"{c}下移"出现结束信号的逆势抓"C3再下移"之底时机。需重点关注自"{c}下移"低点开始60分线三浪上涨结构、结束信号以及结束点对"C3再下移"趋势方向的影响。如日线上破"{b}下移"高点，或在"{c}下移"低点出现预期运行周线上涨信号，都是"C3再下移"调整转势信号，且是验证之前逆势抓周线之底成功信号，也是逆势抓月线、年线之底时机。如未能出现"C3再下移"调整转势信号，重点关注自"{b}再下移"高点开始60分线三浪调整结构和结束信号，等待下破"{c}下移"低点，根据60分线三浪结构特性再次逆势抓周线、月线、年线之底。需重点关注自低点开始的周线上涨结构、结束信号以及结束点对月线"（C）再下移"调整趋势方向的影响：其一，如周线上涨上破"B3再下移"高点，则验证之前逆势抓周线、月线之底成功；其二，如周线上涨出现转势信号验证未能上破"B3再下移"高点（如A4），则是A3、B3、C3三浪调整三次分解的信号，需重点关注{a2}、{b2}、{c2}三浪调整结构、结束信号以及结束点对月线趋势方向的影响。

如自"C3再下移"低点开始的月线（A0）上破"（B）再下移"高点，是年线调整转势和验证之前逆势抓年线之底成功的信号。

{a3}上破"{b2}下移"高点，和{b3}调整出现结束信号，验证收在{a3}低点以上的点，不但是B4调整的转势信号和预期运行周线C4上涨顺势点，还因验证B4调整收在A4低点以上，这两点也是预期月线上涨顺势点和"（C）再下移"调整转势信号。

{a}上破"{b}再下移"高点，和{b}调整验证收在{a}低点以上的点，也是"（C）再下移"调整的逆势点和年线调整的逆势点。

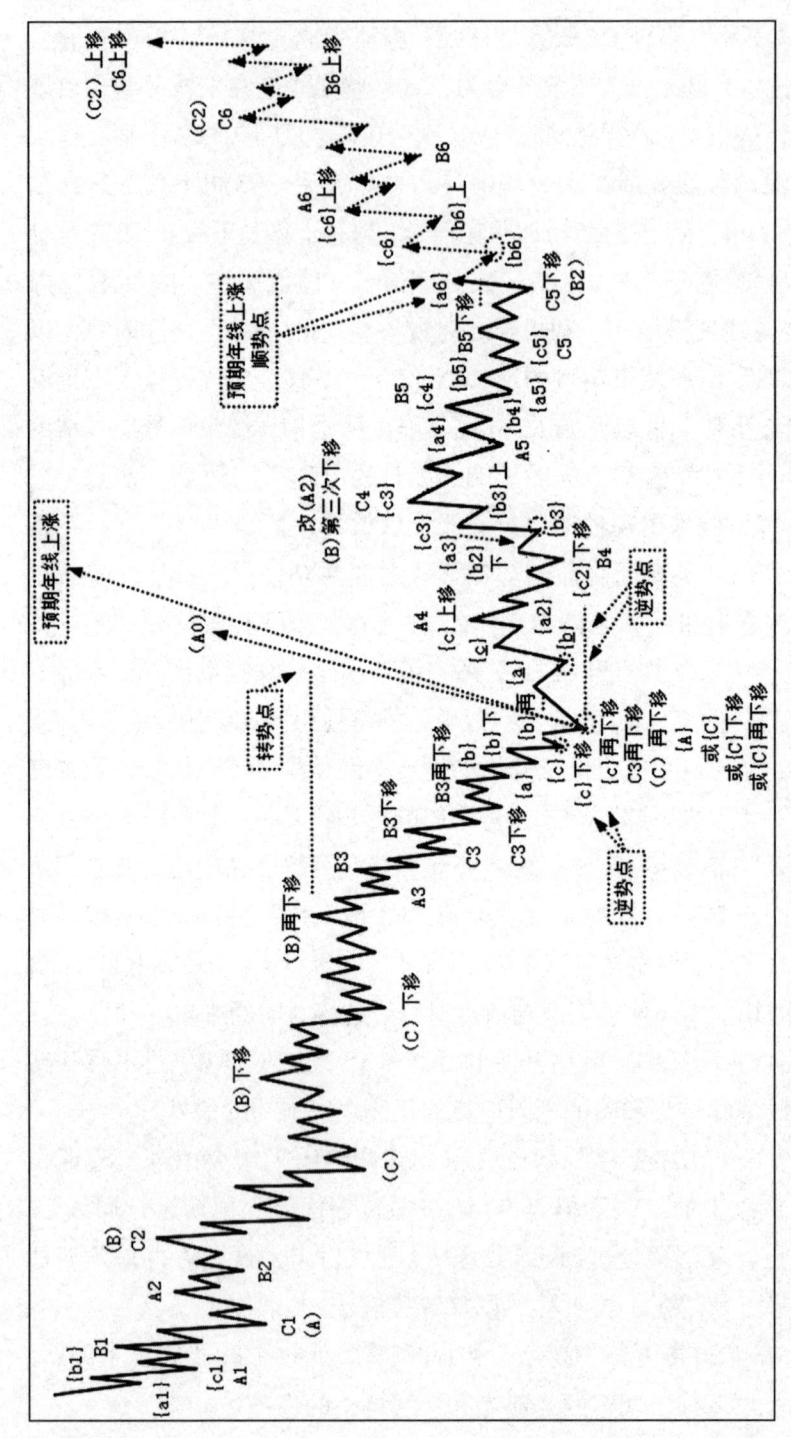

图 4-28 月线三浪调整"剪刀"式二次分解逆势点、转势点、预期上涨顺势点

第四章　调整浪、反弹浪的关键买卖点

{a6} 上破"B5 下移"高点，不但是周线"C5 下移"、月线（B2）调整转势信号，还是预期周线 A6、月线 (C2) 上涨的顺势点，因验证（B2）收在（A2）低点以上，也是年线 {A} 调整的转势点和预期年线上涨顺势点。后市不但存在日线 {a6}、{b6}、{c6} 三浪复杂演变的可能性，也存在周线 A6、B6、C6 三浪和月线 (A2)、(B2)、(C2) 三浪上涨复杂演变的可能性。

2022 年 3 月 14 日，中银证券上破"B2 再下移"高点之时，是月

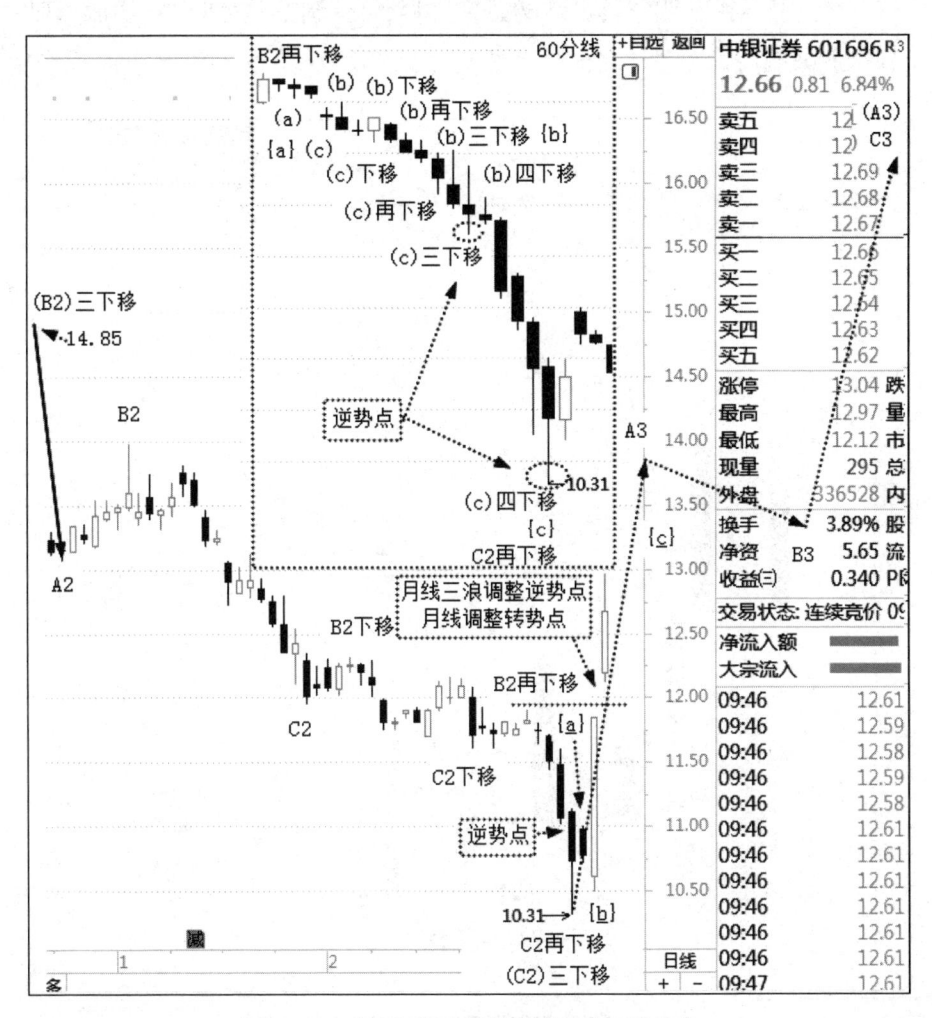

图 4-29　中银证券年线调整逆势点、转势点

线"（C2）三下移"（起点14.85元）调整转势信号（见图4-29），并预期（A3）上涨，也是自（A2）高点开始月线三浪调整三次分解（见图4-30）逆势点之一。"C2再下移"内是日线三浪结构［见图4-29上60分线（a）、(b)、(c)三浪四次分解］。(a)、(b)、(c)三浪三次分解就具备日线三浪结构条件，到达四次分解的"（c）四下移"更是好的逆势抓日线{c}、周线"C2再下移"、月线"（C2）三下移"、年线之底的时机，设止损于"C2再下移"低点以下。

"C2再下移"调整具备结构条件之后，{b}调整验证收在{a}低点以上和上破{a}高点之时，也是月线、年线调整逆势点，并设止损于{a}

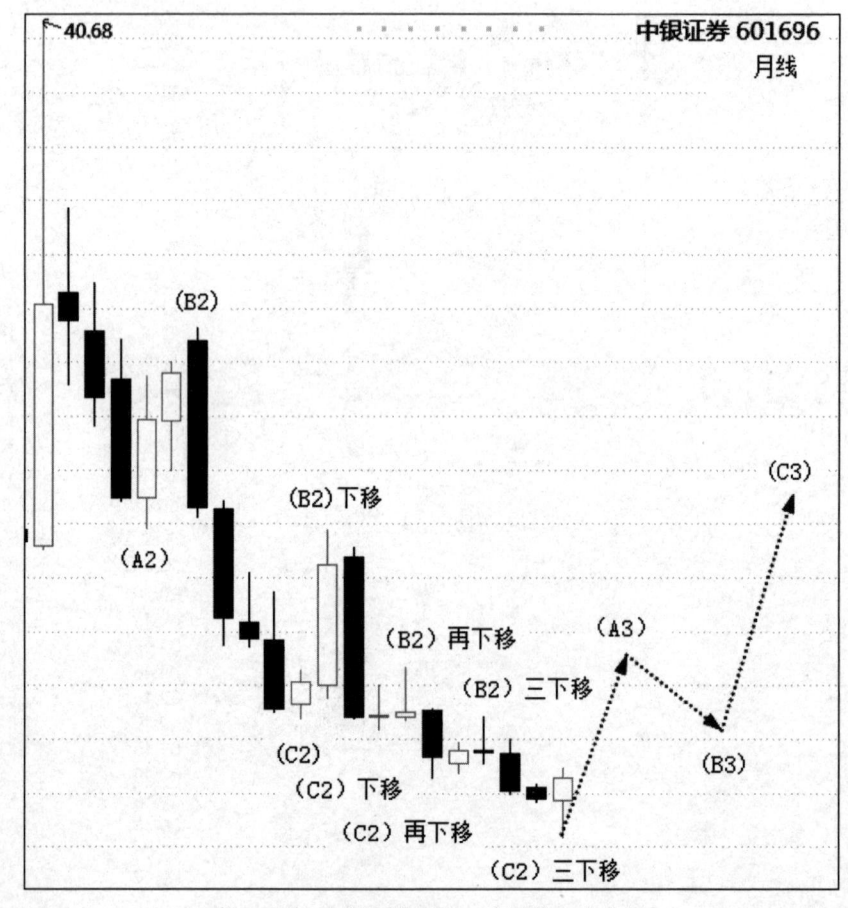

图4-30 中银证券月线三浪调整三次分解

低点以下防止继续演变。

第六节 日线顺势点、出局点

何为顺势？C 上破 A 高点确立高一个级别的上涨趋势，预期"B 上移"内次一级三浪回调出现结束信号，验证收在 B 浪低点以上的点，才是高两级上涨的顺势点。60 分线（c）上破（a）高点确立日线上涨趋势，预期"(b)上移"内 5 分线三浪调整出现结束信号，验证收在（b）低点以上的点，才是高两级日线上涨的顺势点。

一、60 分线三浪上涨预期"剪刀"式日线顺势点

60 分线 (c1) 上破（a1）高点之时确立日线 {c} 上涨趋势（见图 4-31），5 分线 a2 上破"b1 下移"高点，a 调整验证收在 a2 低点以上，

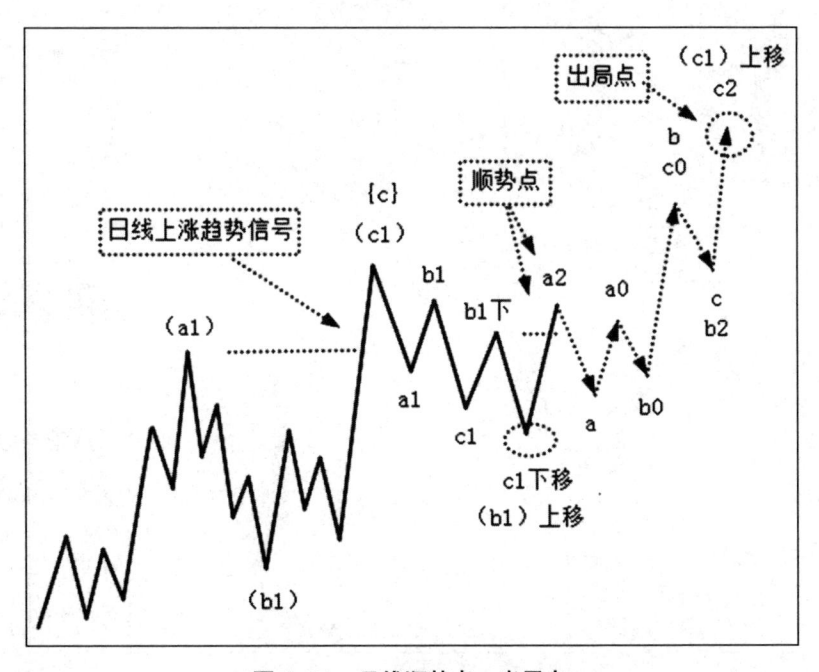

图 4-31 日线顺势点、出局点

发出"(b1)上移"在"c1下移"低点结束的信号,并验证收在(b1)低点以上,是日线上涨顺势点,设止损于"(b1)上移"低点以下。5分线a2、b2、c2三浪"镰刀"式上涨,在c2具备结构条件之时就是主动出局时机。

成功率高的日线顺势点,需在周线上涨趋势或预期上涨趋势中寻找和等待日线"{c}上移"或预期{c}上涨的顺势点。在周线下跌趋势中,即使在日线上涨(反弹)的顺势点交易,成功率也很低。

2022年2月8日,期指IC2203上破{a}高点之时,因{b}调整是60分线三浪上倾结构而确定周线上涨趋势,并设止损于(c)低点以下(见图4-32左上60分线和右下日线)。自(c)低点开始预期运行日线上涨。上破60分线(a)高点,是(b)浪内部结构5分线a、b、c三

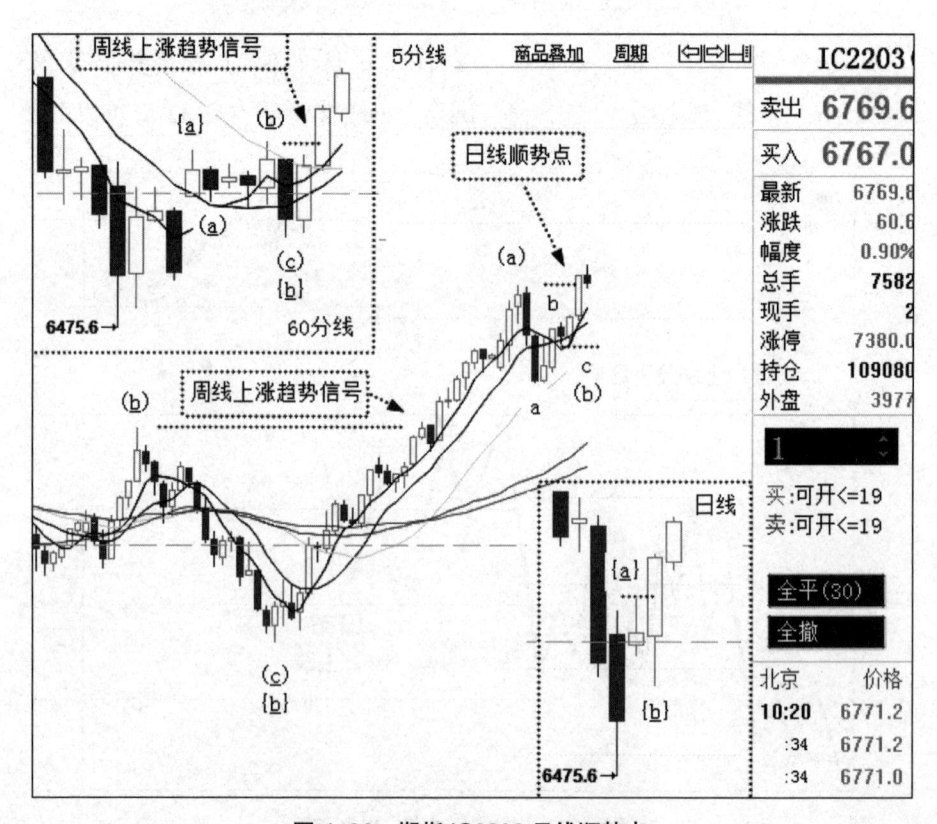

图4-32 期指IC2203日线顺势点

浪确定为三角形结构的日线顺势点，设止损于 c 低点以下。短线操作即需在日线上涨具备结构条件时主动出局。

二、60 分线三浪上涨预期"镰刀"式日线顺势点

5 分线 a0 上破"b 下移"高点，不但是 60 分线（b0）调整结束信号，还是自（a）低点开始 60 分线三浪上涨预期"镰刀"式顺势点（见图 4-33），设止损于（a）低点以下，（c0）上破（a）高点确立日线上涨趋势且是"镰刀"式持续信号。(c) 具备结构条件之时，是日线 {c} 上涨的主动出局时机。

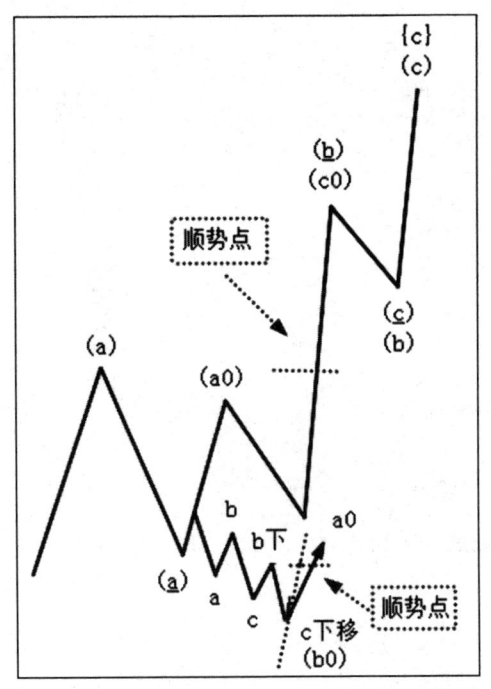

图 4-33　60 分线三浪预期"镰刀"式上涨日线顺势点

2022 年 3 月 10 日，龙津药业 60 分线（c0）上破（a1）高点是"镰刀"式上涨持续信号和日线顺势点（见图 4-34），设止损于（c0）低点以下，如实时盯盘可提前至 5 分线上破（b0）内 b 高点之时，设止损于

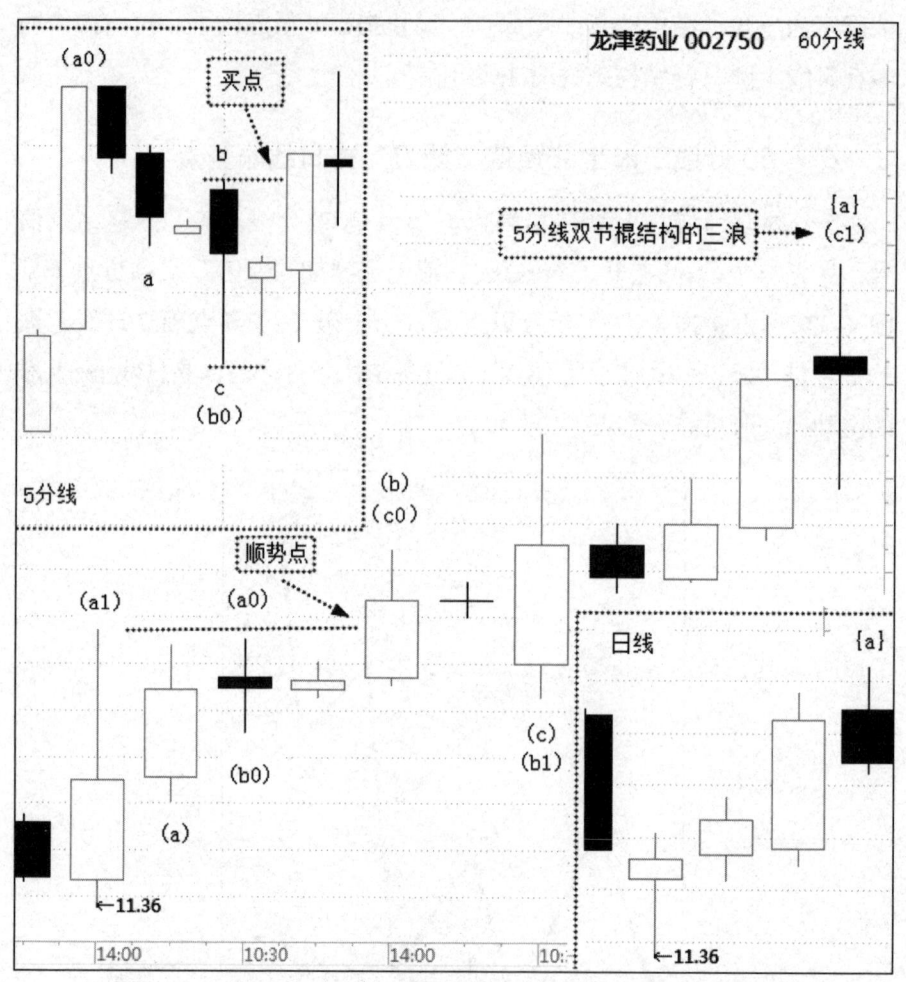

图4-34 龙津药业60分线三浪预期运行"镰刀"式上涨日线顺势点

c低点以下。注:(c1)内部结构是5分线三浪"双节棍"式结构,所以60分线形态好像三浪。

三、60分线三浪上涨预期"双节棍"式日线顺势点

5分线 a 上破"b下移"高点验证60分线(c1)调整在(a)低点以上结束,是(a)、(b)、(c)三浪上涨预期演变成"双节棍"式结构的信号和日线顺势点(见图4-35),可设止损于(a)低点以下,(c2)上

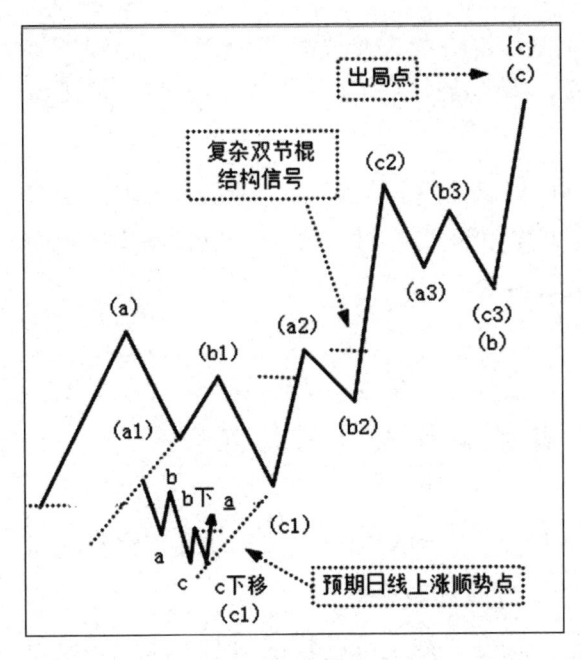

第四章 调整浪、反弹浪的关键买卖点

图 4-35 60 分线三浪上涨预期"双节棍"式日线顺势点

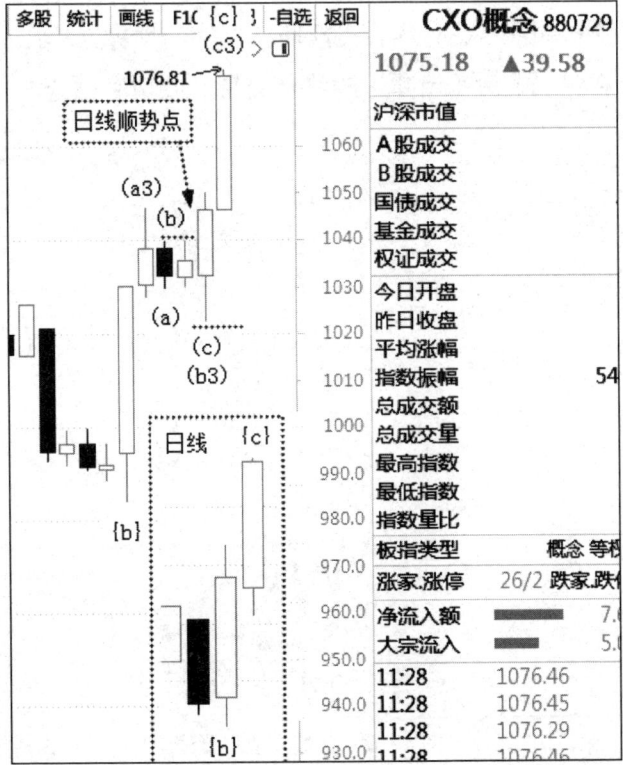

图 4-36 CXO 概念 60 分线三浪上涨预期"双节棍"式日线顺势点

119

破（a2）、(a)高点是（a）、(b)、(c)三浪预期演变成复杂"双节棍"式结构。(c)上涨上破（c2）高点具备结构条件之时，是日线{c}上涨赢利主动出局时机。

2022年3月24日，CXO概念（c3）上破（a3）高点之时，是自（a3）低点开始60分线三浪上涨预期"双节棍"式的日线顺势点（见图4-36），并设止损于（c）低点以下。

第七节　周线顺势点、出局点

日线{c}上破{a}浪高点确立高一级别周线上涨趋势，短线日线回调验证收在{b}低点以上的点，才是周线顺势点。

成功率高的周线顺势点，需在月线上涨趋势或预期上涨中寻找和等待周线"C上移"或预期C上涨的顺势点。在月线下跌趋势中，即使在周线上涨（反弹）顺势点交易，成功率也低。

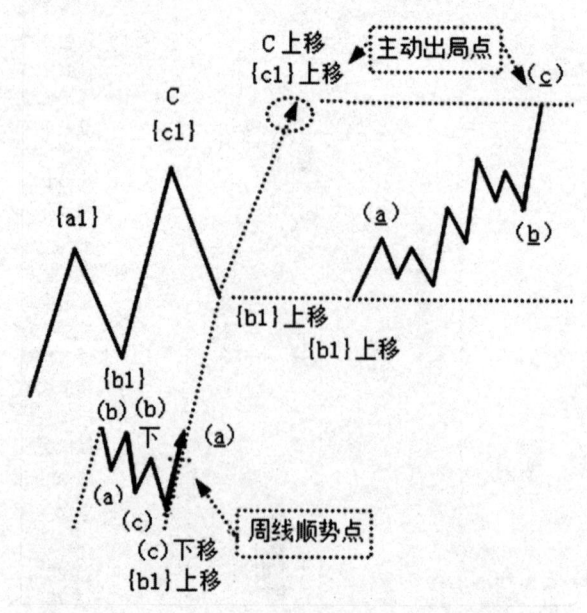

图4-37　日线三浪上涨预期"剪刀"式周线顺势点

一、日线三浪上涨预期"剪刀"式周线顺势点、出局点

预期的日线"{b1} 上移"回调内部结构 60 分线（a）、(b)、(c) 三浪一次分解逆势分批抓底和出现结束信号 [（a）上破"(b) 下移"高点]，验证"{b1} 上移"收在 {b1} 低点以上的点是周线顺势点（见图 4-37），设止损于"{b1} 上移"低点以下。目标为自（a）低点开始的 60 分线三浪上涨具备结构条件之时主动出局。

天齐锂业 {c} 上破 {a} 高点之时确立周线上涨趋势（见图 4-38 中的日线），上破 (b) 高点是周线上涨顺势点，且 {b} 上移至 (c) 低点，并自 (c) 低点开始预期运行日线上涨，设止损于 (c) 低点以下，日线

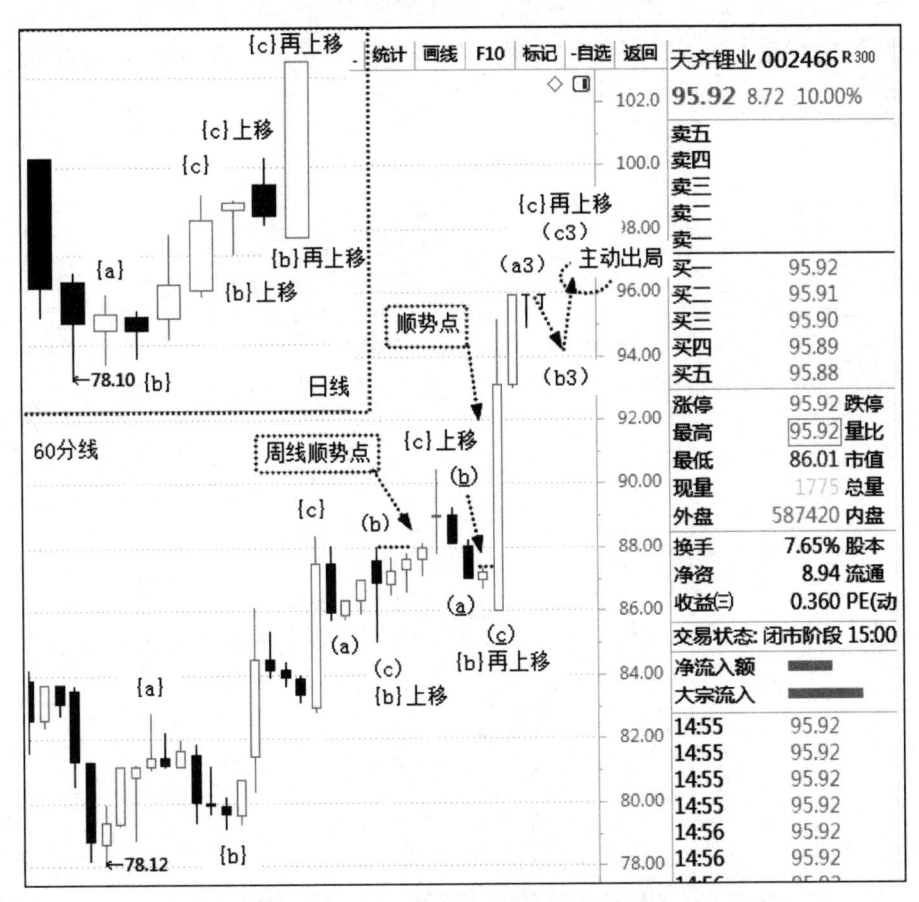

图 4-38　天齐锂业周线顺势点、出局点

上涨具备结构条件之时主动出局。也可观察 {b} 是否再分解，上破（b）高点也是周线顺势点及 {b} 再分解信号。{b} 再上移至（c）低点，并预期日线上涨，设止损于（c）低点以下。此时已是日线三浪上涨二次分解极端区域，需在周线上涨具备结构条件之时主动出局。

二、日线三浪上涨预期"镰刀"式周线顺势点、出局点

60分线（a0）上破"（b）下移"高点，不但是日线 {b0} 调整结束的信号。因验证 {b0} 收在 {a} 浪低点以上，还是自 {a} 低点开始日线三浪上涨预期运行周线"镰刀"式的信号和周线顺势点（见图4-39），设止损于 {a} 低点以下。{c0} 上破 {a} 高点是"镰刀"式上涨趋势持续信号，{c} 上破 {c0} 高点具备结构条件之时是周线 C 上涨具备结束条件主动出局的时机。

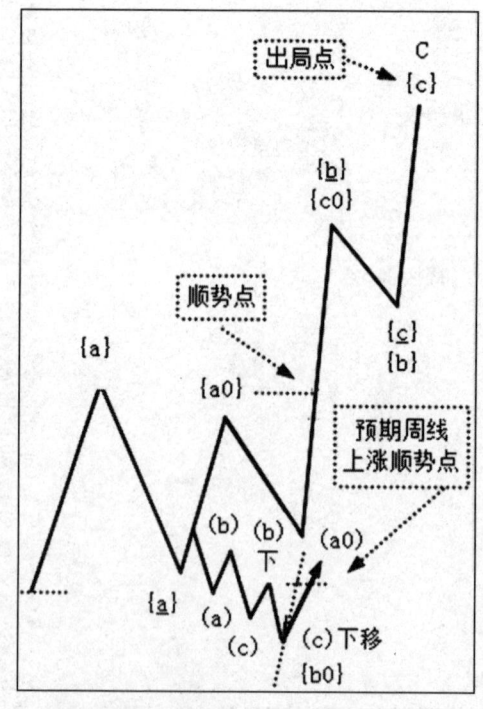

图4-39　日线三浪上涨预期"镰刀"式周线顺势点、出局点

三、日线三浪上涨预期"双节棍"式周线顺势点、出局点

60分线（a）上破"(b)下移"高点，验证日线 {c1} 调整在 {a} 低点以上结束，是日线三浪上涨预期运行"双节棍"的信号和周线顺势点（见图4-40），设止损于 {a} 低点以下。{a2} 上破 {b1} 高点是"双节棍"式结构成立信号，{c2} 上破 {a2}、{a} 高点，是日线三浪演变成复杂的"双节棍"式结构的信号和周线顺势点，设止损于 {a} 低点以下。日线 {c} 上涨上破 {c2} 高点具备结构条件之时，是周线C浪赢利主动出局的时机。

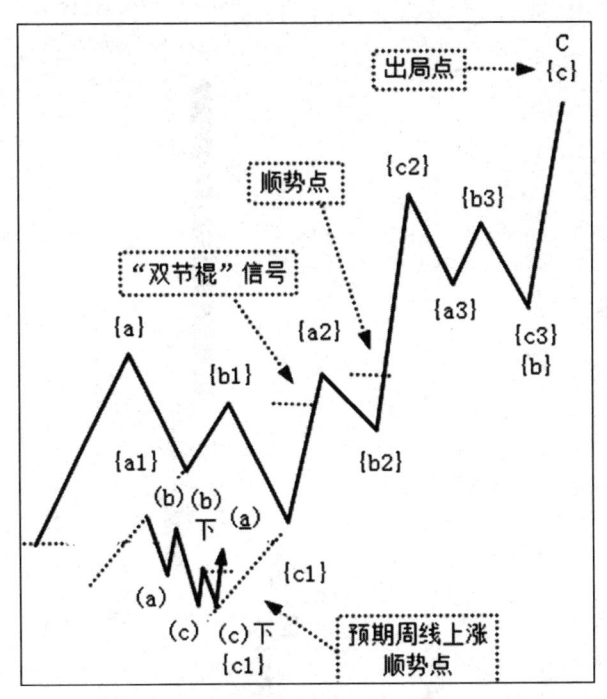

图4-40 日线三浪上涨预期"双节棍"式周线顺势点、出局点

2021年12月15日，金财互联 {a2} 上破 {b1} 高点，是日线 {a}、{b}、{c} 三浪上涨预期"双节棍"式周线顺势点（见图4-41），设止损于 {a}

低点以下。如能及时发现 {c1} 调整转势时机更是风险回报比好的时机，12 月 29 日 {c} 上破 {c2} 高点具备周线 B2 上涨结构条件，是盈利主动出局时机。

金财互联本段周线上涨是处在月线调整上倾结构中的 B2 反弹位置，一般不建议选在此位置做单，因为交易月线调整中 B2 反弹，在 B2 未上破 A2 高点前，是无法提前知道这段上涨会上破 A2 高点，而成为调整上倾结构中 B2 浪反弹的。

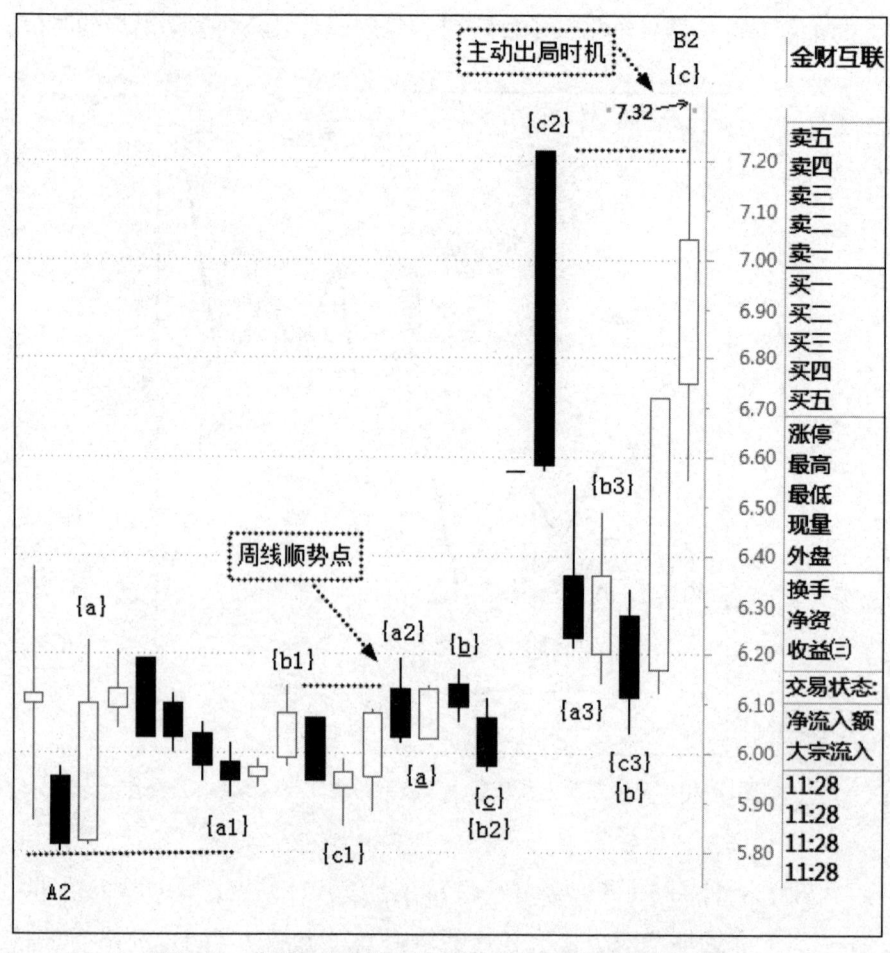

图 4-41 金财互联日线三浪上涨"双节棍"式周线顺势点

2021年11月10日，深证成指 {c1} 调整出现结束信号［见图 4-42 中的 30 分线图，(c) 上破（a）高点］之时，是日线三浪上涨预期"双节棍"式周线顺势点，设止损于 {a} 低点以下。这个点事实上在深证成指当日不易发现，但在 {c} 上破 {c2} 高点之时，应可根据"双节棍"式结构特性发现 {a} 低点是之前 B 调整结束点。如当日及时发现，则 {c1} 距离 B 低点达到可接受止损空间是更好的时机，设止损于 {a} 低点以下。

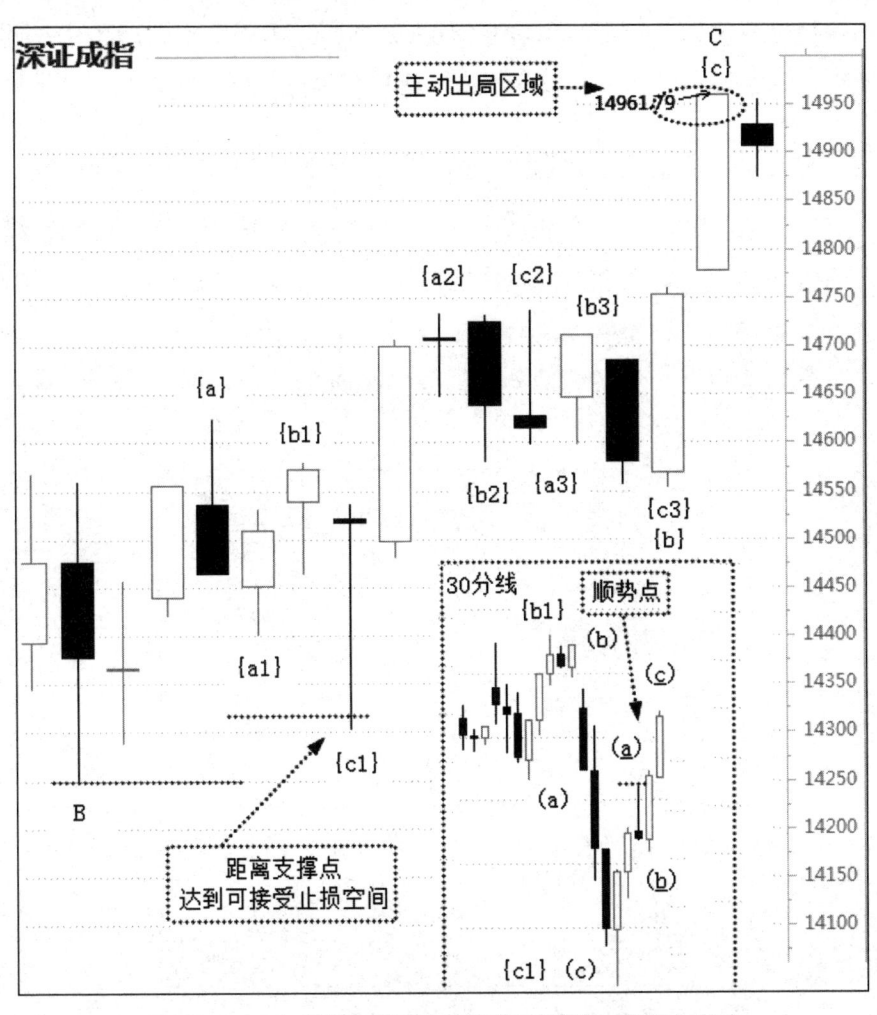

图 4-42　深证成指日线三浪上涨"双节棍"式周线顺势点

第八节　月线顺势点、出局点

周线 C 浪上破 A 高点确立高一级月线上涨趋势，预期的短线周线"B 上移"回调验证收在 B 浪低点，以上的点才是月线顺势点。

成功率高的月线顺势，需在年线上涨趋势或预期年线上涨中寻找和等待月线（C）或预期（C）上涨的顺势点。在年线下跌趋势中，即使在月线上涨（反弹）顺势点交易，成功率也低。

一、周线三浪上涨预期"剪刀"式月线顺势点、出局点

周线 C1 上破 A1 高点确立月线（C）上涨趋势（见图 4-43），后市周线调整次一级日线三浪出现结束信号，验证"B1 上移"收在 B1 低点以上的点，才是月线顺势点。日线 {a1}、{b1}、{c1} 三浪"双节棍"雏形结构中，具备结构条件的 {c1} 内部结构次一级 60 分线三浪，

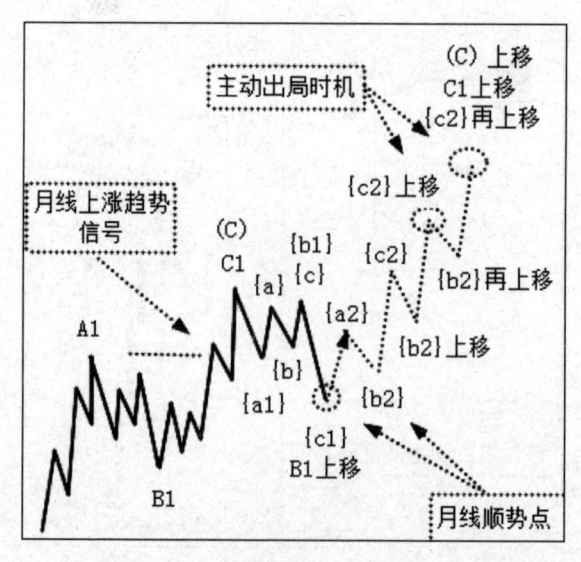

图 4-43　周线三浪上涨预期"剪刀"式月线顺势点、出局点

逆势抓 {c1} 之底是好的博周线调整在此结束的月线顺势点，必须设止损于 {c1} 低点以下。目标为周线上涨具备结构条件之时主动出局，如 {a2}、{b2}、{c2} 三浪上涨一次分解、二次分解具备结构条件之时就是主动出局的时机。

{b2} 调整出现结束信号验证收在 {a2} 低点以上的点，是"B1 上移"调整结束信号，并验证收在 B1 低点以上，此点同时是月线顺势点，设止损于 {a2} 低点以下。

图 4-44 日线 {a5} 上破 "{b4} 下移"高点和 {b5} 调整出现结束信号验证收在 {a5} 低点以上，并验证高一级周线"B1 上移"收在 B1 低点以上；是月线上涨顺势点，设止损于 {a5} 低点以下，大部分月线顺势点就是这种。

但因 A1、B1、C1 三浪上涨本身已具备月线上涨结构条件，在 {a5} 上破 "{b4} 下移"高点之时交易，有时会在 C1 高点以下出现预期月线调整信号。相对来说，{b} 出现结束信号并验证收在 {a} 低点以上之时，在预期运行月线上涨的顺势点买入，风险回报比要好。

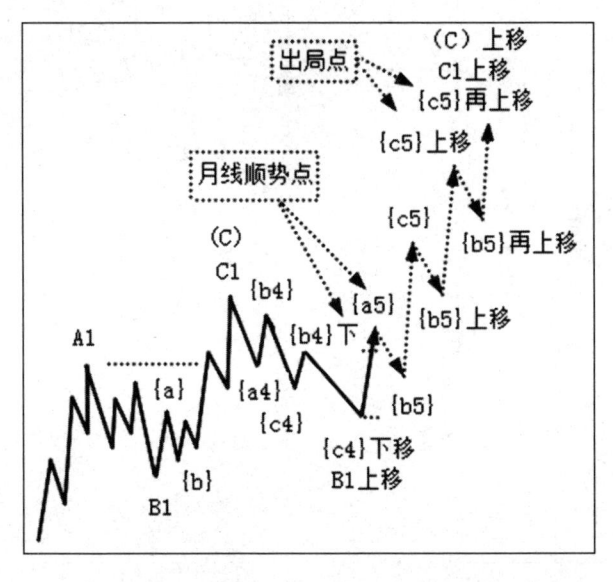

图 4-44 周线三浪上涨预期"剪刀"式月线顺势点、出局点（2）

国旅联合 C 上破 A 高点发出月线上涨趋势信号（见图 4-45），日线 {a4}、{b4}、{c4} 三浪具备三角形结构条件，在 {a5} 上破 {a4} 高点之时确立周线"B 上移"调整为三角形结构，可顺月线上涨之势追高买入，并设止损于 {c4} 低点以下，此时 B 上移至 {c4} 低点。{a5}、{b5}、{c5} 三浪复杂"双节棍"式结构在 {c5} 上破 {b3} 高点后具备周线"C 上移"结构条件，成为盈利主动出局时机。

图 4-45 国旅联合周线三浪上涨预期"剪刀"式月线顺势点

二、周线三浪上涨预期"镰刀"式月线顺势点、出局点

日线 {a5} 上破 {b4} 高点，不但是周线 C0 上涨信号，还是自 A1 低点开始周线 A1、B1、C1 三浪上涨预期"镰刀"式月线顺势点（见图 4-46），设止损于 {a5} 或 A1 低点以下。{a7} 上破 {b6} 高点，不但是预期 C1 上涨的信号，还是周线三浪"镰刀"式上涨持续信号，并设止损于 {a7} 低点以下。{c7}、"{c7} 上移"或"{c7} 再上移"具备结构条件之时，是（C）上涨主动出局的时机。

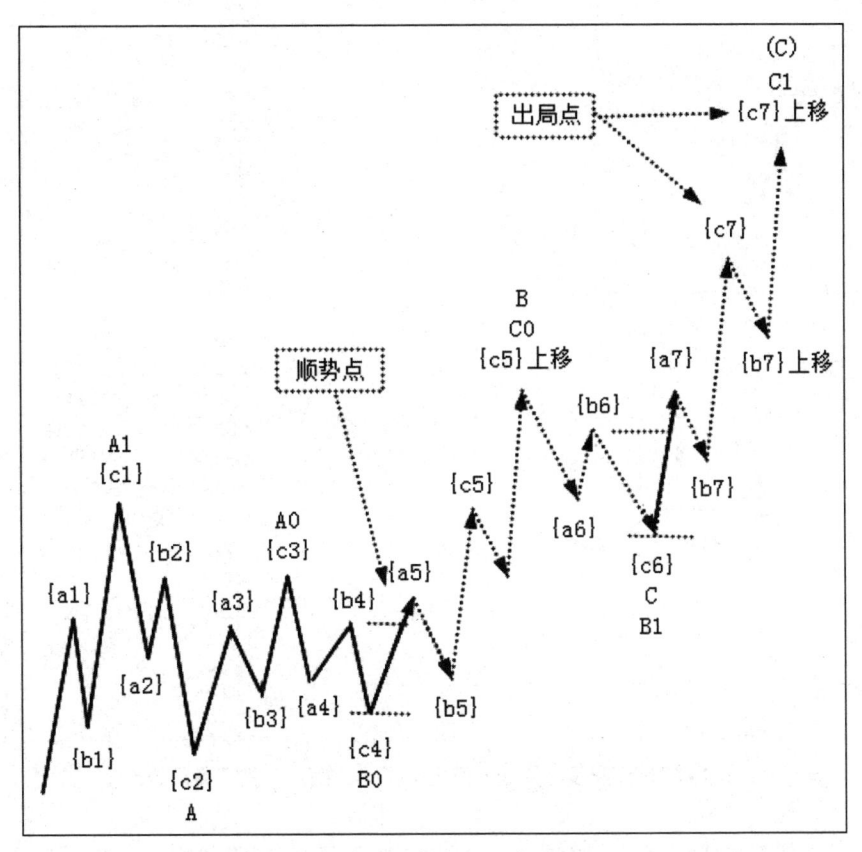

图 4-46 周线三浪上涨预期"镰刀"式月线顺势点、出局点

如自 C0 高点开始出现预期周线三浪调整信号，则是预期的"镰刀"式上涨结构演变成三角形结构信号和被动出局时机。

2021 年 11 月 29 日，金沃股份 60 分线上破 A0 和 A 高点，是预期运行周线三浪"镰刀"式上涨信号和月线顺势点（见图 4-47），设止损于 B0 低点以下（注意该股是 60 分线上破的，见图 4-47 左上）。后市如有接近 B0 低点达到可接受止损空间之时，更是好的买入时机。

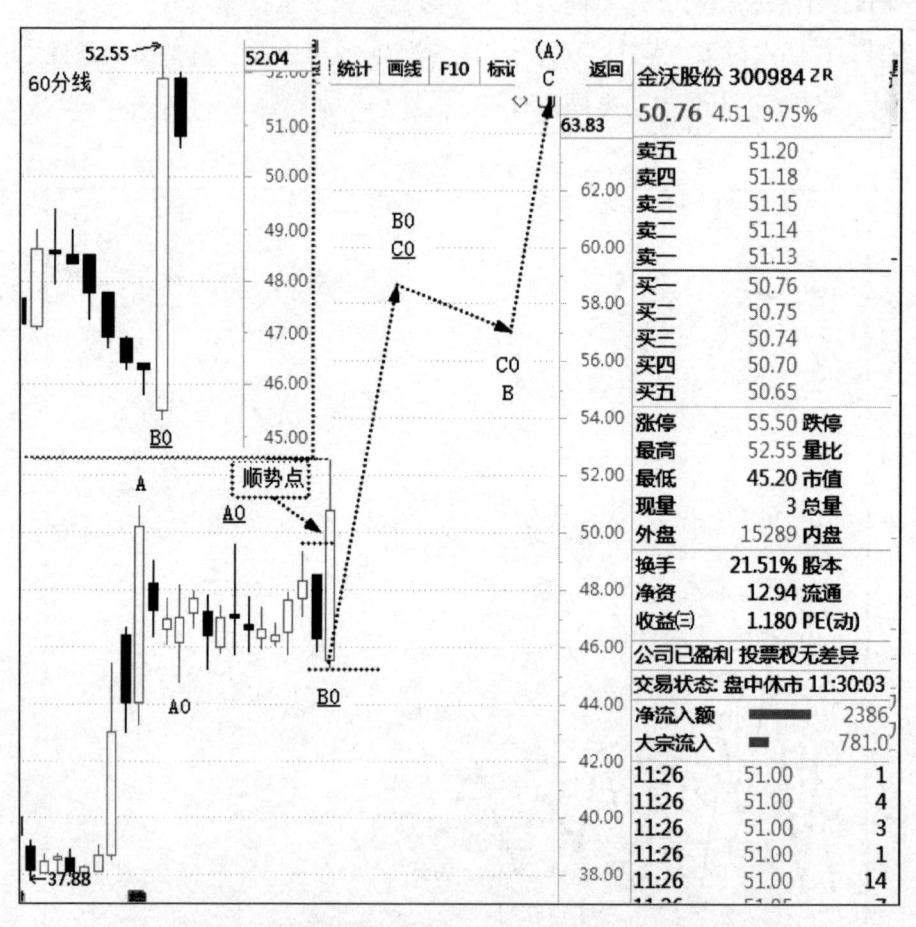

图 4-47　金沃股份周线三浪上涨预期"镰刀"式月线顺势点

再如 2019 年 9 月 18 日，片仔癀 C0 上破 {b} 高点之时，是自 A1 低点开始周线三浪上涨预期"镰刀"式信号和月线顺势点（见图 4-49），

并设止损 {c} 低点以下。{c}、"{c} 上移"上涨具备结构条件之时，都是（A1）上涨具备结构条件主动出局的时机。

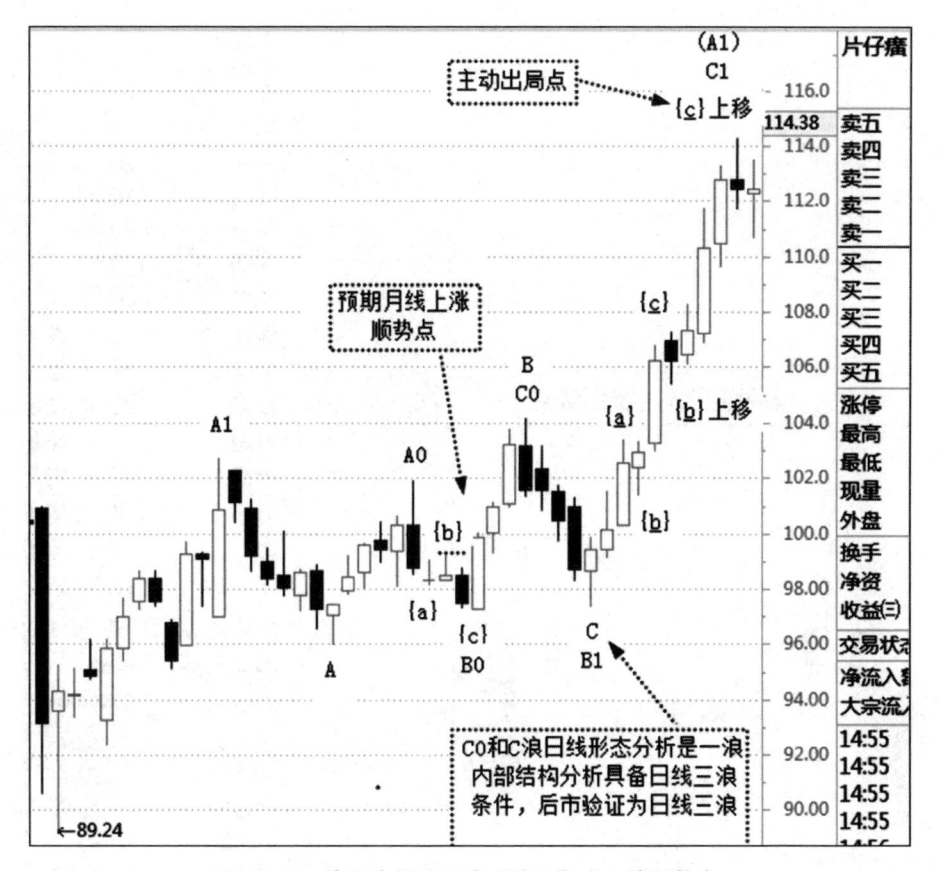

图 4-48 片仔癀周线三浪"镰刀"式上涨顺势点

2022 年 4 月 12 日，中信证券 {a} 上破 A0 浪高点，发出自 A 低点开始周线 A、B、C 三浪上涨预期"镰刀"式信号，此点就是月线顺势点（见图 4-49）。{b} 调整接近 {a} 低点更是风险回报比更佳的买点，设止损于 {a} 低点以下，目标为 A、B、C 三浪"镰刀"式上涨具备结构条件主动出局。

2022 年 4 月 13 日，东方财富上破 A 浪高点，发出周线三浪上涨预

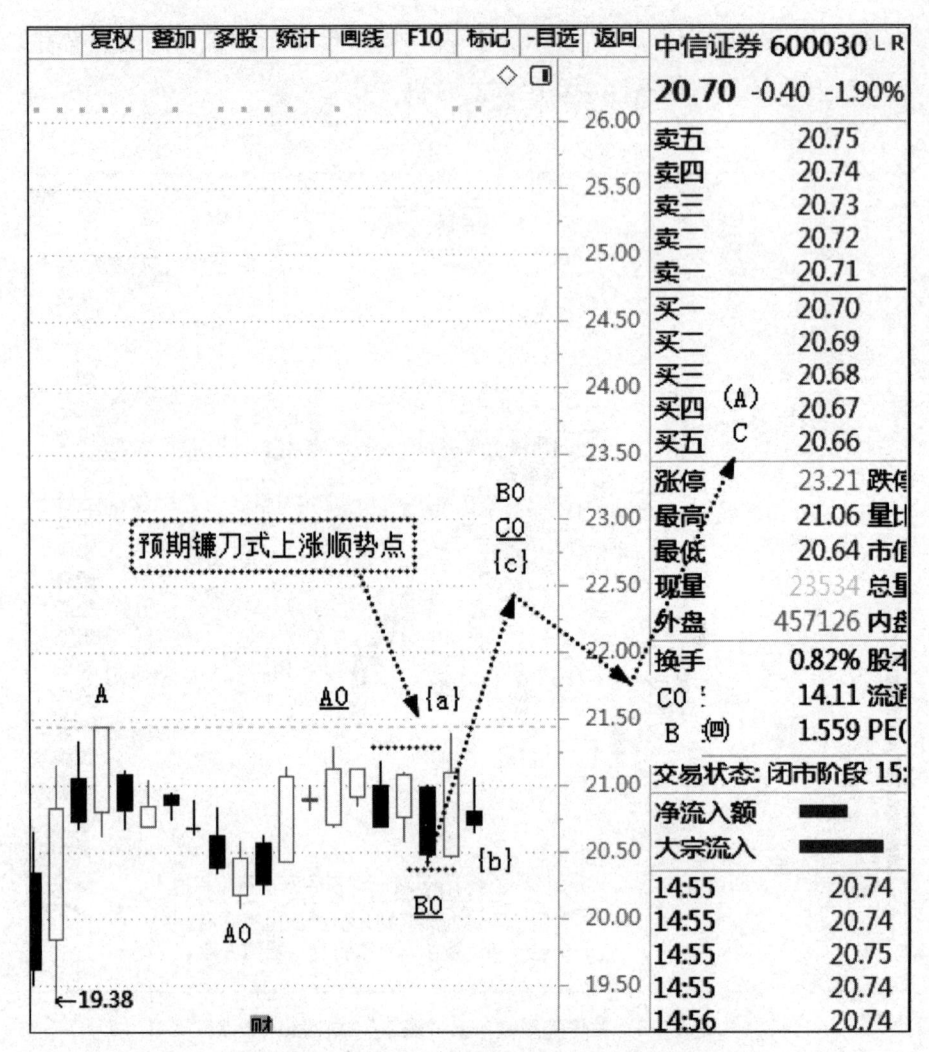

图 4-49 中信证券周线三浪上涨预期"镰刀"式月线顺势点

期"镰刀"式信号，出现月线顺势买点（见图 4-50），设止损于 B0 低点以下，目标为 A、B、C 三浪上涨具备结构条件之时主动出局。

金沃股份和片仔癀、中信证券、东方财富都是处在月线（A）上涨位置，一般选择（C）位置交易成功率更高，如结合板块指数和大盘指数则成功率更高。

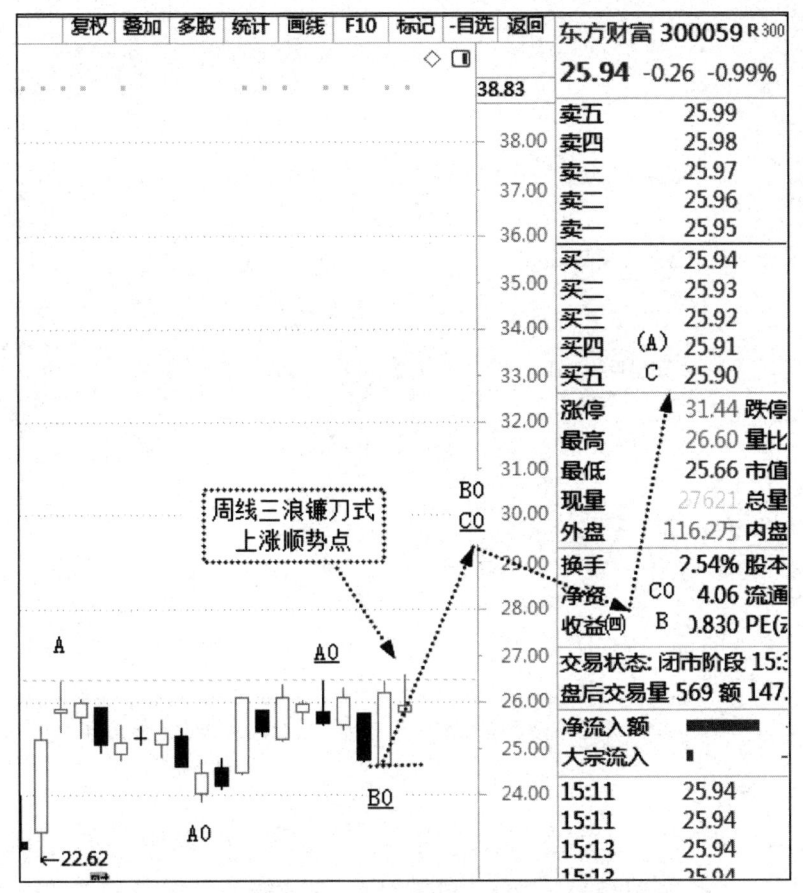

第四章　调整浪、反弹浪的关键买卖点

图 4-50　东方财富周线三浪上涨预期"镰刀"式月线顺势点

三、周线三浪上涨预期"双节棍"式月线顺势点、出局点

日线 {a4} 上破 {b3} 高点和 {b4} 调整验证收在 {a4} 低点以上的点，不但是预期周线 A2 上涨信号，还是自 A 低点开始周线三浪上涨预期"双节棍"式月线顺势点（见图 4-51），并设止损于 {a4} 或 A 低点以下。{c4}、"{c4} 上移"上涨具备结构条件之时，是（C）上涨"双节棍"雏形结构具备结构条件主动出局的时机。{a6} 上破 A2 高点是雏形结构向复杂"双节棍"演变的信号和顺势点，但止损点应设在 {a6} 或 A 低点以下。{c}、"{c} 上移"、"{c} 再上移"上涨具备结构条件之时都是（C）上

133

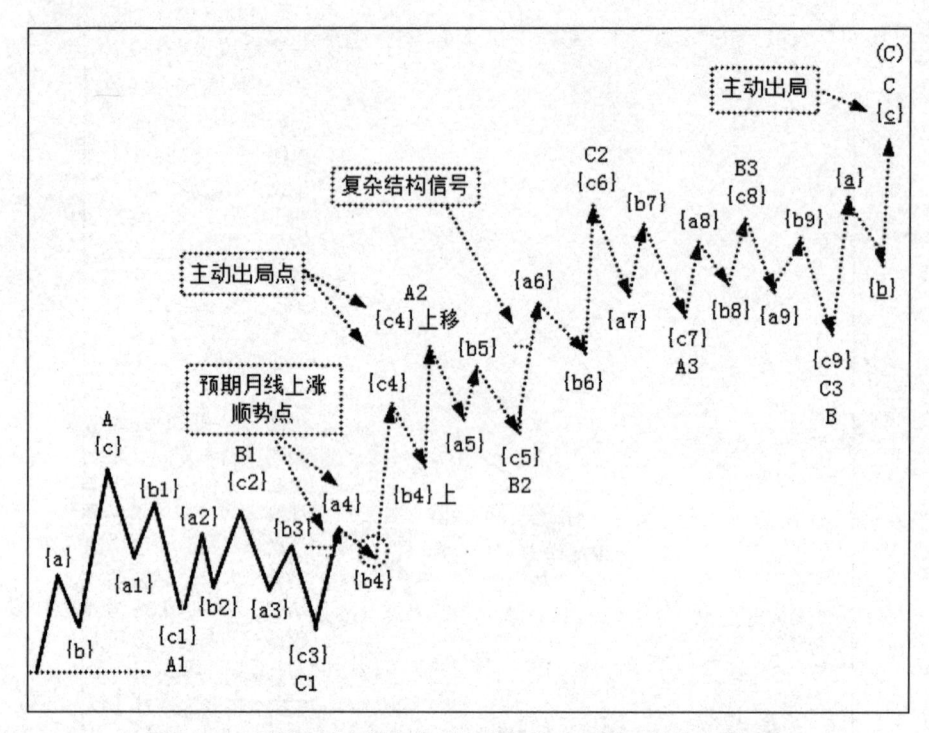

图 4-51　周线三浪上涨预期"双节棍"式月线顺势点、出局点

涨主动出局时机。[注：{c4}、"{c4}上移"位具备 C 结构条件，也就具备月线（C）结构条件。如自 A2 高点出现月线调整信号则是（C）在 A2 结束的信号。]

　　2020 年 3 月 23 日，景峰医药 {a3} 上破 {b} 高点，不但是周线 C 调整结束的信号，还是自 A 低点开始周线三浪上涨预期"双节棍"式结构的信号和月线顺势点（见图 4-52），并设止损于 A 低点以下。"{c3}上移"具备结构条件之时是盈利主动出局时机。注：A 位置看日线形态分析是一浪，但内部结构分析具备日线三浪条件，后市验证为周线一浪。

　　2022 年 4 月 13 日，中信建投上破 B1 高点，是周线 A、B、C 三浪上涨预期"双节棍"式月线顺势点（见图 4-53），并设止损于 C1 或 A 低点以下，目标为 A、B、C 三浪具备结构条件之时主动出局。当然，也不排除演变成下降三角形或复杂"双节棍"式结构的可能性。

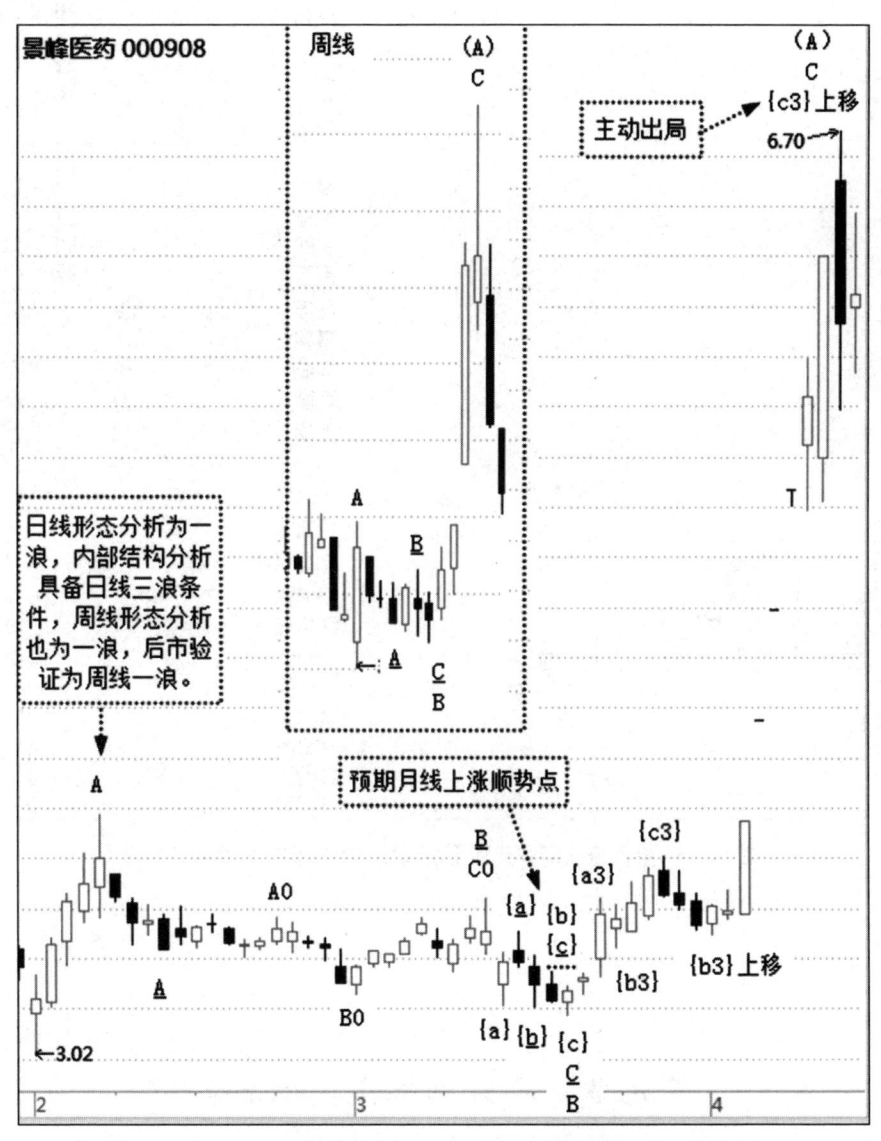

图 4-52 景峰医药周线三浪上涨预期"双节棍"式月线顺势点

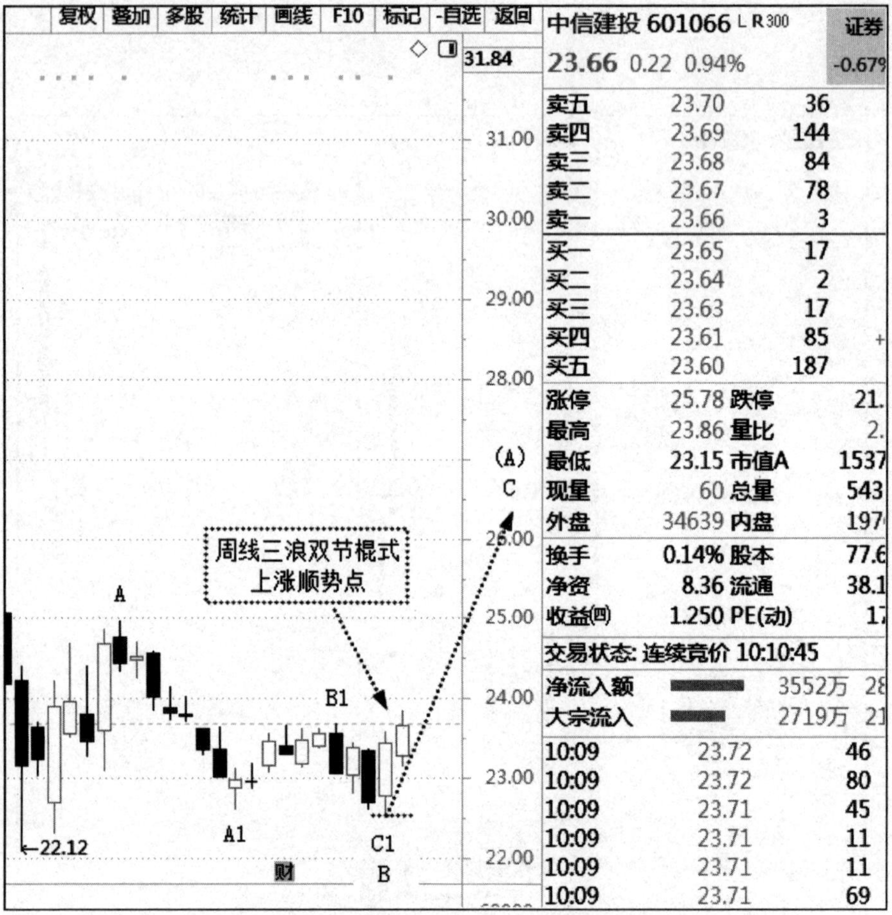

图 4-53 中信建投周线三浪上涨预期"双节棍"式月线顺势点

第九节 年线顺势点、出局点

月线（C）浪上破（A）高点确立高一级别年线上涨趋势，预期的短线月线"（B）上移"回调验证收在（B）浪低点以上的点，才是年线顺势点。

成功率高的年线顺势点，需在年线三浪上涨趋势或预期上涨中寻找和等待年线{C}或预期{C}上涨的顺势点。在年线三浪下跌趋势中，即使在年线上涨（反弹）顺势点交易，成功率也相对较低。

一、月线三浪上涨预期"剪刀"式年线顺势点、出局点

月线（C1）上破（A1）高点，确立年线上涨趋势（见图4-54），周线A4、B4、C4三浪"双节棍"式雏形结构在C4低点具备月线调整结构条件，周线C4内部结构日线{a1}、{b1}、{c1}三浪是"镰刀"式调整结构。根据"双节棍"式结构和"镰刀"式结构特性，逆势抓日线{c1}之底的同时抓周线C4、月线"（B1）上移"之底，顺年线{A}上涨之势交易，设止损于C4低点以下。{a}上破{b1}高点和{b}调整验证收在{a}低点，以上的点，也是年线顺势点。

日线{a3}上破"{b2}下移"高点和{b3}验证收在{a3}低点以上，都是周线B5调整转势的信号和预期C5上涨的顺势点，因验证B5收在A5低点以上，也是预期月线"（C1）上移"和年线顺势点，设止损于B5或A5低点以下。此点同时是验证之前逆势抓底成功的信号。后市不但存在日线{a3}、{b3}、{c3}三浪复杂演变的可能性，还存在周线A5、B5、C5三浪，月线（A1）、(B1)、(C1)三浪复杂演变的可能性。{c5}、"{c5}上移"是年线上涨具备结构条件的主动出局时机。如自"（C1）上移"高点开始，出现月线预期调整信号，则是被动出局时机。

农林牧渔自1570.66至2187.33是月线（A）、（B）、（C）三浪上涨（见图4-55），周线A4、B4、C4三浪调整"剪刀"式一次分解具备月线"（B）上移"结构条件。2021年12月22日，上破A5高点之时，是月线"（B）上移"确定在C4低点结束的信号，并自A5低点开始月线上涨，此点是年线上涨顺势点，目标直接定位为后市上破（C）高点［即预期（C）上移］，且不排除A5、B5、C5三浪上涨有复杂演变可能性。如实时看盘，此年线顺势点可提前至{c}上破{a}高点2057.6之时，并设止损于{b}或A5低点以下。

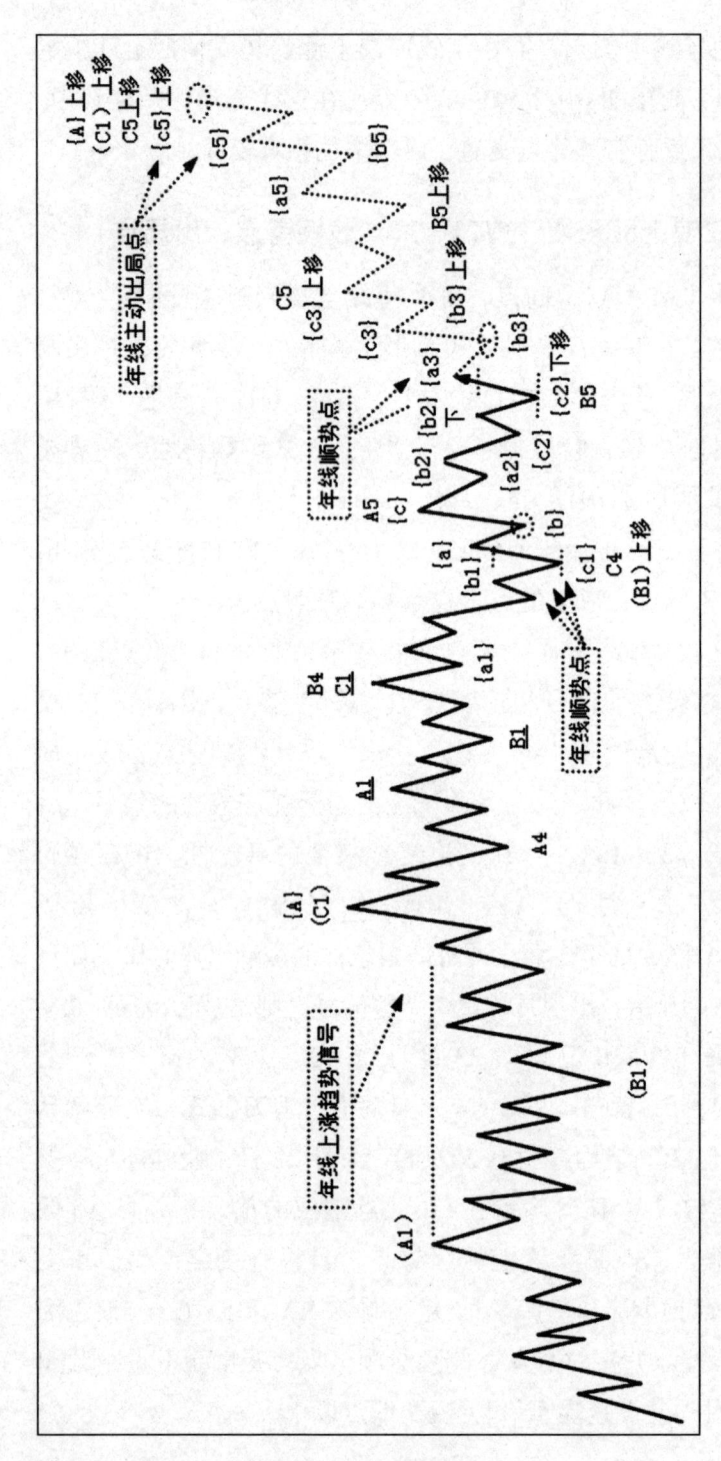

图 4-54 月线三浪上涨预期 "剪刀" 式年线顺势点

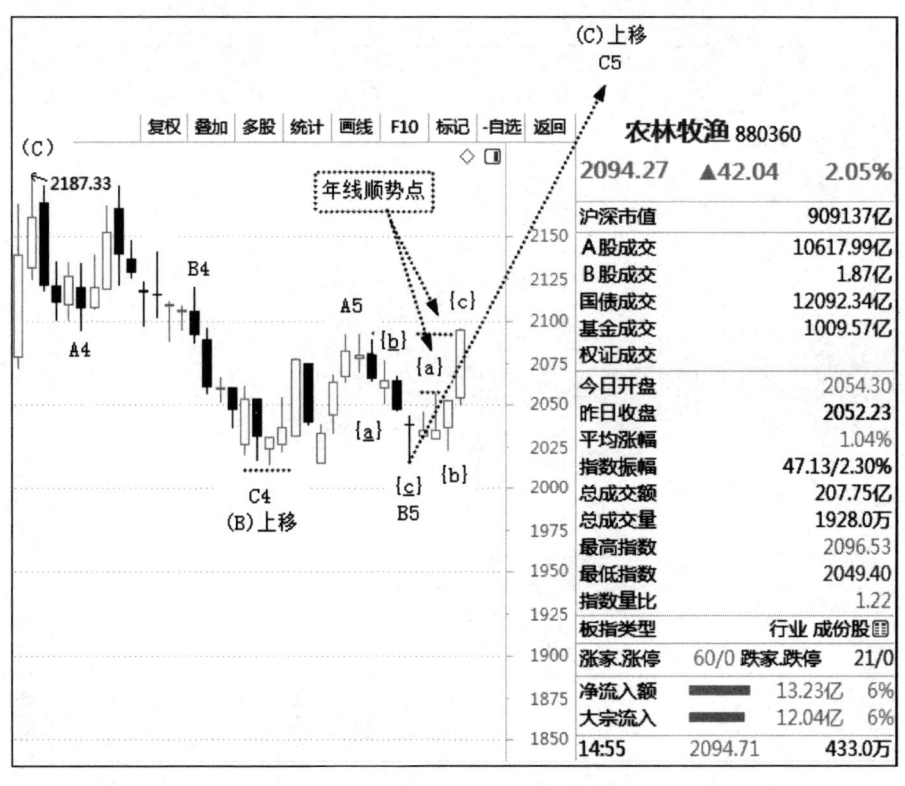

图 4-55　农林牧渔板块年线顺势点

二、月线三浪上涨预期"镰刀"式年线顺势点、出局点

日线 {a1} 或周线 A5 上破 B4 高点，以及验证 {b1} 调整收在 {a1} 低点以上的点，不但是自 {a1} 低点开始预期月线 (C0) 上涨信号，还是自（A）低点开始月线三浪上涨预期"镰刀"式年线顺势点（见图 4-56），设止损于 C4 低点以下。{a7} 上破 {b6}、A7 高点，不但是自 A7 低点开始预期月线（C）上涨的信号，还是月线三浪"镰刀"式持续上涨的信号和年线顺势时机，可设止损于 B7 低点以下。{c7}、{c9}、{c9} 上移"或"{c9} 再上移"具备结构条件之时，都是年线上涨月线三浪"镰刀"式主动出局的时机。

139

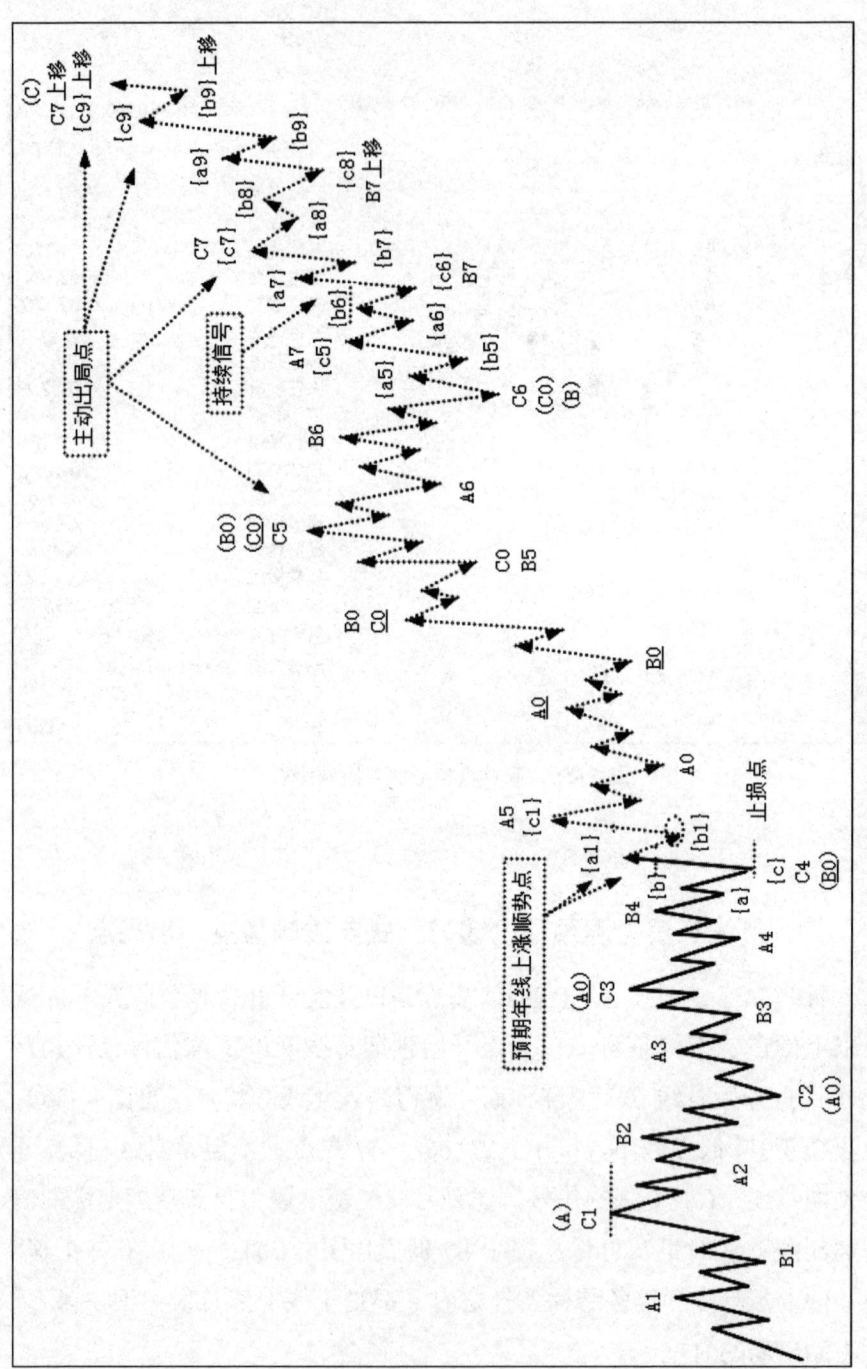

图 4-56 月线三浪上涨预期"镰刀"式年线顺势点

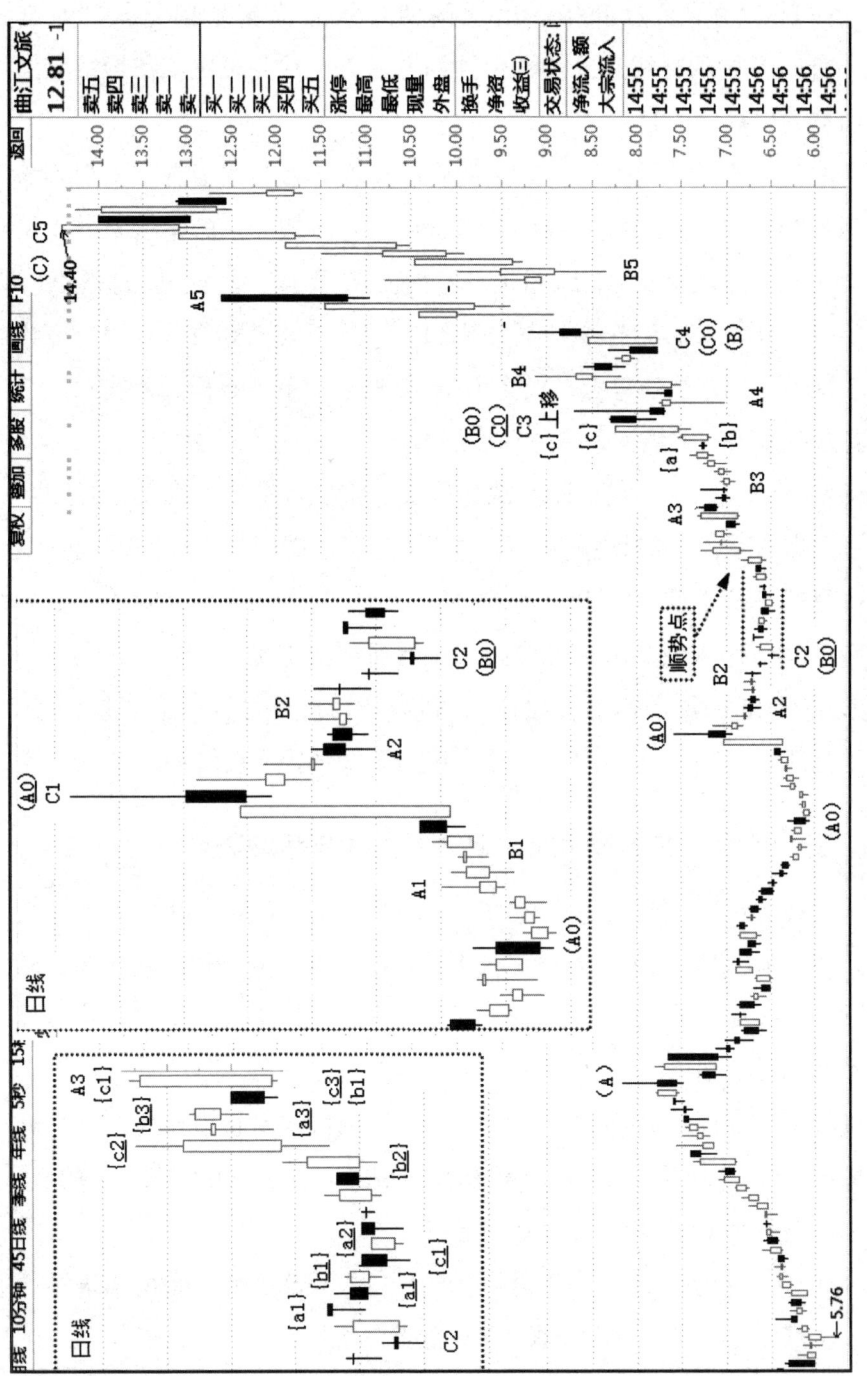

第四章 调整浪、反弹浪的关键买卖点

图 4-57 曲江文旅月线三浪上涨预期 "镰刀" 式年线顺势点

如自（C0）高点开始，出现预期月线三浪调整信号，则是自（A）低点开始的月线三浪上涨由预期"镰刀"式到确定三角形结束上涨和被动出局的时机。

曲江文旅因月线（A0）、（B0）从月K线、周K线形态分析很难认定为月线级别，但从日K线形态来看已具备月线一浪的结构条件（见图4-57）。2021年12月14日时A3上破B2高点，不但是自A3低点开始预期月线（C0）上涨信号，还是自（A）低点开始月线三浪上涨预期"镰刀"式年线顺势点，设止损于C2低点以下，目标为月线三浪上涨具备"镰刀"式结构条件主动出局。

A3低点至C5高点这段上涨为周线三浪三次分解，既具备月线一浪也具备月线三浪结构条件。在这种情况下，周线C5上破A5高点即具备月线三浪上涨"镰刀"式结构条件而成为主动出局的时机。如后市在（C0）低点以上出现月线回调反转后再次上破C5高点，则是A3至C5为月线一浪的信号。如自C5高点开始出现月线三浪调整信号，则是验证C5高点为月线三浪上涨"镰刀"式结构终点信号。

三、月线三浪上涨预期"双节棍"式年线顺势点、出局点

月线（A）上涨后（A1）、（B1）、（C1）三浪调整具备结构条件之时，在（A）低点以上、月线三浪上涨具备预期"双节棍"式结构条件（见图4-58）。周线A4上破"B3下移"高点，是（C1）调整转势信号和月线三浪上涨预期"双节棍"式年线顺势点，设止损于A4或（A）低点以下。如周线B4回调距离A4低点达到可接受止损空间，更是好的买入时机。{a0}上破{b}高点和{b0}调整验证收在{a0}低点以上的点，都是预期月线（C）和年线上涨顺势点。

如"C3下移"接近(A)低点达到可接受止损空间，是博未来运行(C)上涨的好时机，可设止损于(A)低点以下。

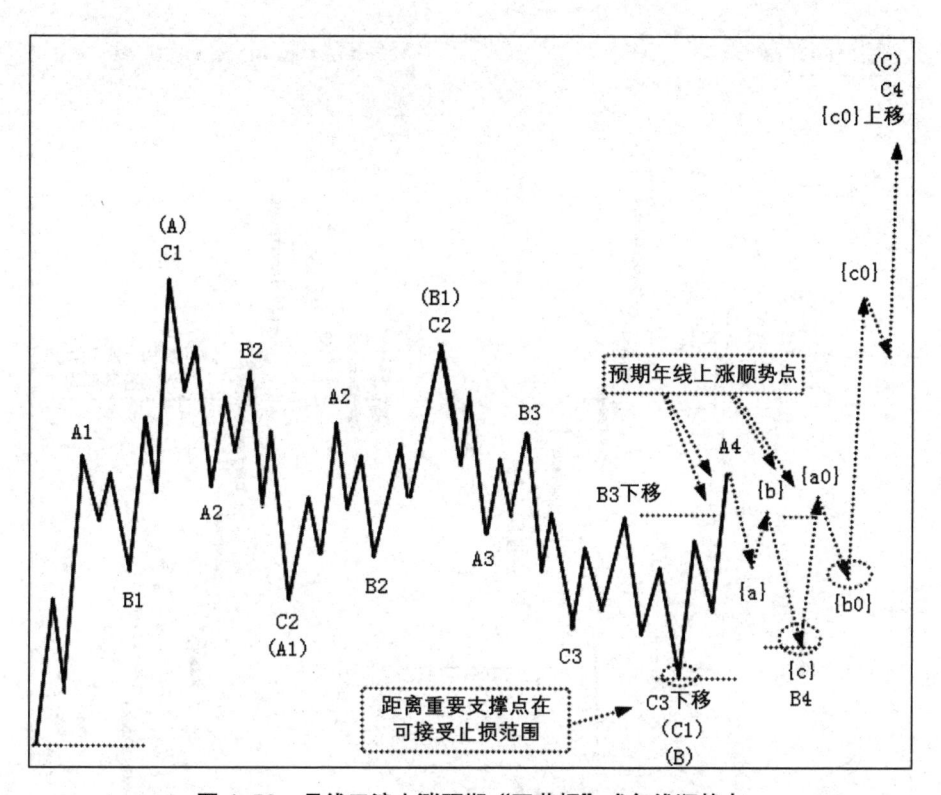

图 4-58　月线三浪上涨预期"双节棍"式年线顺势点

2022 年 2 月 23 日，美诺华周线 A4 上破 B3 高点，是月线（C1）调整转势信号，以及自（A）低点开始月线三浪上涨预期"双节棍"式年线顺势点（见图 4-59），设止损于 A4 低点以下。周线上涨幅度相对较大，如有日线或周线回调接近 A4 低点才是更好的买入时机。

A4 内 {a}、{b}、{c} 三浪在 {a}~{c1} 运行中如能发现其本身具备"双节棍"结构条件，即 60 分线（c）上（a）高点发出预期运行周线上涨信号之时，是非常好的短线买入时机，设止损于 {a} 低点以下，在 {c} 上涨过程中如及时发现上破 B3 高点，可考虑把目标上调为月线上涨具备结构条件之时主动出局。

143

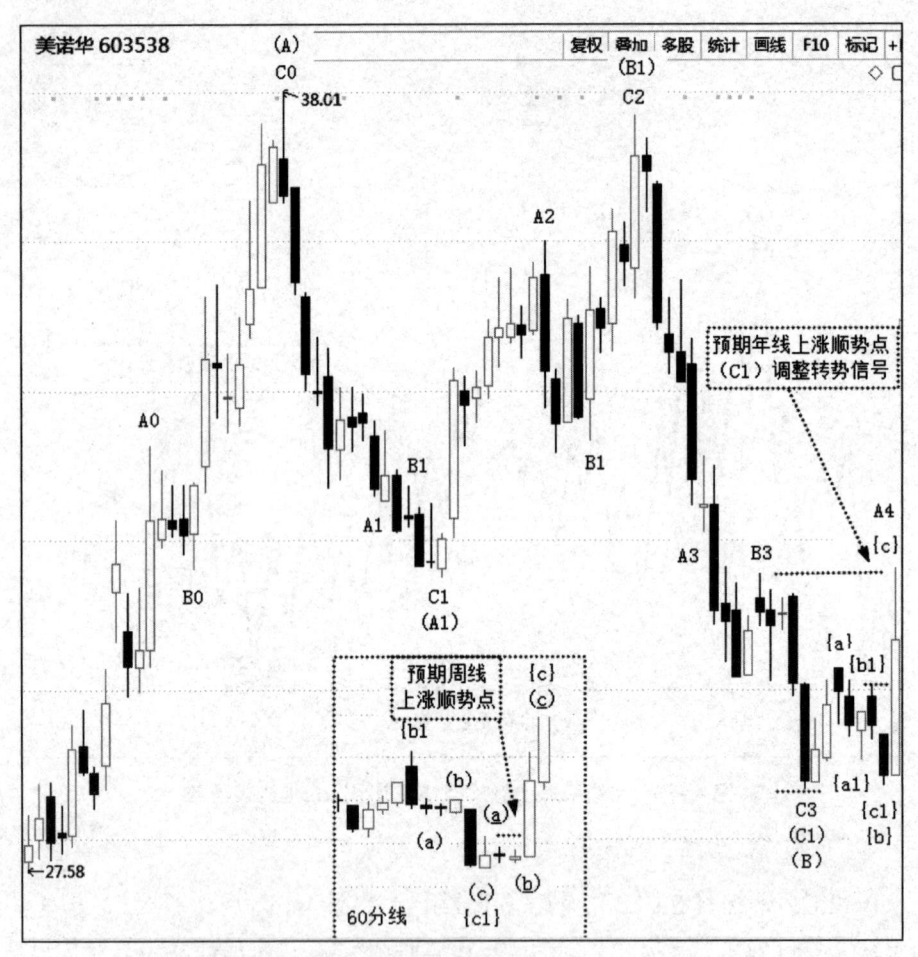

图 4-59　美诺华月线三浪上涨预期"双节棍"式年线顺势点

注：月线（A1）、（C1）内部结构都是日线三浪三次分解，即可为周线一浪也可为月线一浪。在其他位置区别很大，但在此位置没有多大区别；区别在于是正常的（B）回调还是蓄势的（B）回调。如其中之一是明显的周线三浪调整，都可直接认定本段调整是蓄势的（B）回调。

如从周线形态看，(B)调整内 A 调整内为日线三浪三次分解，C 调整也是日线 {a3}、{b3}、{c3} 三浪三次分解（见图 4-60），结合周线形态分析，在"{c3}三次下移"具备结构条件之时，是逆势抓 C 之底的好时机，同时逆势抓（B）内周线三浪双节棍雏形（见图中周线）结构之底，并设止损于（A）低点以下。目标为（C）浪上破（A）高度具备结构条件之时。

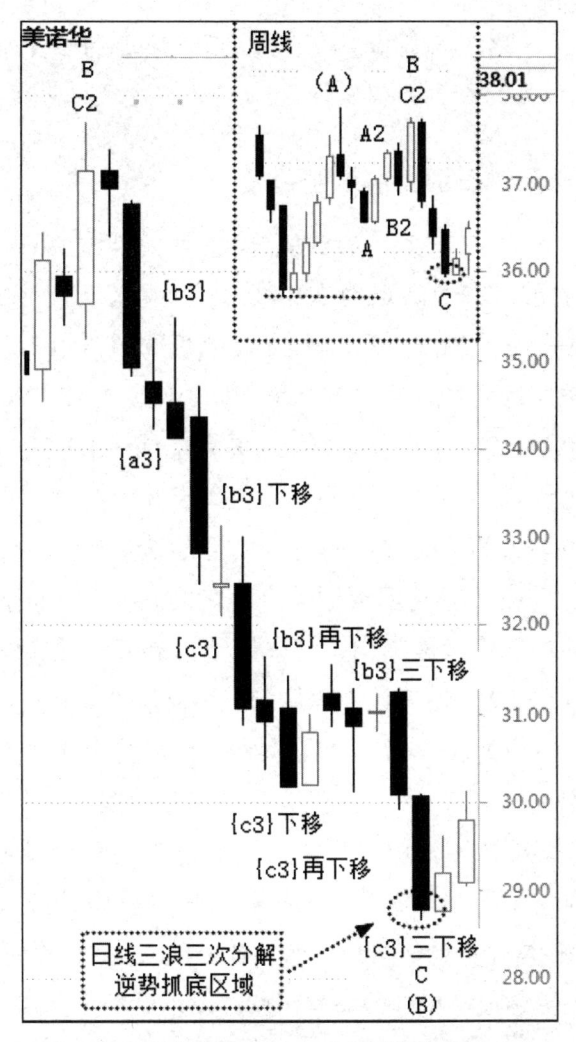

图 4-60　美诺华逆势抓（B）调整周线三浪之底

第十节　年线三浪顺势点、出局点

年线 {C} 浪上破 {A} 高点确立高一级别年线三浪上涨趋势，预期的短线年线"{b} 上移"回调验证收在 {B} 低点以上的点，才是年线三浪的顺势点。

一、预期年线三浪上涨顺势点

月线（C1）上破（A1）高点确立年线 {A} 上涨趋势（见图 4-61），月线（A3）上破（B2）高点确立年线 {B} 调整在 (C2) 低点结束，并预期年线 {C} 上涨。周线 A2 上破 B1 高点确立月线 (B3) 在周线 C1 低点结束，并预期运行月线（C3）上涨。日线 {a1} 上破 "{b} 下移" 高点（和 {b1} 调整验证收在 {a1} 低点以上）是确立周线 B2 在 "{c} 下移" 结束，并预期运行 C2 上涨的顺势点，设止损于 B2 或 A2 低点以下。因验证 B2 收在 A2 低点以上，此点同时是预期（C3）上涨，预期 {C} 上涨，预期 {A}、{B}、{C} 三浪上涨的顺势点，即关键买点。需重点关注日线 {a1}、{b1}、{c1} 三浪上涨结构、结束信号、结束点对月线趋势方向的影响，以及 A2、B2、C2 三浪上涨结构、结束信号、结束点对年线趋势方向的影响。后市上破 A2 高点验证月线上涨顺势成功，上破（A3）高点验证年线上涨顺势成功，上破 {C} 高点验证年线三浪上涨顺势成功。（C3）上涨具备结构条件就是年线三浪上涨盈利主动出局时机，当然也不排除（A3）、（B3）、（C3）三浪继续复杂演变的可能性。

如 B2 调整是强势调整结构，如 {a4} 上破 A2 高点验证 "或 B2" 调整是三角形，更是成功率高的关键买点，设止损于 "或 B2" 低点以下。

如 A2、B2、C2 三浪在（A3）高点以下出现月线上涨结束的信号，首先是上涨无力的反映，需及时出局。

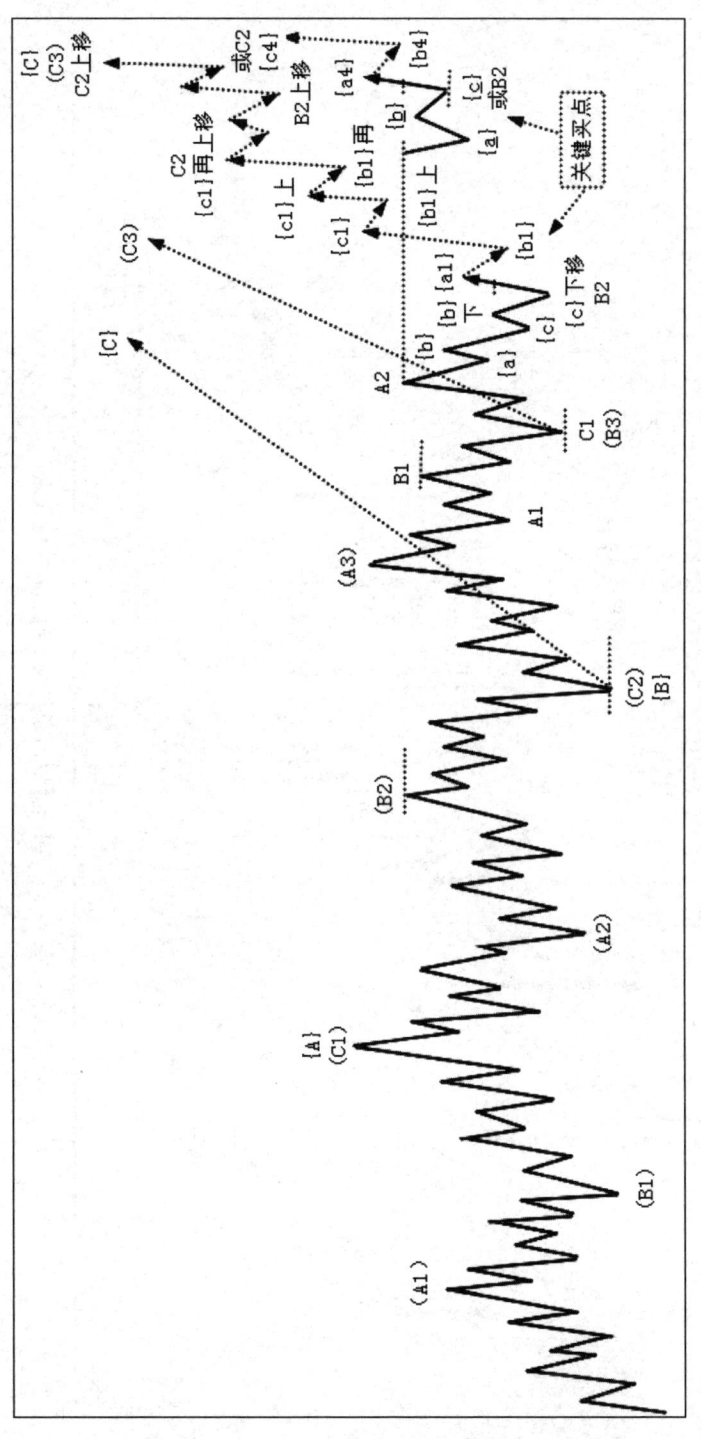

第四章 调整浪、反弹浪的关键买卖点

图 4-61 预期年线三浪上涨关键买点

147

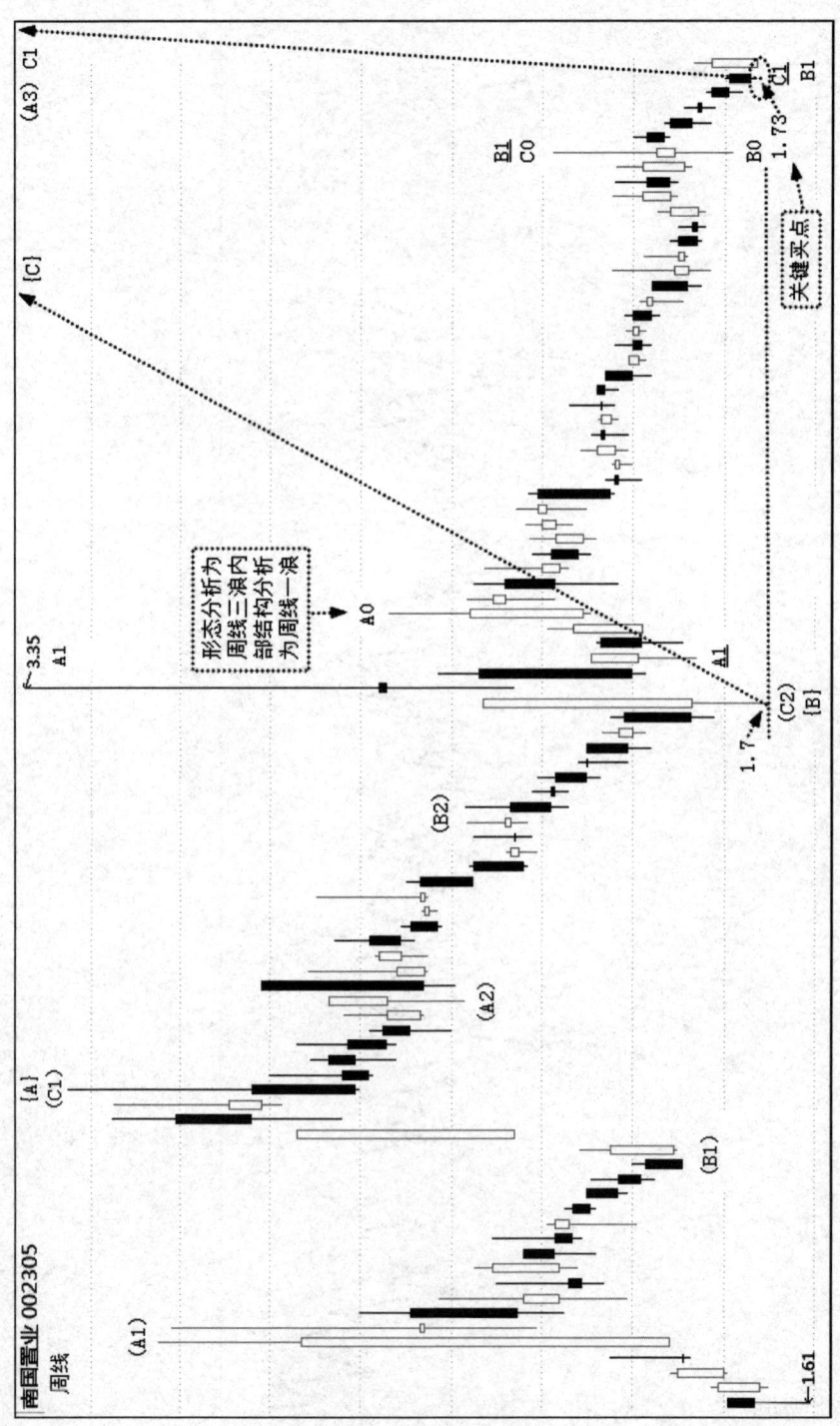

图 4-62 南国置业预期年线三浪上涨关键买点

南国置业周线 A1 上破年线 {A} 高点，是自 {B} 低点预期年线 {C} 上涨信号（见图 4-62），A1、B1、C1 三浪回调于 2021 年 10 月 29 日至 11 月 9 日接近 A1 低点，达到可接受止损空间，具备 A1、B1、C1 三浪上涨预期"双节棍"式结构为关键买点，设止损于 A1 低点以下。后市存在 A1、B1、C1 三浪复杂演变的可能性，也预期（A3）、(B3)、(C3) 三浪上涨上破 {A} 高点。

二、年线三浪上涨顺势点

年线 {C} 上破 {A} 高点确立年线三浪上涨趋势（见图 4-63），周线 C1 下破 A1 低点确立 "(B4) 下移" 在 A1 高点结束并预期 (C4) 下移。但当 C2 上破 A2、B1 高点之时，是月线（B5）在 C1 低点结束和预期（C5）上涨的信号 [此时 "(B4) 下移" 应改为 (A5)]。因验证（B5）收在 (C4) 低点以上，此点还是年线 {A}、{B}、{C} 三浪上涨顺势点和 {B} 上移至 (C4) 低点及预期 {C} 上移信号。但当 C3 下破 A3、B2 低点，则又是月线 (A5)、(B5)、(A0) [实为 (C5)] 三浪构成的年线 {B0} 反弹无力信号，并预期 {C0} 调整（此时 "{B} 上移" 应改为 {A0}）。

当日线 {a1} 上破 {b} 高点验证 B4 调整为三角形，并预期 C4 强劲上涨，是月线 (A5)、(B5)、(C5) 三浪预期"镰刀"式上涨的关键买点，设止损于 B4 低点以下，目标为年线上涨具备结构条件主动出局。需重点关注日线 {a1}、{b1}、{c1} 三浪上涨结构、结束信号、结束点对月线趋势方向的影响，和 A4、B4、C4 三浪上涨结构、结束信号、结束点对年线、年线三浪趋势方向的影响。后市上破 {C} 高点验证年线三浪上涨顺势成功。A6 上破 B5 高点是月线三浪"镰刀"式上涨持续信号，设止损于 A6 低点以下。

如在 "(C5) 上移" 高点以下出现月线三浪调整信号，是月线三浪"镰刀"式上涨失败信号，需及时出局。

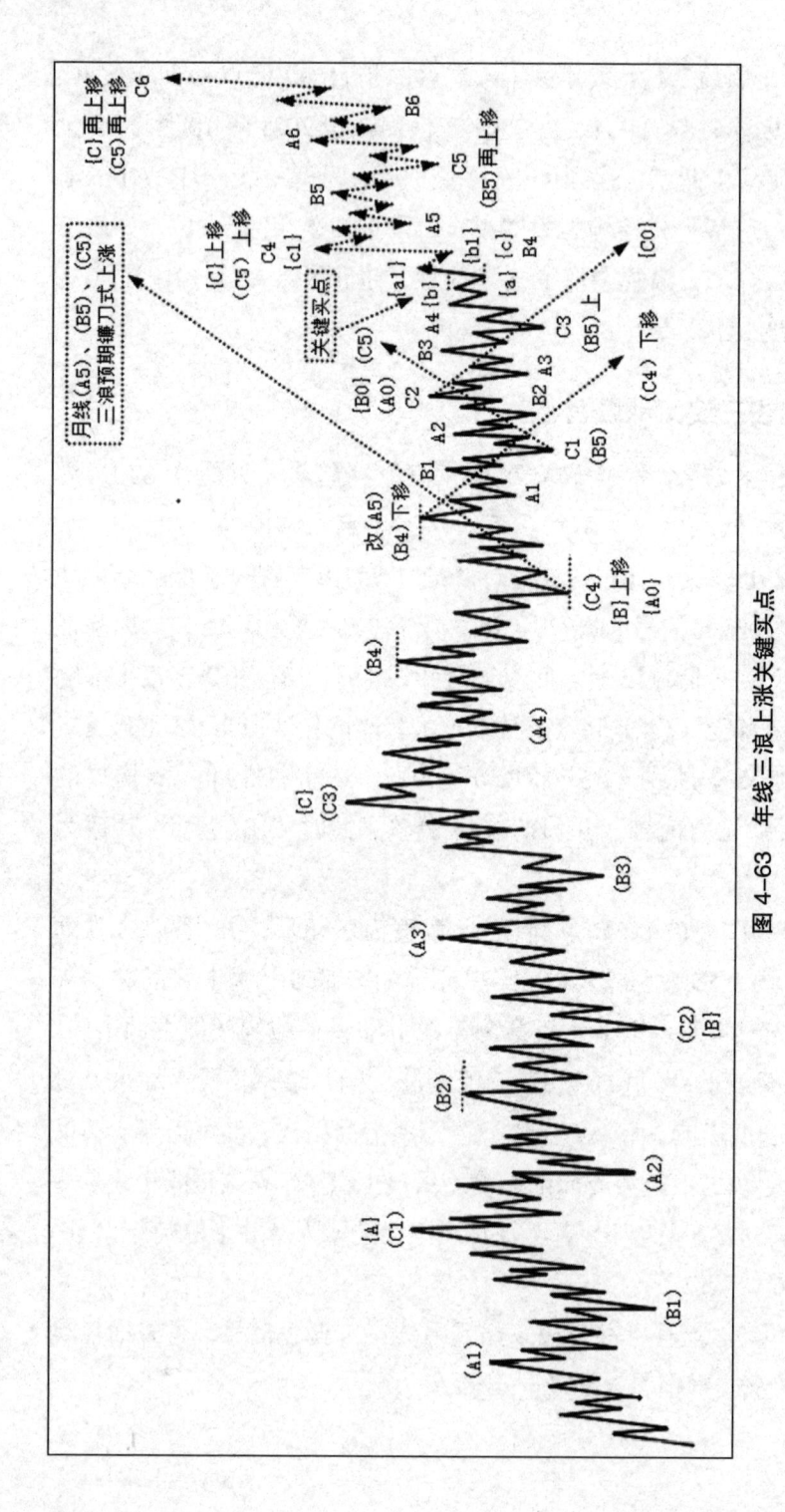

图 4-63 年线三浪上涨关键买点

第四章配套讲解视频：

4-0　调整浪、反弹浪关键买卖点

4-1-1　60分线"镰刀"式调整逆势点

4-1-2　60分线"剪刀"式调整逆势点

4-2-1　日线"剪刀"式调整逆势点

4-2-2　日线"镰刀"式调整逆势点

4-2-3　日线"双节棍"式调整逆势点

4-3-1　周线"剪刀"式调整逆势点

4-3-2　周线"镰刀"式调整逆势点

4-3-3　周线"双节棍"式调整逆势点

4-4-1　月线"剪刀"式调整逆势点

4-4-2　月线"镰刀"式调整逆势点

4-4-3　月线"双节棍"式调整逆势点

4-5-1-1　年线"剪刀"式调整一次分解逆势点

4-5-1-2　西藏珠峰年线"剪刀"式调整逆势抓底

4-5-2-1　年线"剪刀"式调整二次分解逆势点

4-5-2-2　中银证券年线调整二次分解逆势点抓底

4-6-1　日线上涨"剪刀"式顺势点

4-6-2　日线上涨"镰刀"式顺势点

4-6-3　日线上涨"双节棍"式顺势点

4-7-1　周线上涨"剪刀"式顺势点

4-7-2　周线上涨"镰刀"式顺势点

4-7-3　周线上涨"双节棍"式顺势点

4-8-1　月线上涨"剪刀"式顺势点

4-8-2　月线上涨"镰刀"式顺势点

4-8-3　月线上涨"双节棍"式顺势点

4-9-1　年线上涨"剪刀"式顺势点

4-9-2　年线上涨"镰刀"式顺势点

4-9-3　年线上涨"双节棍"式顺势点

4-10-1　年线三浪预期上涨顺势点

4-10-2　年线三浪上涨顺势点

微信扫码观看

第五章 短线买点

每个人对短线的看法不一样，以周线为准来概述更容易理解。

交易的目的是盈利，短线希望马上盈利。没有几个人愿意被套的，特别是中小投资者，即使短期被套都不太舒服，也觉得不理想，且如不及时出局，还有深套的可能。有没有马上盈利的策略呢？实践证明，下面几个应是短线盈利即出的好策略。

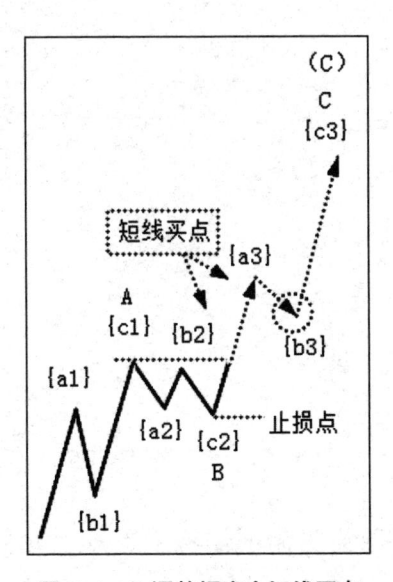

图 5-1　B 调整幅度小短线买点

一、周线 B 回调幅度相对少、时间短的短线买点

{a3} 上破 A 高点和 {b3} 调整验证收在 {a3} 低点以上的点，验证 B 调整幅度少、时间短，是短线交易的最佳时机，设止损于 B 低点以下（见图 5-1），预期 C 强劲上涨。后市存在 {a3}、{b3}、{c3} 三浪复杂演变的可能性。因验证 B 浪调整时间短，也是 B 预期分解信号，后市还存在 A、B、C 三浪分解的可能性。

2021 年 5 月 25 日，贵州茅台上破 A 高点之时，验证 B 调整幅度小（见图 5-2），预期后市 C 上涨强劲有力，上破之时是好的短线买点，设止损于 {c} 低点以下。

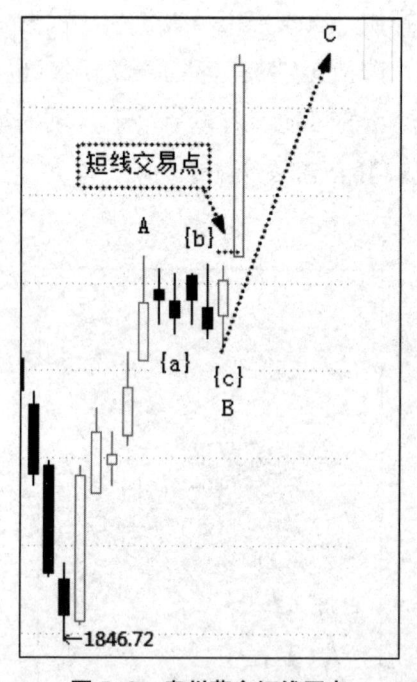

图 5-2　贵州茅台短线买点

二、周线 B 回调为三角形结构上破即为短线买点

周线 B 回调在 {a3} 上破 A 高点，和 {b3} 调整验证收在 {a3} 低点以上之时，验证 B 回调为三角形结构，即为短线买点，设止损于 B 低点以下

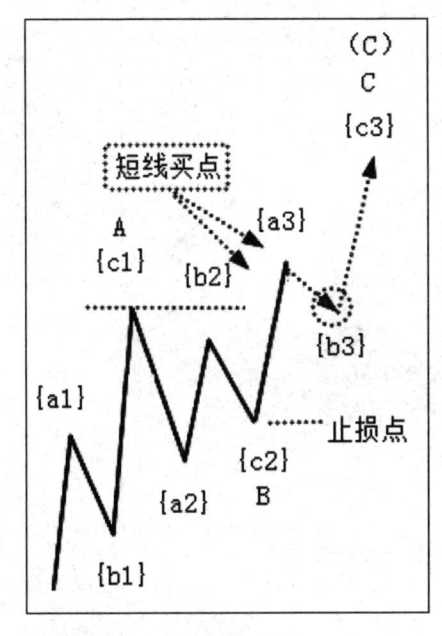

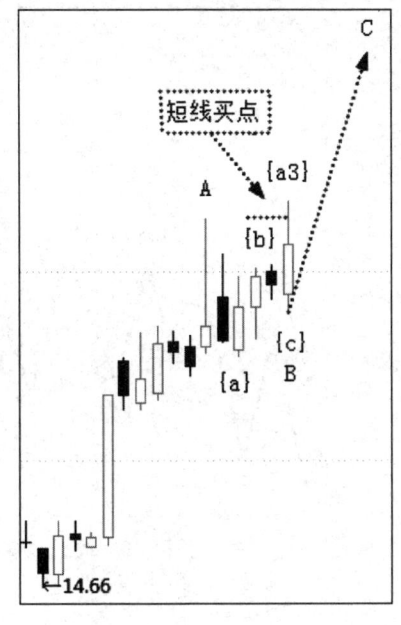

图 5-3　周线调整三角形上破买点

图 5-4　中国船舶短线买点

（见图 5-3）。预期 C 强劲上涨。后市存在 {a3}、{b3}、{c3} 三浪复杂演变的可能性。

2021 年 8 月 20 日，中国船舶日线 {a3} 上破 A 高点验证 B 调整为三角形结构（见图 5-4），预期 C 上涨强劲有力，上破之时是好的短线买点，设止损于 B 低点以下。

三、周线调整出现上倾信号短线买点

日线 {a1}、{b1}、{c1} 三浪构成周线 A（见图 5-5），{a2} 下破 {b1} 低点预期运行周线调整，{b2} 再上破 {c1} 高点，后市存在两种可能性。但当 {a3} 再次上破 {b2} 高点以及 {b3} 调整验证收在 {a3} 低点以上，是排除一种可能性，肯定 B 调整上倾结构信号和短线买点，设止损于 B 低点以下，预期 C 强劲上涨。{a3}、{b3}、{c3} 三浪上涨存在复杂演变的可能性。

2022 年 2 月 25 日，欧亚集团上破 {b2} 高点，是 B 调整为上倾结构的信号和买点，设止损于 B 低点以下，并预期 C 强劲上涨（见图 5-6）。

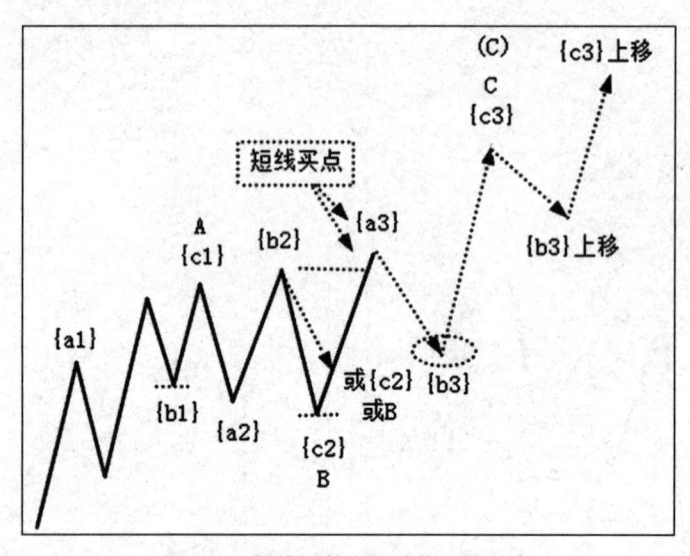

图 5-5 周线调整上倾结构短线买点

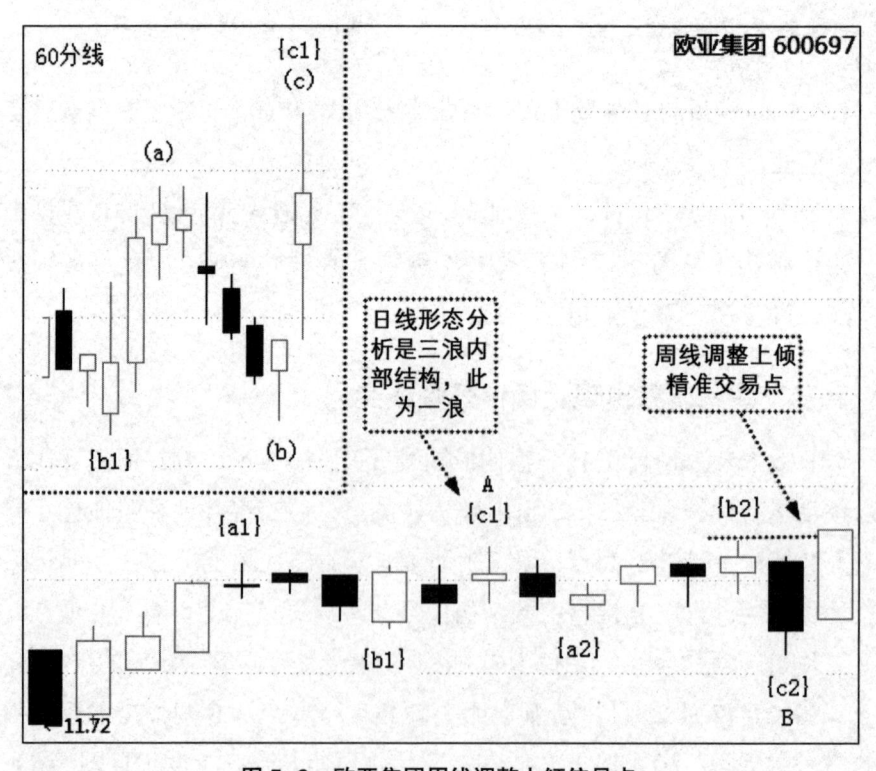

图 5-6 欧亚集团周线调整上倾信号点

如有基本面或消息面支撑，遇到这种结构，更加坚定后市上涨强劲有力。

注：{c1}位形态分析是日线三浪内部结构分析，是日线一浪（见60分线）。

四、周线调整结构出现由弱转强信号的短线买点

日线 {c0} 下破 {a} 低点，发出 {a}、{b}、{c} 三浪调整预期"镰刀"式信号（见图 5-7 "预 B"），但在 {a}、{b0}、{c0} 三浪调整幅度较小的情况下，后市 {a3} 直接上破 A 高点，则是 {a}、{b}、{c} 三浪预期"镰刀"式弱势调整演变成 {a}、{b0}、{c0} 三浪"实 B"强势调整结束信号及短线买点，设止损于 {a3} 低点以下，{b3} 调整具备结构条件或出现结束信号验证收在 {a3} 低点以上的点，更是风险回报比好的买点。

在图 5-8 中，爱尔眼科上破 C 高点，是日线三浪预期"镰刀"式弱势调整转变为"B 上移"强势调整结束信号和短线买点，设止损于 {c} 低点以下。

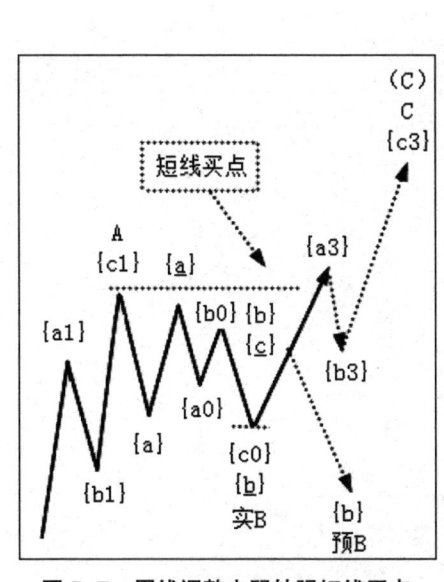

图 5-7 周线调整由弱转强短线买点

图 5-8 爱尔眼科由弱转强短线买点

157

第五章配套讲解视频：

5-1　短线回调幅度小的买点

5-2　短线为三角形的买点

5-3　短线出现上倾信号的买点

5-4　短线出现由弱转强信号的买点

微信扫码观看

第六章　板块启动大级别上涨时选股

根据股市波动规律和实际经验，板块指数符合以下几种条件时选本板块个股，风险回报率高，胜算高。

一、板块月线三浪调整演变成上倾结构时选股

2020年8月25日，酿酒板块月线（B2）上破（A2）高点是（A2）、（B2）、（C2）三浪调整演变成上倾结构信号（见图6-1）。注：（A2）为三角形的情况下，一般是高一级（A2）、（B2）、（C2）三浪调整为三角形或上倾结构的提前信号。A4上破B3高点是（C2）调整结束的信号，验证（C2）收在（A2）低点以上之时，可认定月线三浪调整为上倾结构，设止损于A4低点以下。2020年10月29日{a}上破月线（A3）高点，发出（B3）调整上倾信号之时，再次认定（A2）、（B2）、（C2）三浪调整上倾，此点为顺年线上涨之势交易的时机，设止损于{a}低点以下。重点关注酿酒板块强势个股。

调整上倾的（B3）没有看到明显的结束点，从结构本身看，可在A0、C0、C5、B6等任一位置，对应上证指数看应在B6位置。根据结构来看应在C5位置，应在C6、"C6上移"位具备年线上涨结构条件之时盈利主动出局。

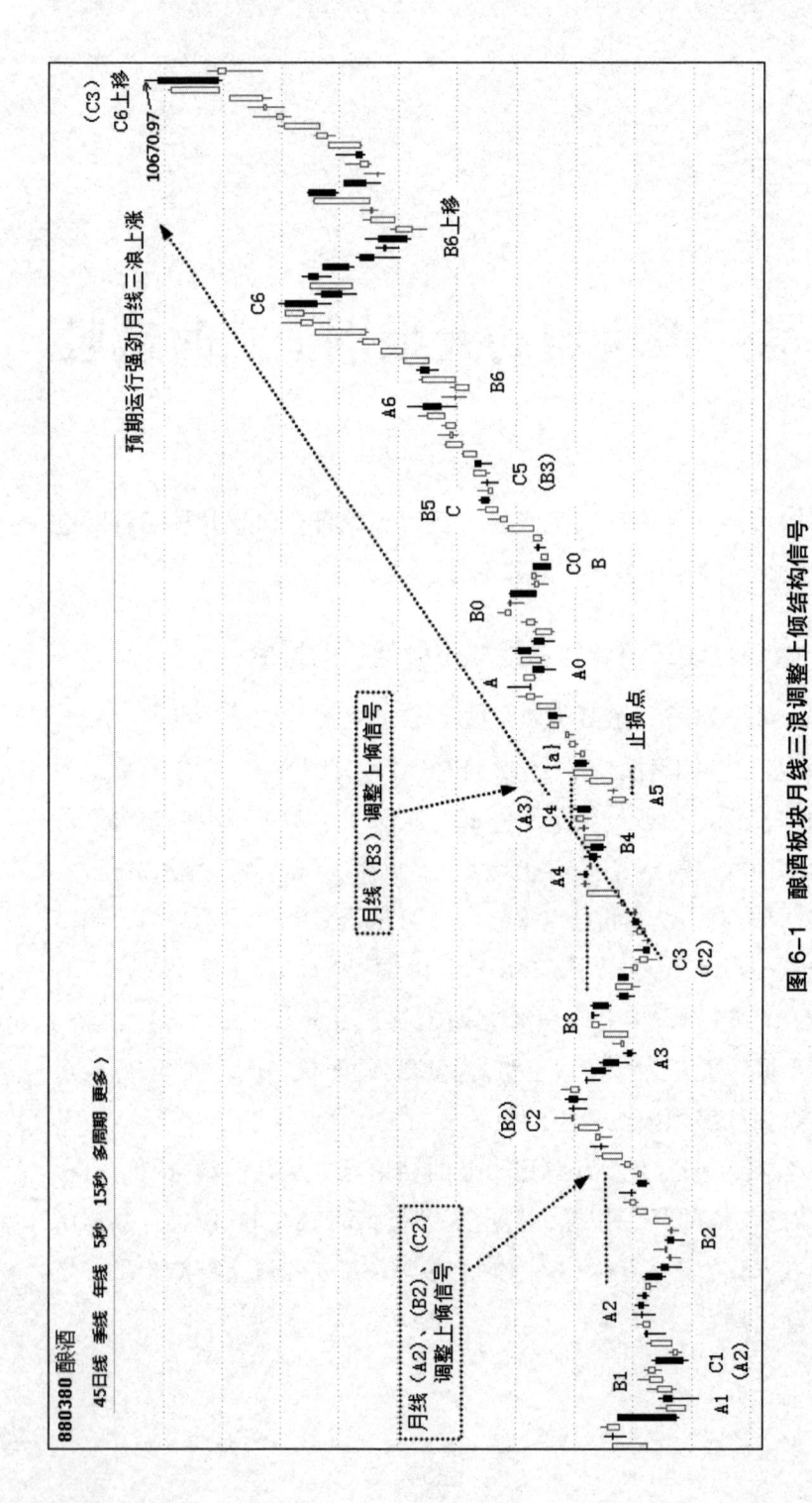

图 6-1 酿酒板块月线三浪调整上倾结构信号

贵州茅台（B2）上破（A2）高点之时是（A2）、（B2）、（C2）三浪调整上倾信号（见图6-2），此时也不是好的买点。好的买点，应在（C2）调整具备结构条件或出现结束信号附近。A4上破"B3下移"高点是（C2）调整结束信号，此时周线上涨幅度过大，耐心等待周线B4回调具备结构条件和出现结束信号再介入。2020年11月23日，日线{a5}上破{b}高点和以后的{a}、{c}回调都是较好的买点，设止损于{a5}低点以下，目标为自A4低点开始强劲的月线三浪上涨具备结构条件之时主动出局。

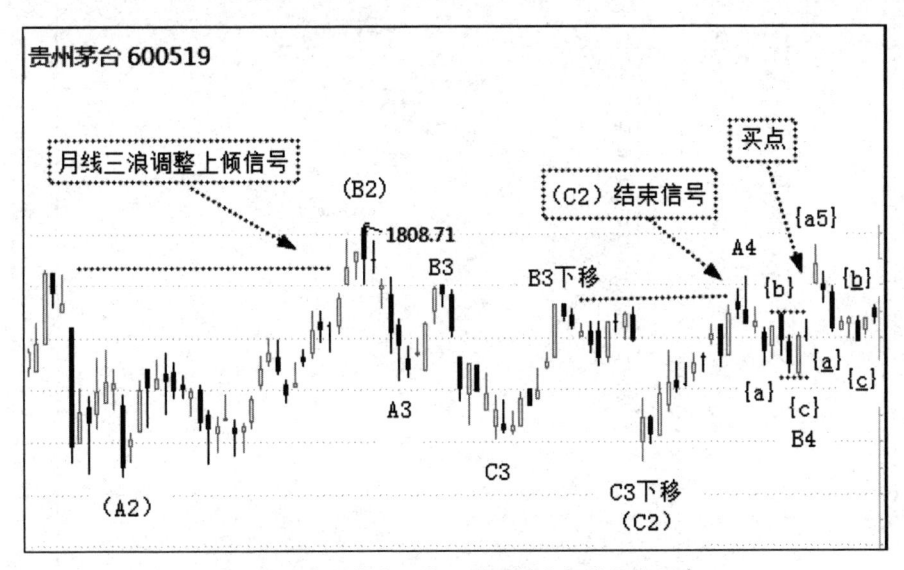

图6-2 贵州茅台月线三浪调整上倾信号和买点

二、板块月线三浪调整出现预期三角形信号之时选股

2021年7月5日有色板块上破A1高点是周线B1调整强势结束信号（见图6-3），也是预期运行强劲C1上涨信号，还是自A1低点开始确立月线上涨信号，此点就是周线、月线顺势点，是预期月线强劲上涨的起爆点，设止损于B1低点以下。因之前（A4）、（B4）、（C4）三浪调整已具备三角形结构条件和此点所处特殊位置，此点也是（A4）、

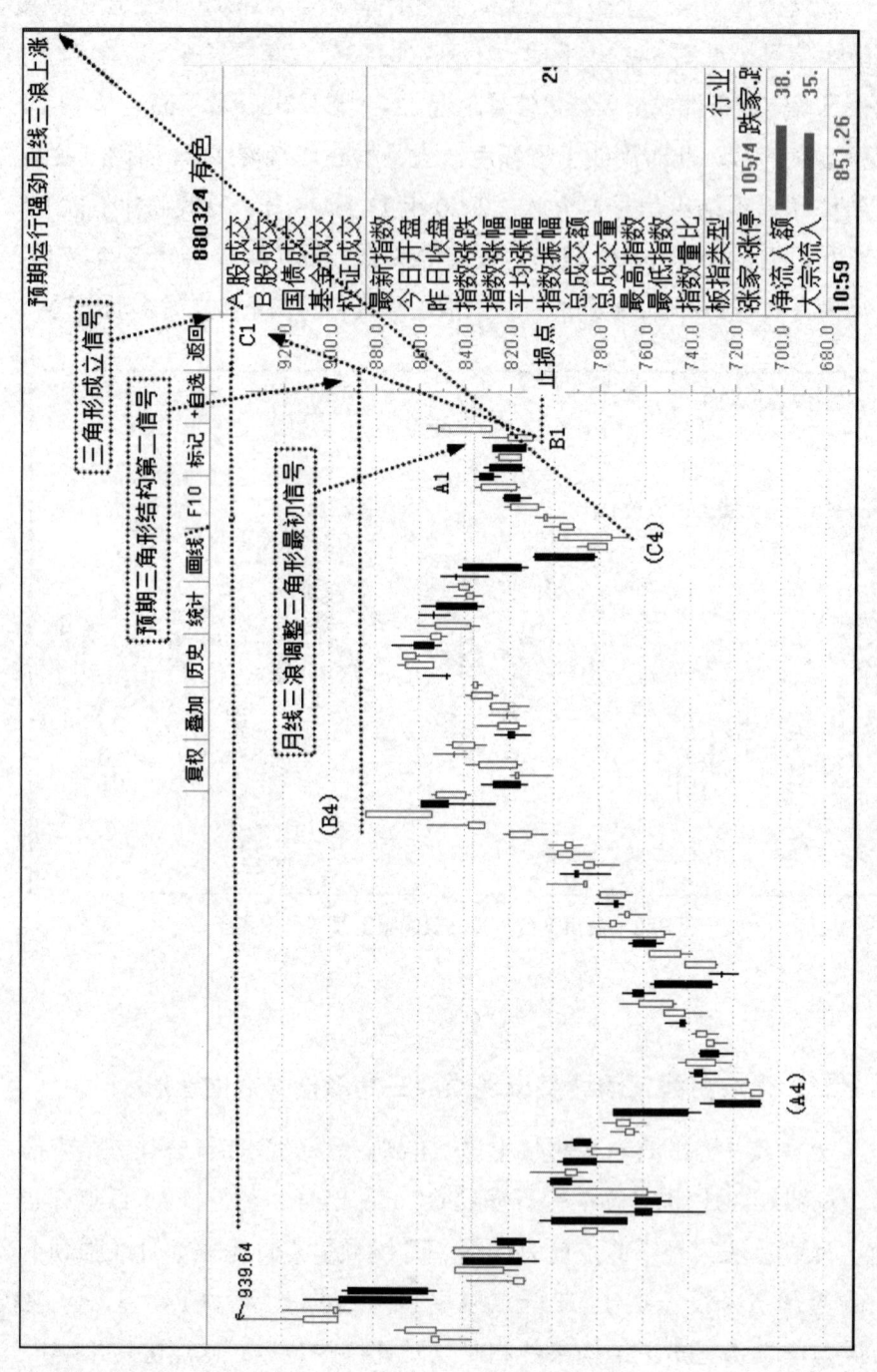

图 6-3 有色板块月线三浪调整出现预期三角形信号

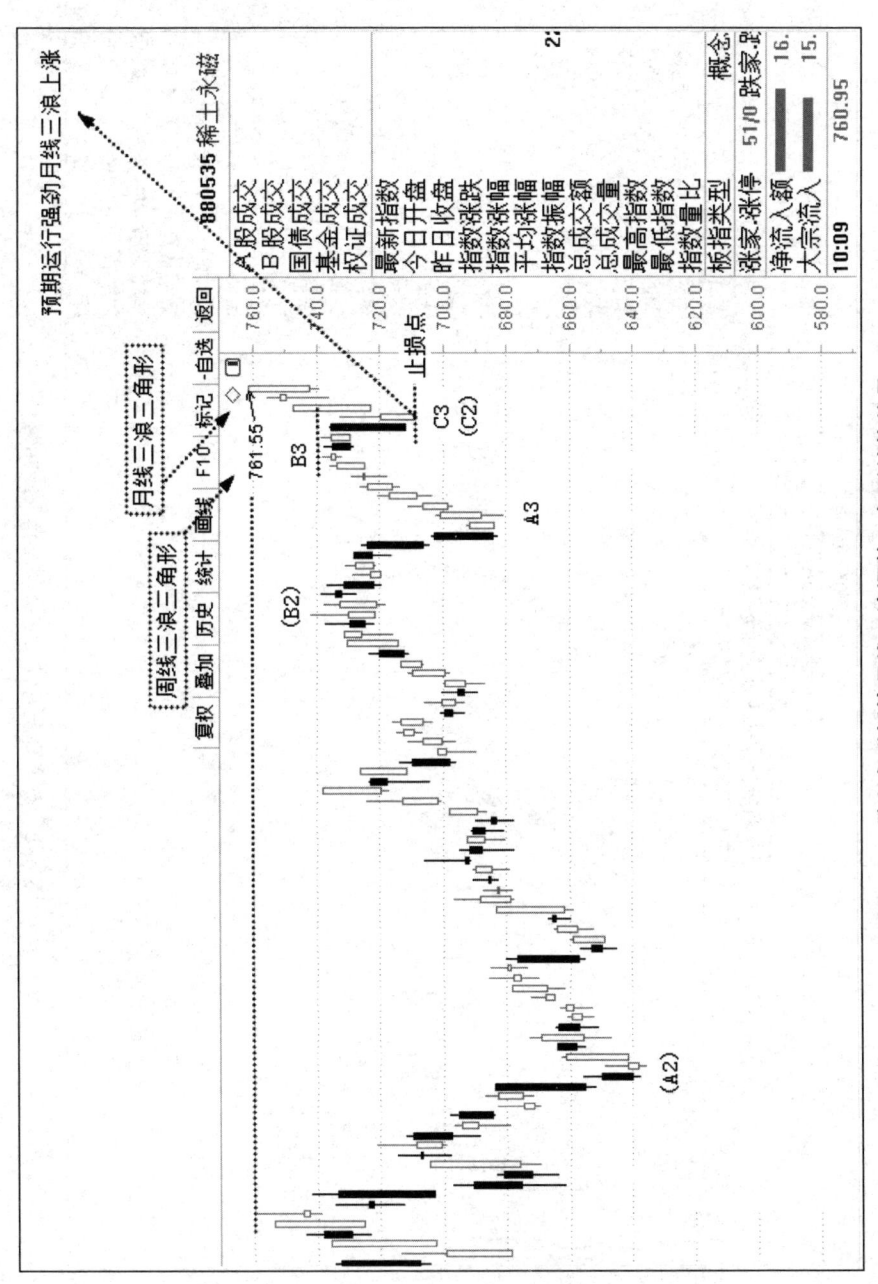

图 6—4 稀土永磁板块月线三浪调整三角形结构信号

图 6-5 北方稀土月线三浪调整三角形结构信号

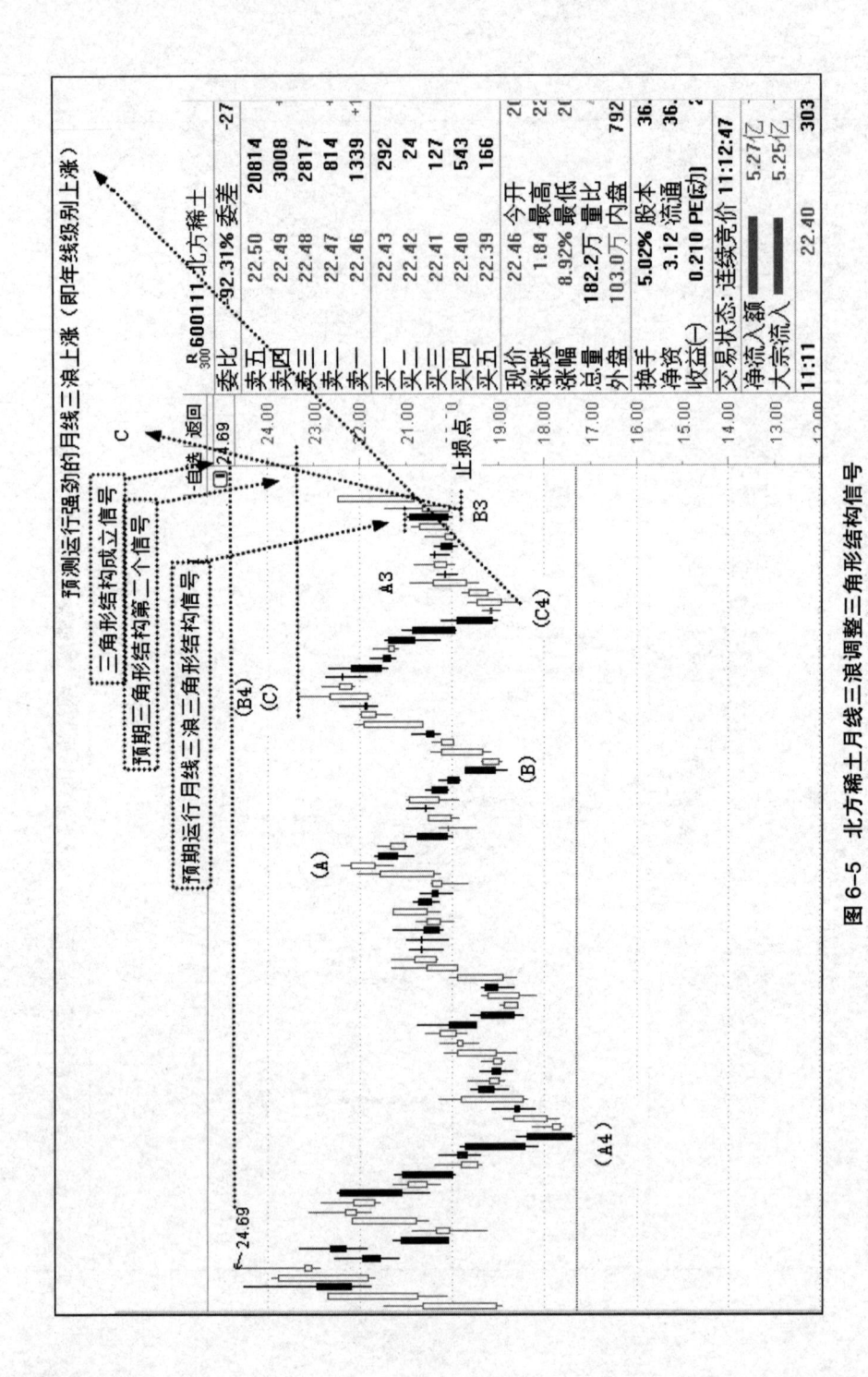

（B4）、（C4）三浪调整三角形结构预期成功的最初信号（因此点发出预期运行月线强劲上涨的信号，后市直接上破（A4）高点的可能性大）。上破（A4）高点之时可确定月线三浪调整三角形结构成立，目标由月线上调为年线上涨具备结构条件之时主动出局。

2021年7月5日稀土永磁上破（B2）高点之时，是月线（C2）内周线A3、B3、C3三浪三角形调整结束信号（见图6-4）。7月7日上破（A2）高点是（A2）、（B2）、（C2）三浪三角形结构结束的信号。这两点是预期强劲年线上涨起爆点，设止损于C3低点以下。

2021年7月2日，北方稀土上破B3高点之时，是B3调整内日线三浪上倾信号（见图6-5），预期C3强劲上涨，还是自A3低点开始确立月线上涨的信号，此点就是周线、月线顺势点，即预期月线强势上涨的起爆点。因之前（A4）、（B4）、（C4）三浪调整具备三角形结构条件和此点所处的特殊位置，此点也是（A4）、（B4）、（C4）三浪调整三角形预期成功的最初信号，设止损于B3低点以下。后市上破（A4）高点验证之前判断成功，可把目标由月线上涨调为年线上涨具备结构条件之时主动出局。

三、板块月线三浪调整确定幅度少选股

月线（A1）、（B1）、（C1）三浪上涨构成年线{A}反弹，后市如（A2）、（B2）、（C2）三浪调整幅度相对较少（见图6-6），此时恰遇：

1.周线A1上破B高点发出月线（C2）调整结束的信号，日线{a}上破{b}高点发出B1调整结束的信号是预期C1、（A3）上涨的信号，且不排除预期的{a}、{b}、{c}三浪和A1、B1、C1三浪存在继续演变的可能性，预期后市上破（B2）和{A}高点。一旦后市上破{A}高点，就是{B}调整结束的信号，同时是预期年线{C}上涨的信号。此结构可看出，日线某点在合适位置可发出后市运行年线强劲上涨的信号，止损点也应设在日线低点以下，此点是风险回报比合适的交易时机。

2. {a0}上破A2高点确定B2调整是三角形，是C2预期强劲上涨信

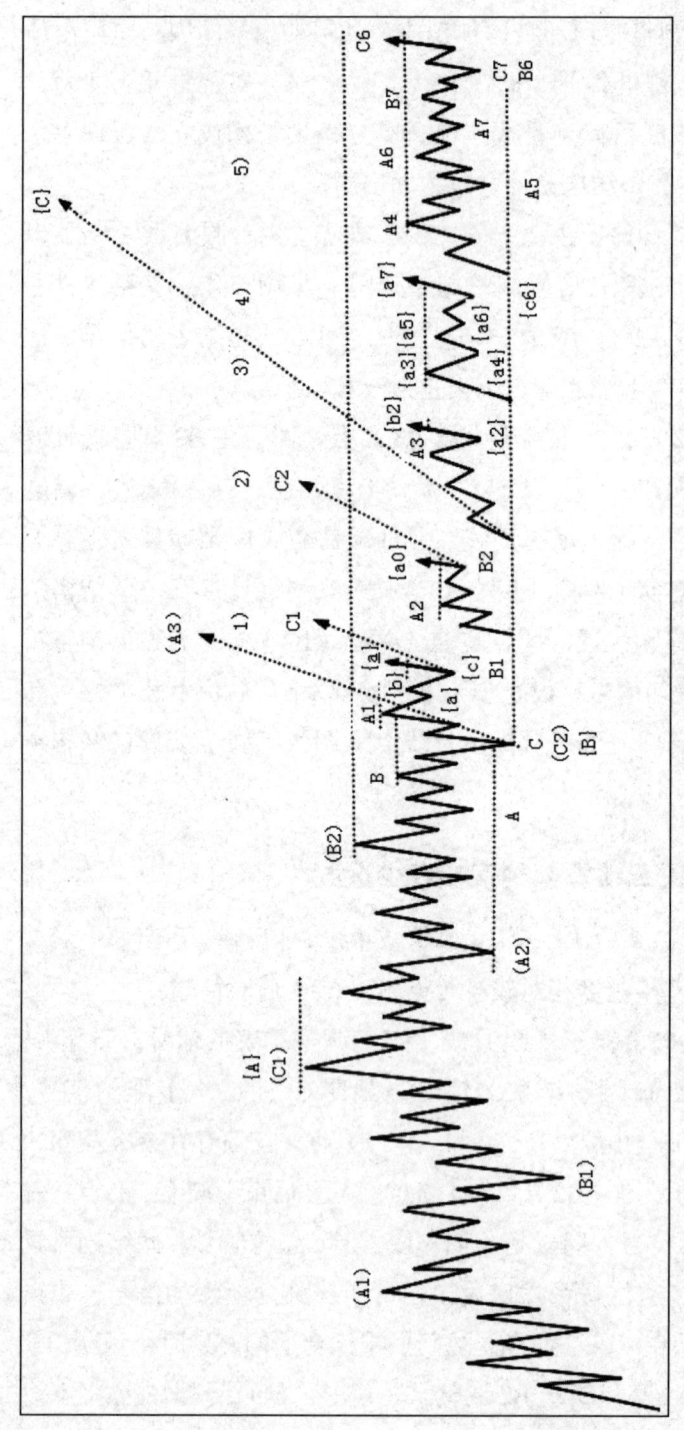

图 6-6 月线三浪调整幅度小预期演变成年线强劲调整结构的关键买点

号。且不排除预期的 {a0}、{b0}、{c0} 三浪和 A2、B2、C2 三浪存在继续复杂演变的可能性，此点是预期后市上破 B、(B2)、{A} 高点的最初信号和交易时机，设止损于 B2 低点以下。一旦后市上破 {A} 高点，验证 {B} 调整强势结束，同时是预期年线 {C} 上涨强劲的信号。

3. {b2} 上破 A3 高点是预期运行月线强劲上涨的信号，此点是预测后市上破 B、(B2)、{A} 高点的最初信号和交易时机，设止损于 A3 低点以下或根据实际走势而定，一旦后市上破 {A} 高点，验证 {B} 调整强势结束，同时是年线 {C} 上涨预期强劲的信号。

4. {a7} 上破 {a3} 高点是 {a3}、{b3}、{c3} 三浪上涨预期浪中浪和周线上涨预期强劲的信号，也是预测后市上破 B、(B2)、{A} 高点的最初信号和交易点，设止损于 {a7} 低点以下，一旦后市上破 {A} 高点，验证 {B} 调整强势结束，同时是年线 {C} 上涨预期强劲的信号。

5. C6 上破 A4 高点是 A4、B4、C4 三浪预期浪中浪和月线预期强劲上涨信号，也是预测后市上破 B、(B2)、{A} 高点最初信号和交易时机，设止损 C6 低点以下，一旦后市上破 {A} 高点，验证 {B} 调整强势结束，同时是年线 {C} 上涨预期强劲信号。

闽东电力从 5.21 元～12.5 元为月线（A1）、(B1)、(C1) 三浪上涨（见图 6-7），从 12.5 元～8.37 元为月线（A2）、(B2)、(C2) 三浪调整，其中 A1、C1 位置日线形态分析是一浪，但内部结构分析具备三浪条件，后市验证为三浪。日线 {a}、{b}、{c} 三浪从周线形态分析是周线三浪，但日线结构分析具备日线三浪"双节棍"式周线一浪条件，在 A1 上破 {a} 高点之时被验证为周线"B3 下移"一浪，A1 上破"B3 下移"高点是（C2）调整结束的信号，此时可发现（A2）、(B2)、(C2) 三浪调整幅度相对较少。{a5} 上破 {b} 高点是 B1 调整结束信号和月线顺势点，也是博后市上破 {A} 高点的关键买点，设止损于 {c} 低点以下。因 B1 调整时间较短，预期后市分解。后市如月线级上破 {A} 高点，不但验证之前买入成功，还可考虑把目标上调为年线上涨具备结构条件之时。

有个周线调整由弱转强的结构：{a2}、{b2}、{c2} 三浪调整本身是

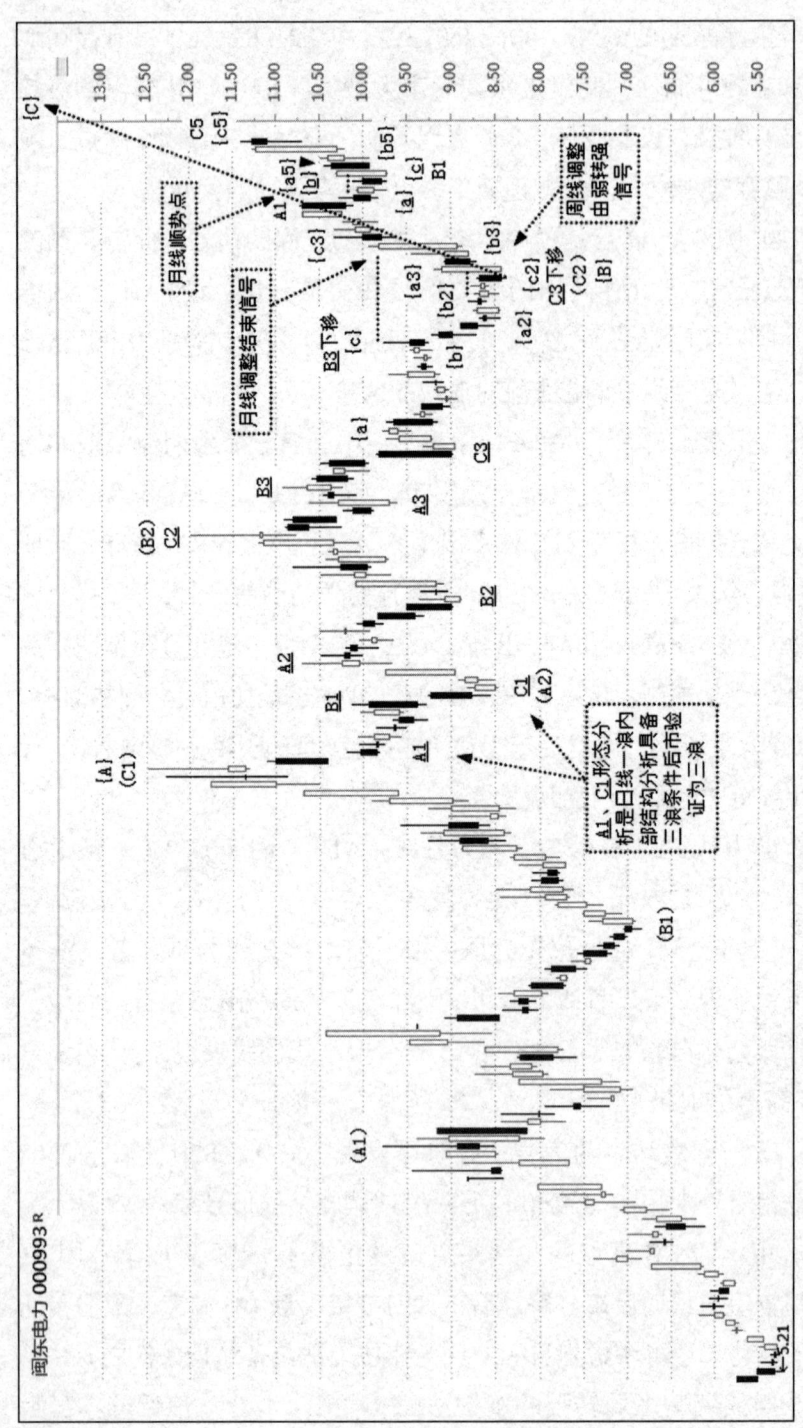

图 6-7 闽东电力月线三浪调整幅度小预期年线强劲上涨的关键买点

预期运行"镰刀"式结构，但当{a3}上破{b2}高点，使"镰刀"式弱势调整转变为三角形强势结构之时，是个不错的交易时机，设止损于{c2}低点以下。

市场有很多个股月线调整幅度小、时间短，出现转势信号之时也可买入。

四、交易月线（C）浪

明确月线（A）上涨确定后，逆势抓（B）回调之底，交易（C）上涨设止损于（A）低点以下，或在（B）回调出现转势信号交易（C），设止损于（B）或（A）低点以下，即只交易明确的（C）上涨。月线（B）调整内部结构周线A2、B2、C2三浪"镰刀"式调整，在C2内日线三浪"剪刀"式一次分解或二次分解之时，逆势抓C2之底的同时抓（B）之底，是交易预期（C）上涨的时机（见图6-8），设止损于（A）低点以下。{a1}上破"{b}下移"高点和{b1}调整验证收在{a1}低点以上的点，也是逆势抓（B）之底交易预期（C）上涨的时机。如C2内日

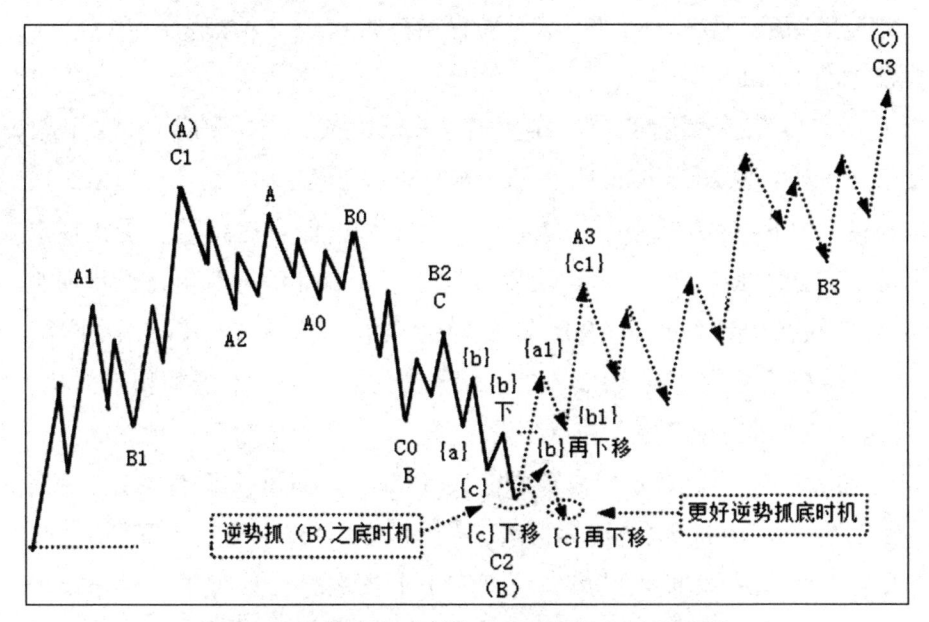

图6-8　逆势抓（B）浪之底交易预期（C）浪上涨

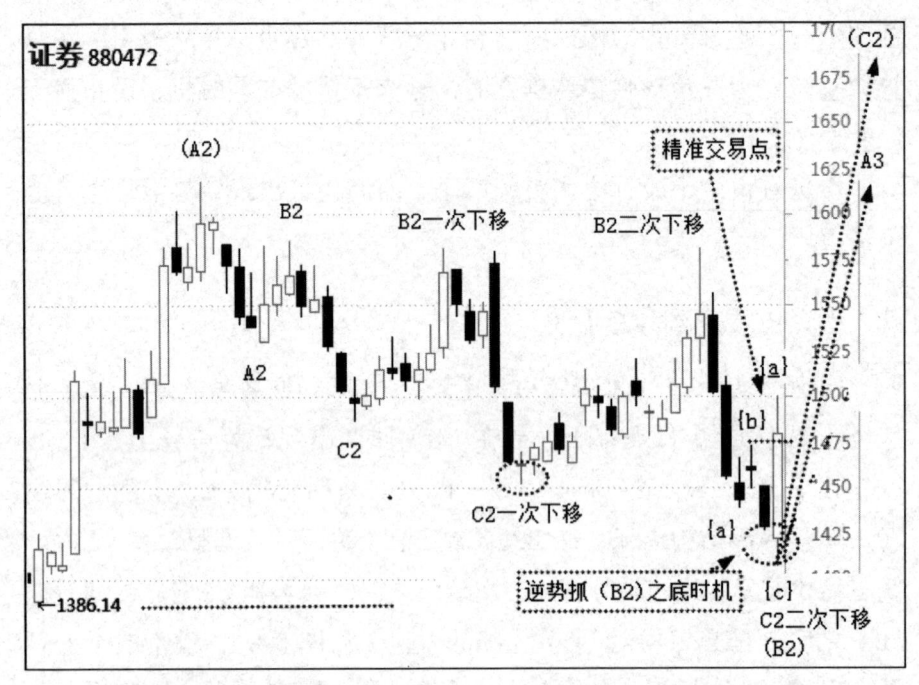

图 6-9 证券板块逆势抓（B）之底交易预期（C）上涨

线三浪再演变，在"{c} 再下移"位是逆势抓 C2、(B) 之底交易（C）上涨更好的时机。

1. 证券板块明确（A2），逆势抓（B2）之底，交易预期（C2）上涨

证券指数 2021 年 5 月 25 日上破 1537.83 确定（A2）浪，"C2 二次下移"的 {c} 具备结构条件之时已距离（A2）低点达到可接受止损空间，是逆势抓（B2）之底，交易预期（C2）上涨的好时机，设止损于（A2）低点以下（见图 6-9）。日线 {a} 上破 {b} 高点，是"C2 二次下移"出现转势信号逆势抓（B2）之底，交易预期（C2）上涨的精准时机，理论目标起码上破（A）高点，设止损于（A2）低点以下。

2021 年 7 月 22 日广发证券上破 A3 高点，不但是预期 C3 上涨信号（见图 6-10），也是已知月线（A3）[上破 15.71 确定明确的（A3）浪]，(B3) 在 C2 低点结束，顺（C3）上涨之势交易时机，设止损于 B3 低点以下。后市不但存在自 B3 低点开始的日线三浪复杂演变的可

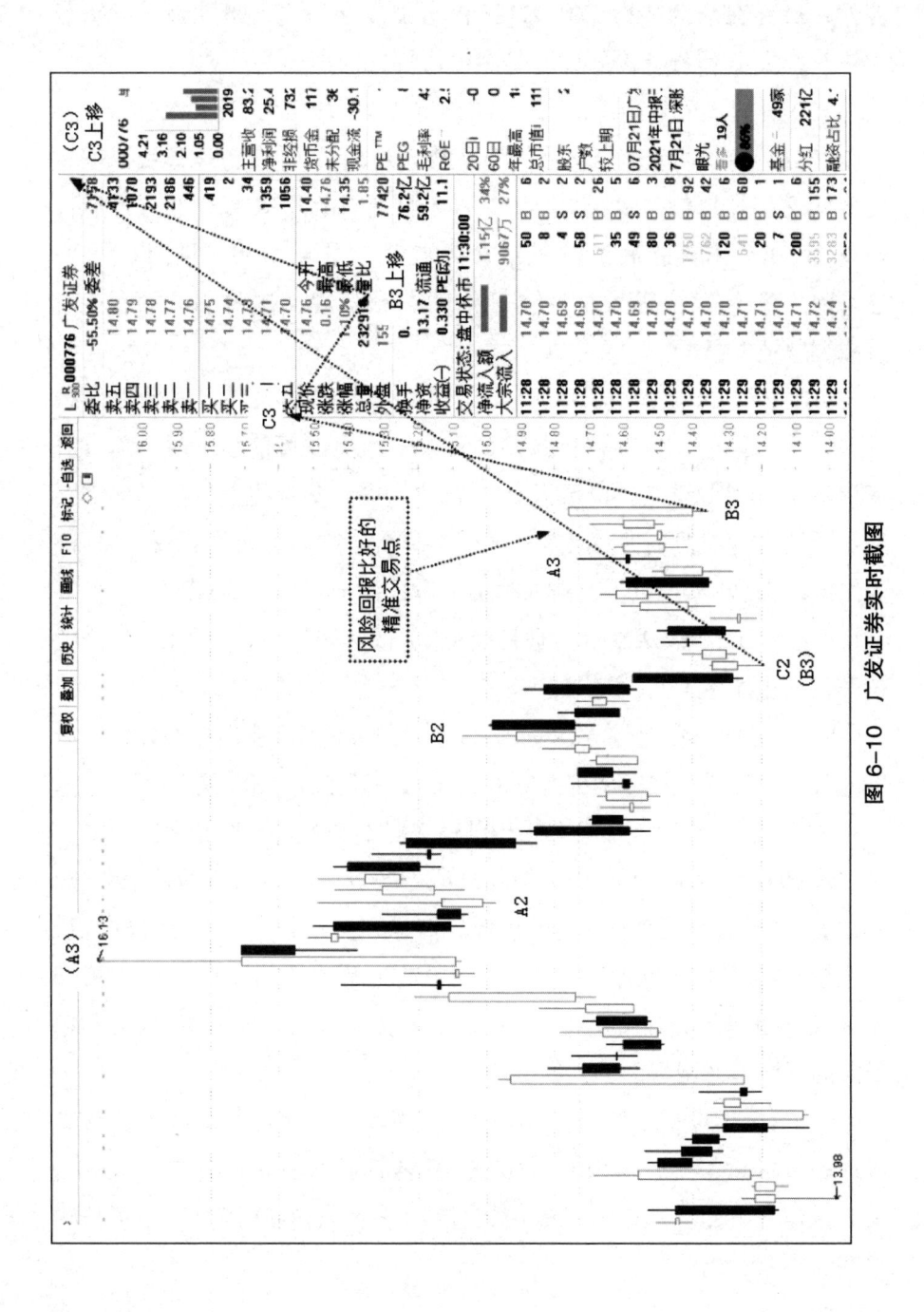

第六章 板块启动大级别上涨时选股

图 6-10 广发证券实时截图

能性，也存在周线 A3、B3、C3 三浪上涨复杂演变的可能性。需重点关注月线上涨具备结构条件时是主动出局的时机。

2.农林牧渔先确定（B）浪，再确定（A）和交易（C）浪

2021 年 8 月 27 日，农林牧渔下破 8 月 20 日低点，是日线三浪二次分解逆势抓周线之底的时机，9 月 1 日的 {c3} 下破 {a3} 低点是逆势抓月线（B）调整之底的时机，并必须设止损于 1750（见图 6-11）。这是因为整体（B）调整是日线三浪三次分解具备结构条件之时，此时月线调整还未反转。

9 月 1 日 {a} 上破 {b3} 高点，{b} 调整具备结构条件，是预期周线一浪上涨的信号，也存在自此预期月线一浪上涨可能性，因之前日线三浪三次分解调整结构既具备周线条件，也具备月线条件，具体需要后市验证。此时是博月线（B）在 {c3} 低点结束，明确（A）在 {a1} 高点结束，交易预期（C）上涨的时机，设止损于（A）低点以下。

9 月 6 日上破 B2 高点，是月线（B）调整转势和预期（C）上涨的信号，设止损于（A）低点以下。

9 月 16 日 {a4} 上破 A3 高点，确定月线（C）上涨，在 {a4} 低点以上的日线、日线三浪回调都是好的买入点，设止损于 B3 低点以下。

C3、"C3 上移"上涨具备结构条件之时都是主动出局的时机。

农林牧渔启动月线（C）上涨阶段，2021 年 9 月 3 日牧原股份 A3 上破 B2 高点，是月线（B）调整转势信号和交易预期（C）上涨时机，设止损 C2 或（A）低点以下（见图 6-12）。后市 B3 回调接近 A3 浪低点区域，更是风险回报比合适的买入区域。9 月 15 日、16 日接近 A3 低点的区域是非常好的买入区域。

9 月 16 日的 {a1} 中阳线实则是 B3 调整结束的信号，本段调整日线形态分析看不出，但内部结构分析可看出日线三浪调整二次分解出现结束信号，是买入时机。后市的日线 {a} 回调和 {c} 蓄势结构都是非常好的买入时机。

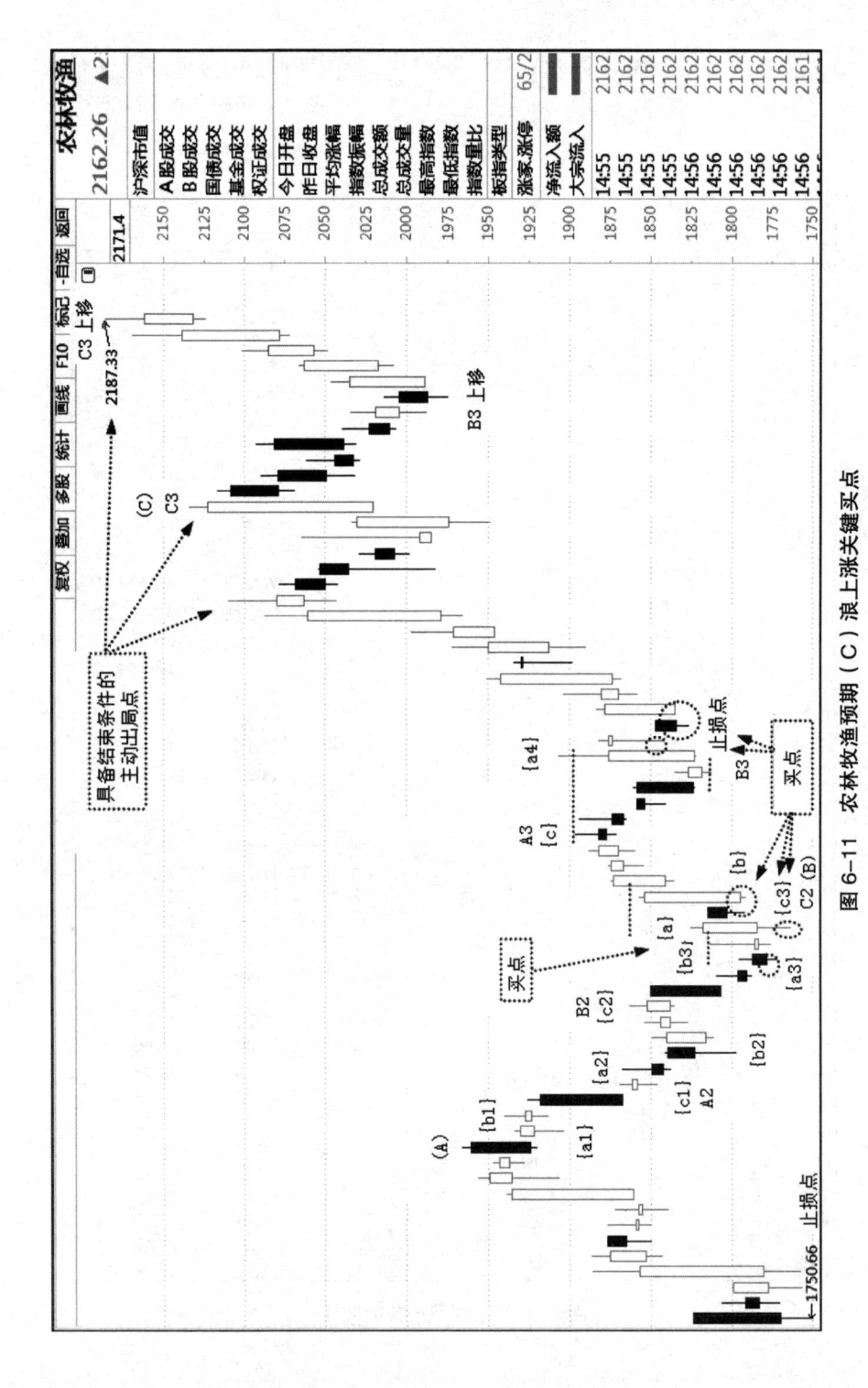

图 6-11 农林牧渔预期（C）浪上涨关键买点

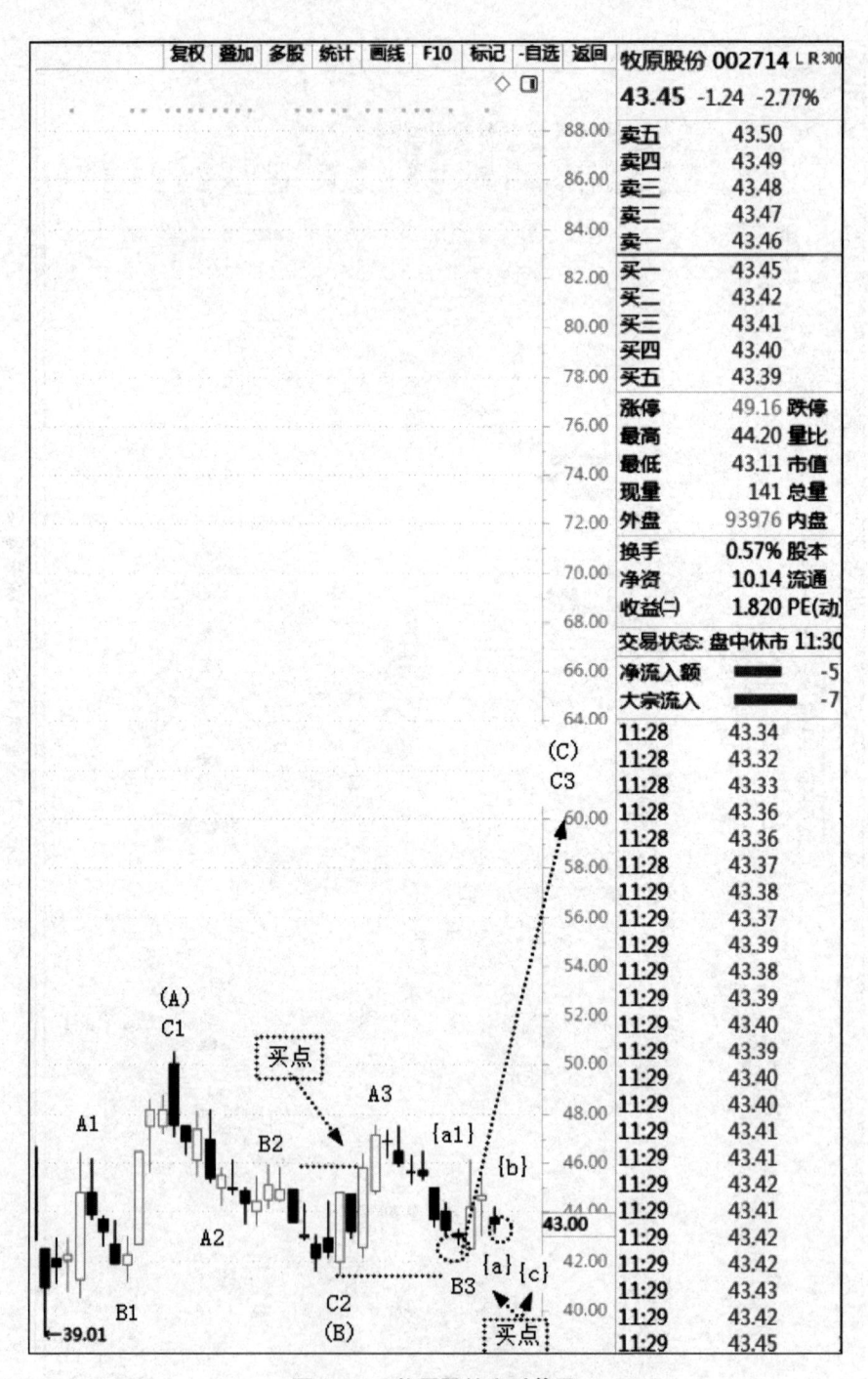

图 6-12　牧原股份实时截图

3. 互联网板块先确定（B）浪，再确定（A）和交易（C）

2021年10月29日互联网A3上破B2高点之时，是月线（B）调整转势的信号，预期（C）上涨（见图6-13）。

上破B2高点是A2、B2、C2三浪调整由弱转强的信号，此时C2低点定为（B）的结束点，A2高点为（A）浪，同时是预期（C）强劲

图6-13 互联网实时截图

上涨的买点，设止损于（A）或（B）低点以下。从图中右上的30分线看，日线{c3}内部结构较难分清，但在上破30分线（b）高点之时，可定为30分线三浪"双节棍"结构形成和C2调整转势买入，设止损于C2低点以下。后市不但存在日线{a4}、{b4}、{c4}三浪上涨的预期和复杂演变，也存在周线A3、B3、C3三浪上涨的预期和复杂演变。

互联网启动月线（C）上涨阶段，同日，本板块中凯撒文化{a1}上破B高点是月线（C）调整结束的信号，并预期月线（A1）上涨（见图6-14）。自C低点开始，不但存在日线{a1}、{b1}、{c1}三浪上涨预期

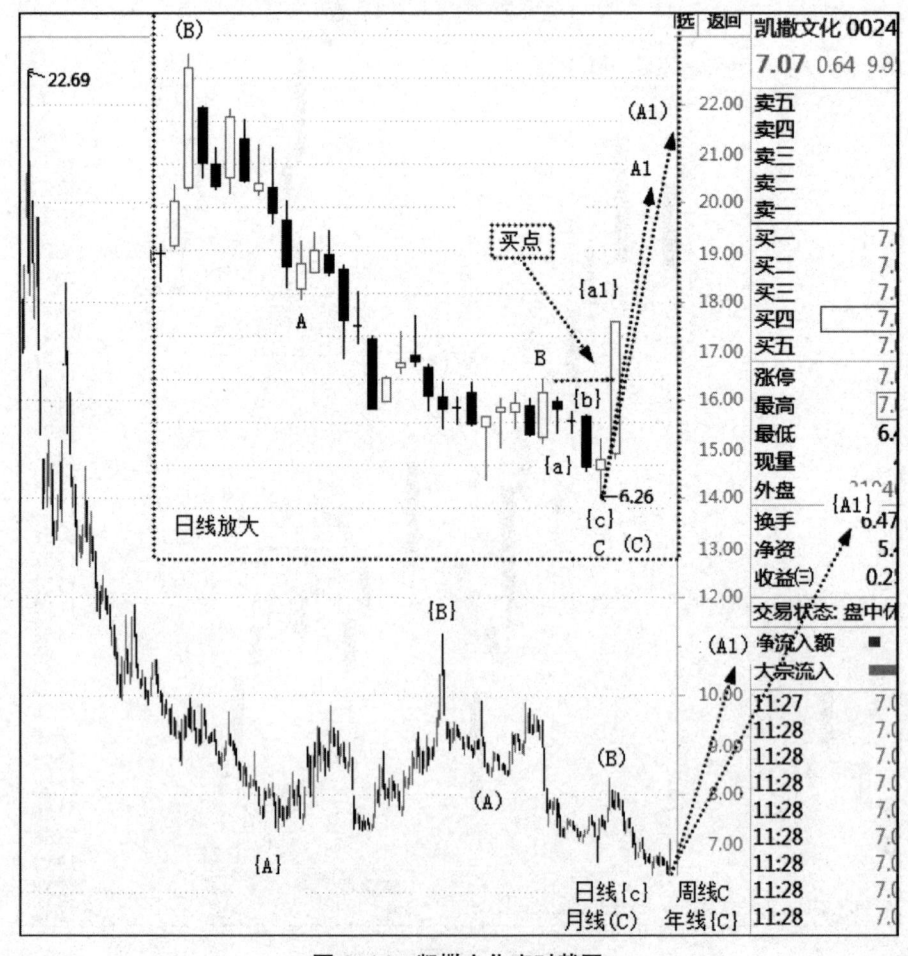

图6-14 凯撒文化实时截图

和复杂演变的可能性，还存在周线 A1、B1、C1 三浪上涨预期和复杂演变的可能性。需重点关注预期（A1）是否上破（B）高点，如上破（B）高点，则预期年线上涨。

4.酿酒板块先确定（B）浪，再确定（A）和交易（C）浪上涨

2021 年 11 月 19 日酿酒板块 A3 上破"B2 下移"高点，不但是月线（B3）调整结束的信号，还是自 A3 低点开始预期（C3）上涨信号及顺势点，设止损 A3 低点以下（见图 6-15）。后市不但预期 A3、B3、C3 三浪上涨还存在继续复杂演变的可能性。

当日，贵州茅台同时启动月线（C3）上涨（见图 6-16），A3 上破"B2 下移"高点是买入时机，设止损于 A3 低点以下，目标可定位为（C3）上涨具备结构条件之时盈利主动出局。

同日，五粮液启动周线 A3、B3、C3 三浪上涨构成的月线（C3）浪（见图 6-17），周线 C0 上破 A0 高点，是 A3、B3、C3 三浪上涨预期"镰刀"式月线顺势点，设止损于 B0 低点以下，目标为 A3、B3、C3 三浪"镰刀"式上涨具备结构条件之时主动出局。

酿酒板块预期月线上涨中观察老白干酒 K 线，自高点 36.65 元开始调整至 19.9 元，具备（A2）、（B2）、（C2）三浪三角形结构条件（见图 6-18），2021 年 11 月 12 日，A3 上破 B2 高点是（B3）调整结束和预期（C3）上涨信号。需重点关注 A3 高点阻力和低点支撑。

2021 年 11 月 23 日当晚发现老白干酒即将上破 A3 浪高点，24 日实时上破 A3 高点出现精准月线上涨顺势点（见图 6-19）。上破之时是预期（C3）上涨顺势点，设止损于 B3 低点以下，目标为强劲的月线上涨具备结构条件之时主动出局。

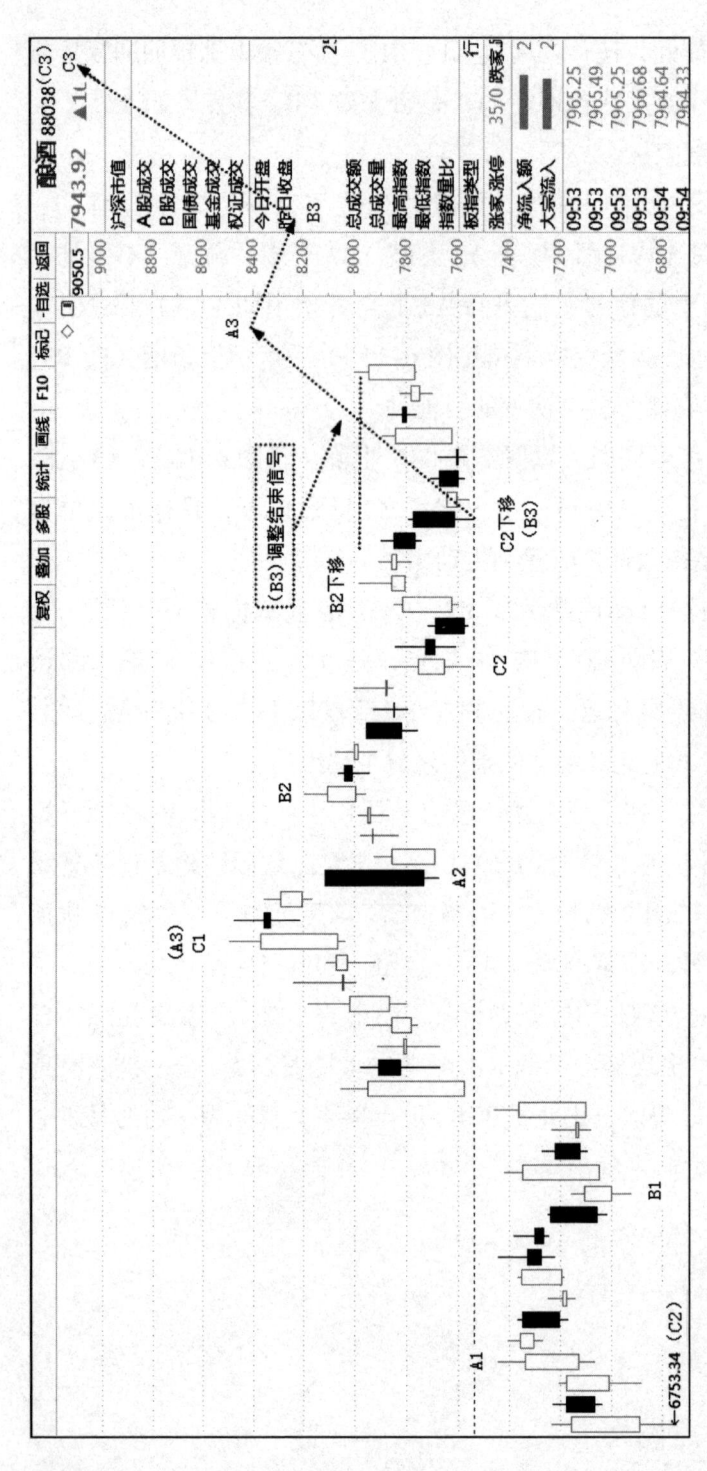

图6-15 酿酒板块月线（C3）上涨启动

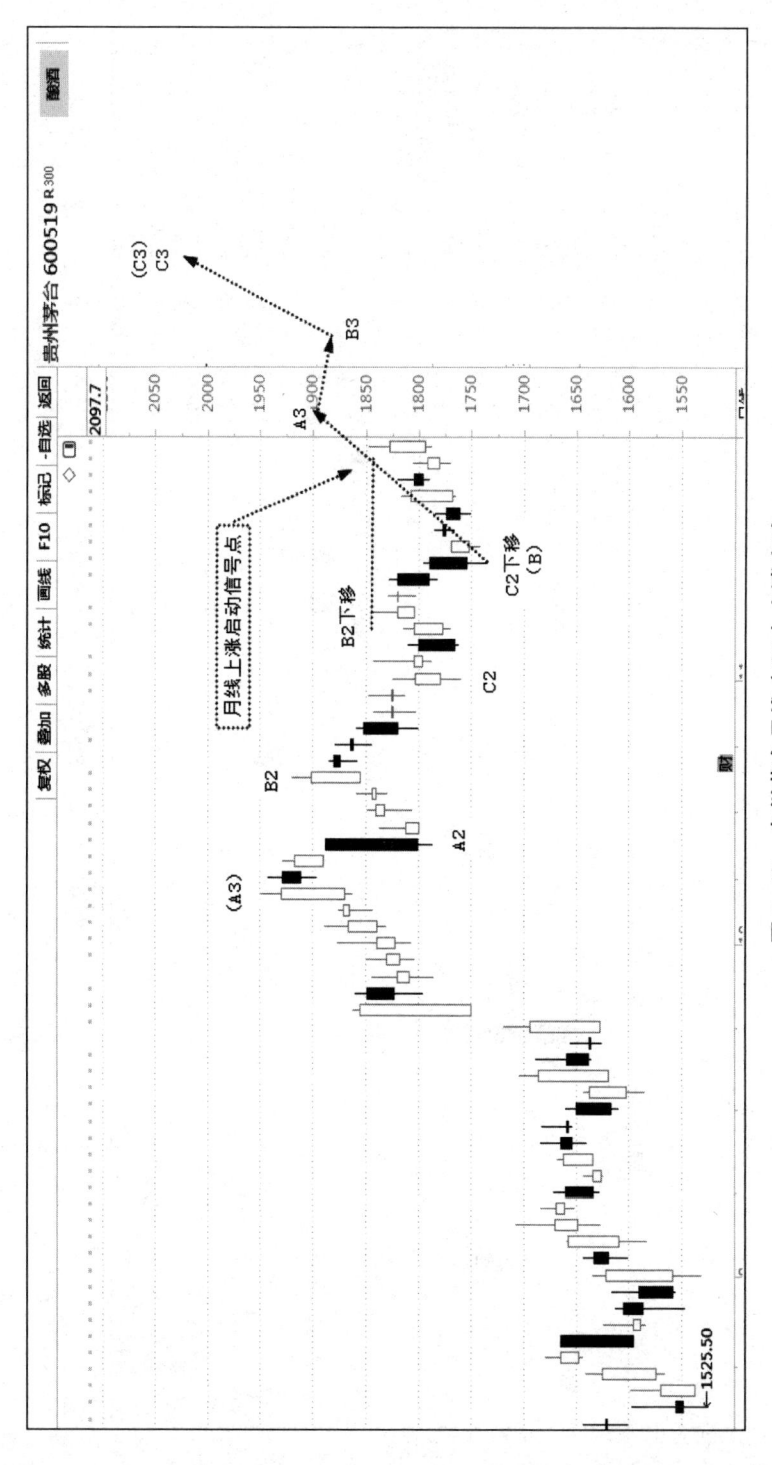

图 6-16 贵州茅台月线（C3）上涨启动

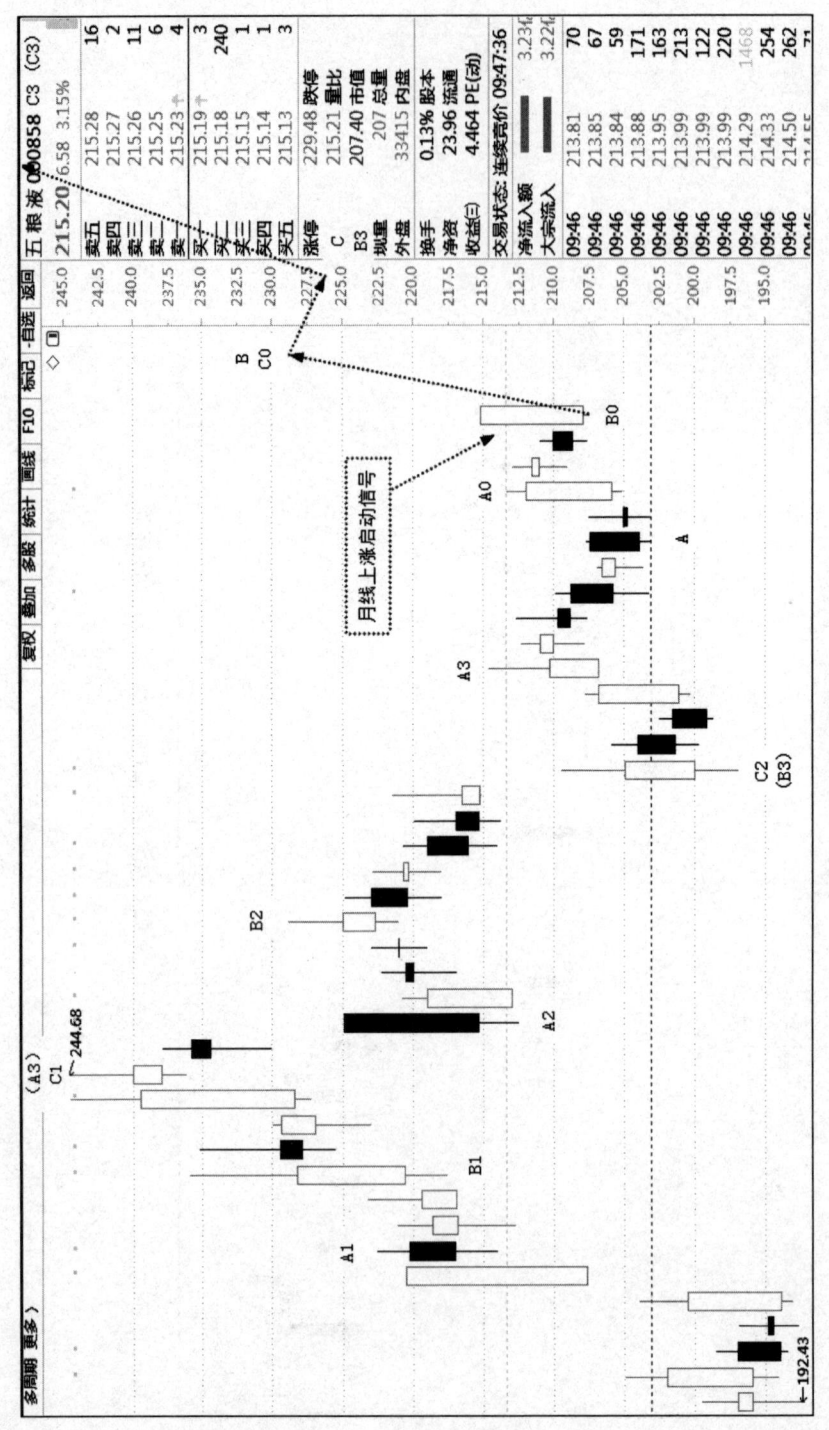

图6-17 五粮液月线（C3）上涨启动

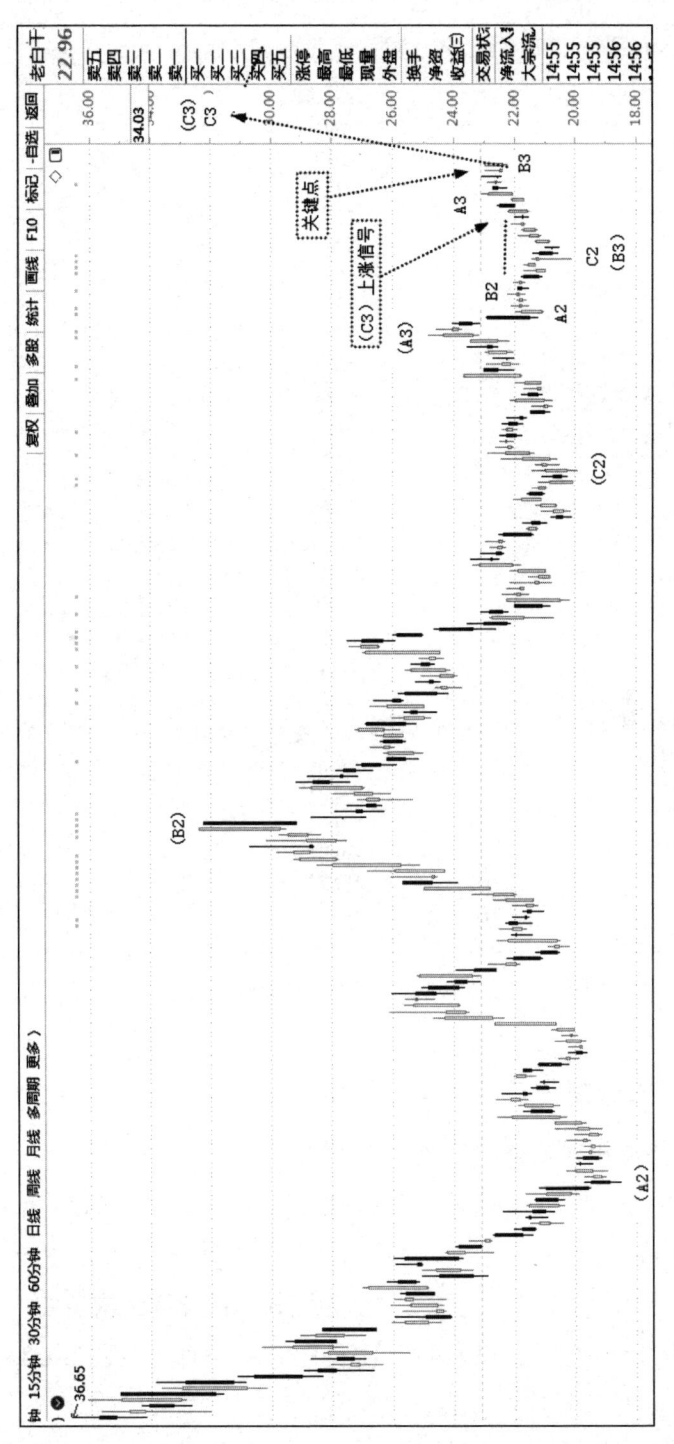

图 6-18 老白干重点关注上破 A3 高点

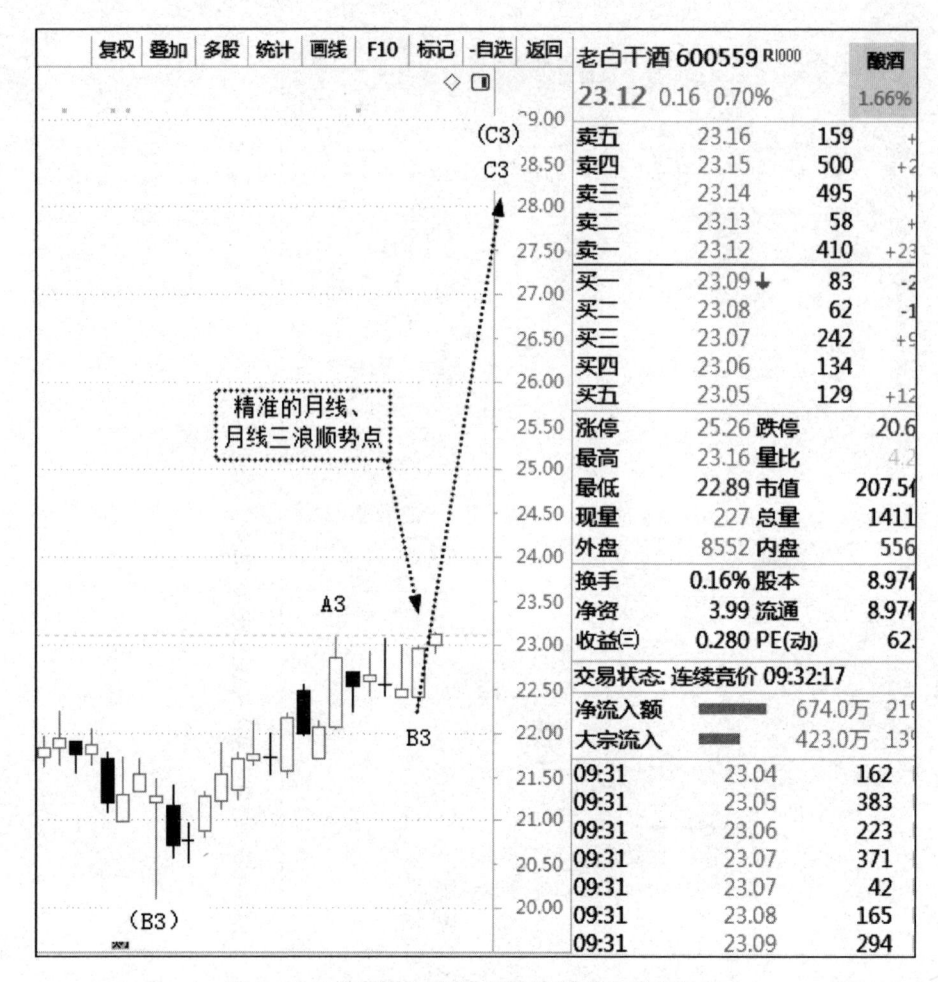

图 6-19　老白干上破 A3 浪高点精准交易时机点

五、逆势抓年线调整中月线（C）之底

1. 稀土永磁逆势抓年线调整中月线（C）之底

2022 年 1 月 28 日，稀土永磁板块年线调整中月线（C4）内周线 A3、B3、C3 三浪具备"剪刀"式二次分解结构条件（见图 6-20），"C3 再下移"内日线 {a}、{b}、{c} 三浪也具备"剪刀"式二次分解结构条件，从"{c} 再下移"内 30 分线看，已具备一次分解结构条件（见图 6-20 下方的 30 分线），此时已是逆势抓日线"{c} 再下移"、周线"C3 再下

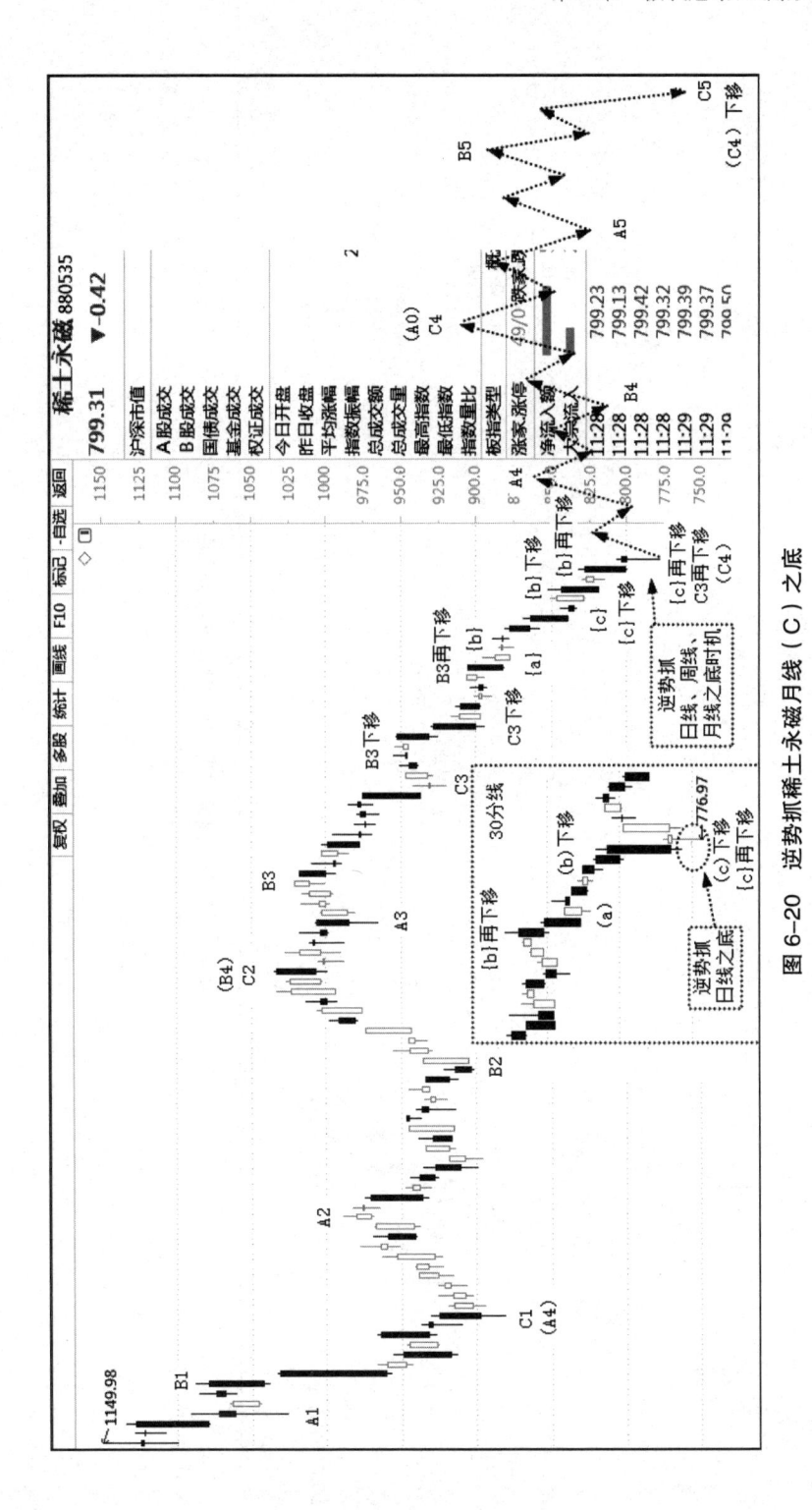

第六章　板块启动大级别上涨时选股

图6-20　逆势抓稀土永磁月线（C）之底

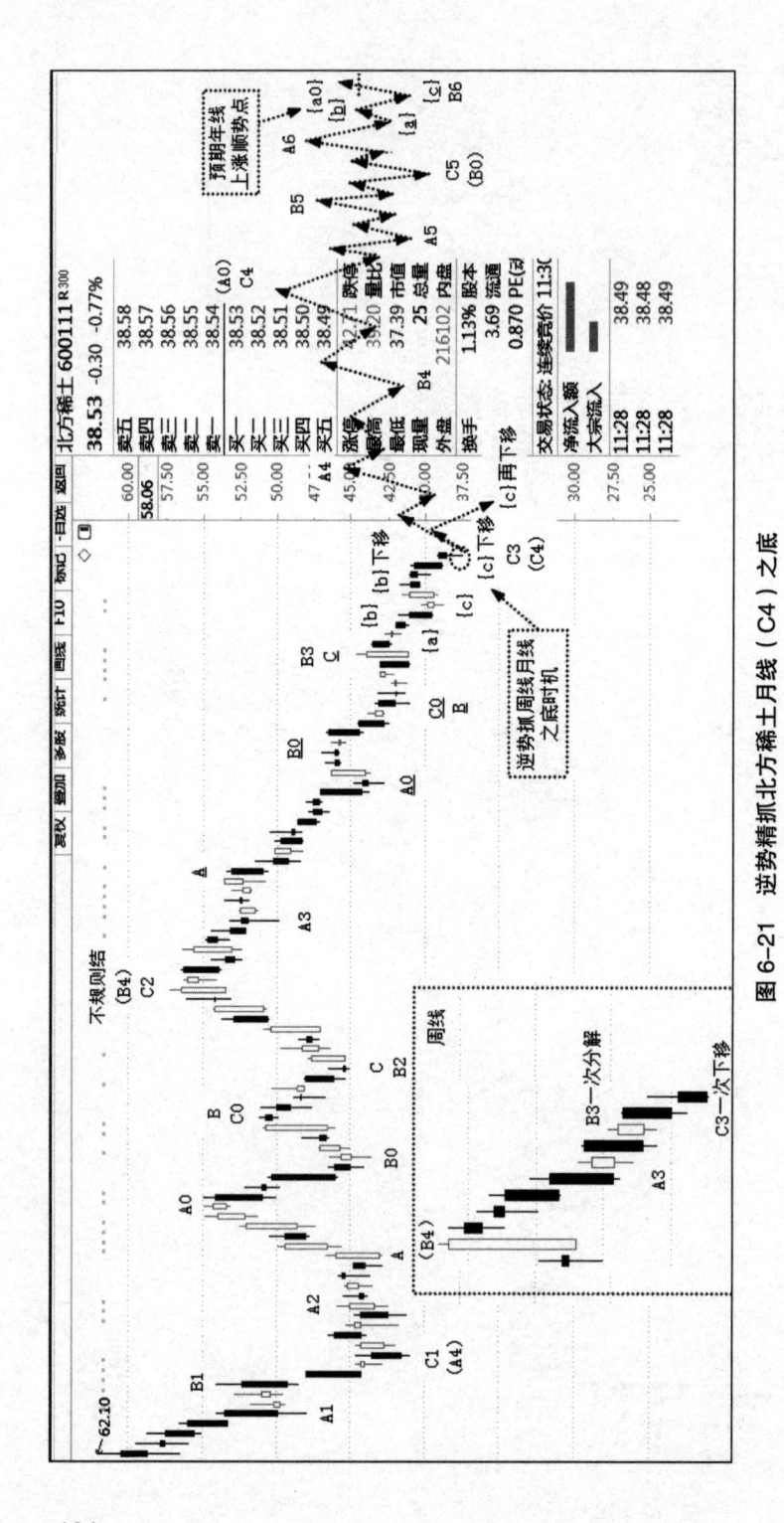

图 6-21 逆势精抓北方稀土月线（C4）之底

移"、月线（C4）之底的好时机，设止损于"C3再下移"低点以下。后市如出现月线调整转势信号，则验证抓底成功。注：此时是逆势抓月线之底，截至此时，自1149.98开始的年线调整趋势没变，即此时做的是逆年线下跌之势交易月线反弹的单，须在月线反弹具备结构条件之时主动出局。后市存在两种可能：其一，如图6-20预画的后市走势（虚线部分）一样，等待A5、B5、C5三浪调整下破前低后，根据结构特性再次逆势抓"（C4）下移"之底，后市月线上涨首先还是反弹。其二，如图6-21虚线一样，后市出现年线调整转势信号和预期年线上涨顺势点。

同日，北方稀土同步稀土永磁板块（见图6-21），周线A3、B3、C3三浪形态分析是"剪刀"式一次分解。内部结构分析已具备周线三浪二次分解条件（见日线图中A3至C3），C3内日线 {a}、{b}、{c} 三浪在2022年1月28日"{c}下移"具备"剪刀"式一次分解结构条件，是逆势抓周线C3、月线（C4）之底的好时机，设止损于C3低点以下。年线下跌趋势中逆势抓月线之底，需在月线反弹具备结构条件之时主动出局。出局后有可能等到预期年线上涨信号（如本图 {a0} 上破 {b} 高点）出现之时的顺势时机。

2.证券板块逆势抓年线调整中月线（C3）之底

2021年12月30日证券指数"或 {a2}"上破"或 {b}"高点，是自 {a} 高点开始的周线"或A3"调整结束的信号，也是月线（B3）上涨顺势点（见图6-22）。但当 {a0} 下破"或 {c}"低点之时，不但验证之前顺势（B3）上涨失败，还是自 {a} 高点开始预期（C3）调整且B3反弹为不规则底（或下倾）结构，以及（B3）反弹在 {a} 高点结束的信号，也是年线反弹在1803.55结束和预期（C3）调整目标至1386.14以下（除非在这之前出现月线调整转势）的信号。

{a0} 下破"或 {c}"低点有两种标注：

其一是A3在 {c} 低点结束，B3在 {a0} 高点结束，B3为不规则底结构。

其二是A3在"或 {c}"低点结束，即"或A3"；B3在"或 {c2}"高点结束，即"或B3"。"或B3"为调整下倾结构。

两种标注正确与否，主要看后市是否有一个"或 {c2}"与"或 {a2}"对应形成"或 B3"。如果有就是后者，如果没有就是前者。

本段调整的关键是"或 {c2}"这段上涨日线形态分析是一浪但内部结构分析可做日线三浪，这种情况下意味着两种都有可能。解决这种存在两者都有可能的方法只有：一、不做逆势抓底，耐心等待月线调整出现转势信号再交易。二、要做逆势抓底的话，则选择"或 B3"作为周线反弹结束点，后等待月线内周线三浪调整二次分解之时逆势抓底。这种情况下"B3再下移"位其实就是"B3下移"。

再看自 {a3} 高点开始调整至 {c3} 低点，是日线三浪浪中浪结构的

图 6-22　证券板块逆势抓月线（C3）之底时机

"C3 再下移"。这段调整有以下可能性：至 {c2} 低点位置具备周线一浪调整结构条件，{a3}、{b3}、{c3} 反弹构成周线反弹，后面 {c3} 调整区域因内 60 分线三浪是三次分解结构（见图 6-22 左下 60 分线），既可说是日线一浪，也具备日线三浪结构条件。这种情况下意味着本段月线调整运行至 {c3} 低点位置，既可说具备周线三浪二次分解结构条件，也可说还是一次分解，还可说是三次分解。应对这种不确定的办法是：在此位置逆势抓月线之底，设止损于 {c3} 低点以下（接受周线级别的继续演变，不接受月线级别的继续演变），或等待（C3）调整出现转势信号之时再动手，或如再次下破 {c3} 低点，则在下一个周线调整内日线三浪二次分解或出现结束信号之时再逆势抓月线之底。

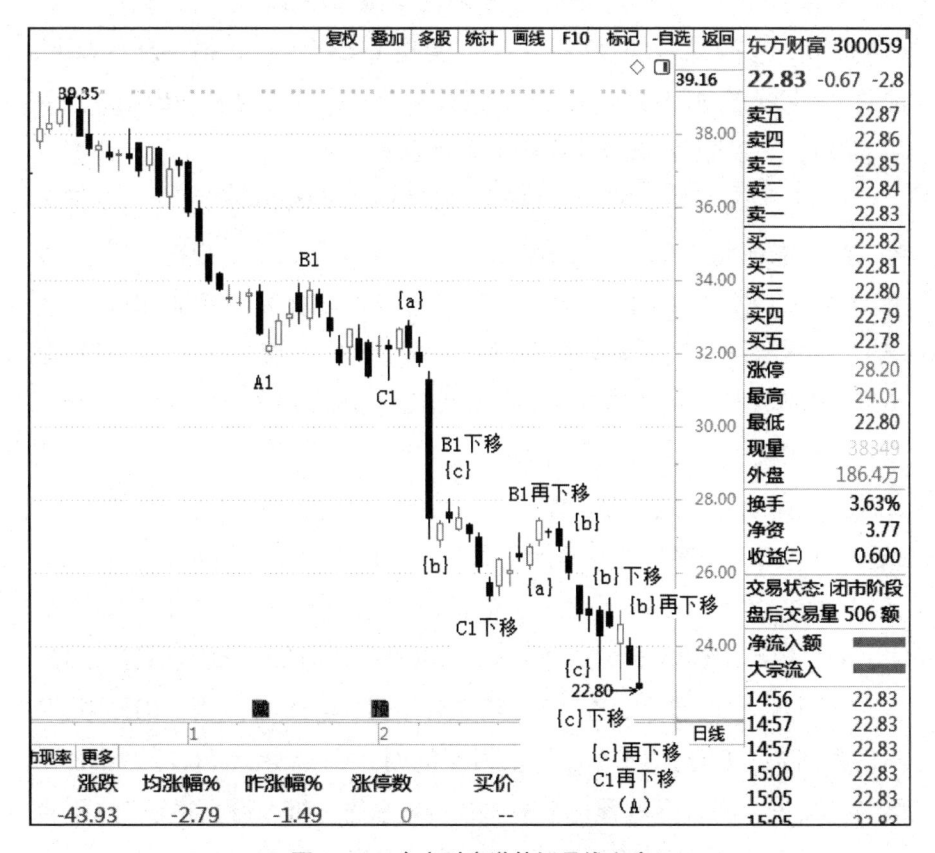

图 6-23 东方财富逆势抓月线之底

东方财富自高点开始月线调整，运行至 2022 年 3 月 15 日，已具备周线三浪调整"剪刀"式二次分解结构条件（见图 6-23），此时可逆势抓周线"C1 再下移"之底，同时抓（A）之底，设止损于"C1 再下移"低点以下。因 B1 高点至"C1 下移"这段调整形态分析是周线一浪，内部结构分析具备三浪条件，在验证是周线一浪的情况下，本段月线调整目前只是周线三浪一次分解具备结构条件（周线形态分析也是周线三浪一次分解）。如逆势抓底成功，注意要在月线反弹具备结构条件之时主动出局。

六、房地产板块启动年线上涨

2022 年 3 月 30 日，房地产板块在上破 A1 高点之时，是周线 B1 调整三角形结束信号和月线顺势点（见图 6-24），设止损 {c2} 点以下，预期 C1 上涨强劲，目标为月线上涨具备结构条件之时主动出局。这是基本判断，有时需要结合前面结构和级别。

自 1109.48 开始上涨到目前的浪形结构（见图 6-25），运行的是年线三浪上涨预期"双节棍"结构，(A1)、(B1)、(C1) 三浪构成年线 {A} 浪。(A1)、(B1)、(C1) 三浪为不规则结构，只能后市验证才可肯定。(A3)、(B3)、(C3) 三浪也是不规则结构。"{C1} 下移"月线形态分析是一浪，内部周线分析具备三浪条件见周线，(A5)、(B5)、(C5) 三浪每一浪内包含周线三浪，每一周线包含日线三浪。从本图可看出，自 {A} 低点开始预期运行年线三浪"双节棍"结构，{B} 分解成 {A1} 至 "{C1} 下移"，自 "{C1} 下移"低点开始预期 {C} 上涨，理论目标应在 {A} 高点以上。{C} 内 (A3)、(B3)、(C3) 三浪目前正运行 (A3) 上涨，需重点关注 (A3) 内部结构周线 A1、B1、C1 三浪具备结构条件之时和结束信号。

从图 6-25 可看出，在 2022 年 3 月 15 日至 16 日，当 "{C1} 下移"调整距离 {A} 低点达到可接受止损空间时，是逆势抓（C5）、"{C1} 下移"、{B} 浪之底，交易预期 {C} 上涨非常好的时机，设止损于 {A} 低点以下。即此时更是风险回报比好的选个股时机。

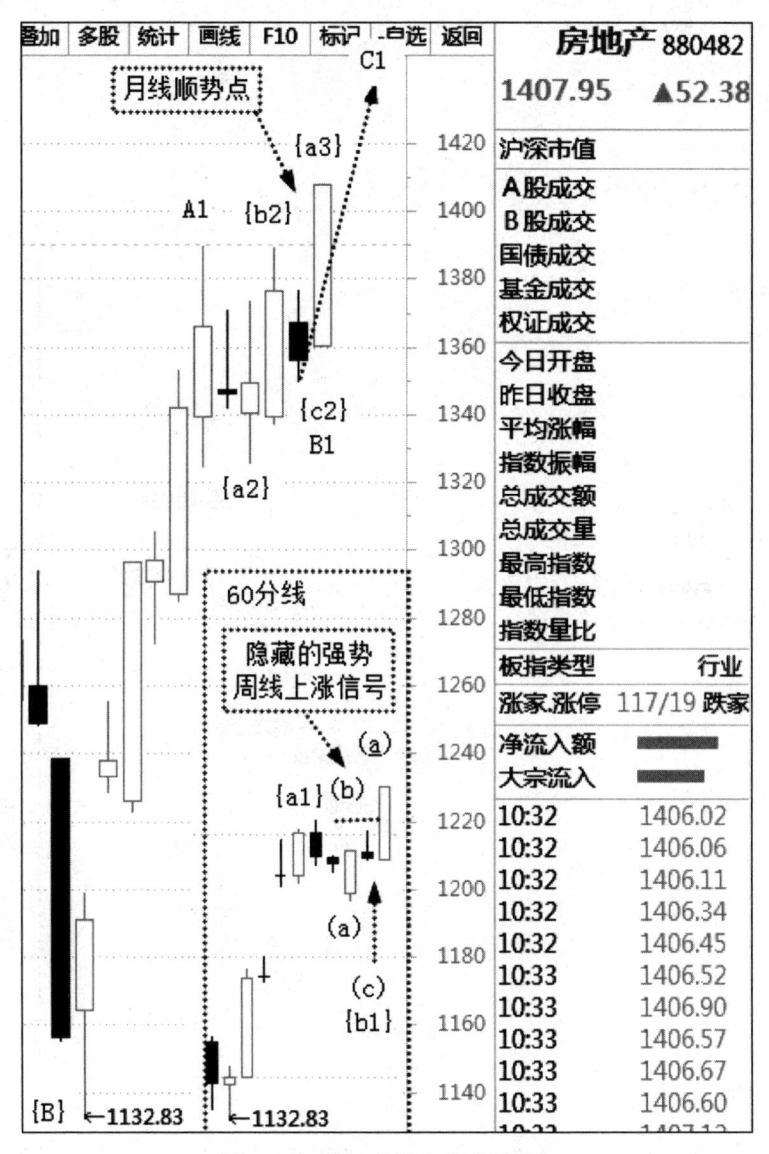

图 6-24　房地产板块月线顺势点

实时看盘可以发现，2022年3月18日，60分线（a）上破 {a1} 高点是 {b1} 调整内 60分线（a）、（b）、（c）三浪三角形信号和关键买点（见图 6-24）的 60分线，设止损于 {b1} 低点以下。此点是周线 A1 上涨预期强劲的隐蔽信号。

189

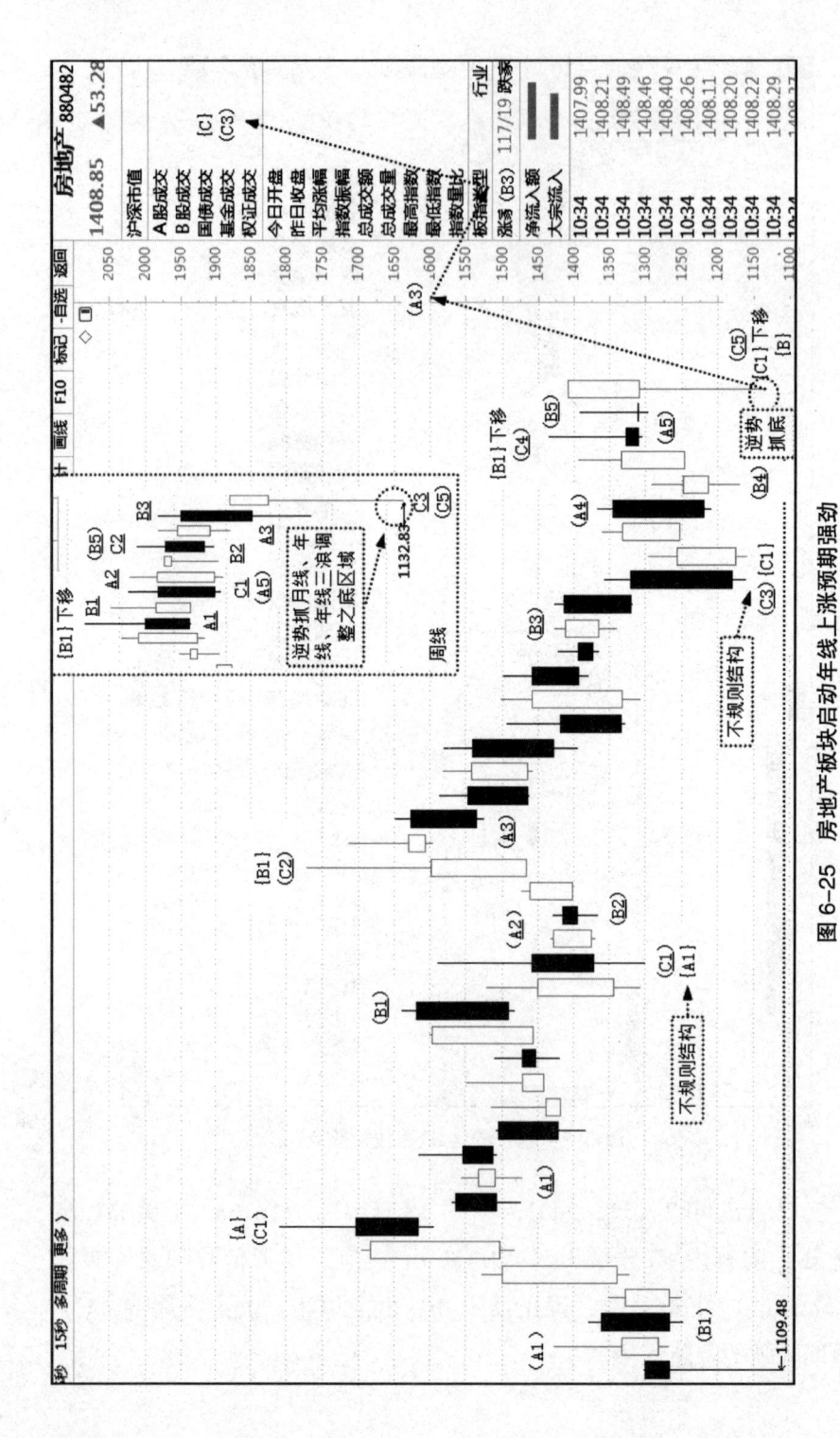

图 6-25 房地产板块启动年线上涨预期强劲

同日，格力地产日线 {a3} 上破 A1 高点之时，是 B1 调整 {a2}、{b2}、{c2} 三角形结束信号和月线顺势点，设止损于 {c2} 点以下，预期 C1 上涨强劲，目标为月线上涨具备结构条件之时主动出局。

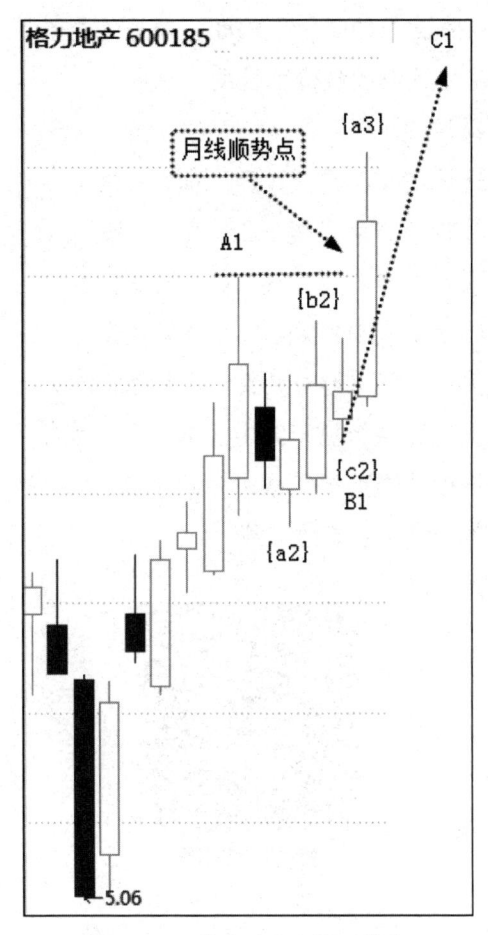

图 6-26　格力地产月线顺势点

第六章配套讲解视频：

6-0　选板块选个股

6-1　月线三浪调整演变成上倾结构选股

6-2　板块月线三浪调整出现预期三角形信号选股

6-3　板块月线三浪调整确定幅度小选股

6-4-0　交易月线（C）浪

6-4-1　证券板块交易月线（C）浪及选股

6-4-2　农林牧渔交易月线（C）浪及选股

6-4-3　互联网板块交易月线（C）浪及选股

6-4-4　酿酒板块交易月线（C）浪及选股

6-5-0　逆势抓年线调整中月线（C）之底

6-5-1　稀土永磁逆势抓年线中月线（C）之底

6-5-2　证券板块逆势抓年线中月线（C3）之底

6-6　房地产板块启动年线上涨

微信扫码观看

第七章　重点个股关键买点

我们希望找到个股关键买点，波浪理论内部结构分析根据各周期、结构、形态，忆重点个股关键买点，望抛砖引玉。

一、九安医疗关键买点

2021年11月11日，九安医疗上破A1高点是月线顺势买点（见图7-1左上），其B1调整是日线 {a}、{b}、{c} 三浪三角形，预期周线C1强劲上涨，设止损于 {c} 低点以下。12月13日上破 {a} 高点是月线顺势点，设止损于 {b} 低点以下。2022年1月11日上破 {a0} 高点是月线顺势点，设止损于 {b0} 低点以下，{b0} 为60分线三浪三角形且时间短见图右下，预期"C1再上移"上涨强劲。运行至"C1再上移"高点区域已具备周线三浪"剪刀"式二次分解极端条件，后市随时面临月线调整的可能性，已不适合再追高，宜盈利后主动出局。

二、英科医疗关键买点

英科医疗自4.01元开始年线 {A} 上涨至7.4元（见图7-2），7.4元–4.44元是 {B} 调整，月线（A3）上涨具备结构条件后，周线A4上破B3高点，不但是预期月线上涨的信号，还是年线 {B} 在（C2）低点结束和预期年线 {C} 上涨的信号，设止损于A4或(A3)低点以下。B4调整距离A4低点达到可接受止损空间是交易（C3）的好时机，设止损

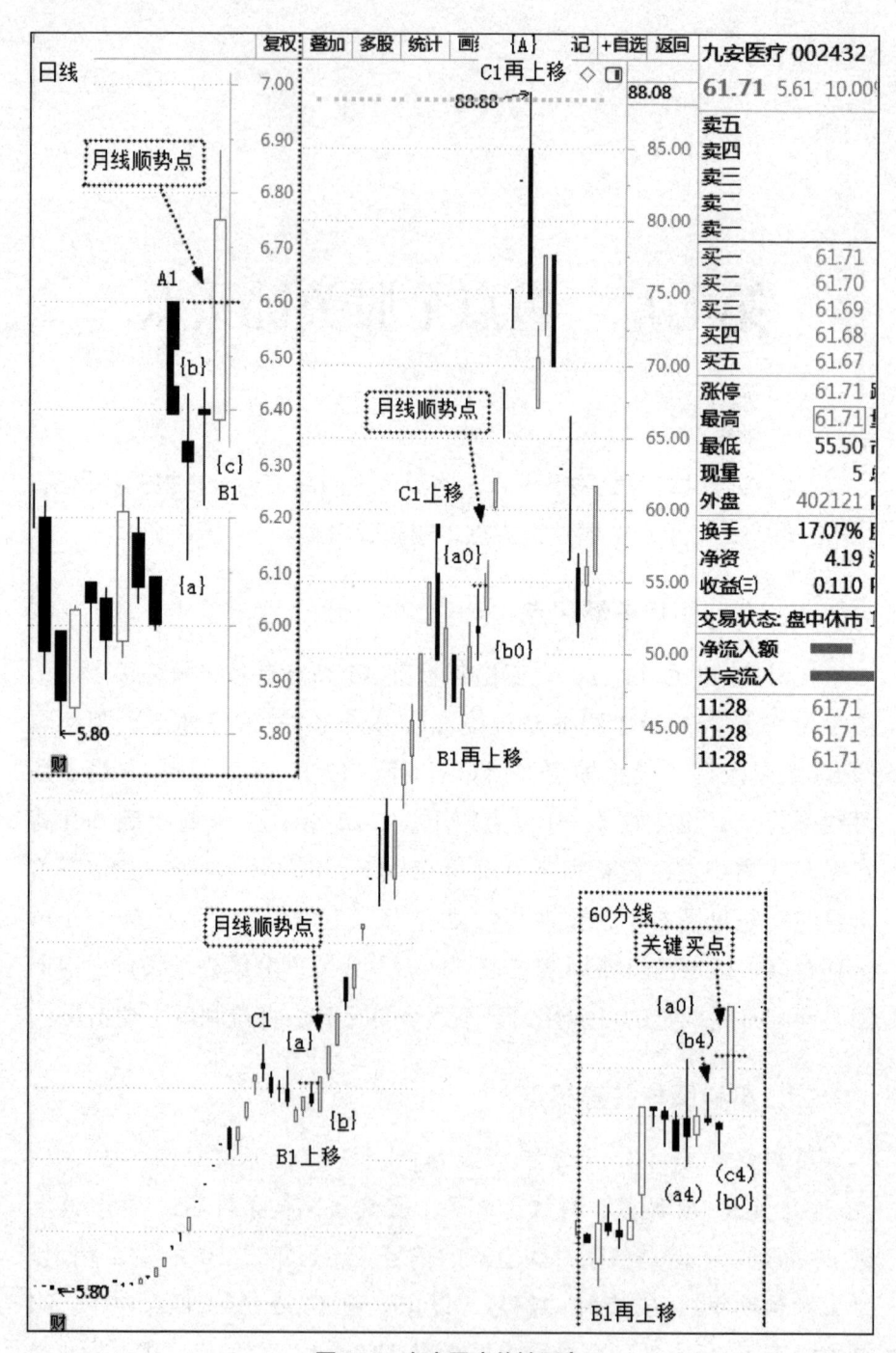

图 7-1 九安医疗关键买点

第七章 重点个股关键买点

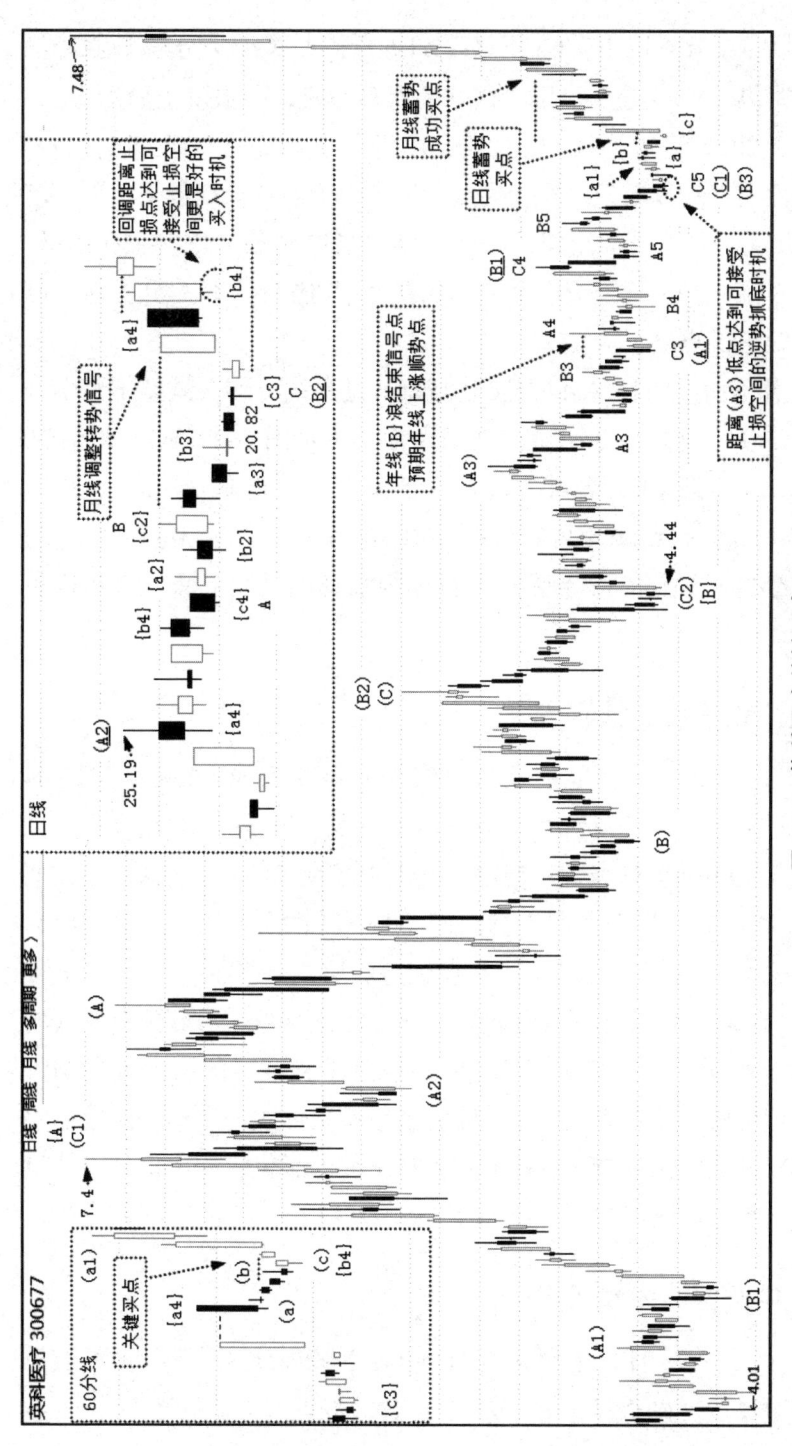

图 7-2 英科医疗关键买点

于 A4 或（A3）低点以下。C5 下破（A1）低点是（B3）分解和蓄势信号，且因距离（A3）低点很近，是好的博多时机，必须设止损于（A3）低点以下。2019 年 12 月 13 日上破 {a1} 高点，是日线 {a1}、{b1}、{c1} 三浪上涨预期"双节棍"信号和买点，设止损于 {a1} 低点以下，因距离（A3）低点近，可把目标定位（C3）上涨具备结构条件之时主动出局。上破（B1）高点是月线三浪上涨演变成复杂"双节棍"信号和买点，设止损于（C1）低点以下。

2020 年 5 月 14 日，{a4} 上破 B 高点，是月线（B2）调整结束信号及预期（C2）上涨。{b4} 回调出现结束信号（见图 7-2 中的左侧的 60 分线），{a1} 上破（b）高点之时是关键买点，设止损 {a4} 低点以下。后市上破（A2）高点验证之前买点成功，显示（B2）调整幅度少，为强势调整模式，预期（C2）强劲。目标为强劲的月线上涨具备结构条件之时主动出局。

三、红星发展关键买点

2022 年 2 月 11 日，红星发展日线 {a5} 上破周线 A4 高点，是 B4 调整日线三浪三角形信号和月线顺势买点，设止损于 B4 低点以下（见图 7-3）。因 B4 调整时间短、幅度小，不但预期 C4 强劲上涨，还预期 B4 分解，即预期（A3）大幅上涨。因（A2）、（B2）、（C2）三浪调整具备三角形条件，且此时距离 {A} 高点较近，可提前预测，如就此上破 {A} 高点，则是月线三浪三角形成立信号，此点就是三角形预期成立的最初信号及关键点。后市如上破 {A} 高点就是验证之前买点成功的信号，目标可考虑上调为年线 {C} 上涨具备结构条件主动出局。需重点关注周线 A4、B4、C4 三浪上涨幅度和主动出局的时机、结束信号、结束点对年线趋势方向的影响。

四、中国医药关键买点

2022 年 2 月 28 日，中国医药日线 {a} 上破周线 A1 高点，不但是月线上涨顺势点，设止损于 B1 或"C 下移"低点以下（见图 7-4），还

第七章 重点个股关键买点

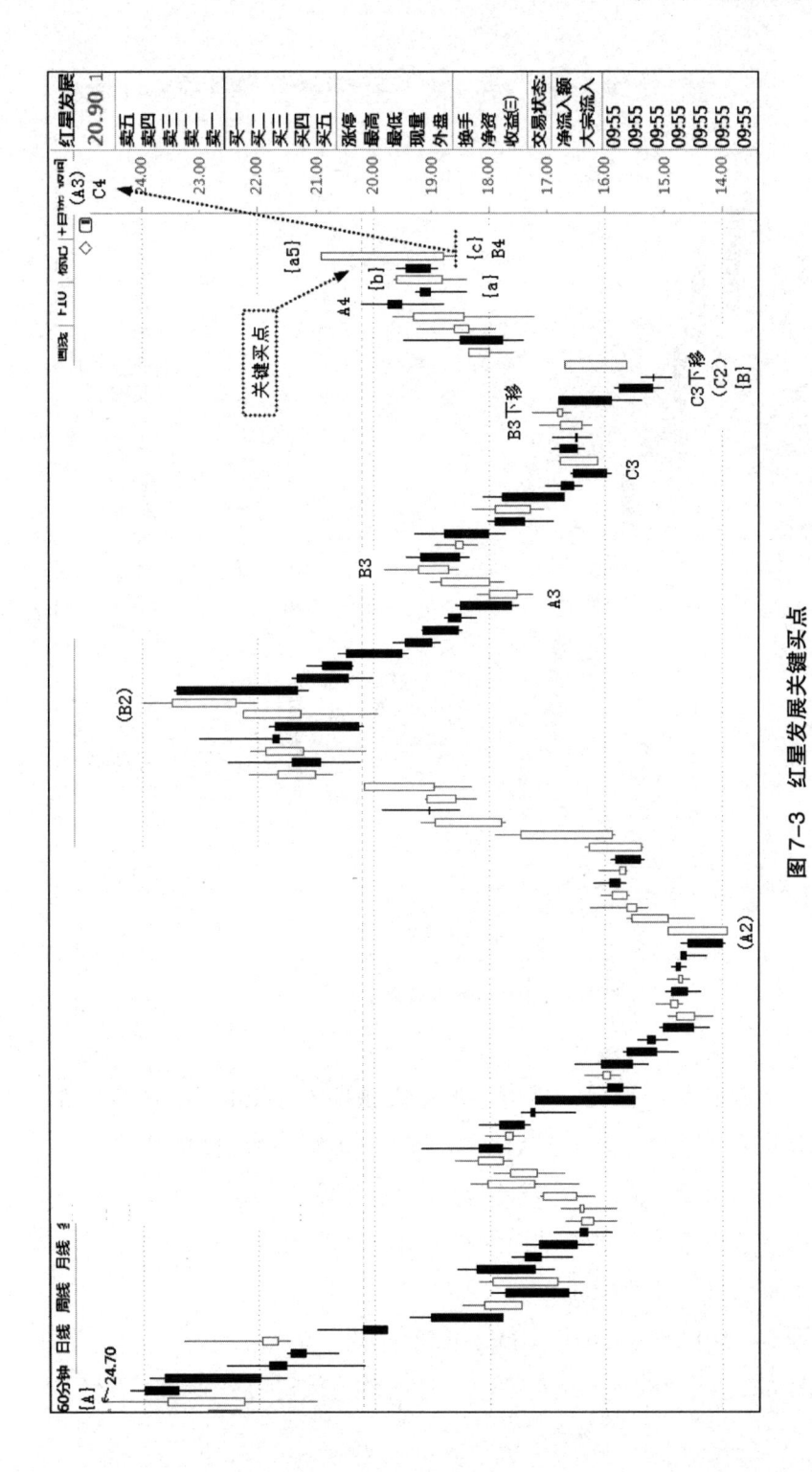

图 7-3 红星发展关键买点

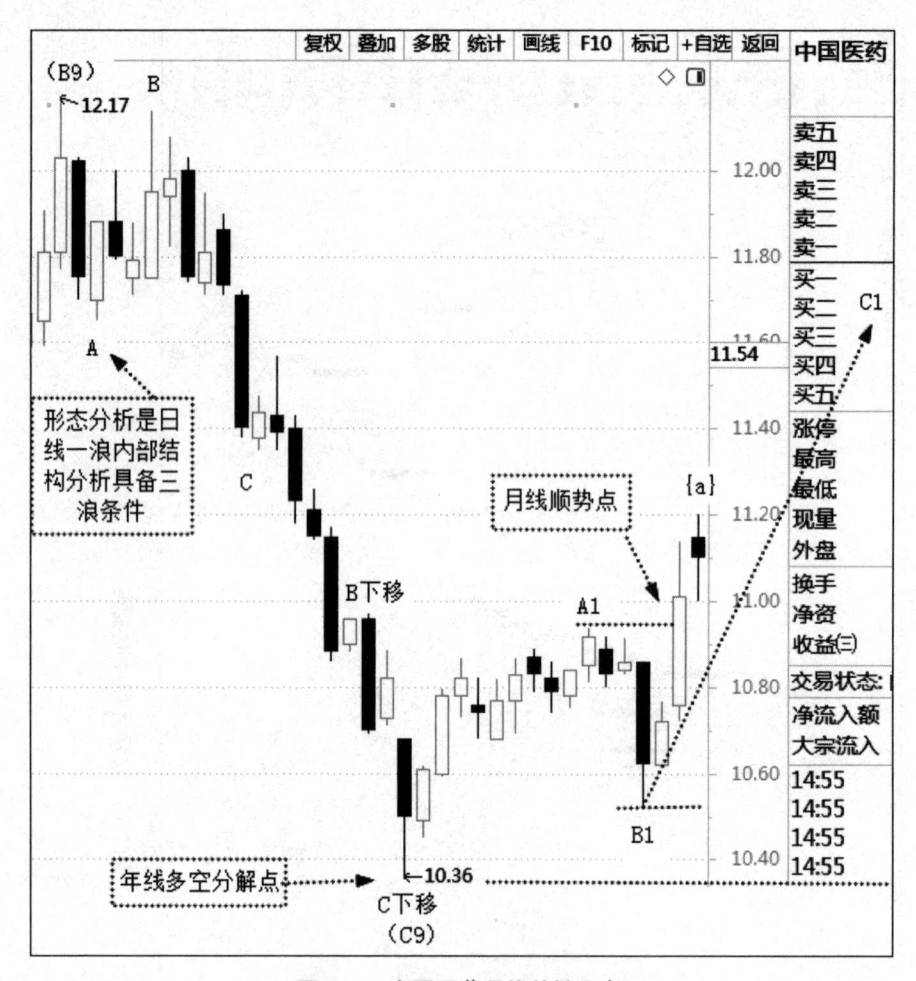

图 7-4 中国医药月线关键买点

是（C9）调整转势的信号。后市不但存在预期 {a}、{b}、{c} 三浪上涨和复杂演变的可能性，也存在 A1、B1、C1 三浪复杂演变的可能性。

中国医药自最高点开始调整结构与级别（见图 7-5），可看出本段调整是以年线三浪为基础的三浪结构（即年线三组三浪）。其中（A7）至（C9）有两种标注可能性：

1. 图 7-5 中的年线 {A3}、{B3}、{C3} 三浪。

2. 图 7-6 中的月线（A7）、(B7)、(C7) 三浪变体复杂"双节棍"结构。

具体是哪种模式，在没有得到验证前无法肯定。但可提前认定（C9）低点是年线多空分解点和区分两种标注的关键点，后市下破此点即本段调整为月线三浪，如不下破此点本段调整即为年线三浪。后市上破 {C2} 高点，也是验证此段调整为年线三浪的信号。

上破 A1 高点发出月线顺势买点，需重点关注周线 A1、B1、C1 三浪上涨幅度、结束信号、结束点对年线趋势方向的影响。上破（B9）高点是年线 {C3} 调整结束信号，目标可考虑上调为年线上涨 [（A7）-（C9）无论是哪种标注，此目标都成立] 具备结构条件之时主动出局。基于此判断，3月2日的涨停板本身就上破了（B9）高点，则当时涨停板打开之时即可直接追势，这是通过浪形级别分析选择涨停板买入的参考因素。上破 {C2} 高点，不但验证（A7）至（C9）这段调整为年线三浪，还可把目标考虑上调为年线三浪上涨具备结构条件主动出局，或直接调为上破 {A1} 高点。当然，这些上调目标的策略需要参考基本面、政策、成交量等。

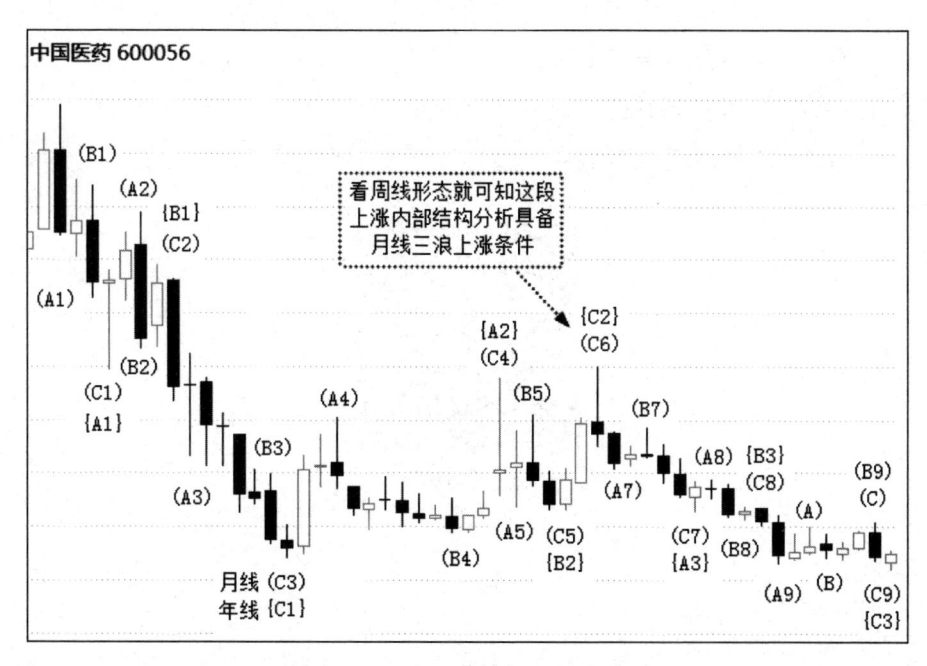

图 7-5 中国医药浪形结构和级别

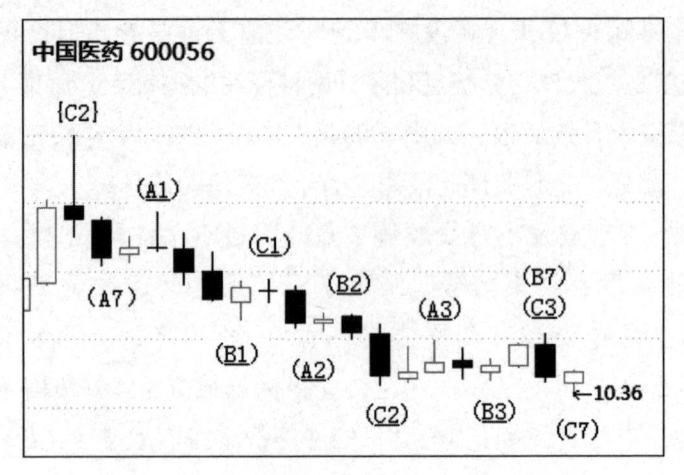

图 7-6 中国医药月线三浪"双节棍"结构

第七章配套讲解视频：

7-0 重点个股关键买点

7-1 九安医疗关键买点

7-2 英科医疗关键买点

7-3 红星发展关键买点

7-4 中国医药关键买点

微信扫码观看

第八章 波浪理论难点

有人说波浪理论难，在于很难准确判断一浪起点和终点：一是很难划分周期和区分结构，二是形态分析千人千浪。但是再难也有办法

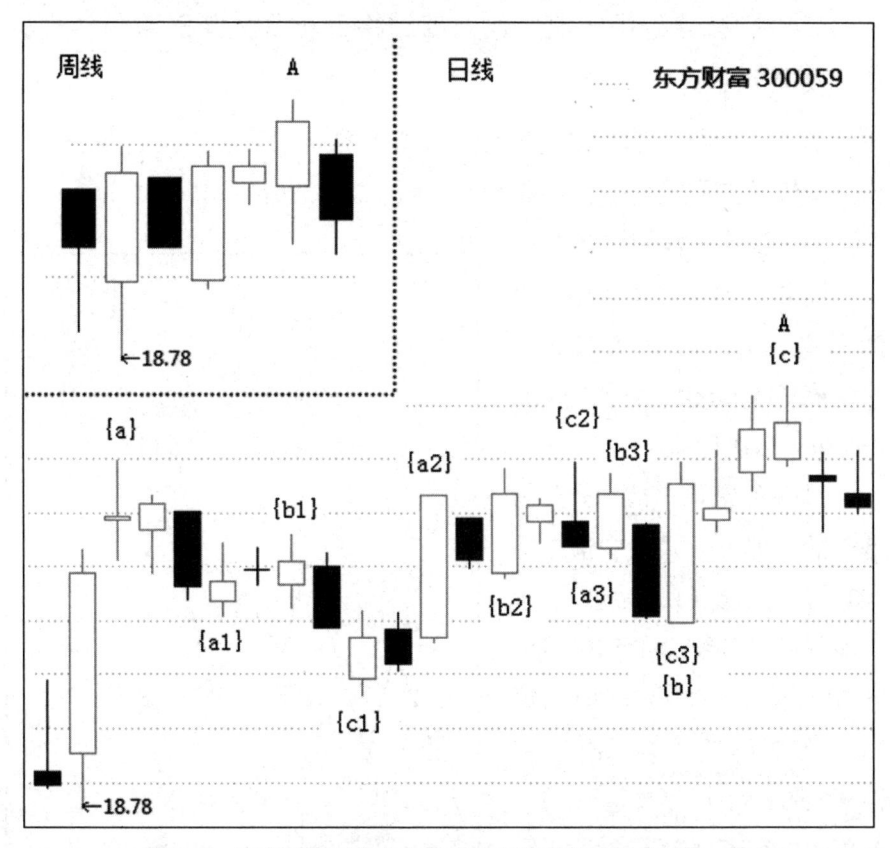

图 8-1 东方财富形态分析是周线三浪内部结构分析是一浪

解决，我们可以通过内部结构分析找到各周期、结构起点和终点，从而轻松面对市场变化。

一、形态分析是三浪但内部结构分析是一浪

形态分析是三浪但内部结构分析是一浪，这种现象容易出现在"双节棍"和不规则结构中。

东方财富从 2022 年 3 月 16 日到 4 月 15 日这段上涨，周 K 线形态看是周线三浪（见图 8-1），但从日线形态看是 {a}、{b}、{c} 三浪复杂"双节棍"构成的周线 A 浪。究竟是周线三浪还是周线一浪，不需要后市验证，此结构可直接定位为周线一浪。

二、形态分析是一浪，但内部结构分析既具备三浪条件也具备一浪条件

形态分析是一浪，但内部结构分析既具备三浪条件也具备一浪条件。具体是三浪还是一浪，需要结合大一级形态分析和后市验证。

1. 一浪或三浪结构之一

图 8-2 中，一种标注是以 60 分线（a1）、(b1)、(c1) 三浪构成日线{a}浪，开始的 {a}、{b}、{c} 三浪上涨。

另一种是以"或（a）"为基础的"剪刀"式浪中浪结构"或（a）""或（b）""或（c）"三浪构成的日线"或{a0}"浪，其中"或（b）"分解成"或（a）""或（b）""或（c）"三浪，"或（b）"和"或（b1）"都再次进行了分解。

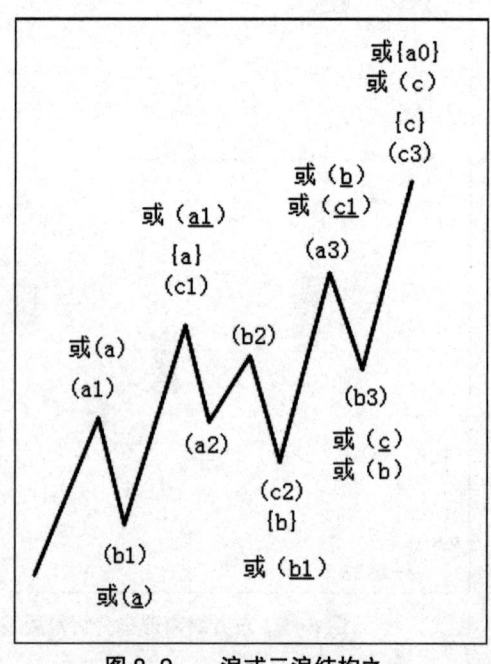

图 8-2　一浪或三浪结构之一

此结构既具备日线三浪条件也具备日线一浪条件,但从日线形态看可能就一浪。具体是一浪还是三浪,需要结合高一级形态分析和后市验证才能确定,且存在继续演变的可能性。

2. 一浪或三浪结构之二

如图 8-3,一种标注是以日线 {a1}、{b1}、{c1} 三浪构成周线 A 浪开始的 A、B、C 三浪调整。其中 B 浪反弹是下倾结构。

另一种是以 {a1}、"或 {b1} 下移"、"或 {c1} 下移""剪刀"式调整浪中浪结构构成周线"A 下移"一浪,"或 {b1} 下移"分解为 {b1} 至 {b3} 段。

此段既具备周线三浪也具备周线一浪条件。具体是三浪还是一浪,需结合高一级形态和前后结构分析并经后市验证才可确定。

农林牧渔板块自 2021 年 8 月 12 日至 9 月 1 日这段日线三浪三次

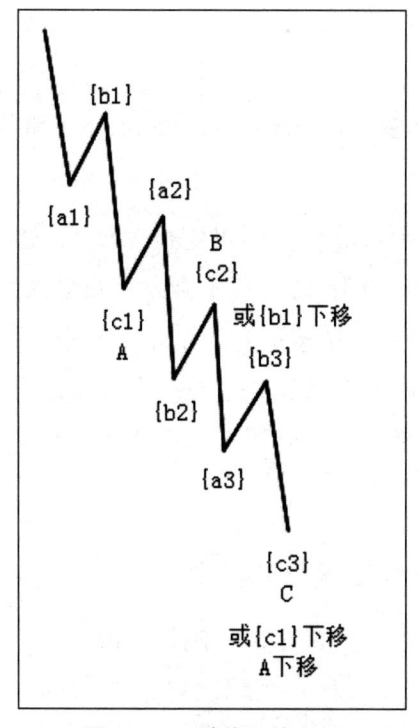

图 8-3 一浪或三浪之二

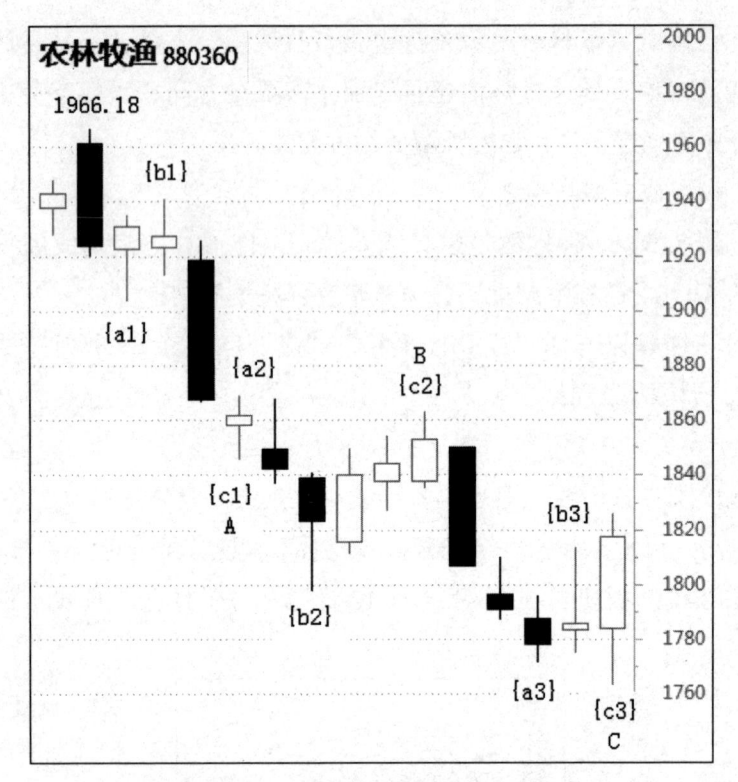

图 8-4 农林牧渔日线三浪三次分解

分解结构，不需要后市验证，即可定位为周线三浪调整（见图 8-4），因之前在 7 月 28 日至 8 月 12 日的上涨是月线级别的。

2022 年 1 月 17 日，华泰证券开始 4 天上涨，据日线看是日线一浪（见图 8-5），但其中 60 分线已是三浪三次分解结构，可说是日线一浪，也具备日线三浪条件。如结合周线形态判断这段是周线一浪的话，即可认定本段是日线三浪。

三、三浪、一浪在运行中转化

三浪、一浪在运行中转化，具体是三浪还是一浪需结合形态分析并等待后市验证。

1.图 8-2 再向上运行 60 分线一浪（见图 8-6），本结构就从之前

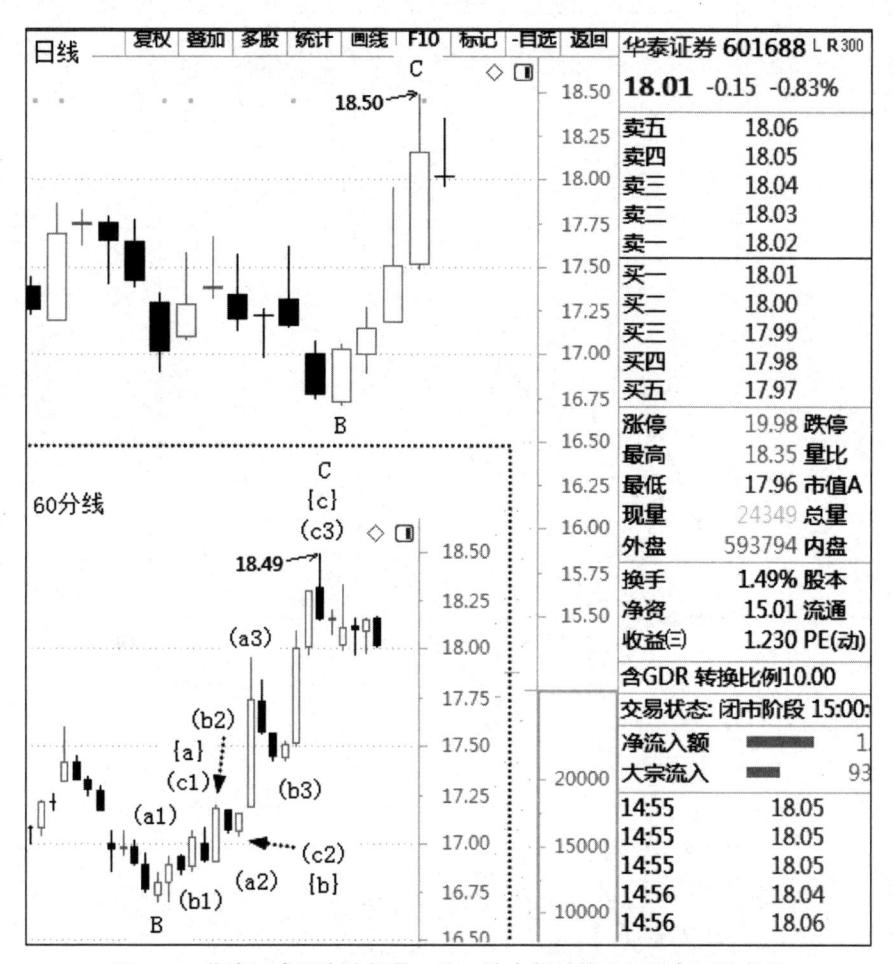

图 8-5　华泰证券形态分析是日线一浪内部结构分析具备三浪条件

不确定转变为确定的日线三浪，因再加一浪就是排除日线一浪结构可能性的信号。

2. 日线三浪不规则"双节棍"调整结构再下一浪就转变为周线三浪。

日线 {a}、{b}、{c} 三浪是个不规则"双节棍"（高一级形态分析是一浪的情况下）结构在 {c} 低点具备 A 结构条件（见图 8-7），{c} 低点是周线级别的多空分界点，如就此上破 {c3}（{b}）高点，验证此段调整为周线 A 浪；如再次下破 {c} 低点则此结构就从之前周线一浪又转变

205

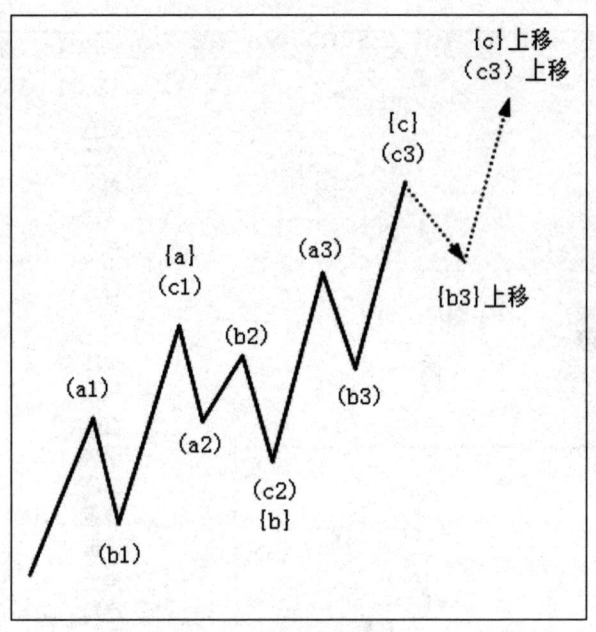

图 8-6 日线三浪结构

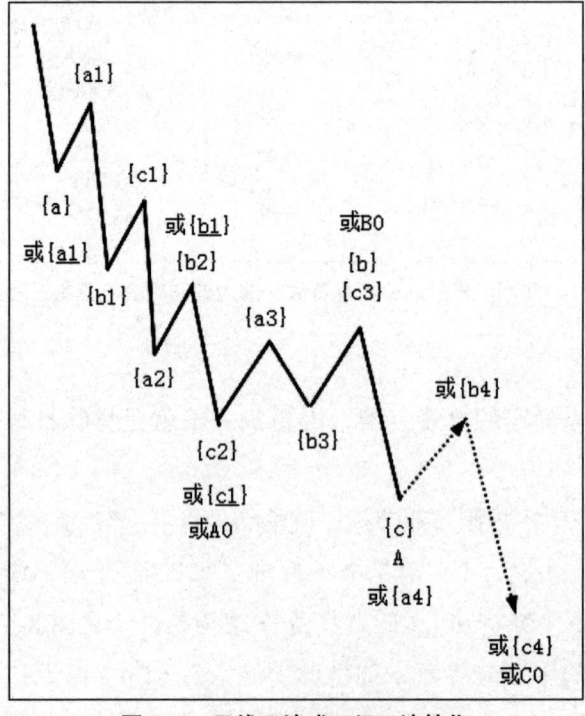

图 8-7 日线三浪或三组三浪转化

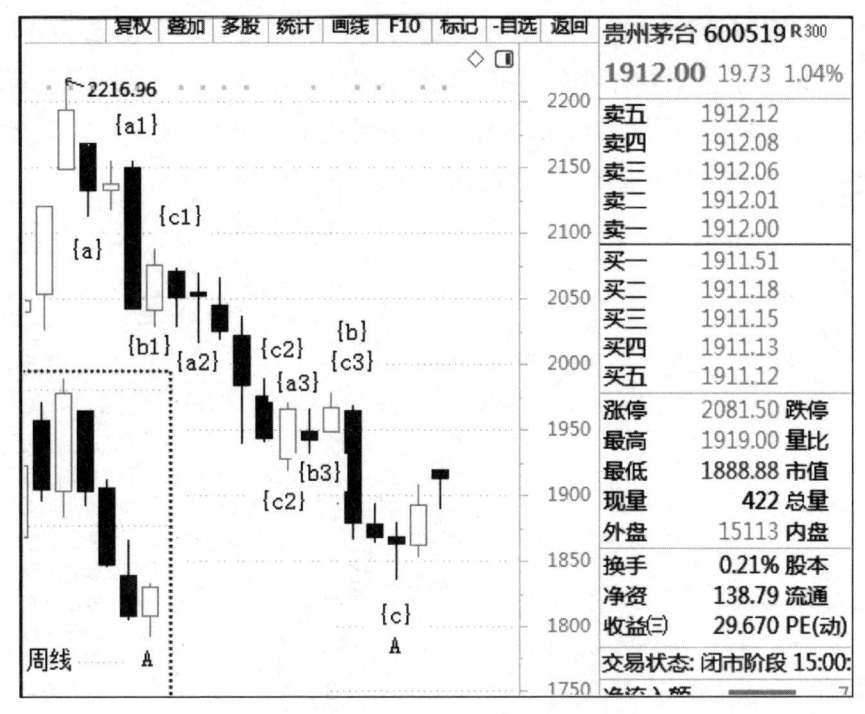

图 8-8 贵州茅台定位为日线三浪"双节棍"结构

为周线"或 A0""或 B0""或 C0"三浪。

贵州茅台这段调整目前可定位为日线三浪"双节棍"结构（见图 8-8），但如实际走势继续下破前低则又会转化成周线三浪。如在 {c} 低点以上出现日线三浪反弹结构，则确定此段调整为周线一浪。

需要注意：贵州茅台因 2216.96 元至 1917.55 元（{c2}）这段本身已是日线三浪三次分解结构，则 {a} 到 {c2} 这段本身也具备日线三组三浪结构条件。究竟是日线三浪还是日线三组三浪，则需要结合形态分析判断，并在后市进一步验证。如后市上破 2216.96 元，则是验证本段为周线三浪调整的方法之一。

3. 日线三浪"剪刀"式三次分解继续演变成复杂"双节棍"周线一浪。

证券指数自 1693.89 点开始月线（C3）调整至"B3 二次下移"位

置，需重点关注"C3 二次下移"走势内日线三浪结构（见图 8-9），{a}、{b}、{c} 三浪变体"双节棍"结构构成"C3 二次下移"，周线形态也一致。需重点关注周线 B1 调整出现转势信号同时是月线（C3）调整转势信号（如预期 {a0} 上破"{b} 再下移"高点之时）的点。

实际 {a} 高点至 {c2} 低点已是日线三浪调整三次分解，既具备日线

图 8-9 证券指数周线一浪演变过程

一浪也具备日线三浪条件，{c}下破{c2}低点具备结构条件之时，本身具备日线三浪"双节棍"结构的周线一浪调整条件，但随着{c}内60分线（a）、（b）、（c）三浪进入"（c）三下移"阶段（见图8-9中60分线），本段{c}调整又成为一个既具备日线一浪也具备日线三浪条件的结构。这种情况下{a}至{c}这段调整既具备周线一浪也具备周线三浪条件，结合周线形态判断为周线一浪。具体是周线一浪还是周线三浪，实际需要后市验证。运行至此，对自高点1693.89开始的月线（C3）来说，是三浪还是一浪没什么大的区别，主要看内部结构究竟是周线三浪二次分解还是三次分解。

实际交易中要回避这种月线调整内周线三浪一次、二次、三次分解的下跌，唯一方法是坚持月线调整出现转势信号再动手。

四、如何认定不规则结构？

当市场没有按常规结构去走，且后市事实上已出现确定本浪结束信号，则为不规则结构。图8-37的日线{a3}高点至{a7}低点这段调整做周线一浪不规则，做周线三浪又缺两浪，最后被验证为不规则结构的周线一浪。

常见"双节棍"结构演变成不规则结构信号：

日线{a}至{c3}符合"双节棍"结构条件，预期后市{c}直接下破{c2}低点形成完整的"双节棍"结构（见图8-10）。如运行至{a4}后{b4}反弹，{c4}下破{a4}低点是结构持续复杂演变的信号。如{a5}上破{b4}高点且验证{c4}收在{c2}低点以上，则是自{a}高点开始"双节棍"结构演变成不规则结构的信号，和高一级C调整在{c2}低点结束信号，设止损于{c2}低点以下，防止结构继续演变。后市{b5}调整在{a5}低点以上结束和{c5}上破{a5}高点都是持续上涨的信号，上破{a}高点之时确立{a}至{c2}为不规则结构。

形态分析者会认为{a}至{c2}这段为锯齿结构或3-3-5结构中的C，

但如 {a}、{a2}、{c2} 内没有细分五浪，应不属于此范围，或 {a2} 作为第 {iii} 浪是最短的，也不属于此范围。不建议太呆板，建议实事求是。

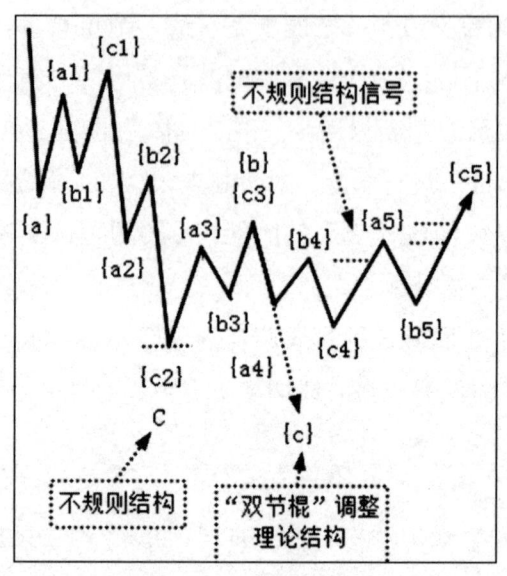

图 8-10 "双节棍"结构演变成不规则结构信号

五、形态分析和内部结构分析综合判断

1. 形态分析是日线三浪，但内部分析已具备日线三浪一次分解条件

上证 50 指数 2021 年 1 月 17 日开始，周线上涨形态分析是日线三浪（见图 8-11 中左上的日线 {a}、{b}、{c} 三浪），但内部结构 30 分线看，明显的具备日线三浪一次分解结构条件，见 {a} 至 "{c} 上移"。这提供了在 "{c} 上移" 区域是否还可再买、是否需要主动出局的参考因素。

2. 形态分析是日线三浪一次分解，但内部结构分析已具备日线三浪二次分解条件

上证指数从 3446 点至 3731 点这段周线上涨形态分析是日线三浪

一次分解结构，其 {b3} 是三角形结构（见图 8-12 左上日线），但内部结构 30 分线分析，{c3} 这段上涨既可说是日线一浪也可说是日线三浪结构，即本段周线上涨具备日线三浪二次分解结构条件，这提供了在"{c3} 上移"区域周线上涨主动出局和不可再追高的例证。

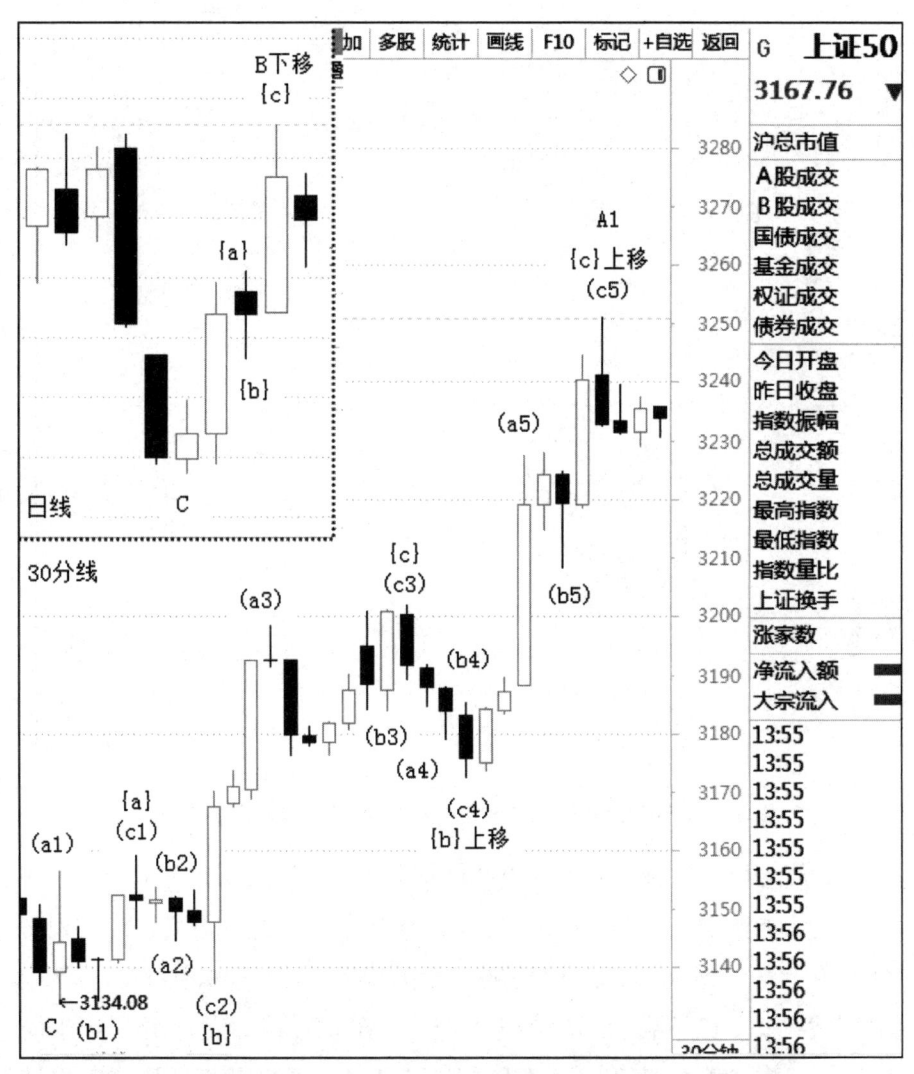

图 8-11 形态分析是日线三浪内部结构分析具备日线三浪一次分解条件

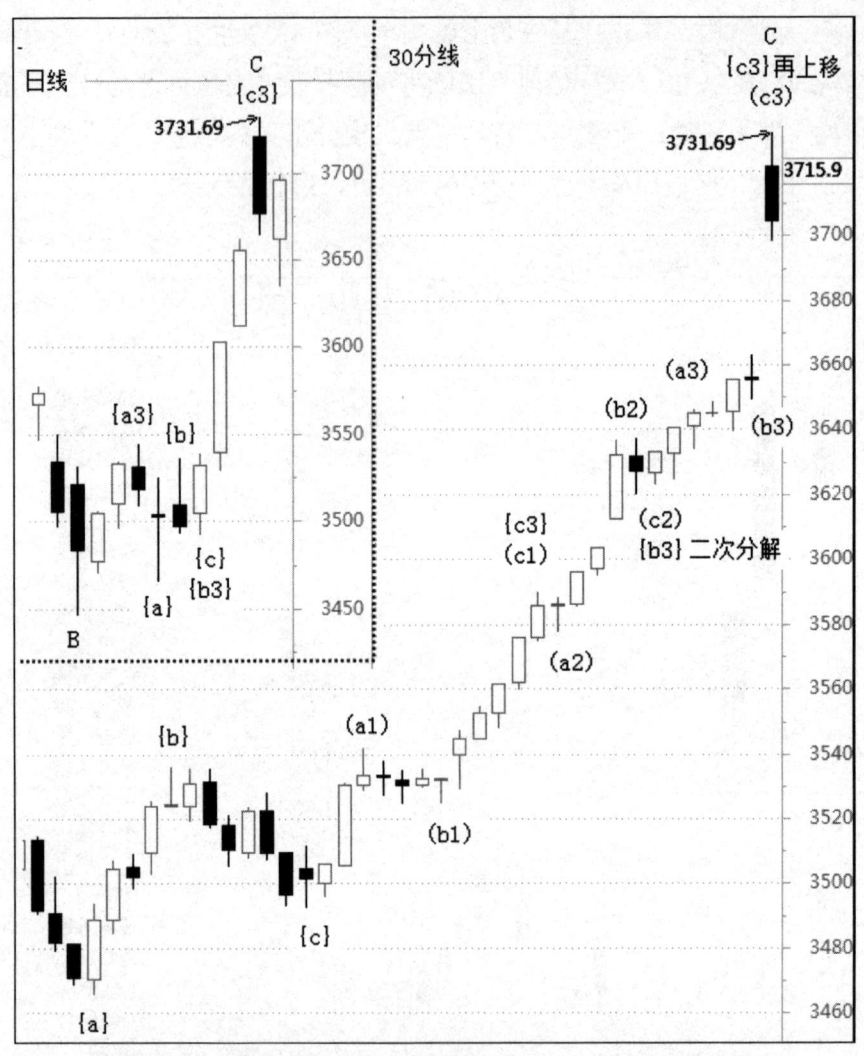

图 8-12　形态分析是三浪一次分解内部分析具备二次分解条件

3. 形态分析没有转势，但内部结构分析已出现转势信号

上证指数 2021 年 4 月 8 日出现日线形态完好的中阳线，但已到日线三浪上涨"剪刀"式一次分解阶段（见图 8-13 "{c} 上移"），其中 30 分线（a0）已下破 30 分线（b）低点，出现日线 "{c} 上移" 上涨转势信号。第二天开盘不久就又出现下破 "{b} 上移" 低点的周线上涨转势信号。4 月 8 日的日线转势信号是提前判断周线 C2 上涨转势的信号。

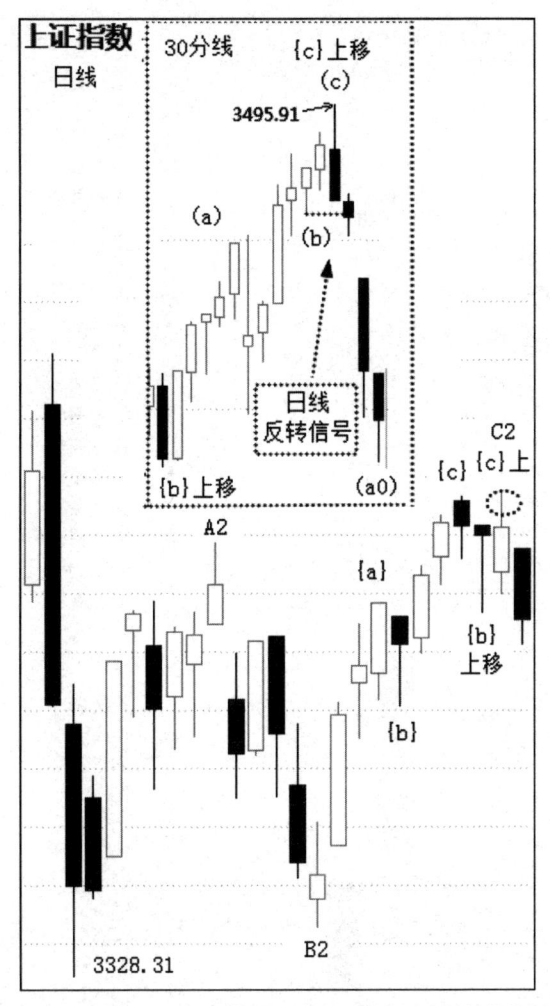

图 8-13　形态分析没有转势但内部结构分析已有转势信号

六、隐藏的周线调整转势信号

上证 50 指数在 2022 年 1 月 18 日 30 分线（a3）上破日线 {a} 高点，是自（a1）低点起预期周线上涨的信号（见图 8-14 中的 30 分线部分），也是之前周线调整转势的信号和买点，设止损于（c2）低点以下，目标为周线上涨具备结构条件之时主动出局。因此时趋势方向依然是月线向下，所以当前只能做短线周线反弹。

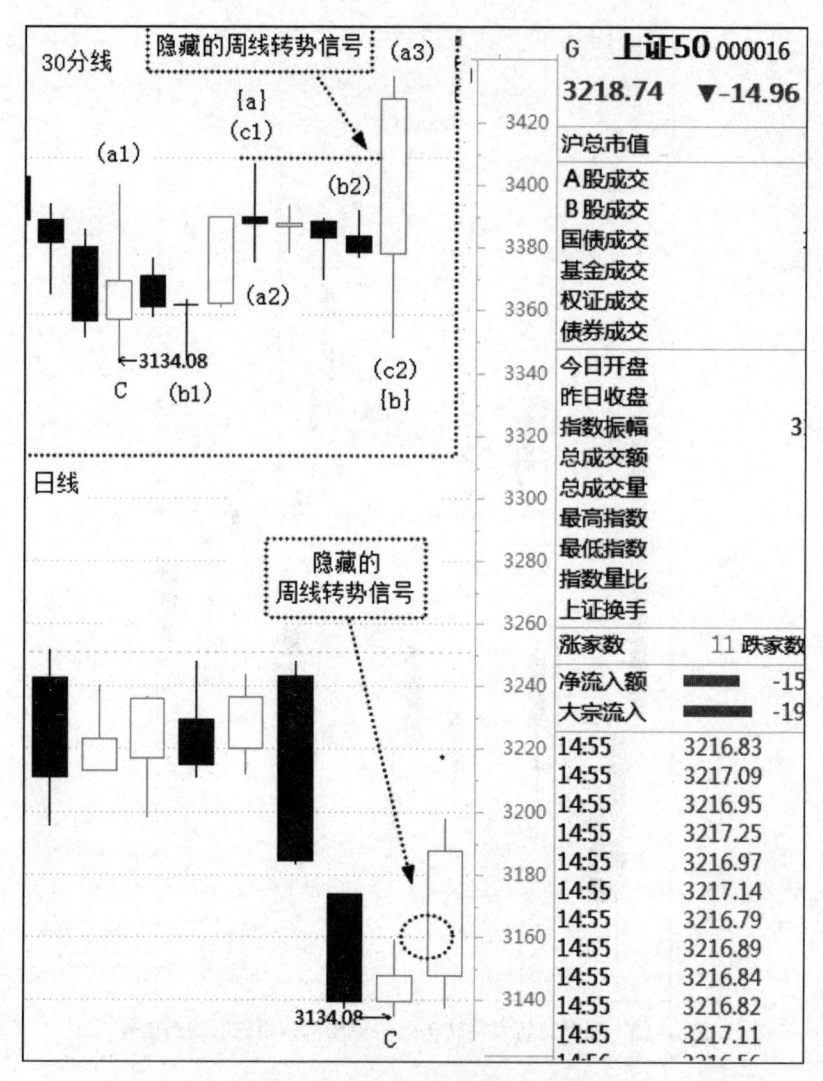

图 8-14 隐藏的周线调整转势信号

七、隐藏的月线调整转势信号

在日线上月线转势信号是隐藏不了的，往往通过周线隐藏信号处在特殊位置来体现月线转势。

上证指数月线自 3731 点开始调整至 3328 点具备结构条件（见图 8-15），{c} 下破 {a} 低点是 B1 下移至 {a} 高点信号并预期 C1 也下移。

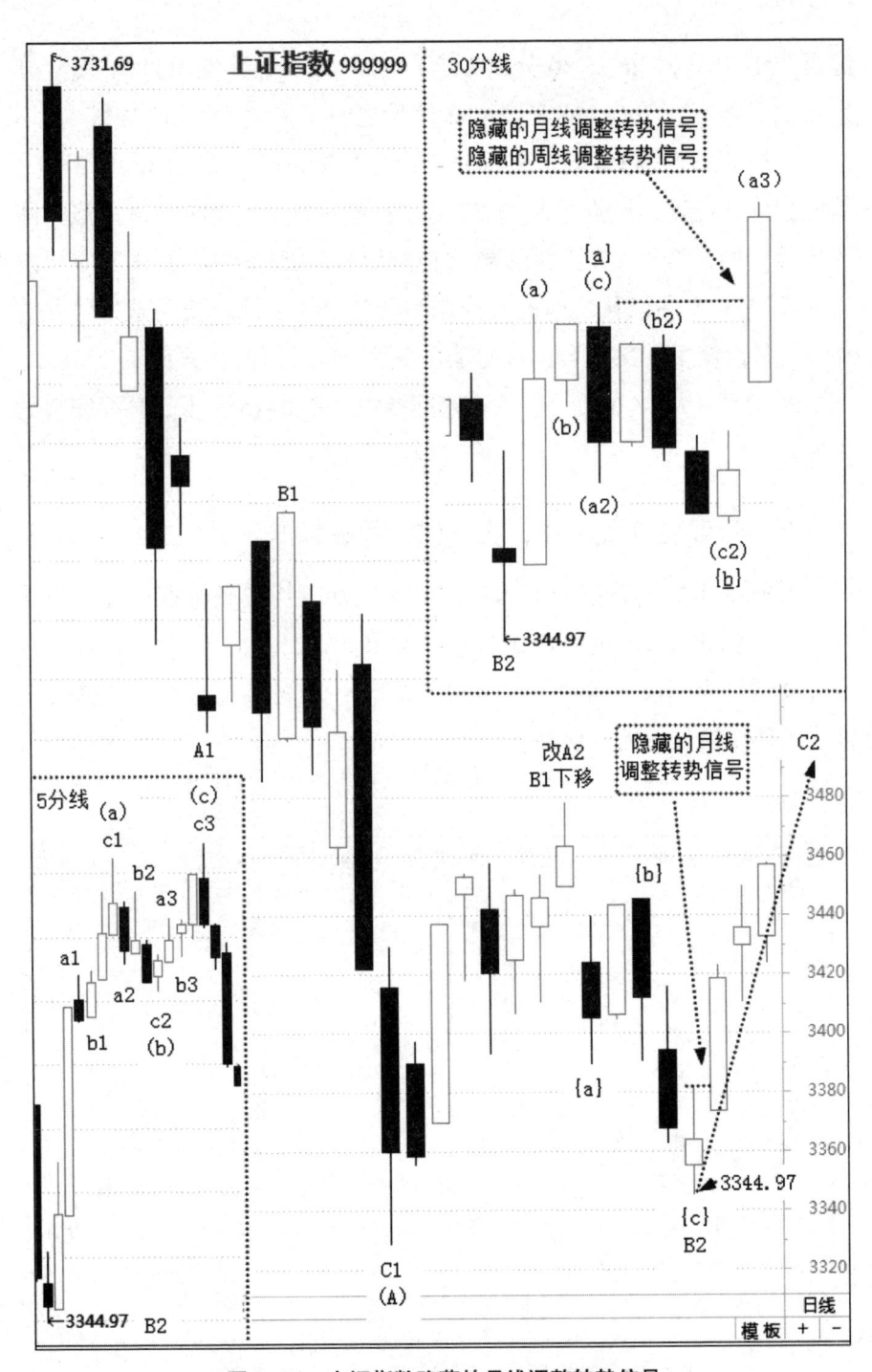

图 8-15 上证指数隐藏的月线调整转势信号

但当 2021 年 3 月 26 日 30 分线（a3）上破 {a} 高点，发出自 {a} 低点开始预期日线 {a}、{b}、{c} 三浪上涨信号之时（见图右上 30 分线），不但是周线 B2 调整隐藏的转势信号［设止损于（a3）或 C1 低点以下］，因处在特殊位置，此点也是自 C1 低点预期周线 A2、B2、C2 三浪上涨的信号，即月线（A）调整隐藏的转势信号。此时"B1 下移"应更改为 A2，趋势方向已从之前的月线调整转为月线上涨。找到这种隐藏的周线、月线调整转势信号，目的是在交易时提高风险回报比。

30 分线（a）、(b)、(c) 三浪内部结构见图 8-15 左下 5 分线完整的三浪。

八、日线看杂乱无章，内部结构看较标准

有的结构日线看似杂乱无章，但从内部结构看较标准。如西藏珠峰 2021 年 1 月 21 日前这段调整日线看很乱，但从内部结构 60 分线看是标准的日线三浪"镰刀"式结构（见图 8-16 的 60 分线），这体现了浪形内部结构分析的准确性。

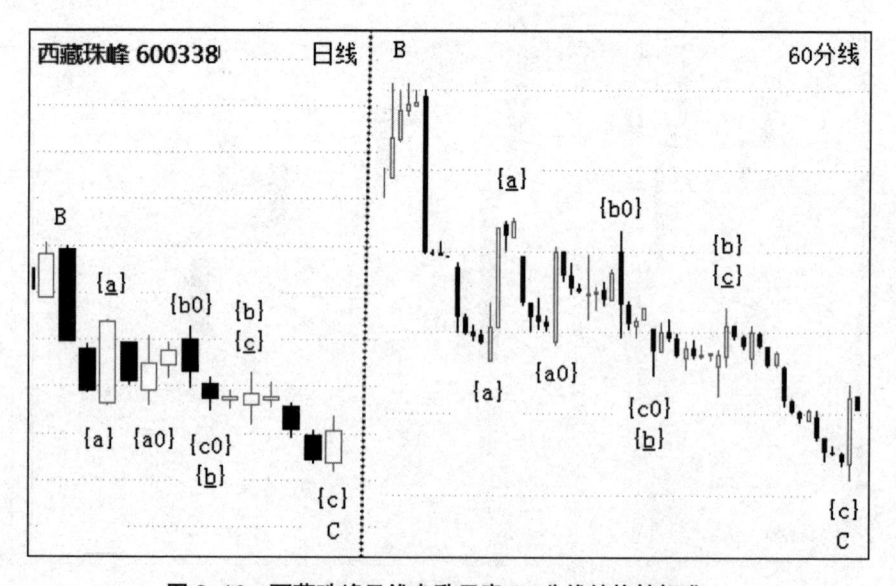

图 8-16　西藏珠峰日线杂乱无章 60 分线结构较标准

九、日线 {b} 反弹下倾信号及关键点

周线下跌过程中有时会出现日线 {b} 反弹下倾，预示周线调整将重挫。如 60 分线（a3）下破（b2）低点是日线 {b1} 反弹为下降三角形反弹无力、预期后市日线 {c1} 重挫的信号（见图 8-17），同时也是之前周线 B 反弹的转势信号和预期 C 重挫的信号。

（a0）上破（c2）高点存在两种可能［如（a0）不上破（c2）高点表明反弹力度更弱，后市调整幅度更难预测］：

其一，是 60 分线（b2）、（c2）、（a3）三浪构成的日线调整结束的信号，后市继续日线反弹。

其二，"{b1} 上移"反弹演变成下倾结构，见（a2）、"(b2) 下移""(c2) 移"三浪。

两种结构哪种可能性大？目前没有办法确定，只能通过后市验证。从关键位置来看，(a0) 高点已成为区分两者的关键点［即此点是日线级别多空分解点，不上破（a0）高点，则"{b1} 上移"反弹实际演变成下倾结构］。(a0) 反弹出现结束信号的点和（b4）反弹距离（a0）高点较近的点就是博空的好时机，设止损于（a0）高点以上。(c4) 下破（a4）低点成为"{b1} 上移"反弹演变成下倾结构的信号和看空时机，设止损于（a0）高点以上，后市下破（a3）低点，验证"{b1} 上移"反弹下倾结构成立和之前看空成功。

1.几个配合的看空结构，如自（a0）高点开始运行，则成为看空点。

（1）5 分线 b2 下破 60 分线（a4）低点，发出预期运行强劲日线下跌信号，应是"{b1} 上移"反弹下倾和预期 {c1} 大幅下跌的信号，设止损于（a0）高点以上。

（2）a5 下破（a6）低点形成（b6）反弹下降三角形无力结构，预期日线 {c1} 大幅下跌，应是"{b1} 上移"反弹下倾和预期周线 C 大幅下跌的信号，设止损于 c4 高点以上。

（3）60 分线（c）下破（a0）低点预期运行"镰刀"式三浪下跌结

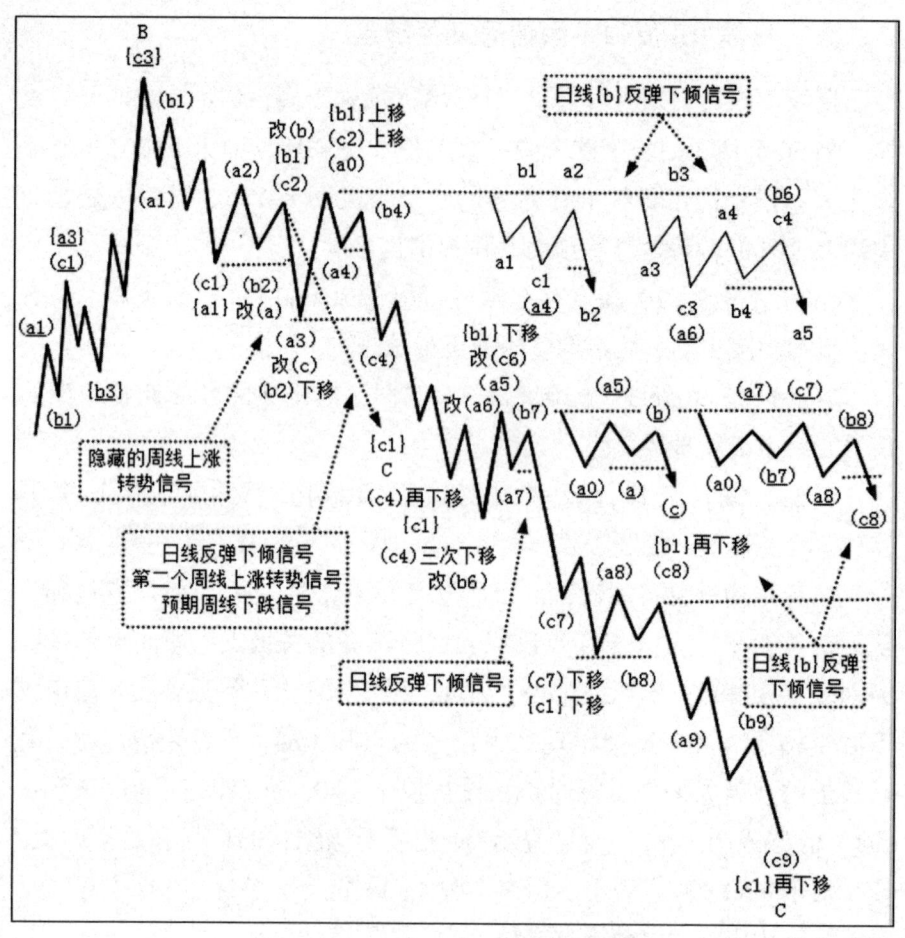

图 8-17 日线 {b} 反弹下倾信号及关键点

构,是"{b1}上移"反弹下倾和预期"{c1}上移"大幅下跌信号,设止损于(a0)高点以上。

(4)(c8)下破(a8)低点预期运行复杂"双节棍"式三浪下跌,是"{b1}下移"反弹下倾信号和预期"{c1}下移"大幅下跌信号,设止损于(b8)或(a0)高点以上。

下破(a0)低点,则(a2)、"(b2)下移"、"(c2)上移"三浪反弹下倾成立。如不下破,则自(a0)低点预期日线上涨。

正常情况下,(a4)、(b4)、(c4)三浪二次分解构成日线{c1}调整。后市(c4)三次下移,{c1}也随着下移,(a5)上破"(c4)三次下移"高点,是自(a5)低点开始预期运行日线上涨的信号。还有种可能:因之前(a4)、(b4)、(c4)三浪是三次分解比正常情况多出一浪调整,可把"(b4)三次下移"(未标)改为(a6),把"(c4)三次下移"改为(b6),把(a5)改为(c6),构成不规则底结构的"{b1}下移",预示"{c1}下移"重挫。实际究竟是哪种情况,需要后市验证,但也可提前应对。(a5)高点成为日线级别多空分界关键点,后市继续上破(a5)高点则是自(a5)低点开始日线上涨,以及之前日线调整在"(c4)三次下移"低点结束。在周线下跌趋势中,(a5)附近和(b7)反弹距离(a7)高点较近的点是博空的好时机,设止损于(a5)高点以上。(c7)下破(a7)低点是"{b1}下移"反弹不规则底信号[设止损于(a7)高点以上],下破(a5)低点验证日线反弹无力现象成立。

2. 几个配合的看空结构

自(a5)高点开始运行上面第(1)至(4)四个结构,是"{b1}下移"反弹预期演变成不规则底和预期"{c1}下移"大幅下跌的信号。

下破(a5)低点,(a6)、(b6)、(c6)三浪构成的"{b1}下移"反弹不规则底结构确定成立。如不下破此点则还可预期日线反弹。

3. 日线反弹下降三角形结构

60分线(a8)、(b8)、(c8)三浪构成日线反弹下降三角形结构条件,下破(a8)低点确立日线级别三角形反弹无力结构成立。如自(c8)高点开始运行上面四个结构,也是"{b1}再下移"反弹无力和预期"{c1}再下移"大幅下跌的信号,并在下破(a8)低点之时得到验证,预期自c8高点开始重挫。

上证50期货主力合约2022年1月24日60分线(c)下破(a)低点,是日线{b1}反弹预期演变成下倾结构的信号(见图8-18)。(c4)下破(a4)低点,是{b1}在(c2)高点结束和反弹下倾的信号,也是预期{c1}重挫及顺势做空的时机,可设止损于(c2)高点以上。

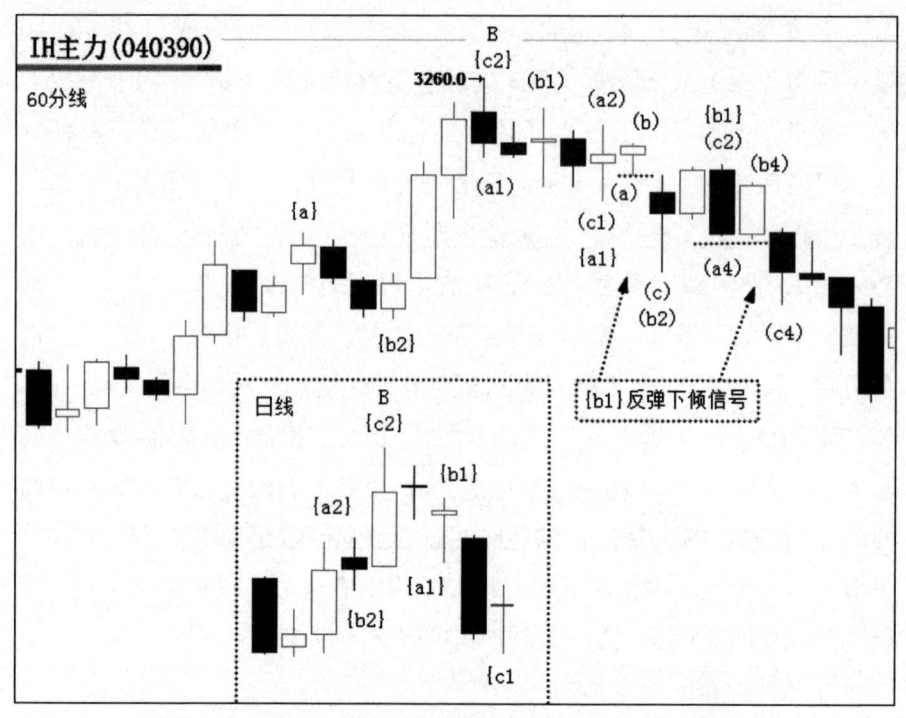

图 8-18　上证 50 期指合约日线 {b} 反弹下倾信号及关键点

反过来，日线 {b} 调整出现上倾信号，预期周线强劲上涨。

十、周线 B 反弹下倾信号及关键点

证券板块自 1504.21 点开始上涨至 1693.89 点具备月线上涨条件，日线 {a1}、{b1}、{c1} 三浪"双节棍"式调整在 {c1} 低点具备周线 A1 条件，{a2} 上破 {b1} 高点确立 A1 在 {c1} 结束，并预期自 {a2} 低点开始运行日线 {a2}、预 {b2}、预 {c2} 上涨。因 A1 验证收在之前周线上涨低点以上，预期本段周线上涨上破 1693.89 点（见图 8-19），即预期 C1 上移。但实际 {a3} 下破 A1 低点，则是周线反弹演变成下倾或不规则底结构（如运行 {a2}、或 {b2}、或 {c2} 即为下倾。如 {c1} 为 {b1}、{a2} 应改 {c1} 构成 "A1 上移"，{b2} 改 {a2} 成为 B1 起点，{c2} 改 {a}、{b1} 改 {b}、{c1} 改 {c} 构成 {b2}，{a2} 改 {c2} 构成 B1，B1 即为不规则底）的

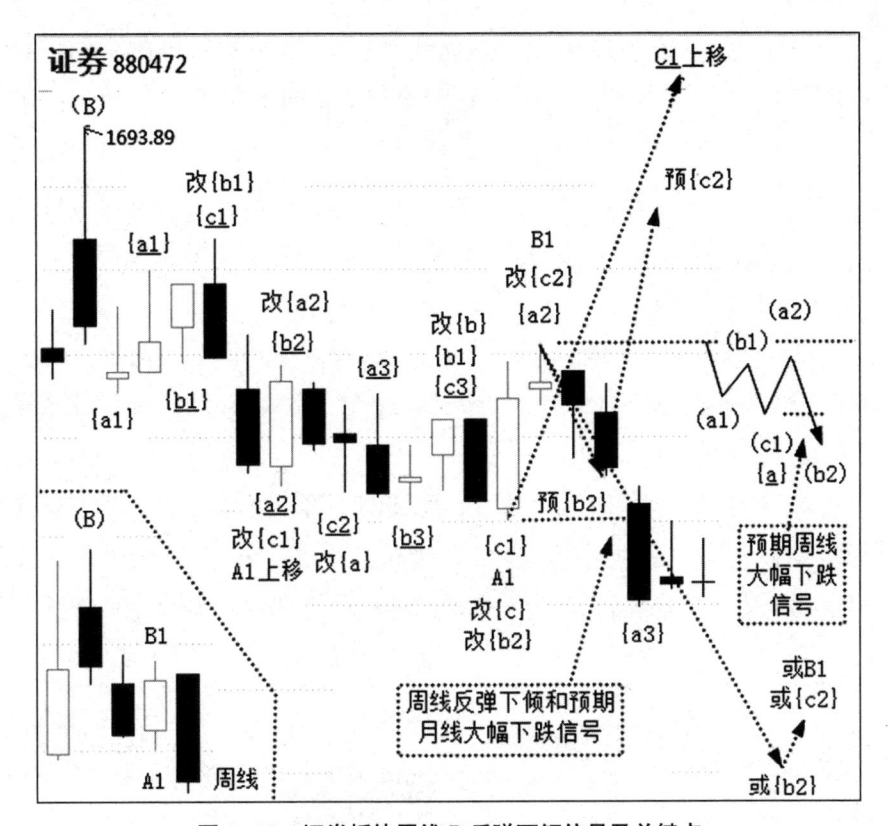

图 8-19 证券板块周线 B 反弹下倾信号及关键点

信号，并预期后市 C1 调整重挫。

这种周线反弹下倾和不规则底结构无法提前判断，只有下破原 A1 低点才可发现。除非在 {a2} 高点开始有预期强劲周线下跌信号［如 60 分线（b2）下破 {a} 低点等］出现。即使有这种预期周线大幅下跌的信号出现，也有两种可能性，这种情况下需要结合其他方面做一个选择，并设止损点防止另一种可能。

十一、反弹无力结构信号对后市调整的影响和预测

不规则底、反弹下倾、下降三角形等反弹无力结构信号出现，预期后市重挫，这个调整幅度的预测，可直接预期同周期调整二次分解具备结构条件之时，或对应调整出现转势信号：

日线 {a3} 下破 {b2} 低点，是周线 B 反弹为不规则底结构的信号，预期后市 C 重挫（见图 8-20），这个重挫应以自 {a3} 高点开始，{a3}、{b3}、{c3} 三浪量化成预期二次分解为宜。在这之前除非出现日线三浪调整结束信号，否则不宜提前买。对于衍生品来说，{b3} 反弹距离 {a3} 高点达到可接受止损空间或出现结束信号时，即是做空时机，设止损于 {a3} 高点以上。

{a3} 下破 "或 A" 低点，是 "或 B" 反弹下倾的信号，预期 "或 C" 重挫。这个重挫应以自 {a5} 高点开始，{a5}、{b5}、{c5} 三浪量化成预期二次分解为宜。

{a7} 下破 "或 A" 低点，是 B0 反弹的下降三角形结构的信号，预期 C0 调整重挫。这个重挫应以自 {a7} 高点开始，{a7}、{b7}、{c7} 三浪量化成预期二次分解为宜。反过来，就有不规则顶、调整上倾、上行

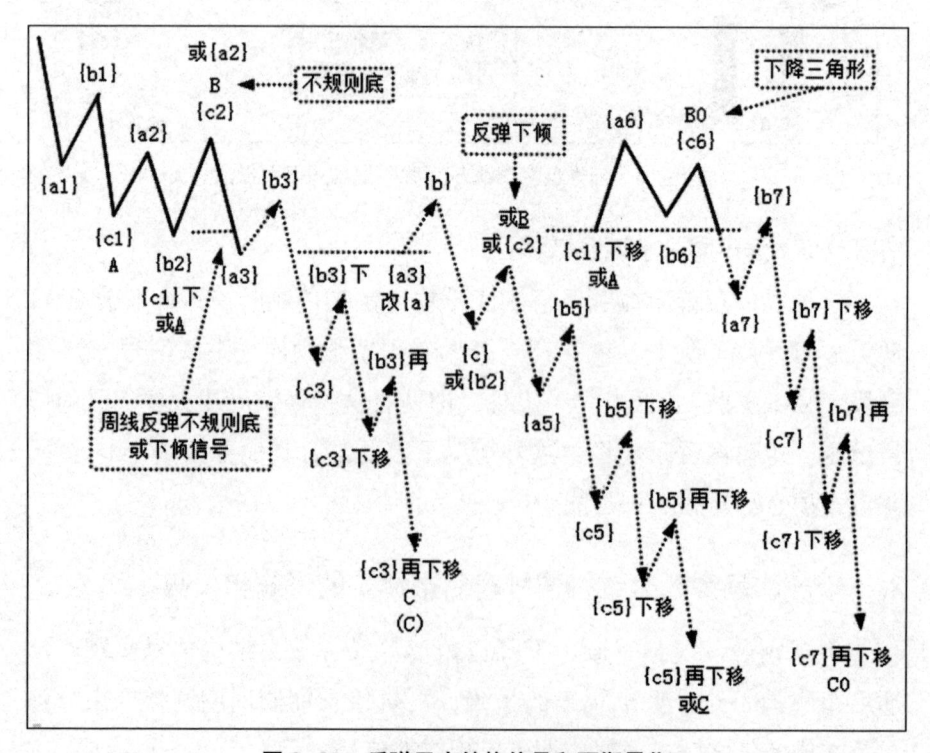

图 8-20 反弹无力结构信号和预期量化

三角形结构，预示 C 浪上涨强劲有力。这给实时选股提供了有力参考。

实例 1：2021 年 12 月 24 日，五矿稀土 {a3} 下破 {b2} 低点，是 B 反弹为不规则底结构信号，并预期自 {a3} 高点开始日线三浪调整二次分解（见图 8-21），实际为 {a3}、{b3}、{c3} 二次分解走势。

实例 2：上证指数在 2008 年 4 月 25 日 A4 上破周线"B3 下移"高点之时，是月线（C）调整在"C3 下移"低点结束并预期运行月线（A0）上涨的信号（见图 8-22）。5 月 15 日线 {a} 上破 {b} 浪高点是预期 C4 和（A0）上涨信号，但当 {a4} 下破 A5（B4 改 A5）低点，发出自 {a} 高点开始的 A5、B5、C5 三浪调整中 B5，出现下倾或下降三角形结构的信号之时，本段周线三浪调整幅度预期很大并可能影响月线趋势。关键支撑点为 A4 低点。

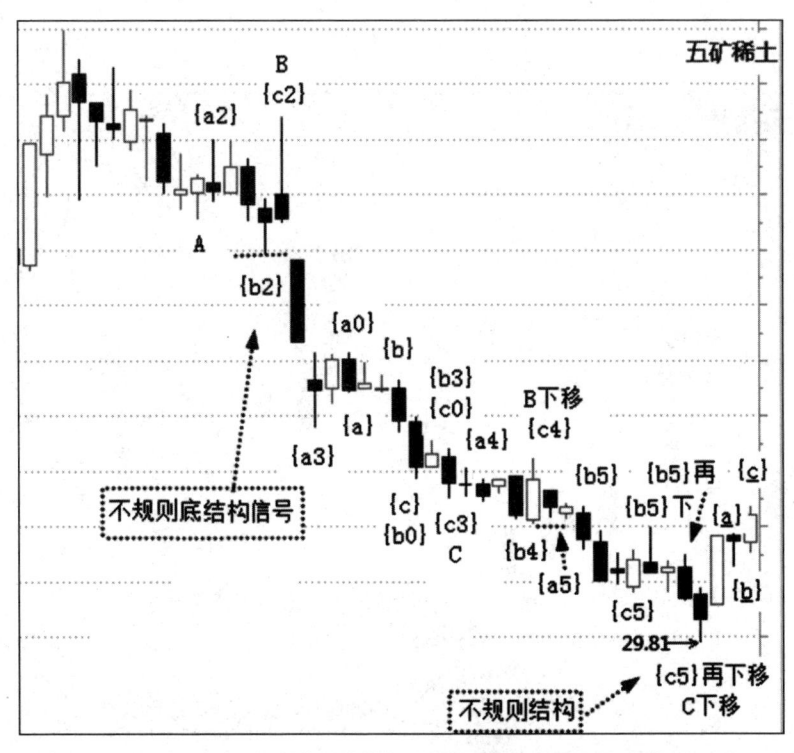

图 8-21　五矿稀土周线 B 反弹下倾信号和实际走势

其一，B5反弹出现下倾信号后真正的B5结束点目前无法确定。

其二，B5反弹为下降三角形结构，也预示C5重挫。

其三，是否下破A4低点目前无法确定。

B5反弹出现无力信号后需重点观察是否下破A4低点，如下破A4低点，则"（B）下移"反弹又演变成周线三浪反弹不规则底结构（见A6、B6、C6），并预期后市周线三浪调整重挫。可见，在此位置的B5反弹无力信号是月线"（B）下移"反弹不规则底或下倾结构的预警信号。

应对此问题的方法如下：

观察在A4低点以上是否出现A5、B5、C5三浪调整转势信号。如出现A5、B5、C5三浪调整转势信号，则验证本段调整为预期的A4、B4、C4三浪上涨内部蓄势结构。

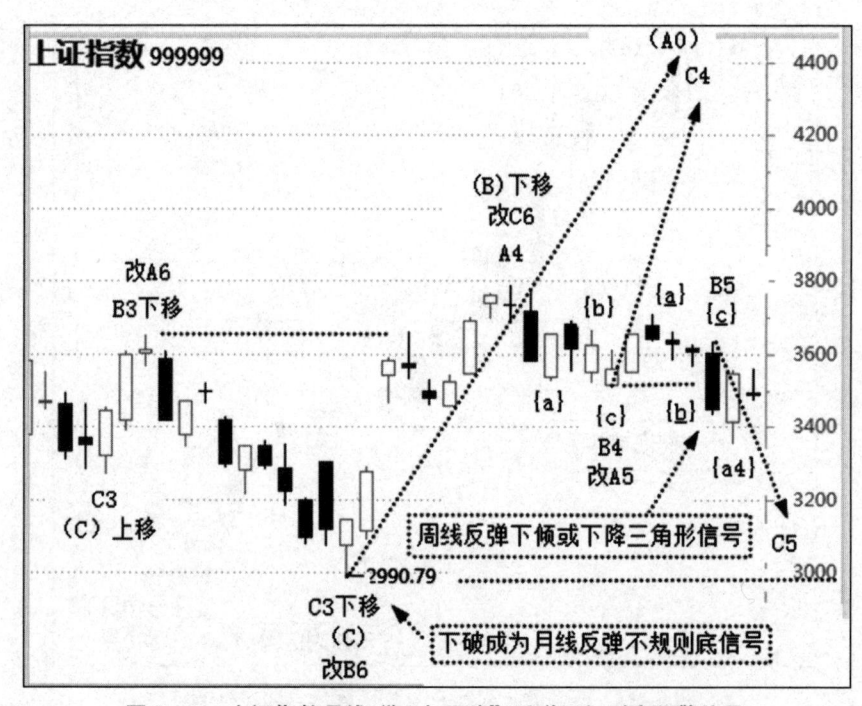

图8-22　上证指数月线"（B）下移"反弹不规则底预警信号

十二、周线调整上倾信号和关键买点

日线 {a1}、{b1}、{c1} 三浪"双节棍"结构构成周线 A 上涨（见图 8-23），{a2} 下破 {b1} 低点，不但是 A 在 {c1} 高点结束信号，还预期自 {a2} 高点开始周线调整信号。但实际如 {b2} 直接上破 {a2} 高点，则是 B 浪调整预期上倾信号。后市 {c2} 调整具备结束条件之时，或出现结束信号之时（无论 {c2} 是否下破 {a2} 低点），是非常好的交易 C 上涨时机，并预期强劲有力，可设止损于 B 低点以下。

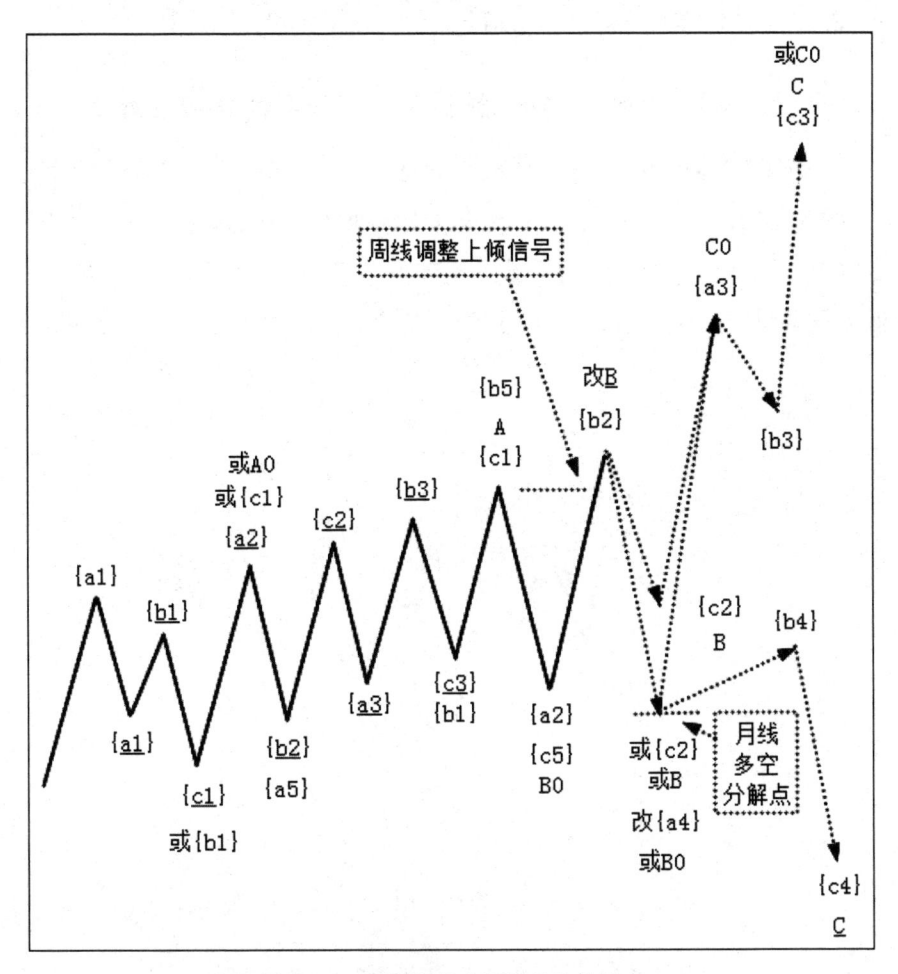

图 8-23 周线调整上倾信号和关键点

如 {c2} 下破 {a2} 低点（见"或 {c2}"），则"或 {c2}"低点成为月线多空争夺胜败的关键点，在"或 {c2}"低点以上坚持看多。一旦再次下破"或 {c2}"低点，则是自 {b2} 高点开始运行 {a4}（由"或 {c2}"更改）、{b4}、{c4} 三浪调整信号，且 {b2} 高点为之前周线上涨结束点（即 A 结束点从 {c1} 高点上移至 {b2} 高点）。

此结构还有另一种可能：

{a1}、"或 {b1}"、"或 {c1}"三浪构成周线 A0 上涨，{a5}、{b5}、{c5} 三浪构成 B0 调整上倾，自 {c5} 低点开始预期运行强劲周线 C0 上涨。或 B0 在"或 {c2}"结束，后市运行"或 C0"上涨。

十三、预期"镰刀"式调整转变为三角形信号和关键点

{c0} 下破 {a1} 低点之时是日线三浪演变成"镰刀"式调整的信号（见图 8-24），如自 {c} 高点开始的日线调整（如 {b2}）验证收在 {c} 低点以上，则是预期的"镰刀"式调整转变为三角形结构的信号，并自 {c} 低点预期日线三浪上涨，设止损于 {c} 低点以下。此时 {c} 需改为 {a2}。

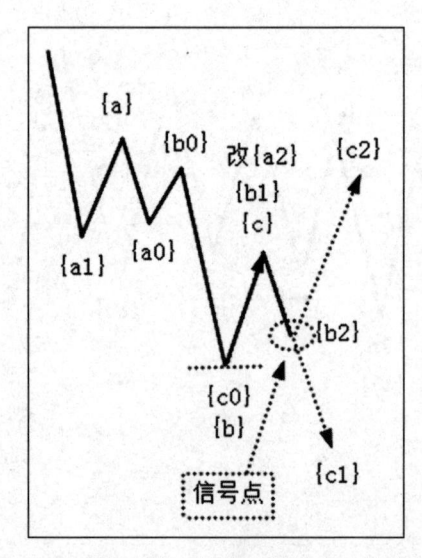

图 8-24 预期"镰刀"式调整转变为三角形信号

十四、月线多空分界点附近策略及关键点

月线多空临界点附近选择反向交易为好，即使有同向的可能性，也需要耐心等待周线回调逆势抓周线之底，或出现结束信号之时顺大周期月线上涨之势。

1. 上证指数月线多空分界点附近策略及关键点

上证指数自 2020 年 12 月 25 日启动月线（C）上涨，B3 分解成 A、B、C 三浪（见图 8-25），这种情况下 C3 高点是月线多空分界点，C3 上涨内日线三浪一次、二次分解应是主动出局区域，此 C3 形态分析是日线三浪一次分解，内部结构分析具备二次分解条件。即使在 C3 上涨过程中没有主动出局，也可在后市 30 分线（b）下破（a0）低点发出自（a）高点开始预期日线三浪调整重挫信号之时主动出局（见图 8-25 左上 30 分线，此点也是隐藏的周线上涨转势信号），或在下破（b1）低点发出明显周线调整信号之时主动出局。此两点是在月线多空分界点附近衍生品主动博空时机，可设止损于 C3 高点以上。需耐心等待月线调整内周线三浪极端或出现结束信号之时主动出局。

即使后市还有上涨的可能性，也需耐心等待自 C3 高点开始的日线三浪调整极端之时（如在"{c}再下移"调整过程中逆势抓日线、抓周线调整之底），或出现结束信号之时（{a0}上破"{b}三次下移"高点并设止损于"{c}三次下移"低点以下），顺月线上涨之势交易。

{a}下破"{c}三次下移"低点，是周线 B 反弹为下倾或不规则底结构的信号，可设止损于 {c2} 高点以上，防止判断错误。此信号出现肯定了 C3 高点是月线（C）结束点和月线（A）下跌起点。

（A）下破（B）结束点之时，预期自（A）高点开始运行月线（A）、（B）、（C）三浪调整。

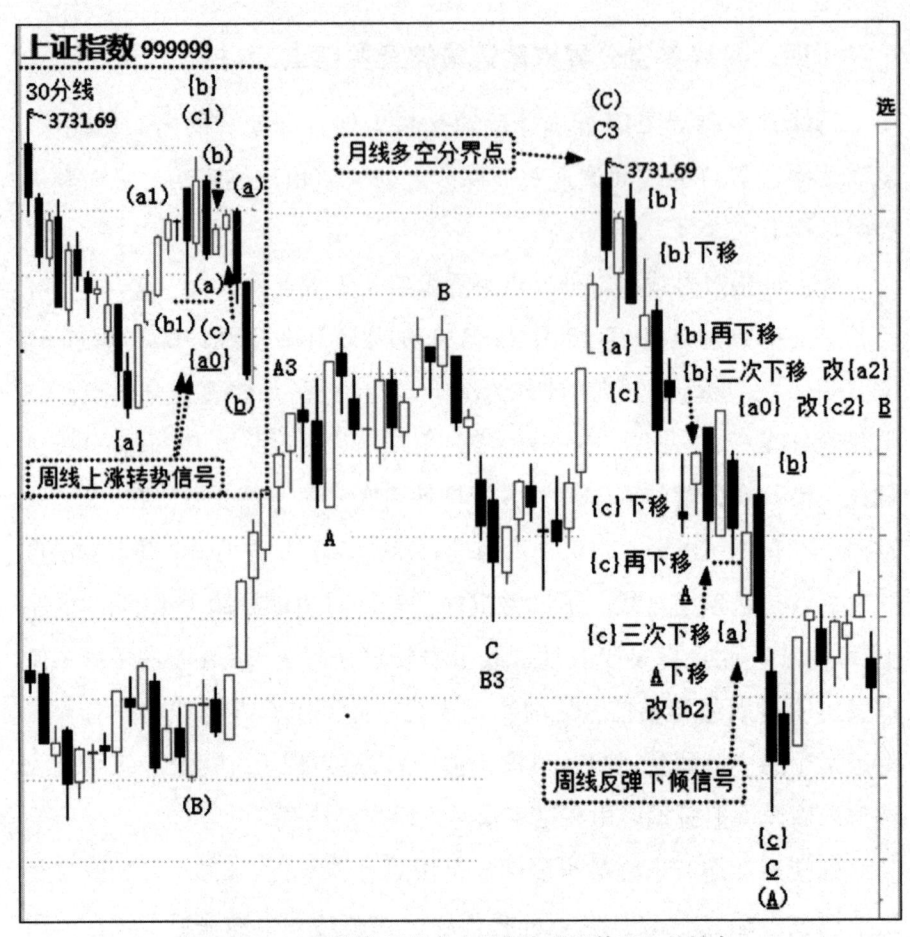

图 8-25 上证指数月线多空分界点附近策略和关键点

2. 上证 50 月线多空分界点附近策略及关键点

上证 50 指数自 2021 年 11 月 10 日开启月线（C）上涨，其中周线 A3、B3、C3 三浪中 B3 分解成 A、B、C 三浪（相当于周线三浪上涨一次分解，或相当于周线三浪上涨出现结束信号，继续演变还是月线一浪）（见图 8-26）。C3 高点是月线多空分界点，在这种情况下，日线三浪一次分解或二次分解具备结构条件之时应主动出局［"{c3}再上移"在 60 分线形态分析是 60 分线一浪（见图右下 60 分线），但从内部结构分析 5 分线看具备 60 分线三浪条件（见图左上 5 分线）］。

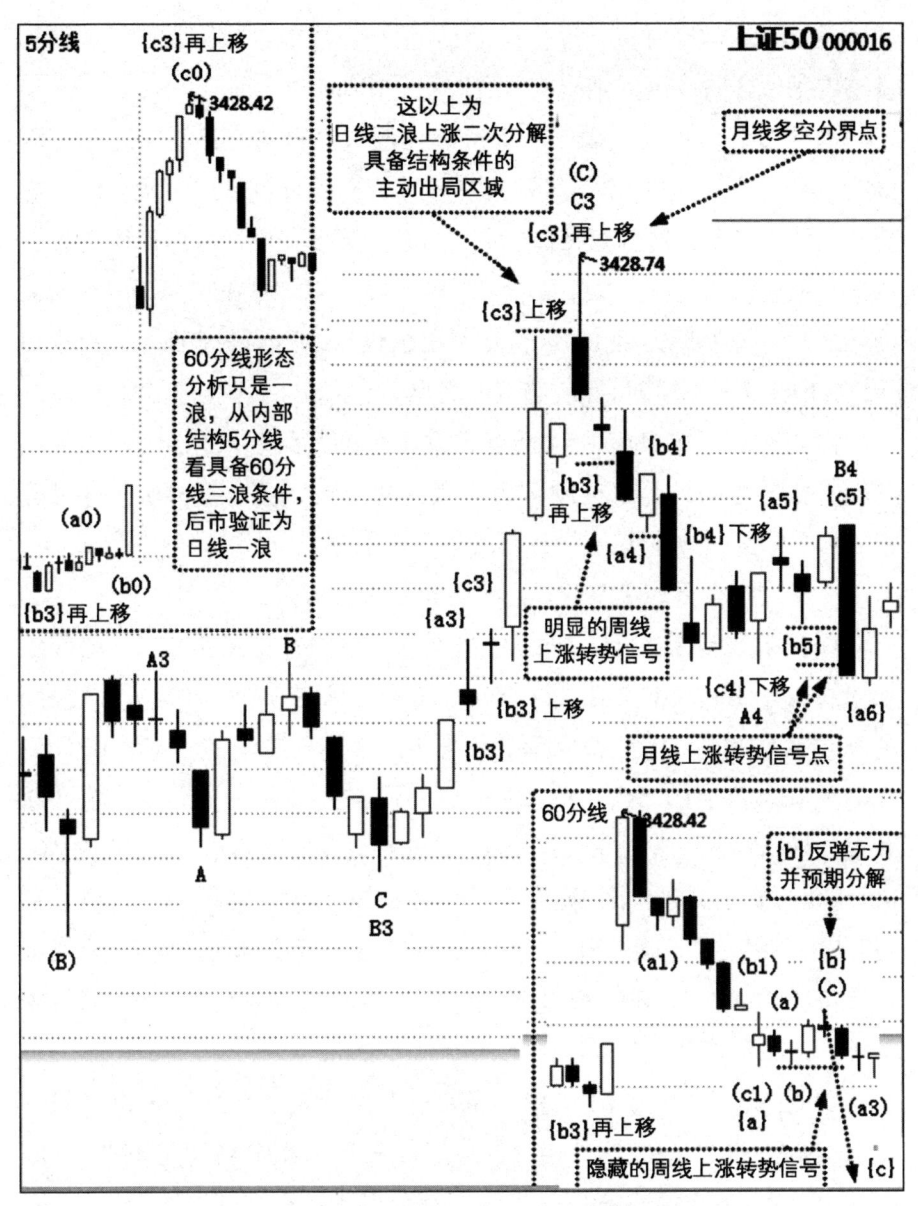

图 8-26　上证 50 月线多空分界点附近策略和关键点

即使在上破"{c3} 上移"高点没有主动出局，也需在后市出现隐藏的周线上涨转势信号 [（a3）下破 {a} 低点验证 {b} 反弹无力和时间短，预期后市 {c} 重挫和 {b} 分解，见图 8-26 右下 60 分线] 之时主动出局。

229

此点是衍生品做空时机，设止损于 {b} 浪高点以上，目标为月线下跌具备结构条件之时或出现结束信号之时主动出局。

即使看好后市，也需耐心等待周线调整内日线三浪极端之时（因 {a4}、"{b4} 下移"、"{c4} 下移" 三浪形态分析是日线三浪一次分解，内部结构分析具备二次分解条件，可在 "{c4} 下移" 区逆势抓周线之底），或出现结束信号之时（{a5} 上破 "{b4} 下移" 高点和 {b5} 回调出现结束信号之时），验证 A4 收在 B3 低点以上，顺月线上涨之势而为，设止损于 A4 低点以下，预期后市上破 C3 高点。

但当 {a6} 下破 {b5}、A4 低点，发出预期月线下跌信号和（C）上涨转势信号之时，是之前刚刚顺势做多的主动止盈止损时机，并可确定 C3 高点是（C）结束点和预期月线下跌的起点。

3. 深圳指数月线多空分界点附近策略及关键点

深圳指数自 15290.06 开始月线（C3）调整（见图 8-27），内部结构周线 A3、B3、C3 三浪 "双节棍" 结构（见图 8-28），其中 B3 预期分解成 A1、B1、C1 三浪反弹，A2、B2、C2 三浪调整，A3、B3、C3 三浪反弹。目前的 A1、B1、C1 三浪反弹本身又是一个周线三浪 "双节棍" 横盘模式（见图 8-27），B1 再次分解成 A7、B7（再分解成 A0、B0、C0 三浪），C7（不规则结构）三浪调整，A8、B8、C8（日线三浪 "双节棍" 结构）三浪反弹，A9（日线形态分析不具备，内 60 分线分析具备周线一浪），B9、C9（日线形态分析不具备周线一浪，1 分线看具备）三浪调整。

C1 上涨 {a}、{b}、{c} 三浪具备结构条件之时，刚好距离重要阻力点 15290.06 很近，{c} 内（a）、(b)、(c) 三浪一次分解（见图 8-27 的 30 分线）且（c）高点刚好是日线多空分界点。在这种情况下，(c) 附近是最佳主动出局时机。同时是衍生品做空时机 [设止损于（B3）高点以上]，目标为周线三浪一次、二次分解具备结构条件时主动出局，或在月线调整出现结束信号时被动出局。如果没有在 {c} 区域主动出局，需在 60 分线（a3）下破 {a4} 低点，发出日线 {b4} 反弹不规则底结构

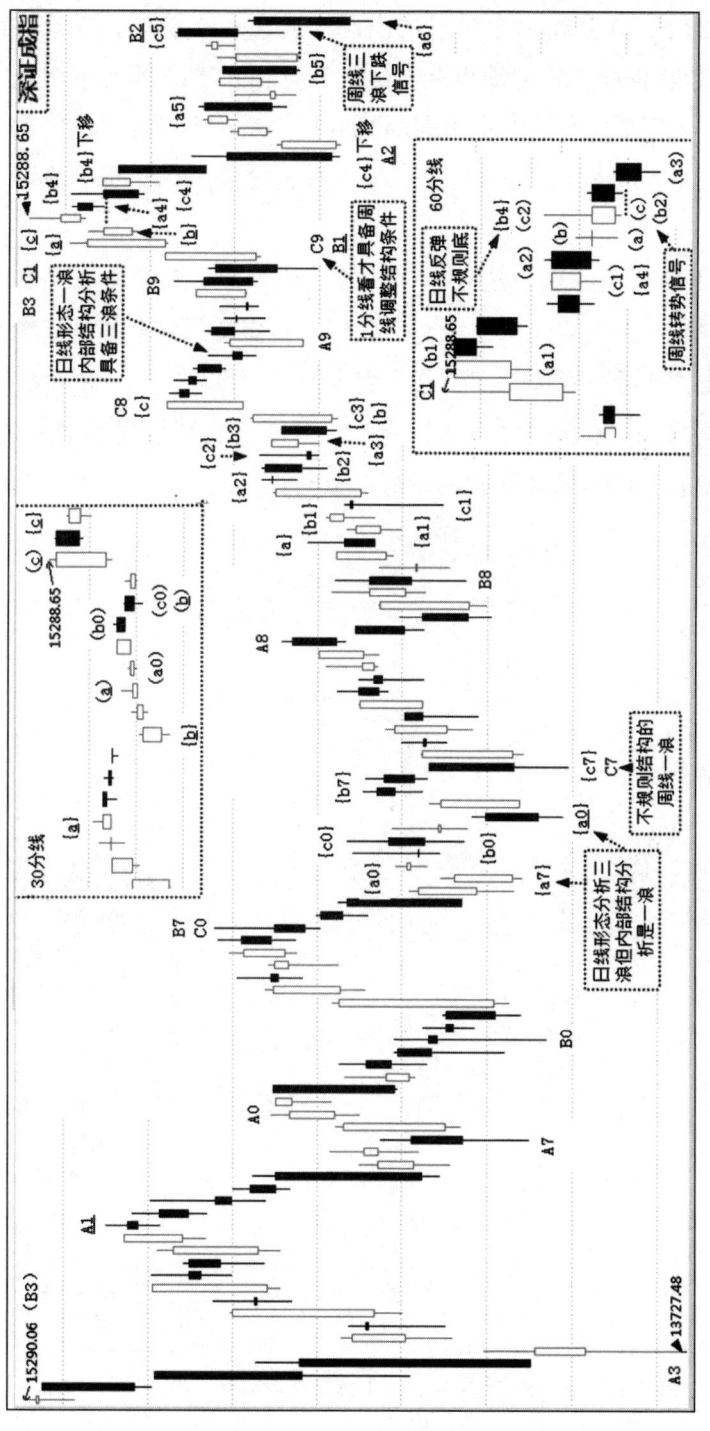

图 8-27 深圳指数周线三浪"双节棍"式上涨月线多空分解点附近策略和关键点

信号（见图 8-27 的 60 分线）之时坚决出局，或在 {c4} 下破 {a4} 低点发出周线上涨转势信号之时主动出局。{a6} 下破 {b5}、A2 低点不但是 A1、B1、C1 三浪反弹转势，以及预期周线 A2、B2、C2 三浪下跌的信号，还是 C1 高点为周线 A1、B1、C1 三浪上涨的结束点和周线三浪下跌的起点信号。

后市存在两种可能：其一是运行正常的周线三浪"双节棍"结构调整（见图 8-28）（无论 A1、B1、C1 三浪如何演变简化出来都是周线三浪反弹），其二是运行变体"双节棍"结构调整（见左边）。无论哪种情况，耐心等待 C3 出现之时逆势抓周线、月线之底交易预期（B3）反弹，并注意盈利主动出局才是相对较好的策略。

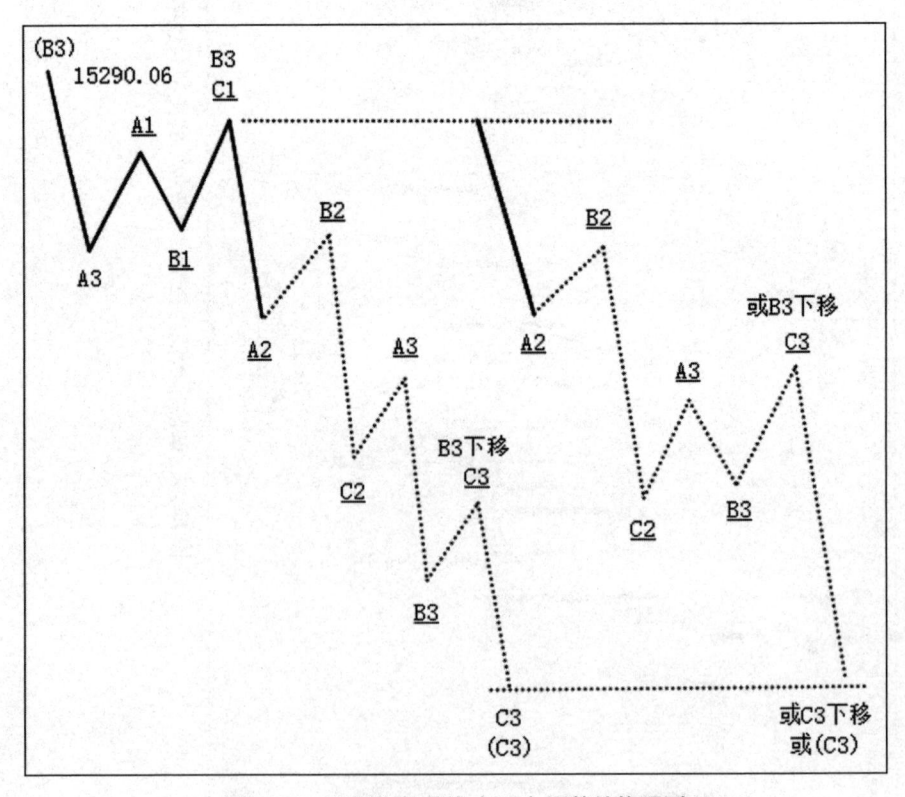

图 8-28　深圳指数月线（C3）调整结构预测

十五、股票月线下跌趋势中如何做短线周线反弹

月线上涨中一旦出现转势信号，预期运行月线调整。稳健者主动出局后，需耐心等待周线三浪调整二次分解及"C再下移"内部结构日线三浪二次分解，同时逆势抓周线、月线之底，或等待月线调整出现转势信号后再动手。

如要做逆势周线反弹，也需耐心等待周线调整内部结构日线三浪二次分解及"{c}再下移"内部结构60分线三浪二次分解，或出现转势信号，同时逆势抓日线、周线之底，交易预期的周线反弹，设止损于周线调整低点以下，且在日线三浪反弹具备结构条件之时主动出局，回避后市预期的周线下跌。只有这样胜率才高，因在月线下跌过程中没办法提前判断周线反弹究竟是正常反弹，还是下降三角形结构或反弹下倾结构。

1. 上证50月线下跌趋势中如何做周线反弹

上证50指数2021.12.29日{a}下破{b5}、A1低点，是预期月线调整的信号（见图8-29），耐心等待月线调整出现转势信号，或周线三浪调整二次分解极端之时，逆势抓月线之底，即可直接看到"C1再下移"内部结构日线{a6}、{b6}、{c6}三浪"双节棍"复杂结构的{c6}位置，或"C1再下移"调整出现转势信号。

非要做短线周线反弹，需耐心等待每个周线调整内部结构日线三浪二次分解极端之时，逆势抓周线之底然后主动出局。在月线下跌趋势中，如在周线调整出现转势信号之时做周线反弹，需择止损空间小的时机。

2022年1月18日，30分线（a3）上破{a}高点，出现隐藏的周线上涨信号，是好的短线做多时机，设止损于（c2）或（a1）低点以下（见图8-29右上30分线）。

2022年3月9日是逆势抓周线、月线之底的时机，设止损于"C1再下移"低点以下（此时"C1再下移"调整并没有出现结束信号，还存在继续演变的可能性）。现重点解析"C1再下移"调整转势信号，3

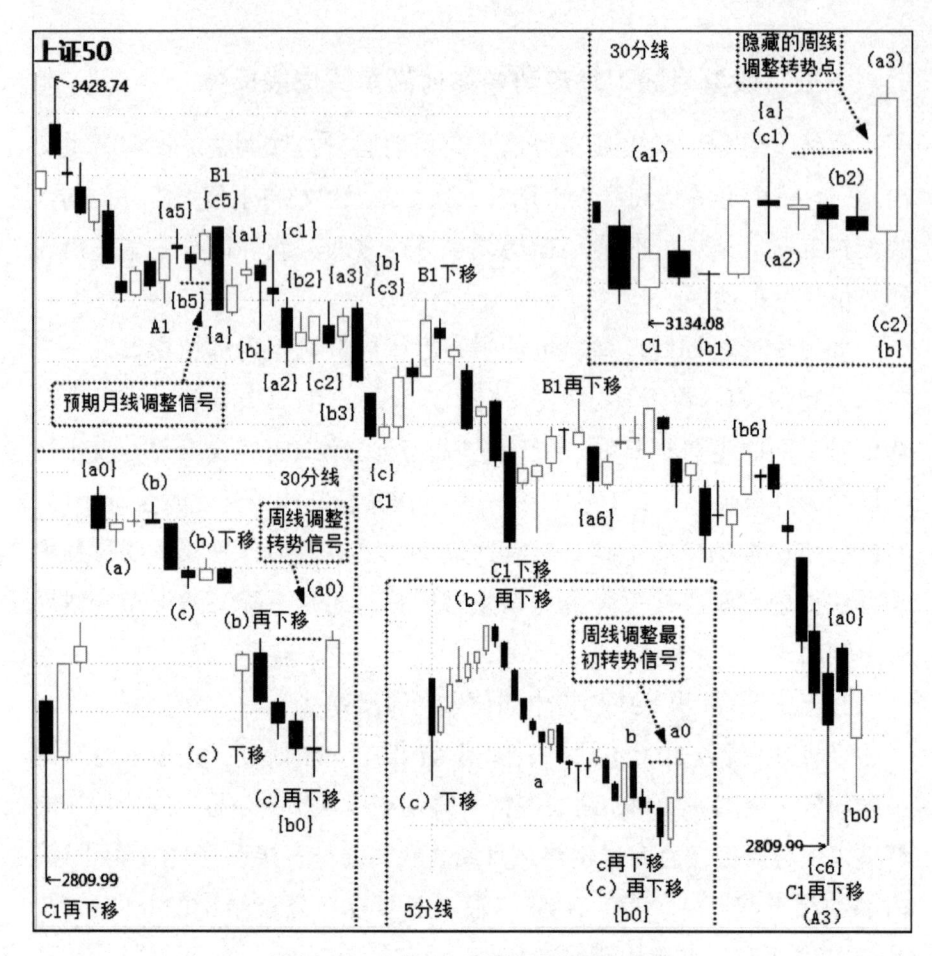

图 8-29 上证 50 月线下跌做周线反弹

月 11 日 {b0} 调整内 30 分线（a）、(b)、(c) 运行中，(a0) 上破"(c) 再下移"高点之时，不但是 {b0} 调整在"(c) 再下移"低点结束的信号，还是"C1 再下移"调整转势信号和逆势抓月线之底的时机（见图 8-29 左下 30 分线）。还可再精准到"(c) 再下移"内 5 分线 a0 上破 b 高点之时（见图 8-29 中下 5 分线），设止损于 {c6} 低点以下。注意：这是 {c6} 这段调整被认定为日线一浪的基础上。但根据形态分析本段是日线三浪结构，基于双节棍结构特性，如定位此段调整为日线三浪，则预测还有一个日线三浪反弹后，再次出现一个日线级别调整才具备"C1 再下移"

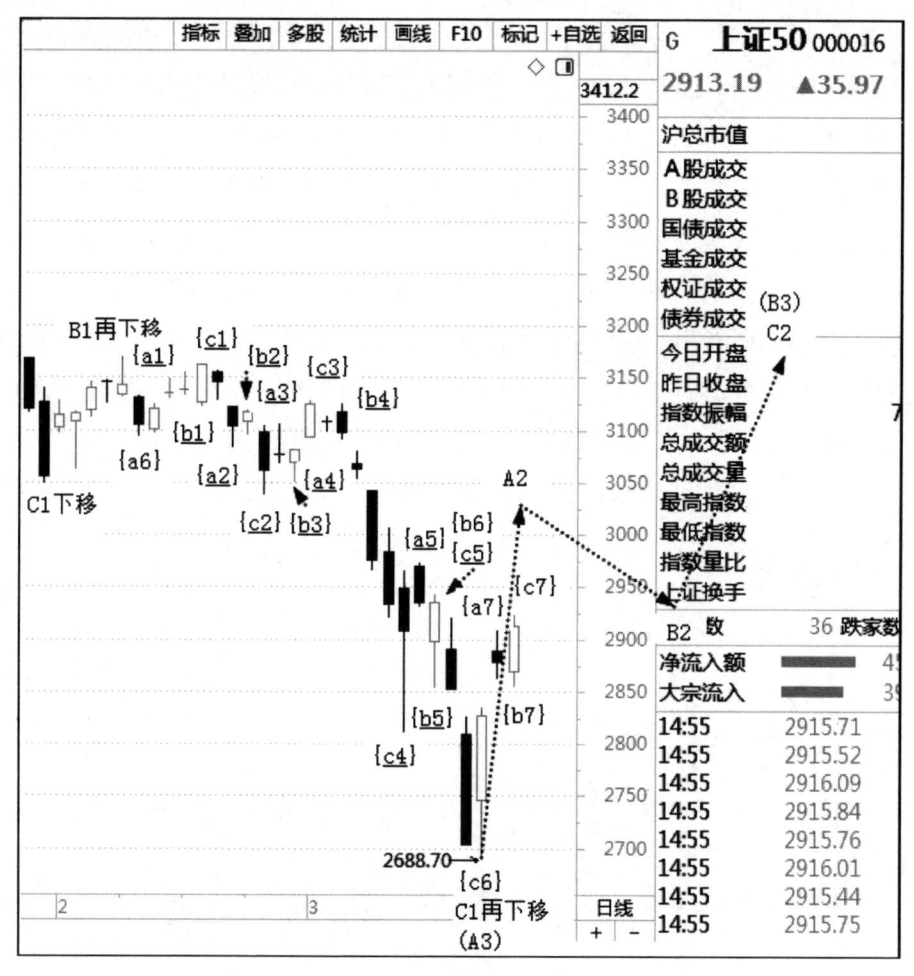

图 8-30 上证 50 月线下跌做周线、月线反弹

结构条件。

图 8-29 已经解析过图 8-30 的日线 {a4}、{b4}、{c4}（对应图 8-29 的 {c6}），这段调整既可看作日线一浪（因 {a4} 这段是 60 分线一浪），也可看作日线三浪结构（运行中日线一浪到三浪）。3 月 18 日 {c7} 上破 {a7} 高点，发出"C1 再下移"在 {c6} 低点结束信号，是验证该段调整为日线三浪信号。对于上证 50 月线调整 A1、B1、C1 三浪来说，现在是二次分解极端阶段，后市面临月线反弹，{c6} 下破 {c4} 低点，定位为自

{a6} 高点开始的日线 {a6}、{b6}、{c6} 三浪复杂"双节棍"具备结构条件区域，不但不应担心，而且是逆势同时抓周线、月线之底的好时机。当然也不排除 A1、B1、C1 三浪三次分解的可能性，但结合上证指数运行至此区域，其低点是周线三浪复杂"双节棍"结构月线多空分界点，不应以周线三浪未来会三次分解的可能性去考虑，应大胆以面临月线反弹来预测，而在"C1 再下移"低点区域逆势同时抓周线、月线之底。

从以上可看出，逆势抓周线、月线之底出错机会大，止损点容易被打掉。2022 年 3 月 30 日 {c} 上破 {a} 高点（见图 8-31），发出月线（A3）调整转势信号，才验证"C1 再下移"和（A3）结束点是 2688.7。

对于衍生品期指来说，图 8-29 的 {a} 下破 {b5}、A1 低点发出预期

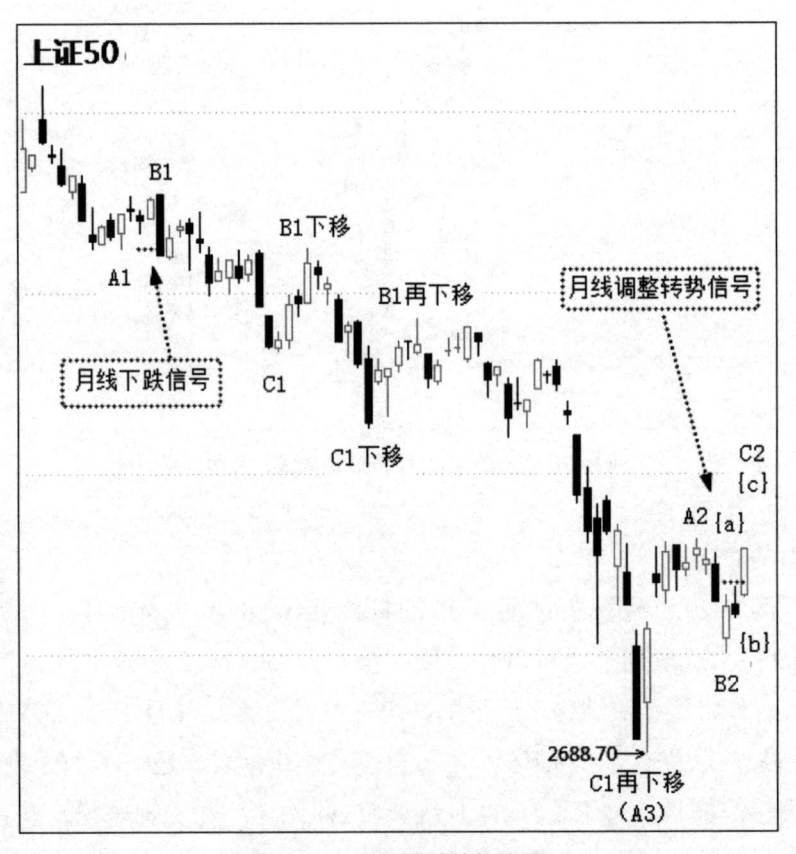

图 8-31　月线调整转势信号

运行月线调整信号之时，是对应期指波段做空的时机，设止损于 {c5} 对应高点以上。目标应定为可直接看到"C1 再下移"调整对应期指具备结构条件之时或（A3）出现转势信号之时对应期指位主动出局。

2. 上证指数月线下跌趋势中如何做周线反弹

上证指数 2022 年 1 月 5 日下破 A1 低点，是自 A1 高点开始预期周线三浪"双节棍"结构信号（见图 8-32），也是之前月线上涨在 A1 高

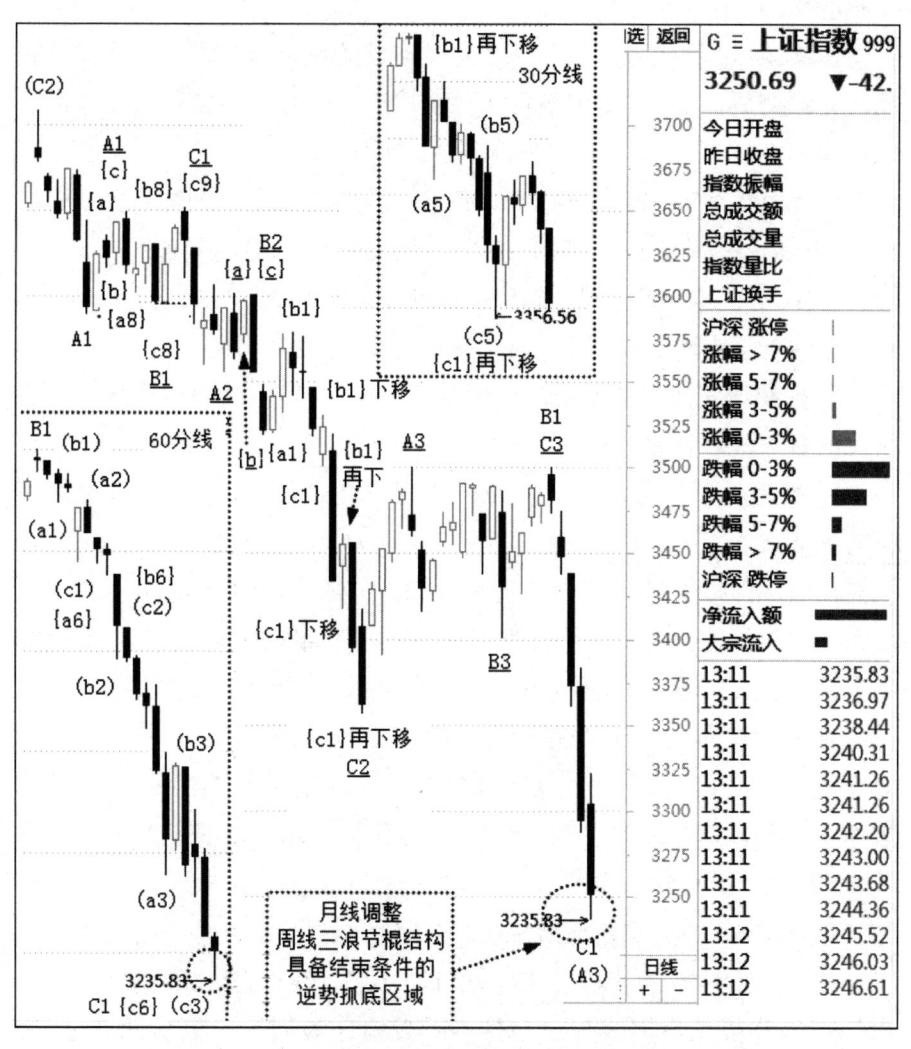

图 8-32　上证在月线下跌趋势中如何做周线反弹

点的结束信号。周线 A1、B1、C1 三浪反弹在周线上形态分析只是周线一浪，但看日线再结合 30 分线（见图 8-33），内部结构分析具备周线三浪结构条件，所以本段月线调整预期是周线三浪"双节棍"结构。

根据"双节棍"结构特性，2022 年 1 月 14 日 {a1} 下破 A2 低点，是周线三浪调整演变成复杂"双节棍"信号，即自 A1 高点开始月线调整可直接预测至 C1 内部结构日线 {c6} 内部结构（c3）位置（见图 8-32 左下 60 分线）。

因图 8-32 日线 {a}、{b}、{c} 三浪构成的周线 B2 反弹，是下降三角形，预测后市周线 C2 调整日线三浪重挫，应可直接看到二次分解区域。实际 {a1}、{b1}、{c1} 三浪调整是二次分解模式。

根据月线调整中好的短线做多时机，应是日线三浪调整二次分解之时逆势抓周线之底，{a1}、{b1}、{c1} 三浪调整中"{c1}再下移"内（a5）、（b5）、（c5）三浪"镰刀"式调整结构（见图 8-32 中 30 分线），（c5）内 5 分线三浪出现结束信号之时，就是逆势抓日线、周线之底的好时机。

根据周线三浪"双节棍"结构特性，逆势抓 C1 内部结构日线三浪之底的时机就是非常好的逆势抓月线（A3）之底的时机，C1 内日线 {a6}、{b6}、{c6} 三浪调整中，{c6} 内（c3）具备结构条件之时，就是非常好的逆势抓周线、月线之底的时机（见图 8-32 左下 60 分线），设止损于 C1 低点以下（即接受 C1 内日线三浪继续演变，因 C1 本身形态分析是日线一浪。内部结构分析既可是日线一浪，也可是周线一浪。还存在走成形态分析是日线三浪的可能性，且不接受周线三浪继续演变的可能）。

注 1：图 8-32 中有个年线多空争夺痕迹：周线 C1 上破 {b8} 高点是自 3312.72 开始的月线三浪上涨顺势点，这是因图 8-32 的（C2）高点至 B1 低点构成周线三浪三角形结构条件，后市如继续上涨，上破（C2）高点则验证年线顺势成功。如下破 B1 低点，则验证年线顺势失败，且是自 A1 高点开始预期月线调整信号。

注 2：图 8-33 的（a）下破 {b9}（此 C1 浪日线形态分析是日线一浪，内部结构分析具备周线一浪条件，后市验证为周线一浪）低点之时，是周线 C1 反弹结束和预期自 {c9} 高点开始运行周线调整的信号，重点

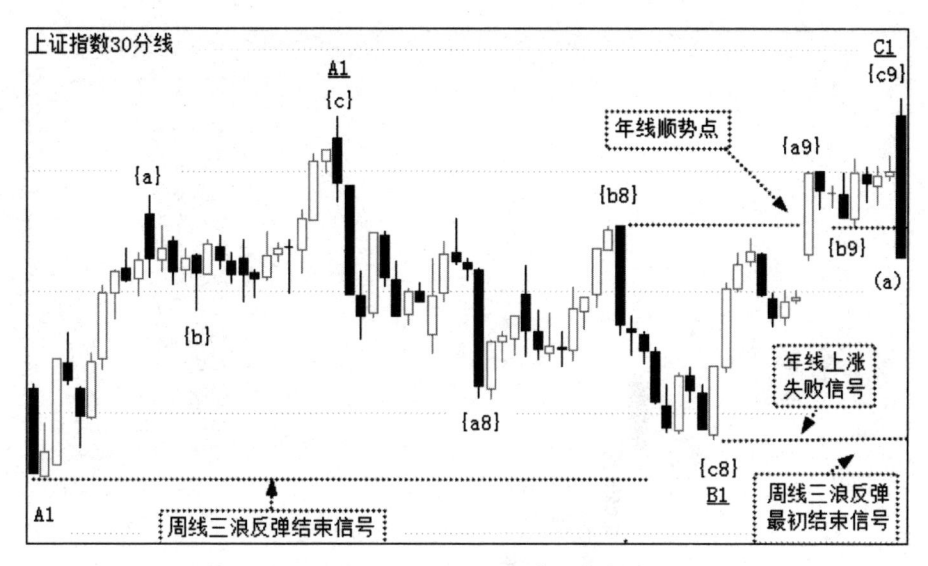

图 8-33　上证周线 A1、B1、C1 三浪反弹内部结构 30 分线

关注自 {c9} 高点开始的日线三浪调整结构、结束信号、结束点对周线、月线趋势方向的影响。如下破 B1、A1 低点，则成为月线调整的信号和看空点。

图 8-32 解析过上证指数自 3708.94 开始月线调整内周线三浪是"双节棍"复杂结构，根据"双节棍"结构的特性，C1 低点是月线多空分界点，C1 调整中接受日线三浪的继续演变，但不接受更高级别的演变。3月 3 日至 9 日这段调整日线形态分析是日线一浪，内部结构分析也是日线一浪（见图 8-34 的 60 分线）。{c6} 下破 {a6} 低点不但不应担心，还是空仓者逢低买入的最佳时机，并等待后市 C1 调整结束信号出现。3月 18 日 {c7} 上破 {a7} 高点，发出运行周线 A2 上涨信号，是 C1 调整在 {c6} 低点结束信号。因 C1 低点是月线多空分界点，则本信号也是预期月线（B3）上涨（反弹）信号和买点，设止损于 C1 低点以下。

此时也没排除后市下破 C1 低点的可能性，但从周线三浪"双节棍"特性和调整幅度来看，这种概率极低。后市如 A2 上破 B1 高点，或在 C1 低点以上出现周线三浪反弹的信号，成为验证 C1 低点为（A3）调整终点

图 8-34 上证周线 C1 的继续演变

的信号。

3. 沪深 300 月线下跌趋势中如何做周线反弹

图 3-12 中，沪深 300 指数月线下跌，根据只在周线调整内日线三浪二次分解极端之时逆势抓周线之底并盈利主动出局策略，C1 内部结构日线 {a1}、{b1}、{c1} 三浪"双节棍"调整，逆势抓 {c1} 之底或在 {c1} 调整出现转势信号之时，稳健交易"B1 下移"反弹。"C1 下移"内部结构日线 {a0}、{b0}、{c0} 三浪"剪刀"式调整二次分解，逆势抓"{c0} 再下移"之底或在"{c0} 再下移"调整出现转势信号之时才可稳健交易"B1 再下

移"反弹。当到达"C1再下移"阶段，可根据其内部结构日线 {a}、{b}、{c} 三浪复杂"双节棍"结构，在 {c} 调整具备结构条件之时，逆势抓日线{c}、周线"C1再下移"之底，方可交易预期月线反弹，设止损于"C1再下移"低点以下，防止 A1、B1、C1 三浪三次分解。

沪深300后市变化基本同上证50一样。

十六、策略、目标定位、止损点设置、反转信号

交易时目标定位、止损设定或上移，对应转势信号主要跟所处位置和级别大小有关。

1.年线调整出现转势信号时策略、目标、止损点、反转信号。

月线（<u>A1</u>）、（<u>B1</u>）、（<u>C1</u>）三浪调整构成年线 {<u>C</u>} 下跌（见图8–35），（A1）上涨目前只能定位年线下跌趋势中的月线反弹。周线 A3 上破 B2 高点，不但是月线（B1）调整转势信号，因所处位置，此点也是年线 {<u>C</u>} 调整的反转信号及预期年线 {A0} 上涨顺势点。此时，以前处在年线下跌趋势中的（A1）反弹，应定位为预期年线 {A0} 上涨中的月线（A1）上涨。

日线 {a} 上破 {b} 高点，不但是预期周线 C3 上涨顺势点，还是预期月线（C1）、年线 {A0} 上涨顺势点。即此点买入目标可定为周线、月线、年线上涨，止损点统一设置在 B3 低点以下，也可分开设置。目标定为周线上涨，止损点是 B3 低点以下，主动出局点为 C3 具备结构条件之时的点，被动出局点是 C3 上涨出现反转信号之时。目标定为月线上涨，<u>止损</u>点是 A3 低点以下，主动出局点有"C3 上移"、"C3 重上移"、"C3 再上移"等各种（C1）上涨具备结构条件之时，被动出局点是 {a5} 下破 {b1}、A4 低点发出（C1）上涨反转信号之时。在（C1）上涨过程中，要想获得更大收益，就需上调止损点，并承受月线上涨如出现反转信号的被动出局带来的回吐。如要想获得 {c7}、"{c7} 上移"、"{c7} 再上移"等更大的收益，就需上调止损点至"B3 上移"低点以下，承受后市下破"B3 上移"低点等各种形成月线上涨转势后被动出局所造成的获利回吐。要想获得 {c8}、"{c8} 上移"、"{c8} 再上移"等更大收益，就需上调止损点至"或 B3 再上移"低点以下，因 A3、B3、C3 三浪到

241

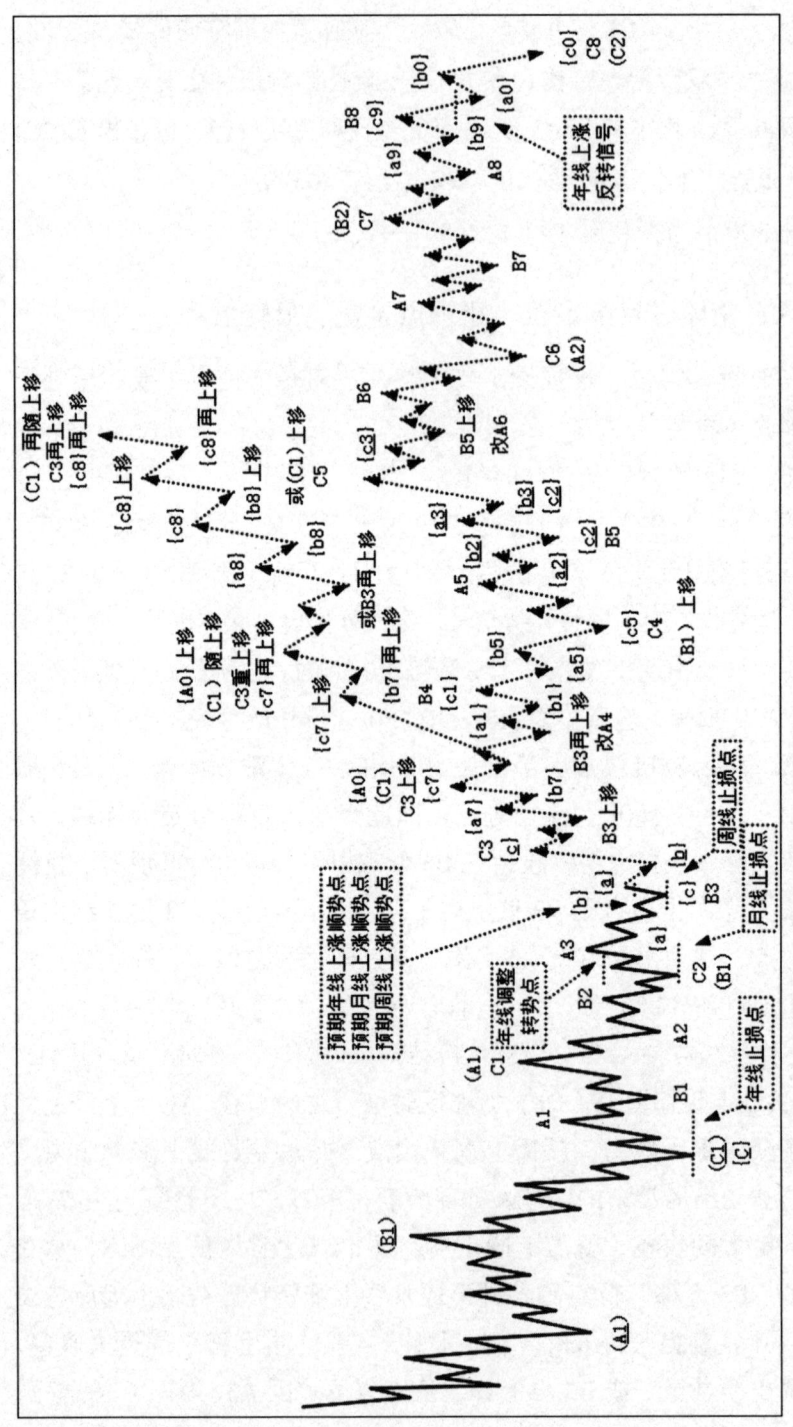

图 8-35 年线调整出现转势信号时策略、止损点、目标、反转信号

达此区域已具备二次分解条件，须采用主动出局策略，防止后市月线调整。目标定为年线 {A0} 上涨的止损应设置在（A1）低点以下，主动出局点有"C3 上移"、"{c7} 上移"、"C3 重上移"、"{c8}"、"{c8} 上移"、"C3 再上移"等各种（C1）上涨具备结构条件之时，和 C5、"C5 上移"、"C5 再上移"等各种"或（C1）上移"上涨具备结构条件之时。被动出局点是在（A1）低点以上出现年线上涨反转信号之时（如 {a0} 下破 {b9}、A8 低点）。年线 {A0} 上涨中，要想获得更大收益就需上调止损点，承受年线上涨出现反转后被动出局造成的获利回吐。如要想获得 C5 带来的更大收益，就需在 {a3} 上破 {b2} 高度发出"或（C1）上移"上涨信号之时，上调止损位至"(B1) 上移"低点以下。在 C5 上破 A5 高度之时，再上移止损点至 B5 低点以下。

2. 周线三浪"双节棍"调整月线多空分界点附近策略、目标、止损点、反转信号

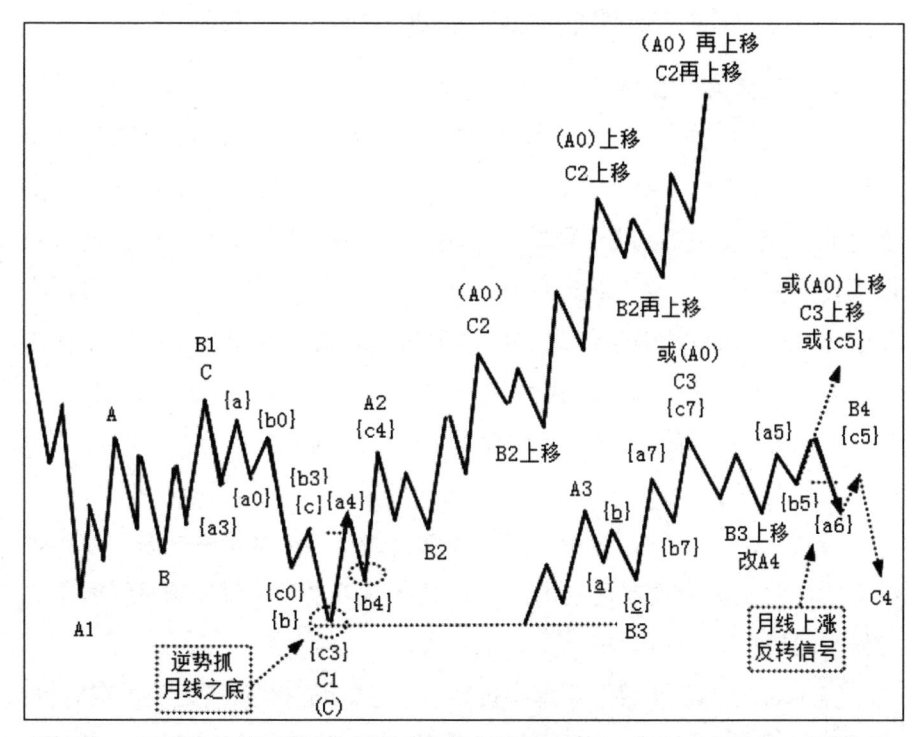

图 8-36　周线三浪"双节棍"调整月线多空分界点策略、目标、止损点、反转信号

243

周线 A1、B1、C1 三浪雏形"双节棍"调整具备月线（C）结构条件（见图 8-36），逆势抓 C1 内部结构日线 {a3}、{b3}、{c3} 三浪"镰刀"式调整之底，或在 {a4} 上破 {b3} 高点之时，以及 {b4} 调整收在 {a4} 低点以上的点，都是月线多空分界点附近逆势抓月线之底时机，设止损于 C1 低点以下。目标可直接定位为月线（A0）上涨具备结构条件之时。（A0）上涨过程中要想获得更大收益就需上调止损点，承受月线上涨出现反转信号带来的回吐。如要想获得"C2 上移"收益就需上调止损至"B2 上移"低点以下，要想获得"C2 再上移"收益就需上调止损至"B2 再上移"低点以下。如要想获得"C3 上移"收益，就需上调止损至"B3 上移"低点以下。同时承受后市下破"B3 上移"低点带来的回吐，或承受 {a6} 下破 {b5} 低点出现（A0）上涨反转信号的获利回吐。

十七、沪深 300 期指关键买卖点、止损点、目标位

1. 定趋势方向和级别

2021 年 12 月 29 日线 {a3} 下破 {b2} 低点是周线 B1 反弹结束和预期周线 C1、月线（A3）下跌信号（见图 8-37）。{b3} 反弹距离 {a3} 高点达到可接受止损空间，和验证 {b3} 收在 {a3} 高点以下的点，是风险回报比好的短中线做空期指时机，设止损于 B1 高点以上。短线目标为 C1 大幅下跌具备结构条件或出现结束信号之时主动出局，中线目标为 A1、B1、C1 三浪一次、二次分解具备结构条件之时主动出局。{c3} 下破 A1 低点确定月线（A3）下跌趋势和验证之前做空成功。

2. 顺势而为

月线（A3）下跌过程中，周线反弹日线三浪上涨极端之时，或出现结束信号验证反弹收在之前周线反弹高点以下之时，就是顺月线调整之势做空时机：

（1）周线"B1 下移"反弹出现结束信号的顺月线调整之势做空时机：
2022 年 1 月 13 日 {a7} 下破 {b6} 低点验证 {a6}、{b6}、{c6} 三浪构

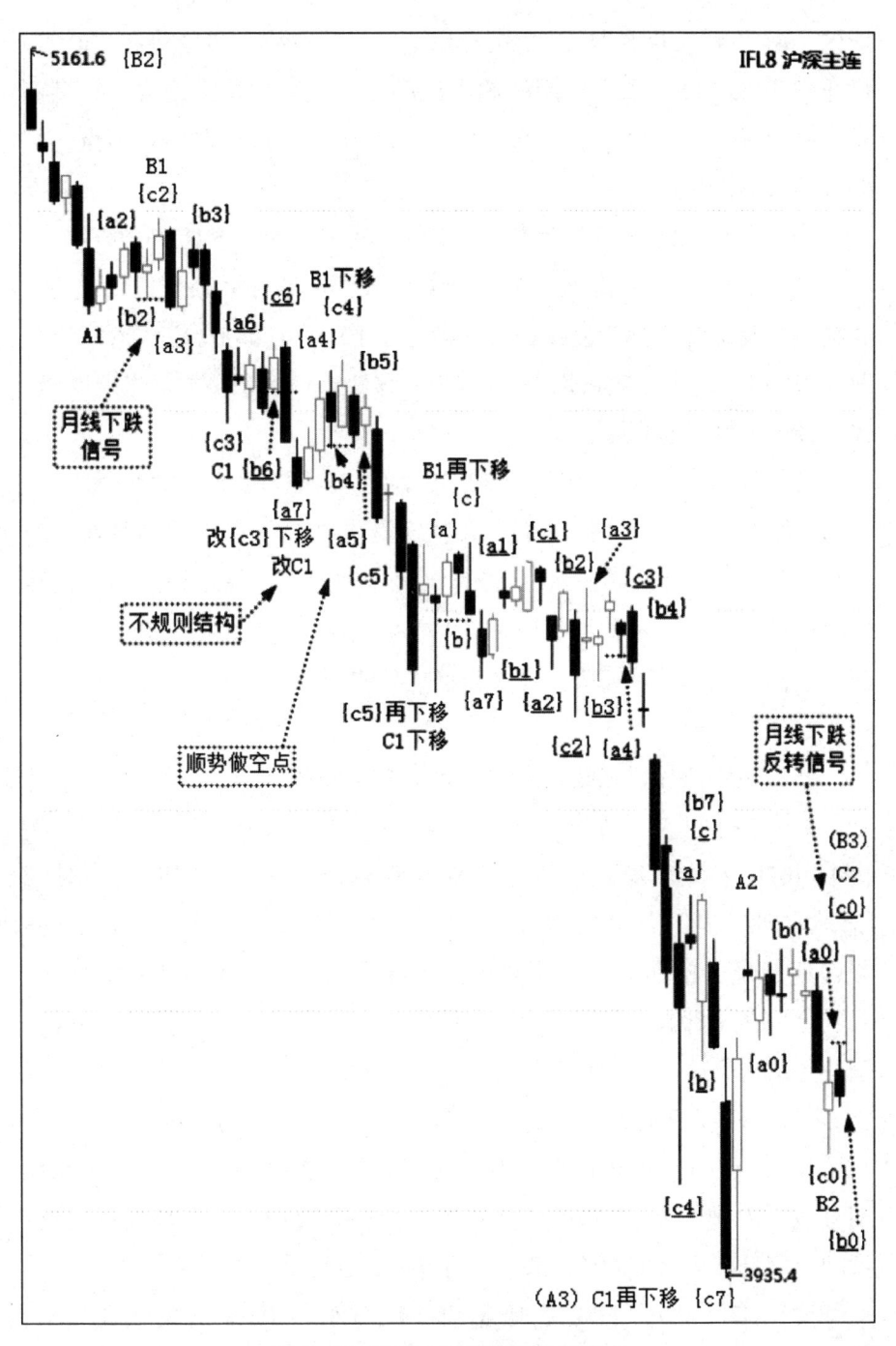

图 8-37　沪深 300 期指关键买卖点

成的"B1下移"反弹收在B1高点以下，是顺月线调整之势做空时机，设止损于{a7}高点以上。周线调整极端之时主动出局（此时{c6}高点是"B1下移"，后市结合形态分析把"B1下移"位定在{c4}高点，则C1为不规则结构）。

（2）周线"B1下移"反弹出现结束信号顺月线调整之势做空：

1月21日{a5}下破{b4}低点和{b5}反弹距离{a5}高点达到可接受止损空间及{b5}反弹验证收在{a5}高点以下的点，都是验证"B1下移"收在B1高点以下的顺预期周线"C1下移"、（A3）调整之势做空时机，设止损于{a5}高点以上。

（3）周线"B1再下移"反弹出现结束信号顺月线调整之势做空：

2月11日{a7}下破{b}低点，验证周线"B1下移"反弹收在"B1下移"高点以下，是顺（A3）调整之势做空时机，设止损于{a7}高点以上。后市{a1}、{c1}反弹距离{a7}高点达到可接受止损空间和出现反转信号的点，都是顺周线、月线调整之势的做空点。

3. 逆势抓底

（1）逆势抓月线之底，出局短线、中线空单

3月15日{c7}下破{c4}低点，具备周线"C1再下移"内部结构{a7}、{b7}、{c7}三浪复杂"双节棍"调整结构条件，同时具备月线（A3）内部结构周线A1、B1、C1三浪"剪刀"式二次分解结构条件，是短期周线空单和中线月线空单的主动出局时机，还是逆势抓周线、月线之底做多时机，设止损于"C1再下移"低点以下，目标为月线上涨具备结构条件之时主动出局。

（2）月线调整出现反转信号做多

2022年3月30日{c0}上破{a0}高点是（A3）调整转势信号和预期月线上涨顺势点，同时是之前中线做空期指没有主动出局者的最后被动出局及买入做多时机，设止损于{b0}、B2、A2低点以下。

注：{a7}、{b7}、{c7}三浪复杂"双节棍"调整结构内的{a3}、{b3}、{c3}反弹，也是下降三角形上涨结构乏力，同样预期{a4}、{b4}、 {c4} 三浪重挫。{c4} 下破 {a4} 低点是 {a3}、{b3}、{c3} 反弹无力信号，相当于周线反弹无力的顺势做空时机，设止损于 {a3} 高点以上。

目前的趋势方向是（B3）反弹，耐心等待周线调整出现结束信号验证收在之前周线调整低点以上，顺月线上涨之势做多。

十八、同一段 K 线多种标注下的买入策略

有的结构本身存在多种标注、多种变化的可能性，在这种情况下买入应耐心选择和等待距离重要支撑点附近时机（一为有明确止损点，二为希望在支撑点以上反转），或两种标注下选择等待调整幅度大的结构具备条件之时再买（用以回避大幅度调整）。

房房地产指数月线（B1）调整就有两种标注（见图 8-38），第一种见周线 A2、B2（日线 {a2}、{b2}、{c2} 三浪反弹为下降三角形）、C2 三浪调整，此时（B1）只是具备结构条件，还没有转势，但 C2 调整出现了转势信号。第二种见 A2，或 B2（{a2}、或 {b2}、或 {c2} 三浪反弹为下倾结构），或 C2 三浪调整。目前（B1）周线形态分析为周线一浪（见图 8-38 图中周线部分）。

根据多种标注、多种变化情况下的买入策略，我们选择下调幅度大的结构具备条件之时再买，结合周线形态，应耐心等待或"C2"调整内日线 {a5}、{b5}、{c5} 三浪下破"或 {b2}"低点，距离支撑点（A1）低点达到可接受止损空间之时，逆势同时抓"或 C2"、（B1）之底。或等待"或 C2"调整出现结束信号验证"或 C2"收在（A1）低点以上之时逆势抓"或（B1）"之底交易预期的（C1）上涨，设止损于（A1）低点以下。

如选择第一种，需要注意的是真正有用的止损点也在（A1）低点以下，需降低仓位，要有接受再次下破 C2 低点的准备。

稳健者耐心等待预期的（B1）出现结束信号调整验证收在（A1）低点以上之时顺年线上涨之势而为，但也不能排除（B1）在（A1）低点以上分解并蓄势的可能性。

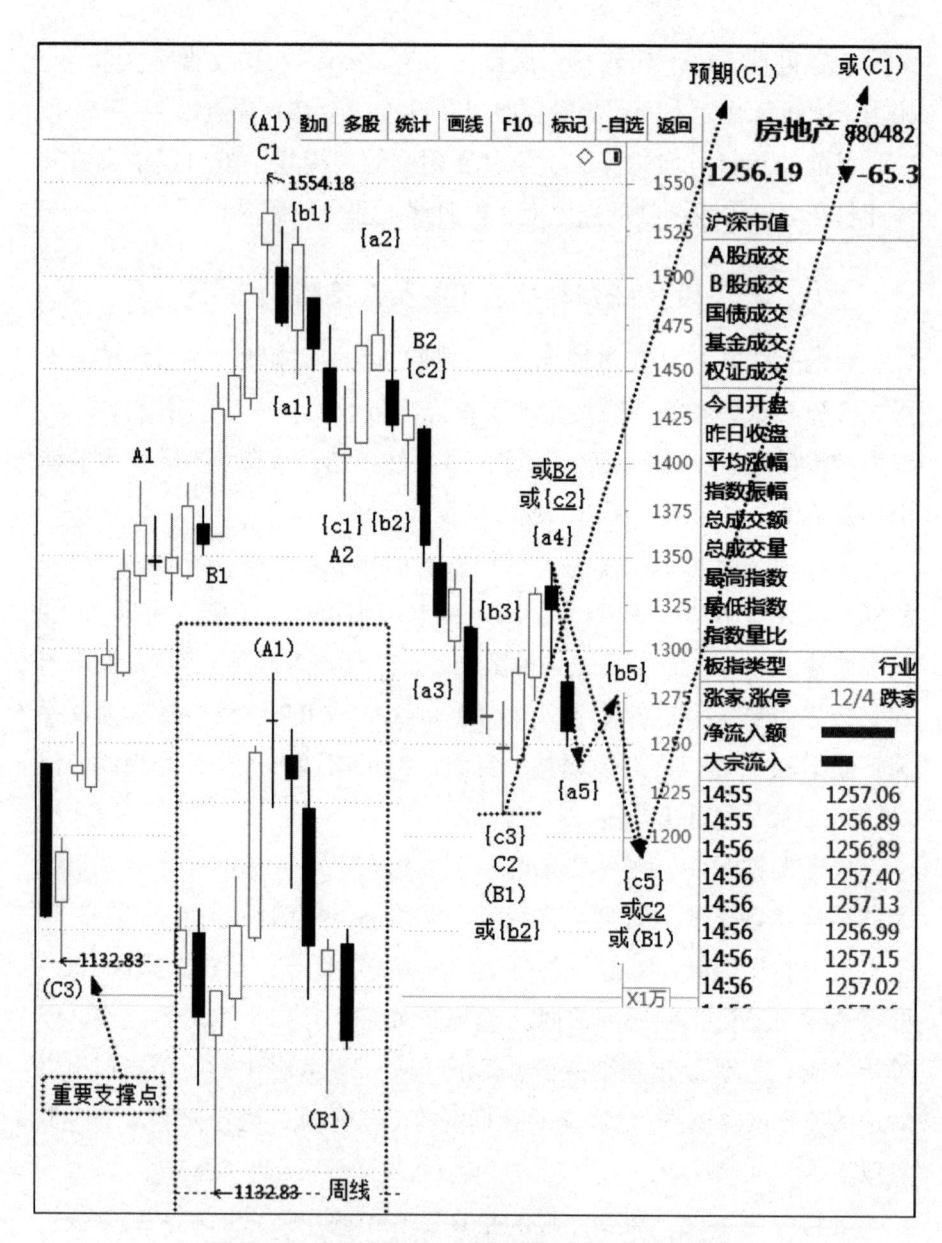

图 8-38 房地产同一 K 线在多种标注下的买入策略

第八章配套讲解视频：

8-0 波浪理论难点

8-1 形态分析为三浪内部结构判断是一浪

8-2 形态分析为一浪内部结构判断可三可一

8-3 三浪、一浪在运行中转化

8-4 如何认定不规则结构

8-5 形态分析和内部结构分析综合判断

8-6 隐藏的周线调整转势信号

8-7 隐藏的月线调整转势信号

8-8 日线看杂乱无章，内部结构看较标准

8-9 日线 {b} 反弹下倾信号及关键点

8-10 周线 B 反弹下倾信号及关键点

8-11 反弹无力结构对后市调整的影响

8-12 周线调整上倾信号和关键买点

8-13 预期"镰刀"式调整转变为三角形信号

8-14-0 月线多空分界点附近策略及关键点

8-14-1 上证指数月线多空分界点附近策略

8-14-2 上证 50 月线多空分界点附近策略

8-14-3 深圳指数月线多空分界点附近策略

8-15-0 股票月线下跌趋势中如何做反弹

8-15-1 上证 50 月线下跌趋势中如何做反弹

8-15-2 上证指数月线下跌趋势中如何做反弹

8-15-3 沪深 300 月线下跌中如何做周线反弹

8-16-0 策略及失败（反转）信号

8-16-1 年线调整出现转势信号时策略

8-16-2 周线三浪"双节棍"式调整多空分界点策略

8-17 沪深 300 期指关键买卖点

8-18 同一段 K 线多种标注下的买入策略

微信扫码观看

第九章　位置决定策略和结果

要弄清市场所处位置应以年线一浪涨跌中月线在年线的位置、周线在月线的位置来论，同时要考虑年线一浪在年线三浪的位置。周线、月线、年线之间基本有以下几种位置：

一、月线三浪反弹中（B）调整为上倾结构月线、周线位置及策略

1.月线（A）反弹：一般为正常周线 A、B、C 三浪上涨（反弹）。

如图 9-1，月线（A）反弹中周线 A1、B1、C1 三浪所处位置没什么特殊，关注重点应是之前（C）调整在年线调整的位置，和 A1、B1、C1 三浪结构特性以及每一浪内部结构次一级日线三浪结构。

2.月线（B）调整：周线 A2、B2、C2 三浪调整上倾。

如图 9-1，A（即 B2）上破（A）浪高点预期（B）浪调整上倾，B2 分解成 A、B、C 三浪上涨。月线调整上倾的关键是上倾信号，没有发出上倾信号之前的 A2 下破"B1 上移"低点是预期月线调整信号。一旦发出月线调整上倾信号，则及时买入和持有待涨为最佳策略。需注意调整上倾失败信号、止损点。因上倾信号出现后另一种可能是（A）结束点上移至 A 浪高点，后市出现月线级别调整。这是上倾失败后的体现。此时要关注调整上倾的成功信号。C 浪上破 A 高点验证（B）调整上倾成功之时，更是好的买入时机并注意持续持有，设止损于 B 低

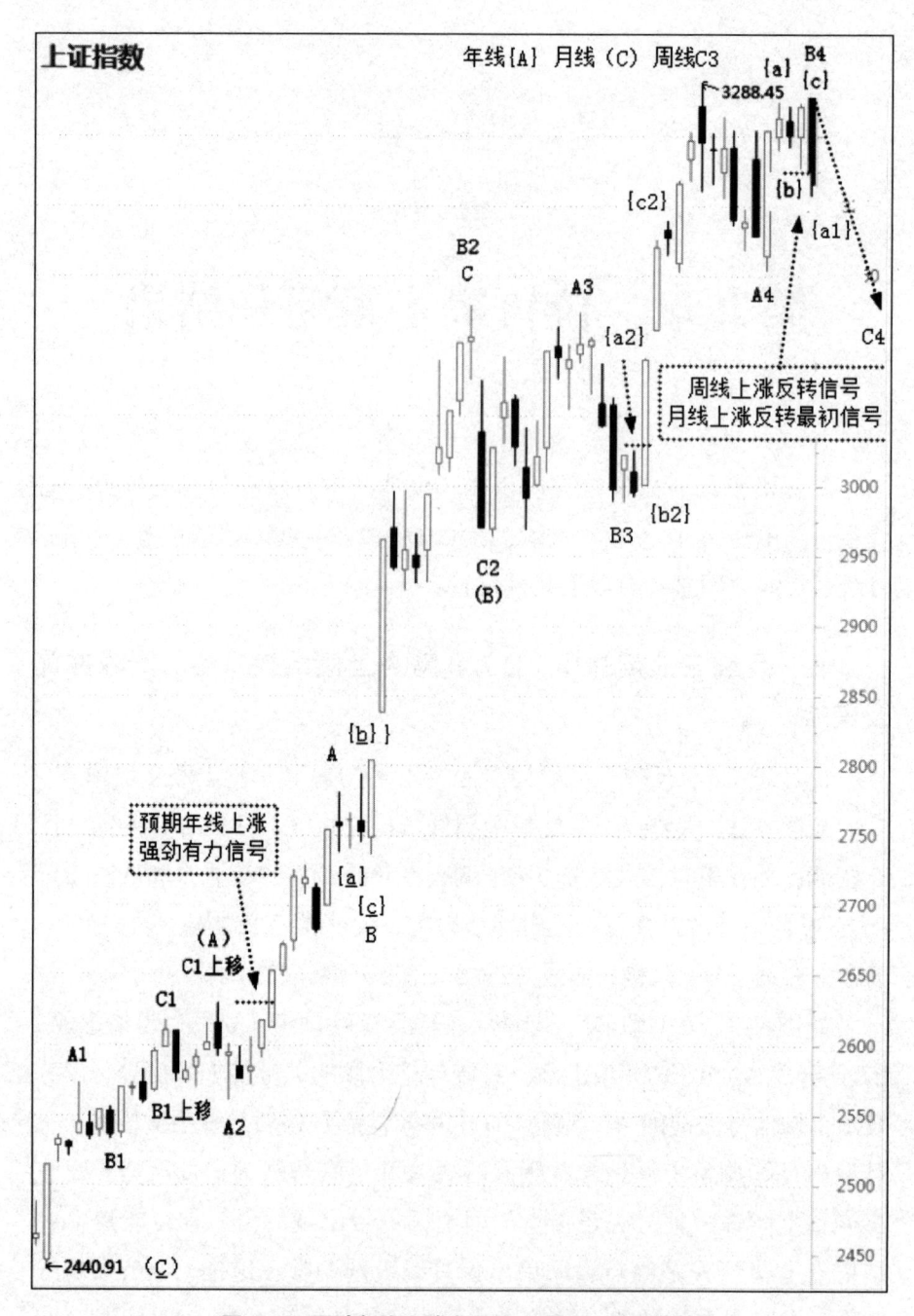

图 9-1 强劲年线上涨中月线、周线位置及策略

点以下。

3.月线（C）反弹：（B）调整上倾结构后的（C）反弹一般强势上涨。

图 9-1 中，（C）浪继续强劲反弹。（C）中 A3 和（B）中 B2 的分解浪中 C 有时很难分清。应对办法是有明显分界点就及时注意（C）起点，如没有则通过上涨幅度重点关注（C）反弹具备结构条件的主动出局点和出现结束信号的被动出局点。有了这个（C）反弹结束信号后，重点关注月线调整对年线上涨趋势的影响。如 {a1} 下破 {b} 低点就是（C）反弹结束信号和预期年线调整的最初信号及主动出局时机点，最终（C）高点成为年线调整起点。

（C）反弹策略：周线回调出现结束信号验证收在之前周线反弹低点以上的点，是顺（C）上涨之势买入时机。如 {c2} 上破 {a2} 高点是顺（C）上涨之势买点，设止损于 B3 低点以下。

（C）内周线三浪上涨二次分解具备结构条件之时不可再追高，有时一次分解具备结构条件之时就不可再追高，需获利后主动出局。

二、月线三浪反弹"剪刀"式二次分解中月线、周线位置及策略

（A1）至（C3）是年线 {A2}、{B2}、{C2} 三浪调整三角形的内部结构（见图 9-2）。自（A1）低点起月线（A1）、（B1）、（C1）三浪上涨实为三次分解，既可为年线一浪也可为年线三浪结构，具体是年线一浪还是三浪需后市验证。

月线三浪上涨二次分解一般出现在强势个股中，要么有基本面大幅改善，要么有强庄推动。这种强势大幅上涨结构要么在年线大底区域启动，要么在年线调整为强势结构后启动。年线上涨启动信号出现之时买入和持有为最佳策略。出局策略有两个：一为每个周线三浪上涨二次分解具备结构条件之时主动出局，二为月线三浪上涨一次分解、二次分解具备结构条件之时主动出局。

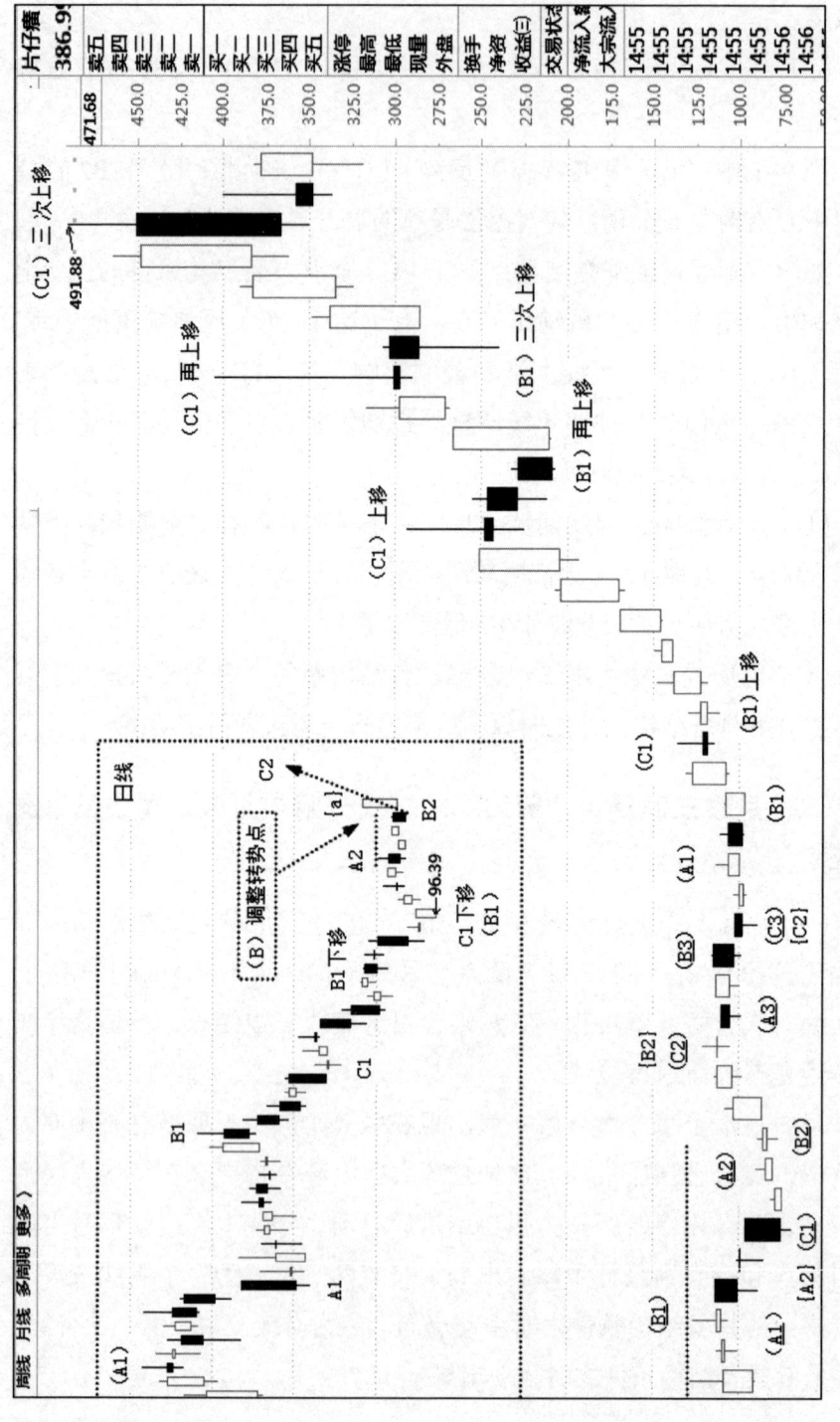

图9-2 月线三浪反弹"剪刀"式二次分解中月线、周线位置及策略

（B1）调整出现结束信号验证收在（A1）低点以上，是年线 {C2} 调整转势和预期年线上涨信号及买入时机，设止损于（A1）低点以下。2019 年 12 月 13 日日线 {a} 上破周线 A2 高点，不但发出预期（C1）上涨和买入信号（设止损于 B2 低点以下），还是（B1）调整转势信号（见图 9-2 日线）。

（C1）上破（A1）高点确定年线上涨趋势。每个短线月线调整［如"（B1）上移""（B1）再上移"］出现结束信号，都是顺年线上涨之势交易的时机。（C1）上破 {B2}、{A2} 高点可考虑把目标上调为年线三浪上涨具备结构条件主动出局。"（C1）三次上移"具备结构条件之时是年线三浪上涨具备结构条件主动出局时机，后市随时面临年线三浪调整的风险。

三、月线三浪"镰刀"式和"双节棍"式上涨中月线、周线位置及策略

以日线展示这两个结构显得较复杂，如以周线展示就不觉得，每个周线内部结构为日线三浪即可，可根据各结构特性采取对应策略。

四、年线上涨内部结构月线（B）调整上升三角形中月线、周线位置及策略

图 9-3 中，周线 A2、B2、C2 三浪三角形调整构成月线（B4），这种结构关键是三角形调整最初信号、确定信号及预测作用。日线 {a4} 上破 {b3} 高点是博（B4）调整为三角形结构的关键点，设止损于 {a4} 低点以下。在没有上破（A4）高点前，(B4) 演变成其他结构可能性大。或者说，没有上破（A4）高点前，暂时不应有（B4）调整会演变成三角形结构的想法，因本段上涨就没有（B4）调整预期成为三角形的信号。但有时会出现预期演变成三角形的信号，如 B2 反弹幅度较大几乎接近 A2 高点，C2 调整幅度相对较小外加时间短，更主要的是要出现周线、月线上涨预期强劲的结构。

A3 上破（A4）高点验证（B2）调整为三角形且预测（C2）强劲上

255

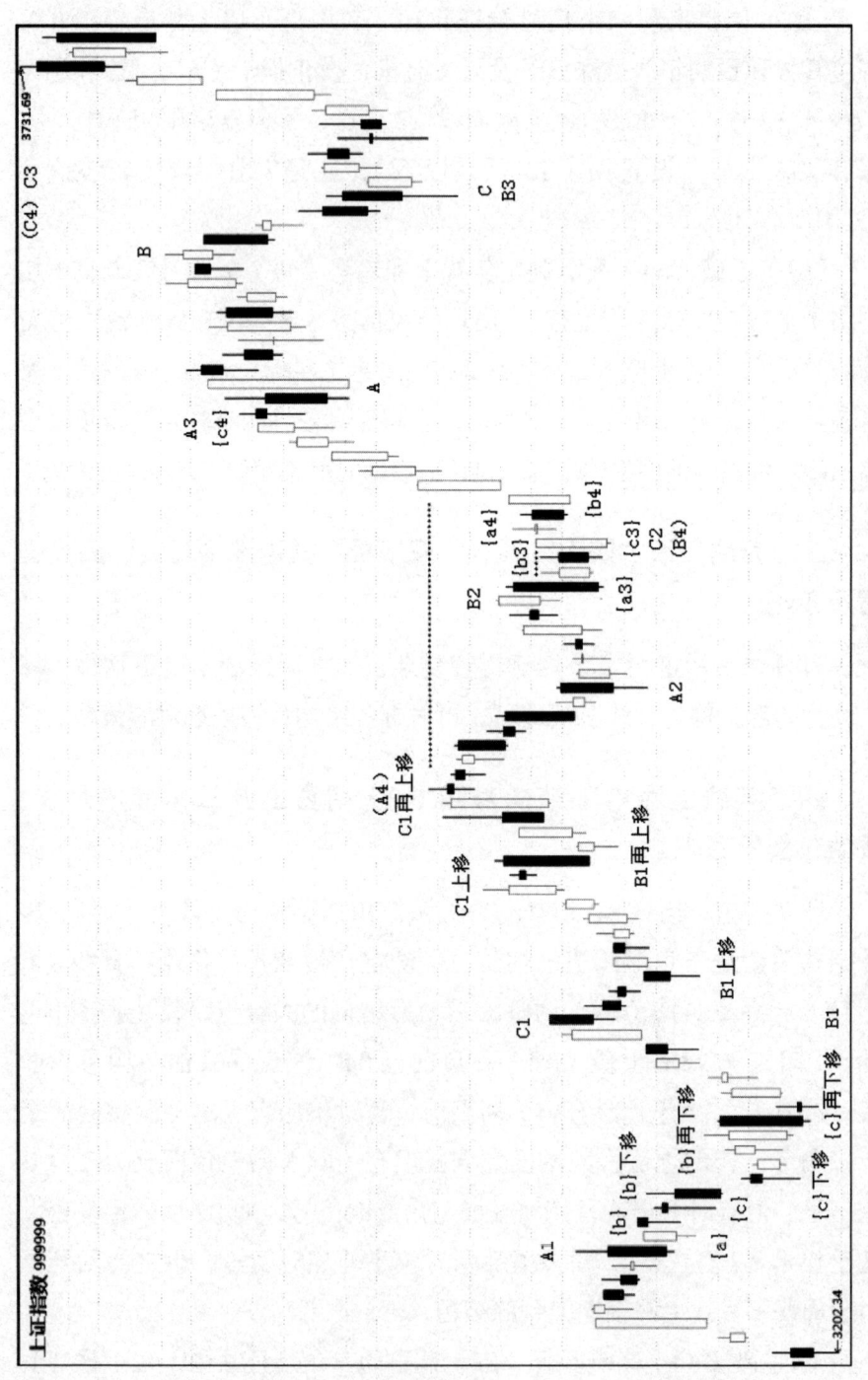

图9-3 年线上涨内（B4）为三角形中月线、周线位置及策略

涨。上破之时买入持有或择机买入，并设止损于 A3 低点以下，则 A3、A、B 三浪本身具备（C2）结构条件就是主动出局时机，C3 具备结构条件之时更是主动出局、回避回调时机。

五、普通月线三浪上涨中月线、周线位置及策略

普通月线（A3）、(B3）、(C3）上涨中（见图 9-4），(A3）、(C3）一般需在周线三浪上涨一次分解、二次分解盈利主动出局，防止后市（B3）、"(B3）上移"或（A4）等月线级回调。如（C3）内周线 A9、B9、C9 三浪一次分解"C9 上移"区域是主动出局时机，或被逼在（C3）上涨出现结束信号之时被动出局［如后市下破"B9 上移"低点之时］，或在月线上涨重要阻力点附近主动出局，如（A3）上涨的重要阻力点是 2019 年 7 月 2 日的 3048.48 点，在其附近主动出局是最佳策略。

风险回报比好的买点，一般在周线调整内日线三浪二次分解低点区域。如"或 {a4}""或 {b4}""或 {c4}"三浪变体"双节棍"结构，在 2019 年 10 月 9 日"或 {c4}"低点区域逆势抓日线、周线调整之底，可设止损于 A8 低点以下，周线上涨具备结构条件之时主动出局。再如 {a5}、{b5}、{c5} 三浪"剪刀"式调整二次分解低点区域逆势抓日线、周线之底，设止损于 C3 低点以下。短线目标为周线上涨具备结构条件之时主动出局，如考虑所处位置还可提升目标至月线级别。

反过来就有：

1. 月线三浪调整中（B）反弹为下倾结构月线、周线位置及策略。

2. 月线三浪调整"剪刀"式二次分解中月线、周线位置及策略。

3. 月线三浪"镰刀"式和"双节棍"式调整中月线、周线位置及策略。

4. 年线下跌内（B）反弹下降三角形中月线、周线位置及策略。

5. 普通的月线三浪下跌中月线、周线位置及策略。

各种年线、月线、周线调整时需特别注意的是应主动回避。回避月线下跌的前提是先主动回避周线下跌，然后根据周线下跌所处位置

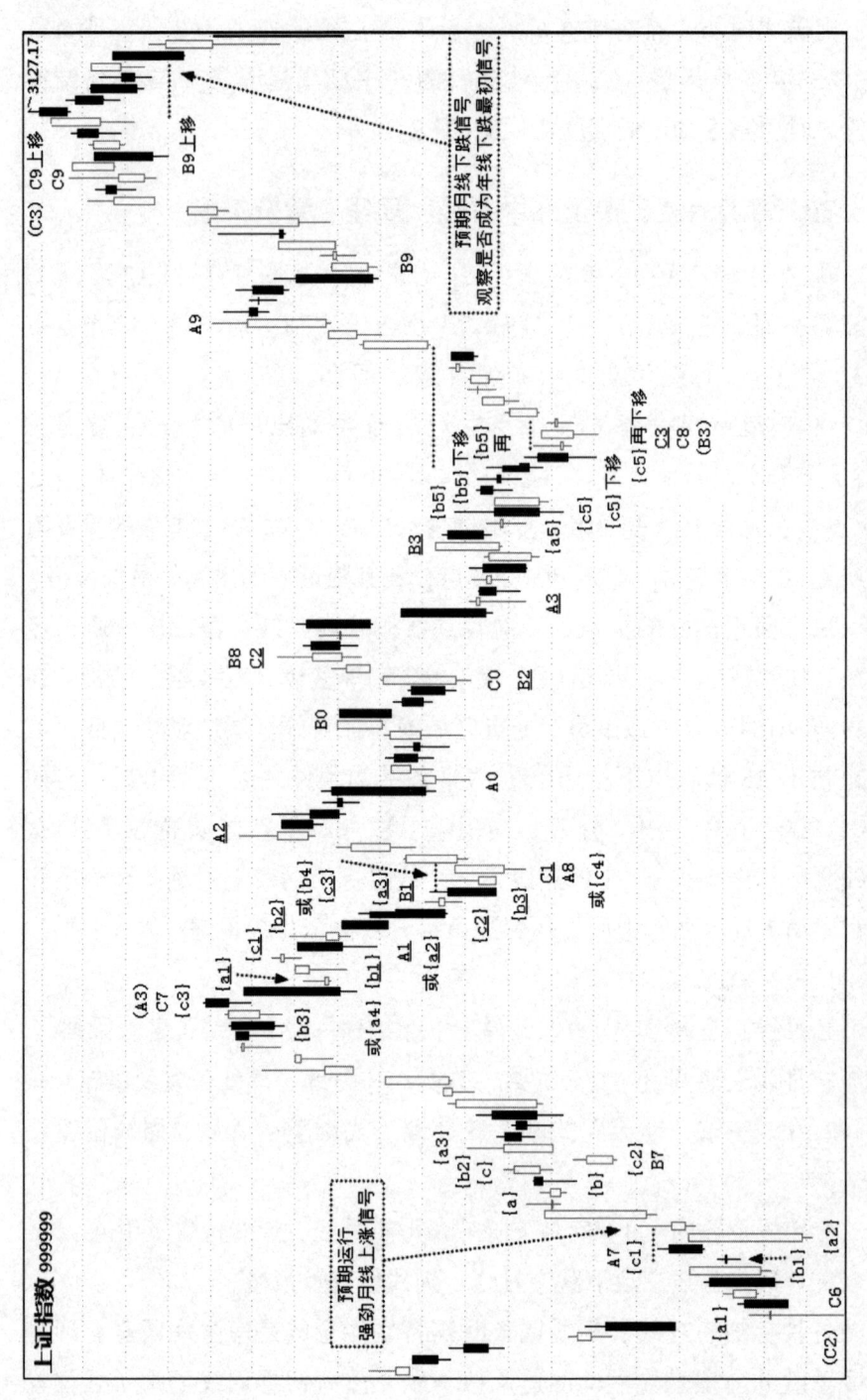

图 9-4 普通月线（A3）、(B3)、(C3) 三浪上涨中月线、周线位置及策略

对月线趋势方向的影响和月线调整内周线三浪预期结构来回避月线下跌；回避年线下跌的前提是先主动回避月线下跌，然后观察月线所处位置对年线趋势方向的影响和年线调整内月线三浪预期结构来回避年线下跌。还有就是通过出现月线、年线下跌信号后等待月线、年线调整内部结构次一级三浪二次分解极端之时，或出现转势信号来回避月线、年线下跌。更应回避预期年线三浪下跌和年线三浪下跌信号出现后的走势。

日线 {a2} 下破 {b1} 低点是周线 C4 下跌信号（见图 9-5），因处在特殊位置，预期月线下跌，此点是主动出局同时回避周线、月线下跌时机。需重点关注周线 A4、B4、C4 三浪调整结构模式、结束信号及结束点对月线、年线趋势方向的影响。如（A2）下破之前（C）低点，则是预期年线下跌信号，可再重点关注周线 A4、B4、C4 三浪二次分解"C4 再下移"内部结构日线三浪二次分解具备结构条件逆势抓周线、月线之底的时机，在月线上涨具备结构条件之时主动出局。

A6 下破"B5 上移"低点是预期（C2）调整信号和回避月线下跌时机。{b2} 上破 A7 高点是（C2）调整转势信号和预期月线强劲上涨并买入时机，可设止损于 B7 或 A7 低点以下。

由年线涨跌中月线、周线可看出，我们说的位置，应以周线一浪涨跌处在月线、年线中的位置来论：

月线上涨中周线上涨为顺势，下跌为逆势；月线下跌中周线上涨为反弹，下跌为顺势。事实上远不止这些，要知道每个周期起点、结构、形态、终点，以及所处高一级周期位置（有时要考虑高一级周期所处更高一级周期位置）对高一级周期趋势方向的影响，更要知道内部次一级三浪起点、结构、形态、终点对本周期趋势方向的影响。有的关键一浪不但对大一个周期趋势方向有影响，还同时影响高两级周期的趋势方向。更有其他一些不确定性因素，如有的结构本身存在多种标注可能性，有的结构在运行中级别大小都可变化，有的结构需要后市验证才可确定结构和级别。出现不确定性时最好的应对方法是暂时回避或选择止损空间少的点博可能性大的一方。

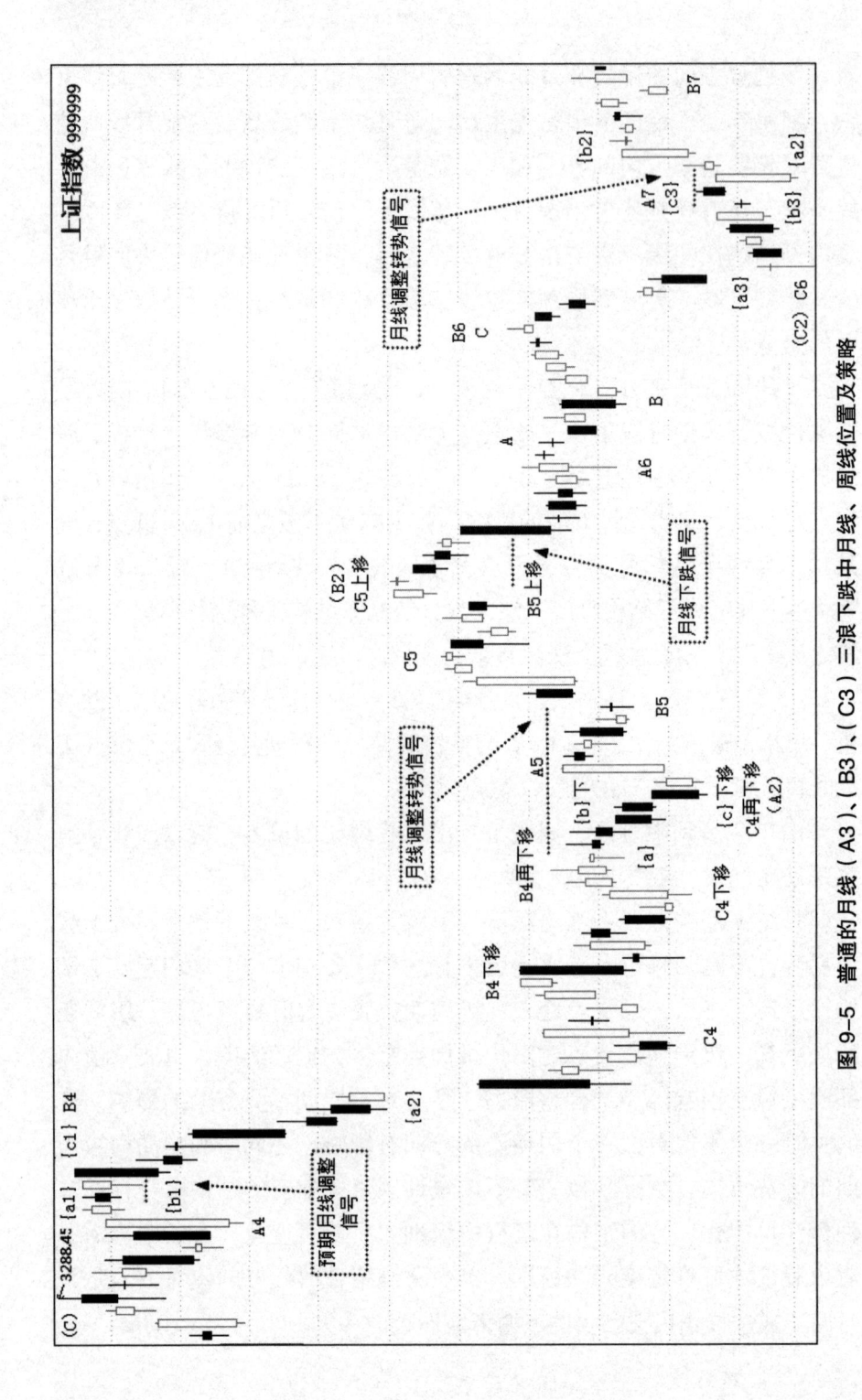

图 9-5 普通的月线（A3）、（B3）、（C3）三浪下跌中月线、周线位置及策略

六、周线涨跌处于月线涨跌各种位置、策略

周线涨跌处于月线涨跌的位置和策略，需根据实际走势各种结构、形态来具体问题具体分析。

1.周线调整处于月线下跌趋势中位置及策略

（1）周线调整处于月线下跌中 A 位

一般回避在此位买入，因目标是明显 B 反弹，难有盈利空间和机会，可怕的是随时会被 C 调整吞噬利润。且 B 反弹本身还会有下降三角形和反弹下倾结构，如遇此两种情况只有果断止损。故此位周线调整须待日线三浪二次分解极端之时短线买入且在盈利时主动出局并设止损。因未来还有预期 C 调整和 B 分解可能性，后市下跌幅度无法提前预测。

图 9-5 中的 A4 即使精准逆势抓到底部，如不及时主动出局都会被 C4 吞噬利润或被止损。A6 即使精准抓到底部，如没有主动出局也被后市 C6 吞噬利润或被止损。

（2）周线调整处于月线下跌中 C 位

在此位置，周线调整也须待日线三浪调整二次分解极端之时短线买入且盈利主动出局并设止损，因后市存在 B 分解的可能性。此位置交易的也可能是周线反弹。此位置比 A 位多了一个可观察后市周线上涨对月线趋势方向的影响，来判断在此交易是否成功（本段周线上涨上破 B 浪反弹的高点为判断此交易成功的方法）。

图 9-5 中的 C4 在成功逆势抓底后有盈利主动出局空间，但如不主动出局后面还有 B4 分解造成的下跌吞噬利润或被止损。

（3）周线调整处于月线下跌中"C 下移"位

此位置周线调整也须等待日线三浪调整二次分解极端之时短线买入，盈利后主动出局并设止损，因后市存在 B 二次分解可能性。

图 9-5 中的"C4 下移"后面还有一次 B4 再分解造成"C4 再下移"，

且多数情况下"C4再下移"跌幅不会小。

（4）周线调整处于月线下跌中"C再下移"位

因是周线三浪二次分解极端区域，此位置的周线调整可在日线三浪一次、二次分解分批买入。如能等到二次分解买入则更好，目标可直接考虑月线级别上涨，相对来说风险回报比好过前面的位置，且可耐心观察后市周线上涨对月线趋势方向的影响和是否出现月线上涨信号。

图9-5中的"C4再下移"是日线三浪一次分解就见底，如有日线三浪二次分解是逆势抓周线、月线之底更好的时机。上破"{b}下移"高点也是逆势抓月线之底的时机。

如周线调整处在（C）下跌中"C再下移"位，有时还可把目标定位为年线上涨，当然需根据（C）处在年线下跌趋势中的位置和个股基本面来定。如（C）处在年线调整中月线三浪二次分解位的"（C）再下移"位，可考虑把目标定为年线上涨具备结构条件之时。

2. 周线调整处于月线反弹趋势中位置及策略

（1）周线调整处于预期月线上涨（反弹）位：此位可在日线三浪调整一次分解分批买入，或出现结束信号顺预期月线上涨之势交易预期C浪上涨，设止损于周线调整低点以下。

图9-3中的B1调整，先有A1上破之前月线调整B高点发出预期月线上涨信号，才可在B1调整"{c}下移"低位分批买入，如能等到"{c}再下移"低位则是更好的买入时机，设止损于A1低点以下。

（2）周线调整处于月线上涨趋势中第一个周线回调位：此位可在日线三浪调整一次分解位，或出现结束信号验证本段周线调整收在之前周线调整低点以上，顺月线上涨之势买入，交易预期浪"C上移"。

图9-3中的"B1上移"，此浪形态分析是日线一浪内部结构分析已具备日线三浪条件，如能看清内部结构也可找到好的买点。

（3）周线调整处于月线上涨趋势中第二个周线回调位：此位也可

在日线三浪调整一次分解位，或出现结束信号验证本段周线调整收在之前周线调整低点以上，顺月线上涨之势买入，交易预期的"C再上移"浪。

一般情况下不建议在此位置买，因为此时周线三浪上涨已具备一次分解极端条件，后市随时存在月线调整的可能性。此位置还没出现月线上涨转势信号，月线上涨趋势未变。如开新单建议在"B1再上移"调整出现转势信号之时，轻仓买入并关注日线三浪上涨结构和后市是否上破前高。如图9-3中的"B1再上移"调整出现强势调整结束信号，预期"C1再上移"强劲上涨，就另当别论，此信号是更好买点。

3. 周线调整处于月线强势上涨位置及策略：周线调整具备结构条件就是买入时机，且可考虑上破追多买。

图9-1中，发出月线（B）调整上倾信号后，周线B调整强势结束信号（上破{b}高点）出现之时可直接追多买，设止损于{c}低点以下。

七、关键位置日线一浪影响月线趋势方向

C1上破A1高点确立月线上涨趋势（见图9-6），C1内部结构日线三浪二次分解具备结构条件之时是主动出局时机。无论后市是否继续向上走，在周线大幅上涨或内部二次分解情况下都应主动出局。因C1位具备月线一浪上涨结构条件，也就存在自C1高点开始月线一浪调整的可能性。日线{a2}、{b2}、{c2}三浪具备周线调整结构条件，现在来看关键位置的日线一浪涨跌对月线趋势方向的影响：

1. {b3}调整出现结束信号验证收在{a3}低点以上，是月线顺势点，设止损于{b3}或{a3}低点以下，并重点关注{a3}、{b3}、{c3}三浪结构、结束信号、结束点位置对月线趋势方向的影响。此时{c2}浪低点应可标注"B1上移"，并预期周线上涨上破C1高点。

如{a4}下破{b3}低点，则是（A）上涨转势信号，并预期（B）下跌，设止损于{c3}高点以上，下破"B1上移"低点则确定月线下跌。由此可见，即使顺势交易也可瞬间改变趋势方向。

2. {b5} 调整出现结束信号验证收在 {a5} 低点以上，是月线顺势点，设止损于 {b5} 或 {a5} 低点以下。但如 {c5} 上涨出现结束信号验证收在 {a5} 高点以下，此点又是（A）上涨转势信号和主动出局时机及衍生品做空时机，设止损于 {a5} 高点以上，{a} 下破 {a5} 低点验证看空成功。因 {a5}、{b5}、{c5} 三浪构成了反弹无力的下降三角形周线"或 B2"。但如自 {c5} 高点开始的日线调整出现结束信号（如 {a}）验证收在 {b5} 低点以上，则又是 {a5}、{b5}、{c5} 三浪上涨预期"镰刀"式信号，设止损于 {a} 低点以下，即此点也是月线顺势点之一。后市上破 {a5} 高点验证顺势交易成功，并预期周线上破 C1 高点。这是一个月线上涨顺势后转变成反转、后又转变成顺势的过程，都是日线一浪涨跌，可直接影响月线趋势方向。实际是日线一浪涨跌处在周线的特殊位置，形成对周线趋势方向的影响，本周线又处在月线的特殊位置，进而形成日线一浪对月线趋势方向的影响。

3. {a0}、{c0} 调整出现结束信号，验证收在 {a6} 低点以上，是月线顺势点，设止损于 {a6} 低点以下，并预期周线上破 C1 高点。

上破 {a6} 高点验证顺势交易成功。但因"双节棍"结构特性，{c6} 高点是周线多空分界点。{c6} 高点以下成为博空时机（设止损于 {c6} 高点以上），后市如像 {a9} 一样下破 {a6} 低点则验证博空成功。如像 {a0} 一样上破 {c6} 高点则又成为月线顺势点，{a6}、{b6}、{c6} 三浪又演变成复杂双节棍结构。这是一个月线顺势验证成功，后又在周线多空分界点附近出现月线趋势方向争夺的过程。

4. {b7} 调整出现结束信号验证收在 {a7} 低点以上，和 {a8} 调整出现结束信号验证收在 {b7} 低点以上，都是月线顺势点可相应设止损，预期后市上破 C1 高点。但当 {b8} 上涨出现结束信号验证收在 {c7} 高点以下，此点又是（A）上涨转势信号、股票主动出局时机和衍生品做空时机，设止损于 {c7} 高点以上。下破 {a7} 低点验证月线上涨反转信号成功。这又是一个月线上涨顺势交易过程中，在日线一浪的影响下，月线趋势方向瞬间转变为月线下跌的过程。

第九章 位置决定策略和结果

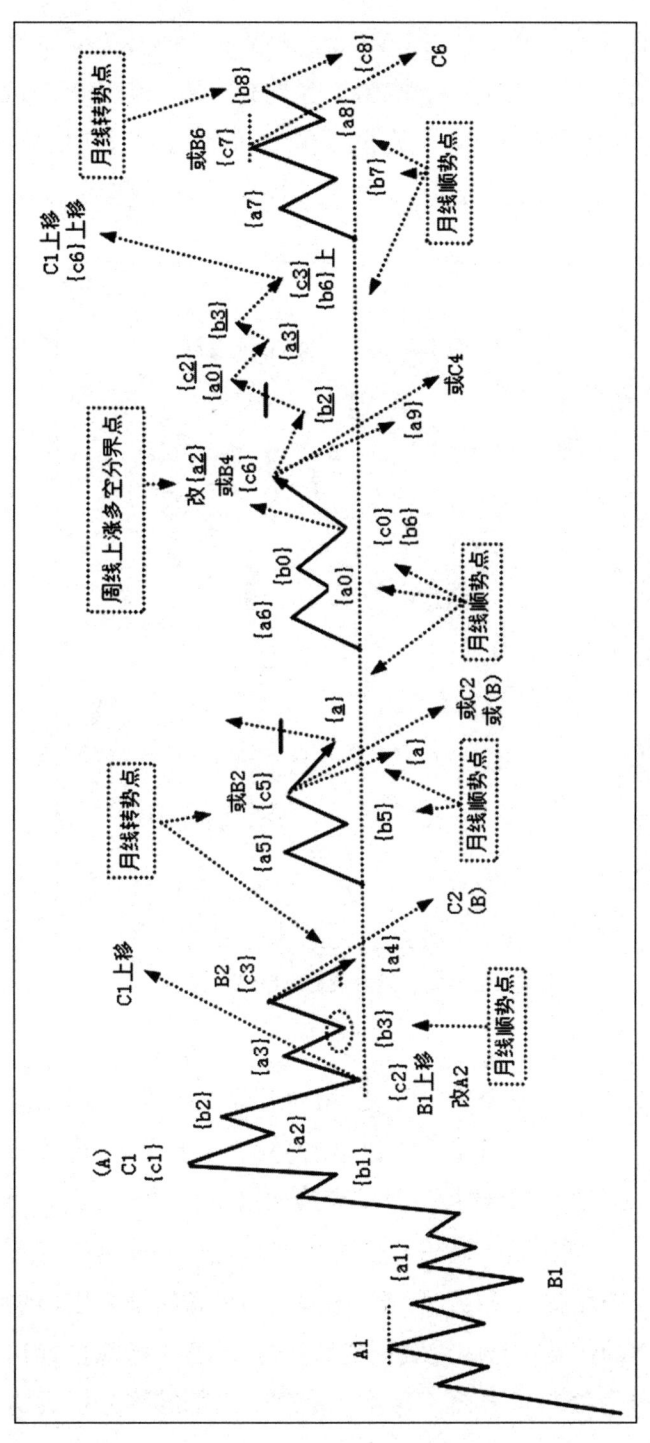

图 9-6 关键位置日线一浪影响月线趋势方向

上证指数 C 上破 A 高点确立月线（C）上涨趋势（见图 9-7），2021年 12 月 23 日 {c} 上破 {a} 高点是（C）顺势点，预期 C 上移，设止损于 {b}浪或"B 上移"低点以下。29 日 {a0} 下破 {b} 低点是（C）上涨反转信号，预期（A0）下跌，设止损于 {c} 高点以上。下破"B 上移"低点验证成功。

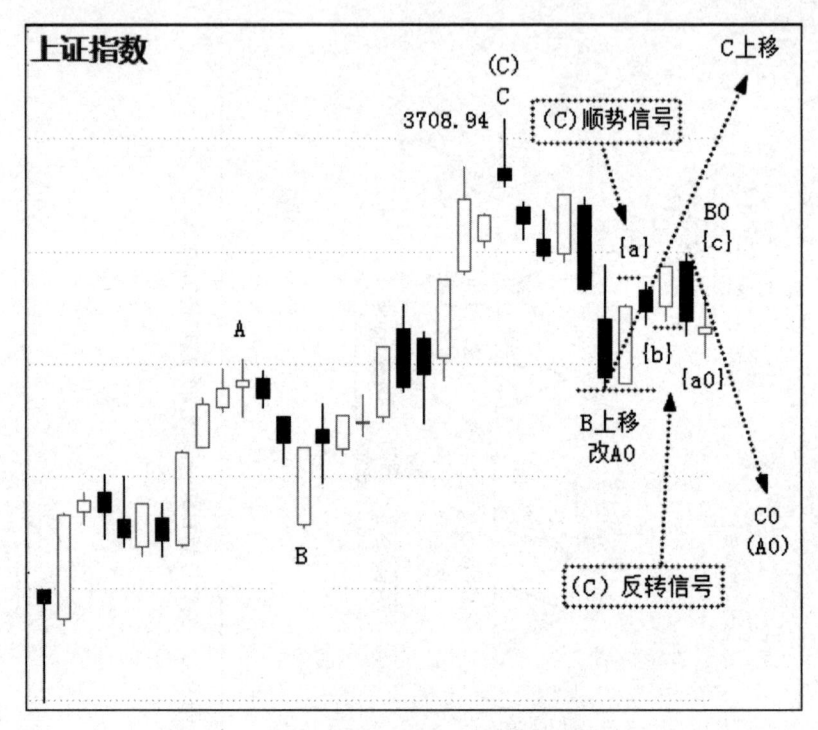

图 9-7　上证指数关键日线一浪影响月线趋势方向

云南能投在 2022 年 3 月 4 日 {c3} 下破 {b} 低点，是持续周线 C2 调整信号（见图 9-8），但 3 月 7 日 {a4} 上破 B2 高点，不但是 C2 调整确立三角形结构信号，还是（B）调整强势结束最初信号和关键买点，设止损于 C2 低点以下。上破（A）高点验证交易成功且也是关键买点之一，预期自 {a4} 低点开始强劲（C）上涨。这是日线一浪上涨发出周线调整三角形结构成立的信号，且因周线调整处在月线（B）特殊位置和调整幅度较小而影响月线趋势方向。这是波浪理论内部结构分析成功

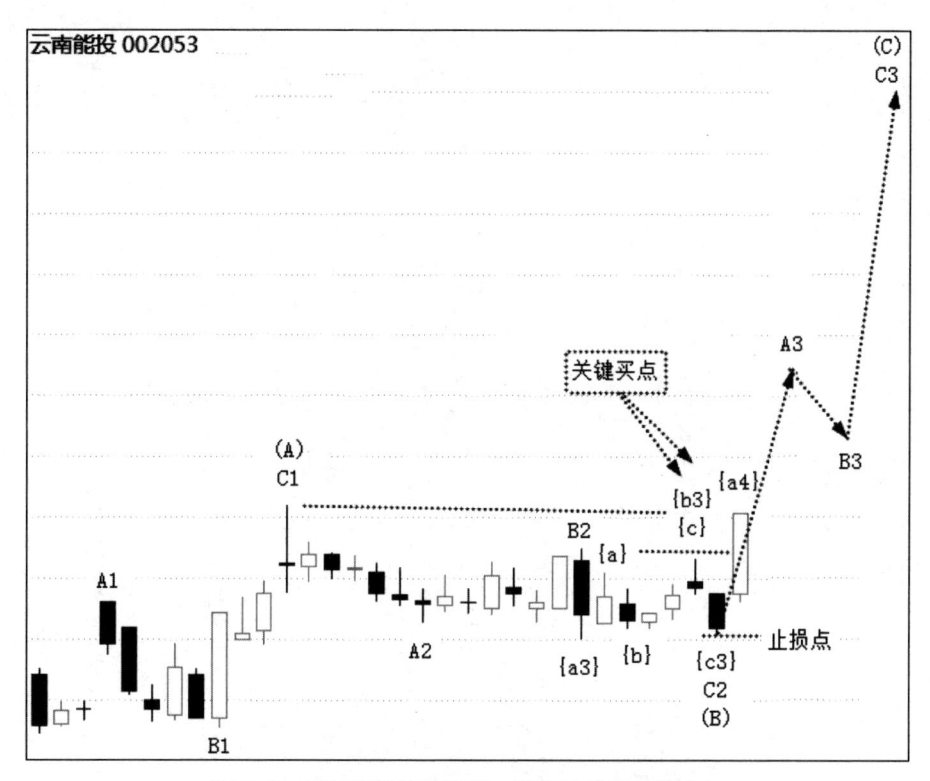

图 9-8 云南能投关键日线一浪影响月线趋势方向

找到风险回报比合适的买点和一点影响月线趋势方向的例证。后市不但预期日线 {a4}、{b4}、{c4} 三浪和周线 A3、B3、C3 三浪上涨，还存在日线三浪、周线三浪上涨复杂演变的可能性。

八、关键位置日线一浪影响年线趋势方向

此特殊位置的周线一浪涨跌可直接影响年线趋势方向，影响本周线一浪的趋势方向的日线一浪就可借此周线来影响年线趋势方向。关键位置的日线一浪不但可直接把目标锁定为周线、月线，有时也可锁定为年线一浪，而止损点还是日线一浪。这种买点才是风险回报比好的交易点，这也是选择和等待关键点的原因。

月线（A1）、(B1)、(C1) 三浪构成年线 {C} 下跌趋势（见图 9-9），

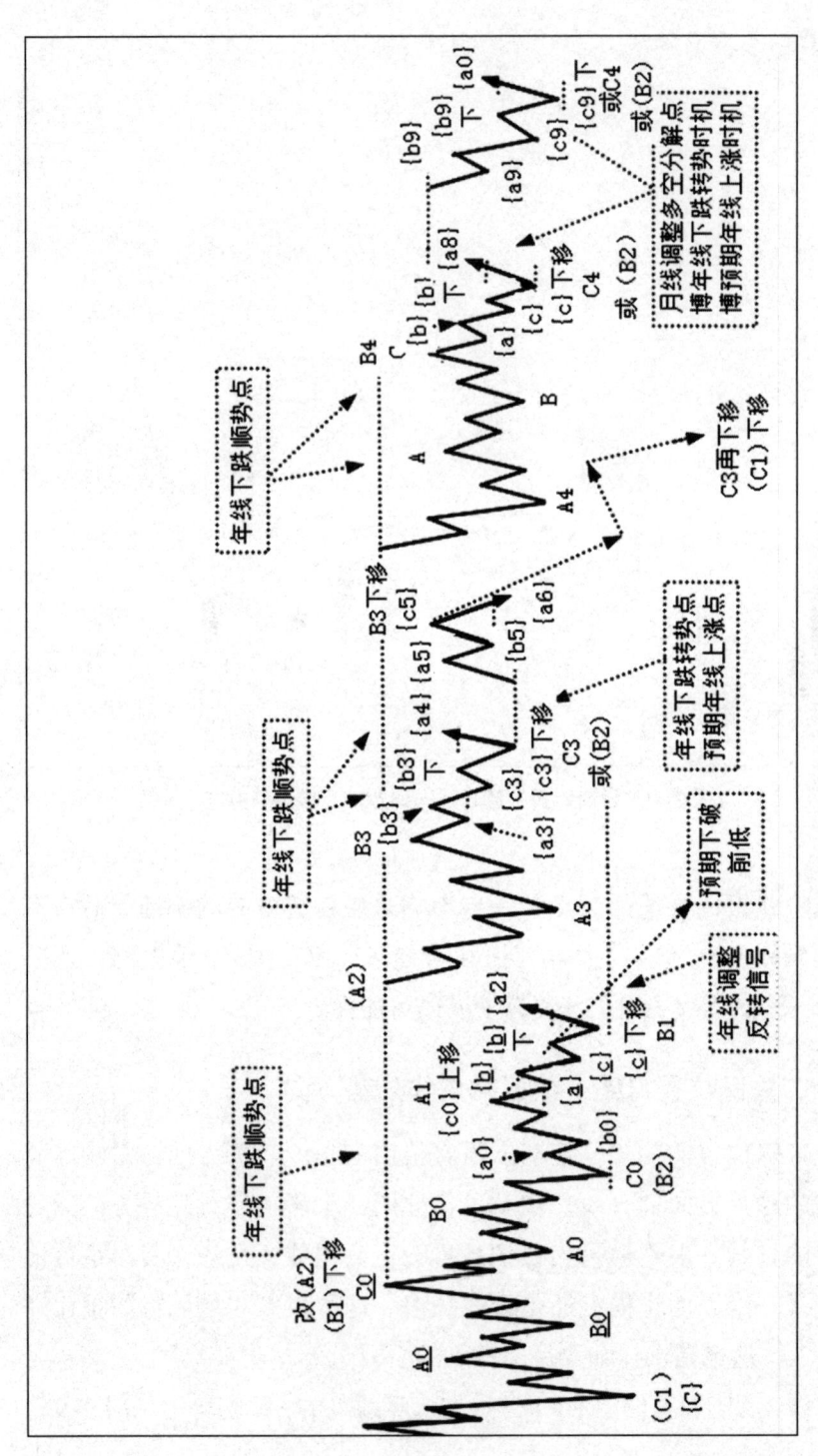

图 9-9 关键位置日线一浪影响年线趋势方向

A0、B0、C0 三浪构成的月线上涨是年线下跌中的月线"（B1）下移"反弹。A0、B0、C0 三浪构成月线调整但也没有下破前低。{a1} 下跌 {b} 浪低点不但是周线、月线顺势做空点，也是年线顺势点之一，预期后市下破 C0、（C1）浪低点。

1. 当日线 {a2} 上破"{b} 下移"高点，验证周线 B1 调整收在 A1 低点以上，不但是月线（B2）、年线 {C} 的调整转势信号，还是预期运行周线 C1、月线（C2）、年线的上涨顺势点，可设止损于 B1 或 A1 低点以下。关注预期的日线 {a2}、{b2}、{c2} 三浪上涨结构、结束信号、结束点对月线趋势方向的影响，以及周线 A1、B1、C1 三浪上涨结构、结束信号、结束点对年线趋势方向的影响。

2. {c3} 下破 {a3} 低点是年线下跌顺势点。但当 {a4} 上破"{b3} 下移"高点验证 C3 收在 A3 低点以上之时，此点是月线"或（B2）"预期成为三角形结构的提前信号，和年线 {C} 调整预期转势点，设止损于 C3 低点以下。需关注预期的 {a4}、{b4}、{c4} 三浪结构、结束信号、结束点对月线、年线趋势方向的影响。如上破（A2）高点验证之前买点确认成功。

但后市如像 {a6} 下破 {b5} 低点验证"B3 下移"反弹收在 B3 高点以下，此点则又是年线 {C} 调整顺势点。因这是自"（B1）下移"［即（A2）］高点开始的月线调整周线三浪预期"镰刀"式结构信号，可设止损于 {c5} 高点以上。需重点关注预期的 {a6}、{b6}、{c6} 三浪结构、结束信号、结束点对月线趋势方向的影响，和 A3、B3、C3 三浪结构、结束信号、结束点对年线趋势方向的影响。

3. A、C 反弹出现结束信号验证周线反弹收在 A4 高点以下的点都是年线下跌顺势点，但如像 {a8} 上破"{b} 下移"高点，验证 C4 收在 A4 低点以上，又是"或（B2）"调整预期成为三角形结构的提前信号，和年线 {C} 下跌预期转势信号及关键买点，设止损于 C4 低点以下。因 C4 低点是周线 A4、B4、C4 三浪调整"双节棍"结构三角形形态月线多空分界点，根据"双节棍"结构特性，C4 低点以上区域可为关键博多时机，但必须设止损于 C4 低点以下。

同样，如 {a0} 上破 "{b9} 下移" 高点，验证 "或 C4" 调整结束，此 A4、B4、"或 C4" 三浪因是 "双节棍" 结构，"或 C4" 低点是月线调整多空分界点，而成为博年线 {C} 调整转势和年线上涨时机，设止损于 "或 C4" 低点以下。

九、关键位置日线一浪影响年线三浪趋势方向

上证指数月线（A7）上破（B6）高点，是自（A7）低点开始，预期运行（A7）、（B7）、（C7）三浪上涨信号（见图 9-10），并预期上破 "{C1} 上移" 高点。

实际走势周线 A0、B0、C0 三浪上涨具备（C7）结构条件，此时（C7）上涨没有出现转势信号，月线趋势方向依然向上。以下是多空争夺过程：

1. 日线 {c} 上破 {a} 高点，是周线 A1 调整结束和（C7）上涨顺势时机，设止损于 {b} 或 A1 低点以下（见图中日线放大部分）。

2. {a0} 下破 {b} 低点，是自 {a0} 高点开始预期周线调整信号，和自 A1 高点预期月线（A8）调整信号，设止损于 {c} 高点以上。此点也是（C7）上涨的转势信号。

因（C7）上涨已出现反转信号，意味着（C7）有在 C0 高点结束的可能。（A7）、（B7）、（C7）三浪构成的年线上涨就有在（C7）高点结束的可能。此时本月线三浪上涨还存在演变的可能性，但要有演变也需待自 "实（C7）" 高点开始月线调整验证收在（A7）低点以上才有可能。需关注本段月线调整结构、结束信号、结束点对年线趋势方向的影响，还需考虑本段年线上涨如在 "实（C7）" 高点结束对后市的影响。

如年线上涨在 "实（C7）" 高点结束，则（A7）、（B7）、"实（C7）" 下降三角形三浪构成的年线反弹验证收在 "{C1} 上移" 高点以下。这种情况下，"{B1} 再上移" 应改为年线 {A2}，"实（C7）" 高点为年线 {B2}，自 "实（C7）" 高点开始预期年级 {C3} 调整。后市下破 {A2} 低点验证本判断成功。此时 "实（C7）" 高点成为关键的年线三浪多空分界点，在其下基

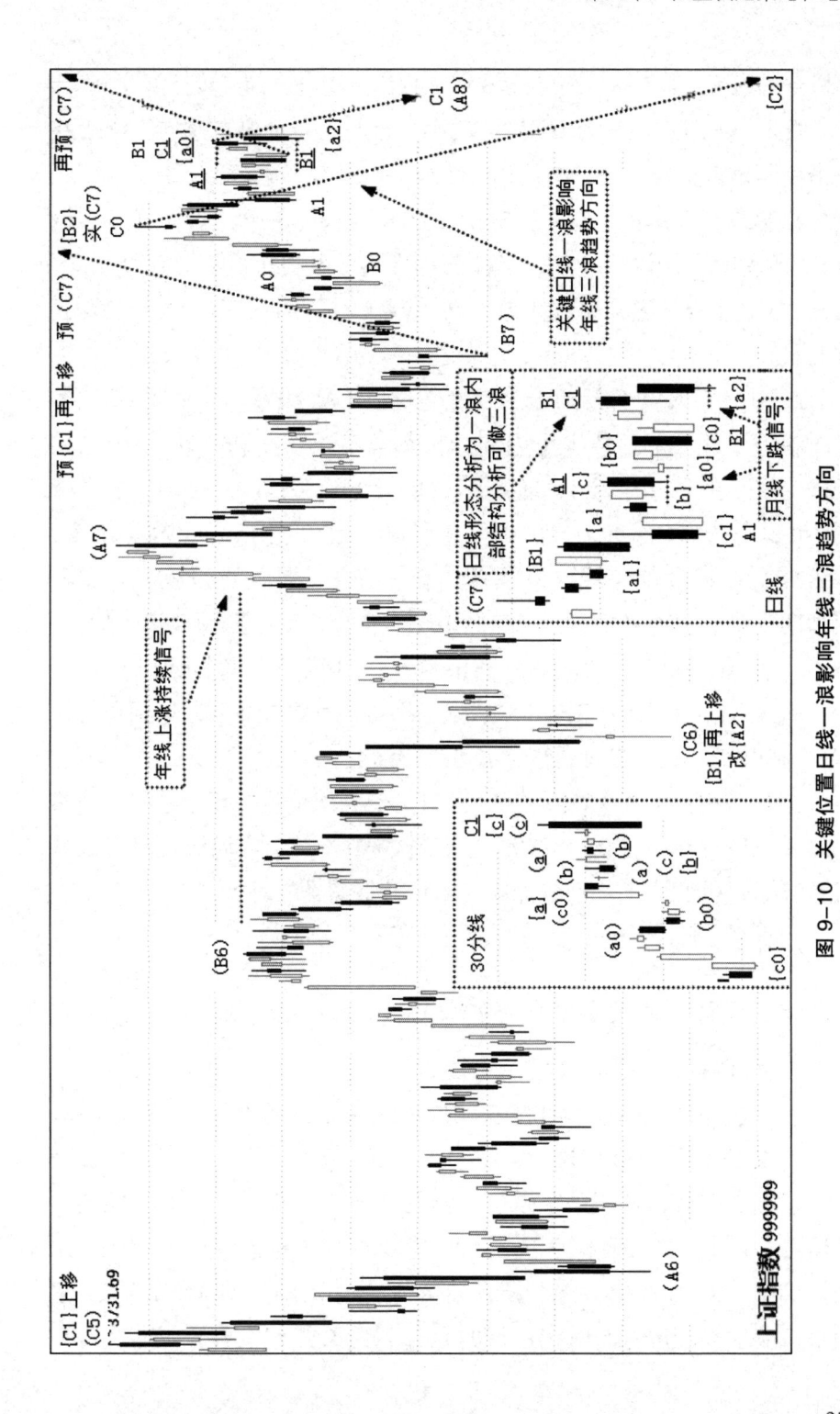

图 9-10 关键位置日线一浪影响年线三浪趋势方向

本以空头为主［除非在（A7）低点以上再次出现月线调整转势信号］。

此时 A1 高点成为重要阻力点、A1 低点成为重要支撑点，继续在这个范围里多空争夺，影响月线、年线三浪趋势方向：

1. 2022 年 1 月 4 日 {a0} 上破 A1 高点多头再胜，A1、A1、B1 三浪构成三角形结构月线调整，(B7) 上移至 B1 低点，并再次预期"（C7）上移"上破"{C1} 上移"高点，设止损于 B1 低点以下。月线三浪预期"镰刀"式上涨。

2. 1 月 5 日 {a2} 下破 B1 低点空头再胜，下破 A1 低点空头绝对胜利。此时检查日线 {a0} 这段上涨内部结构具备日线 {a}、{b}、{c} 三浪结构条件（见图左下 30 分线），即具备周线 C1 结构条件。

{a2} 下破 A1 低点，再次确立年线 {B2} 在"实（C7）"高点结束，并自 {B2} 高点预期年线 {C2} 调整，设止损于 {a2} 高点以上。此点不但预期年线 {C2} 下跌，还是 {A1}、{B1}、{C1} 三浪上涨预期转势信号。后市不但预期 {a2}、{a2}、{a2} 三浪调整，日线三浪调整还可复杂演变，周线 A1、B1、C1 三浪"双节棍"结构也可复杂演变，还预期月线（A8）、（B8）、（C8）三浪调整，也可复杂演变。

需重点关注（A8）内周线 A1、B1、C1"双节棍"复杂结构的逆势抓月线之底，(A8)、(B8)、(C8) 三浪结构中（C8）内周线三浪二次分解逆势抓底和年线 {C2} 逆势抓底、出现转势信号的时机。

反过来，此结构也成为选板块、个股好时机。

十、趋势方向的多空争夺和认定

这里有两个典型的结构：

1. 日线 {a1}、{b1}、{c1} 三浪构成周线 A 上涨（见图 9-11），{a2}、{b2}、{c2} 三浪构成 B 回调。日线 {a4} 下破"{b3} 上移"低点，验证周线 B 上涨收在 A 高点以下，是自 A 浪高点开始预期 A、B、C 三浪调整的信号。此时，B 需更改为 A。此时趋势的方向究竟是自 A 低点开始预期的 A、B、C 三浪上涨，还是自 A 高点开始预期的 A、B、C 三浪调整？应这样理解：此时正运行的是 A、B、C 三浪调整，预期 A、B、

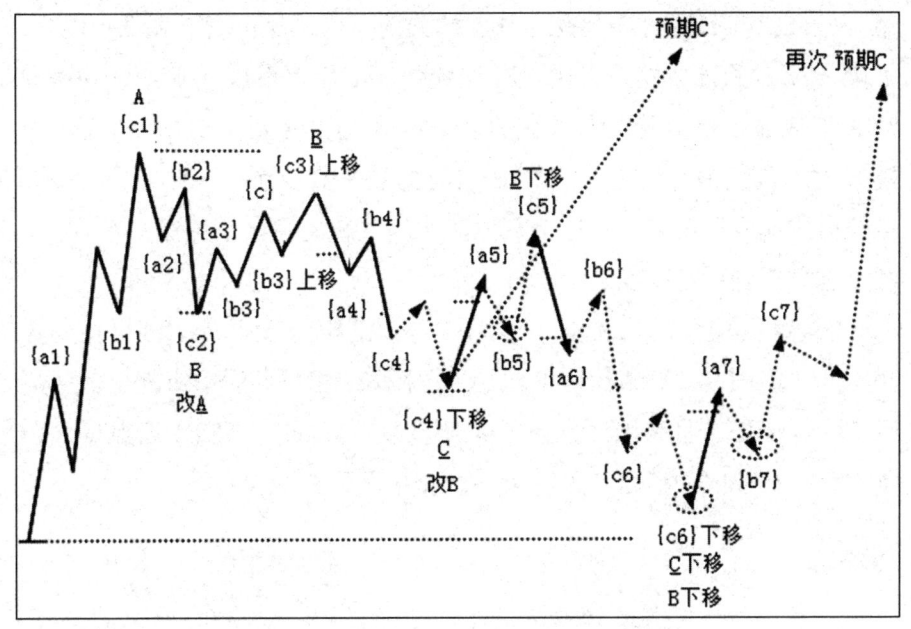

图 9-11 短期趋势方向的多空争夺及关键点

C 三浪上涨。但这个周线三浪调整要构成月线调整需后市下破 A 低点，否则就是自 A 低点开始预期的月线上涨中蓄势部分。究竟是哪种，只能在后市多空争夺中看最终结果，不能提前预测，但可根据结构和短线结果找到风险回报比合适的关键点。

此时阻力点是 A 高点，支撑点是 A 低点。{a4} 下破 "{b3} 上移"低点是关键看空点，可设止损于 {a4} 高点以上。{a5} 上破 "{b4} 下移"高点是 C 调整结束信号，此点是 C 浪位置具备 B 浪的结构条件，以及预期后市 C 浪上破 A 高点的关键买点，设止损于 {a5} 低点以下。上破 A 高点验证成功。

{a6} 下破 {b5} 低点是 B 下移至 {c5} 高点信号，也是验证之前买点失败的信号和被动出局时机。因 "{c6} 下移"已距离重要支撑点 A 低点达到可接受止损空间，则 "{c6} 下移"内部结构 60 分线三浪调整具备结构条件及出现结束信号之时都是比较好的博未来 C 上破 A 高点时机，设止损 A 低点以下。{a7} 上破 "{b6} 下移"高点是 "C 下移"调整结

273

束信号，和再次预期 C 上破 A 高点的关键买点，设止损于 A 低点以下，上破 A 高点验证成功。否则也存在变化，如后市下破 A 低点，则确立自 A 浪或 B 浪高点开始月线调整。下破后变化就大，A、B、C 三浪可能成为不规则底结构，A、B、B 三浪构成月线反弹。A、C、"B 下移"三浪也构成月线反弹，且还有其他变化。下破后究竟是哪种，需结合 K 线形态分析和后市验证。

有色板块运行至 2020 年 11 月 2 日，已距离 A 低点达到可接受止损空间（见图 9-12），但因 B1 反弹是下倾结构预期后市重挫，此时买入应轻仓操作，且必须设止损于 A 低点以下。{a0} 上破 B1 高点是 B 调整双节棍蓄势成功信号和关键买点，设止损于 A 低点以下。

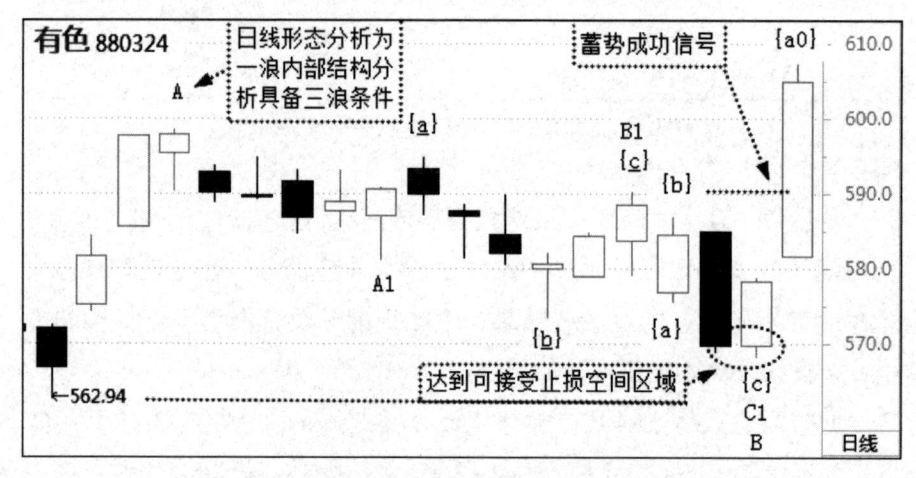

图 9-12 有色板块多空争夺蓄势成功的关键买点

2. 月线 (A)、(B)、(C) 三浪构成年线上涨 {A}（见图 9-13），A3 上破 B2 高点，预期"(C) 上移"上涨，并确定 C2 位为"(B) 上移"。{b} 调整验证收在 {a} 低点以上，是预期 C3 上涨和预期 (C) 上移的顺势点，设止损于 B3 或 A3 低点以下。但当 {b} 反弹验证收在 {a} 高点以下，不但是 C3 在 {c} 高点结束的信号，验证"实 C3"收在 A3 高点以下。此时有两种可能：其一，自 A3 高点开始形成蓄势的 B3 调整，最后还是运行 C3

上涨。其二，A3、B3、"实C3"三浪构成下降三角形结构的月线（B0）反弹无力，并自"实C3"高点开始运行重挫的（C0）调整。两种都有可能，具体要看多空争夺结果，但目前对空头有利。此时"实C3"高点为（B0），原"（B）上移"应改为（A0），预期（C0）未来下破（A0）低点并重挫。此点不但是周线C、月线（C0）预期下跌信号，还是年线{A}预期转势信号，也是衍生品的看空时机，设止损于{a}高点以上。需关注{a}、{b}、{c}三浪结构、结束信号、结束点对月线、年线趋势方向的影响。

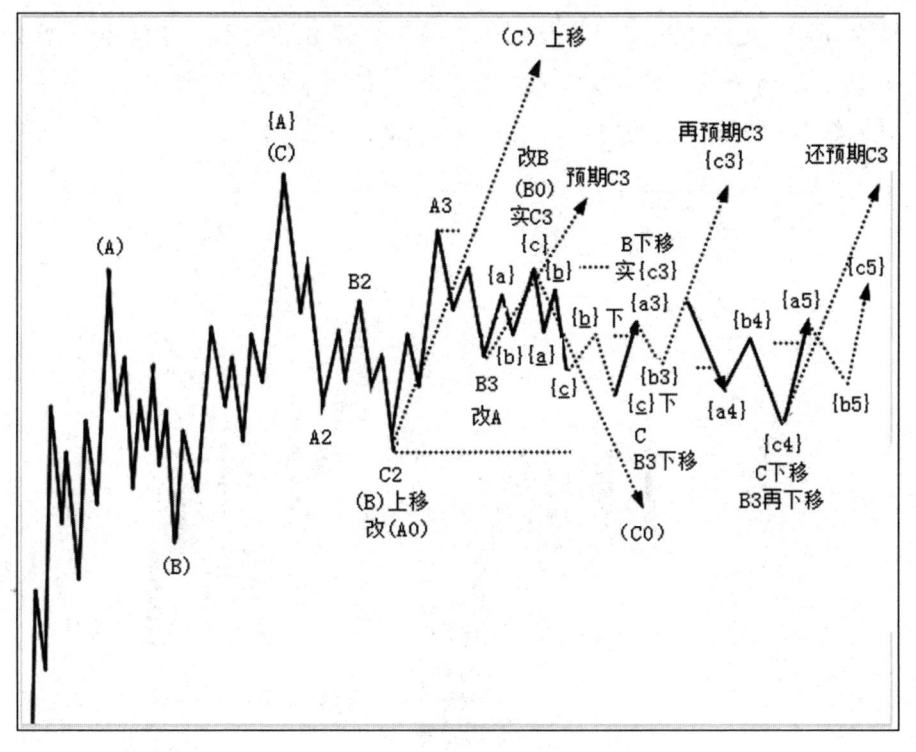

图9-13 趋势方向的多空争夺及关键点

　　{a3}上破"{b}下移"高点，验证C调整收在A3低点以上（此时B3应改为A，"实C3"应改为B），C低点具备"B3下移"结构条件，再次预期C3上涨。需关注{a3}、{b3}、{c3}三浪结构、结束信号、结束点对月线、年线趋势方向的影响。

{a4} 下破 {b3} 低点，验证本段反弹收在 B 高点以下，不但是 B 下移至"实 {c3}"高点，还是预期 C 下移信号。需关注 {a4}、{b4}、{c4} 三浪结构、结束信号、结束点对月线、年线趋势方向的影响。

{a5} 上破 {b4} 高点，验证 C 下移至 {c4} 低点，是 B3 再次蓄势的信号和关键买点（设止损于 {a5} 或 A3 低点以下），可关注 {a5}、{b5}、{c5} 三浪结构、结束信号、结束点对月线、年线趋势方向影响。如 {c4} 距离 A3 低点达到可接受止损空间也是好的买点，设止损于 A3 低点以下。

证券板块自 850 点运行至 1644 点具备月线三浪上涨结构条件（见图 9-14），A2、B2、C2 三浪调整在 A3 上破 B2 高点之时具备"(B) 上移"结构条件，并预期（C）浪上移。日线 {c} 上破 {a} 高点，不但是周线 B3 调整结束的信号，还是预期 C3 未来上破 A3、（C）浪高点的

图 9-14 证券板块趋势方向的多空争夺及关键点

信号和关键买点，可设止损于 {b} 或 B3 低点以下。但当 {a} 下破 {b} 低点之时，不但验证周线"或 C3"收在 A3 高点以下，显示月线（B0）反弹无力，且是自 {a} 高点开始预期运行月线（C0）调整并重挫的信号。此时"（B）上移"应改为（A0）浪。此点应是股票主动出局和衍生品做空时机，设止损于 {a} 高点以上。后市下破 A3 低点验证看空信号成功。同时注意：后市如在 A3 低点以上出现自 {a} 高点开始的周线调整结束信号，则又是 B3 蓄势信号和关键买点，再次预期 C3 上涨并预期上破（C）浪高点，设止损于 A3 低点以下。如在 A3 低点以上出现自 A3 高点开始的周线三浪调整结束信号，则又是明确的 A3、B3、C3 三浪上涨演变成复杂"双节棍"结构信号和关键买点，设止损于 A3 低点以下。实际需重点关注预期的 {a}、{b}、{c} 三浪调整结构、结束信号、结束点对月线、年线趋势方向影响。

第九章配套讲解视频：

9-0　位置决定策略和结果

9-1　月线（B）调整为上倾结构各位置策略

9-2　月线三浪反弹中月线、周线位置及策略

9-3　年线"镰刀"式、"双节棍"式上涨月线位置及策略

9-4　月线调整为三角形的年线上涨中各月线策略

9-5　普通月线三浪上涨中月线、周线位置及策略

9-6-0　周线涨跌处于月线涨跌各种位置及策略

9-6-1　周线调整处于月线下跌位置及策略

9-6-2　周线调整处于月线反弹位置及策略

9-6-3　周线调整处于月线强势上涨位置及策略

9-7　关键位置日线一浪影响月线趋势方向

9-8　关键位置日线一浪影响年线趋势方向

9-9　关键位置日线一浪影响年线三浪趋势方向

9-10-1　第一个典型结构趋势方向多空争夺

9-10-2　第二个典型结构趋势方向多空争夺

第十章　胜率高的几种结构及关键买点

市场多空永远在争夺，有时是多头趋势，有时是空头趋势，你得知道如何判断反转以及反转的级别。即使反转是一个过程，这个过程也在争夺。你得提前了解结构反转的关键买点，以及什么样的结构风险回报比高，更要知道顺势的级别，找到顺势的关键点。

一、调整上倾信号及关键买点

日线 {a1}、{b1}、{c1} 三浪上涨构成周线 A（见图 10-1），{a2} 下破 {b1} 低点是预期运行 {a2}、{b5}、{c5} 三浪周线调整信号。在实际走势中，如 {b2} 上破 A 高点，上破之时是 B 调整 {a2}、{b2}、{c2} 三浪预期演变成上倾结构的信号和关键买点之一，预期后市 C 浪上涨强劲有力。

1. 周线 B 调整上倾信号及关键买点

此结构如出现在周线 A 反弹后，是 C 反弹预期强劲有力信号，上破之时和 {c2} 调整具备结构条件及出现结束信号之时是关键买点，设止损于 {c2} 低点以下。

调整上倾信号出现后还有另外一种可能（如图 10-1），{b1} 分解成 {a}、{b}、{c} 三浪扩大三角形，原 {b1} 改 {a}，原 {c1} 改 {b}，原 {a2} 改 {c}。{b1} 下移至 {c}，{c1} 上移至 {b2}，A 跟随上移，并自 "A 上移" 开始 "或 B" 调整见 {a4}、{b4}、{c4} 三浪。区分两者的关键是后市是否再上破 {b2} 高点，如上破则确定 B 调整上倾，如未能上破则是正运行

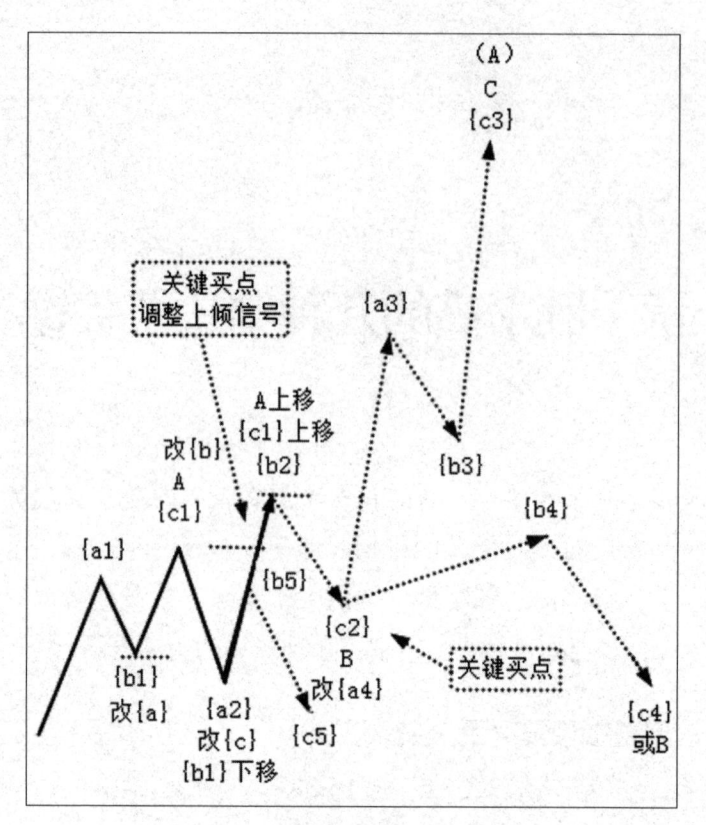

图 10-1 调整上倾信号及关键买点

"或 B"调整。

具体是哪种可能性大则需根据所处位置、基本面来提前判断和事后验证，或用止损位来防止另一种可能性。

如图 9-4，上证指数 2019 年 8 月 16 日 {a} 上破 A7 高点是 B7 调整演变成上倾结构和 C7 强劲有力信号，也是月线（C2）调整反转和预期（A3）强劲上涨的信号。

2022 年 2 月 14 日，金贵银业日线 {b2} 上破 A4 高点是 B4 调整上倾和 C 上涨预期强劲信号和关键买点（设止损于 {c2} 低点以下，见图 10-2），{c2} 下破 {a2} 低点是逆势抓 {c2}、B4 之底的关键买入区域，必须设止损于 {c2} 低点以下。{a3} 上破 {b2} 高点是验证 B4 调整上倾

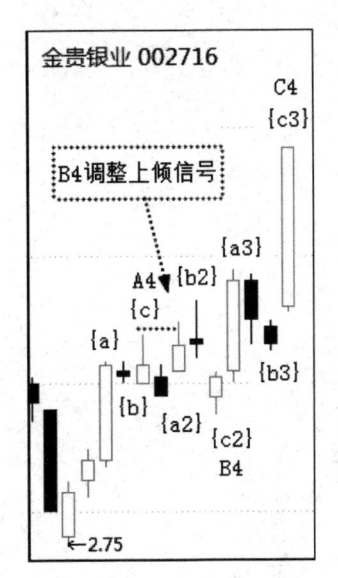

图 10-2　金贵银业 B4 调整上倾信号及关键买点

结构成功的信号。

　　反过来也一样，周线 B 反弹如出现下倾信号，预示 C 下跌重挫。螺纹钢周线反弹下倾信号出现预期 C 下跌重挫：

　　2021 年 10 月 20 日，螺纹钢 2204 期货下破 A 低点，是周线 B 反弹下倾和预期周线 C、月线（C）调整重挫信号及关键做空点，可设止损于 {a2} 高点以上（见图 10-3）。右上 60 分线（a3）下破 {a} 低点，是自 {a2} 高点确立日线三浪调整信号和做空时机，可设止损于 {b} 高点以上。因 {b} 反弹幅度小、时间短，也是预期 {b} 分解和后市重挫的信号。

　　2. 月线（B）调整上倾信号及关键买点

　　此结构如出现在月线（A）反弹后，是（C）反弹预期强劲有力的信号，上破之时和 C2 调整具备结构条件及出现结束信号之时是关键买点，设止损于 C2 低点以下。

　　如图 9-1，上证指数 2019 年 2 月 11 日上破（A）高点是（B）调整上倾信号及关键买点，预期（C）上涨、年线上涨强劲有力。

281

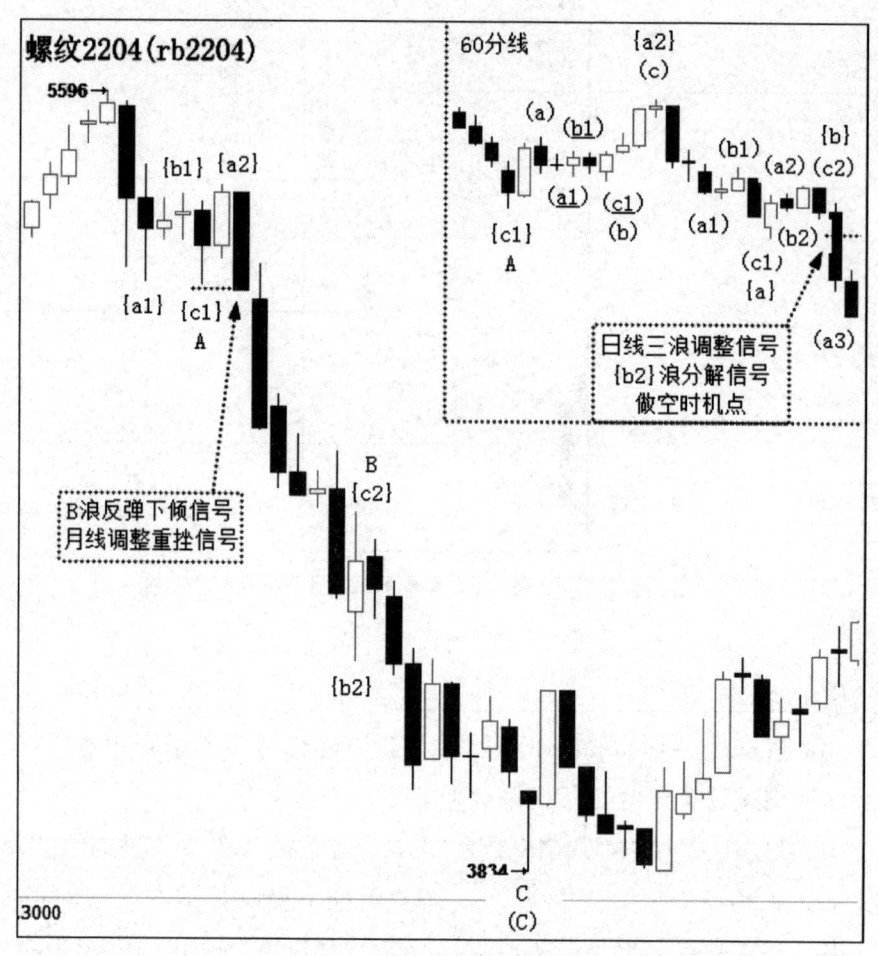

图 10-3 螺纹钢周线 B 反弹下倾信号及关键卖点

东方国信 2022 年 1 月 12 日 B2 上破月线（A0）高点，是（B0）调整为上倾信号和关键买点，设止损于 A2 或未来 C2 低点以下（见图 10-4）。

2 月 8 日，{a3} 上破 "{b1} 下移" 高点，是 C2 调整结束信号和关键买点，设止损于 C2 低点以下。如实时盯盘，可在下破日线 {c1} 低点和上破 30 分线 "(b) 再下移" 高点（见图中 30 分线）之时，逆势抓周线 C2 之底，交易预期月线（C0）上涨，设止损于 C2 低点以下。

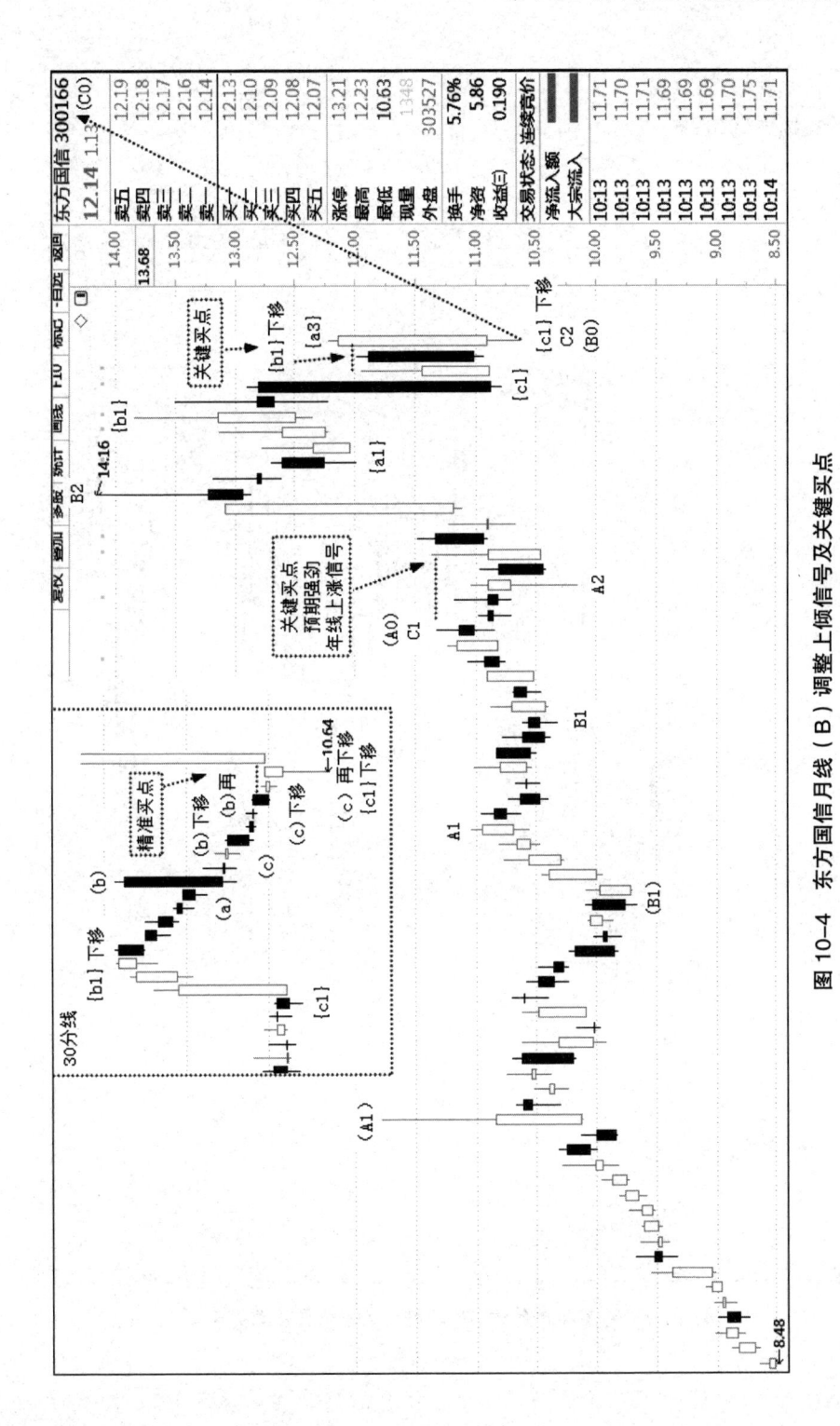

第十章 胜率高的几种结构及关键买点

图10-4 东方国信月线（B）调整上倾信号及关键买点

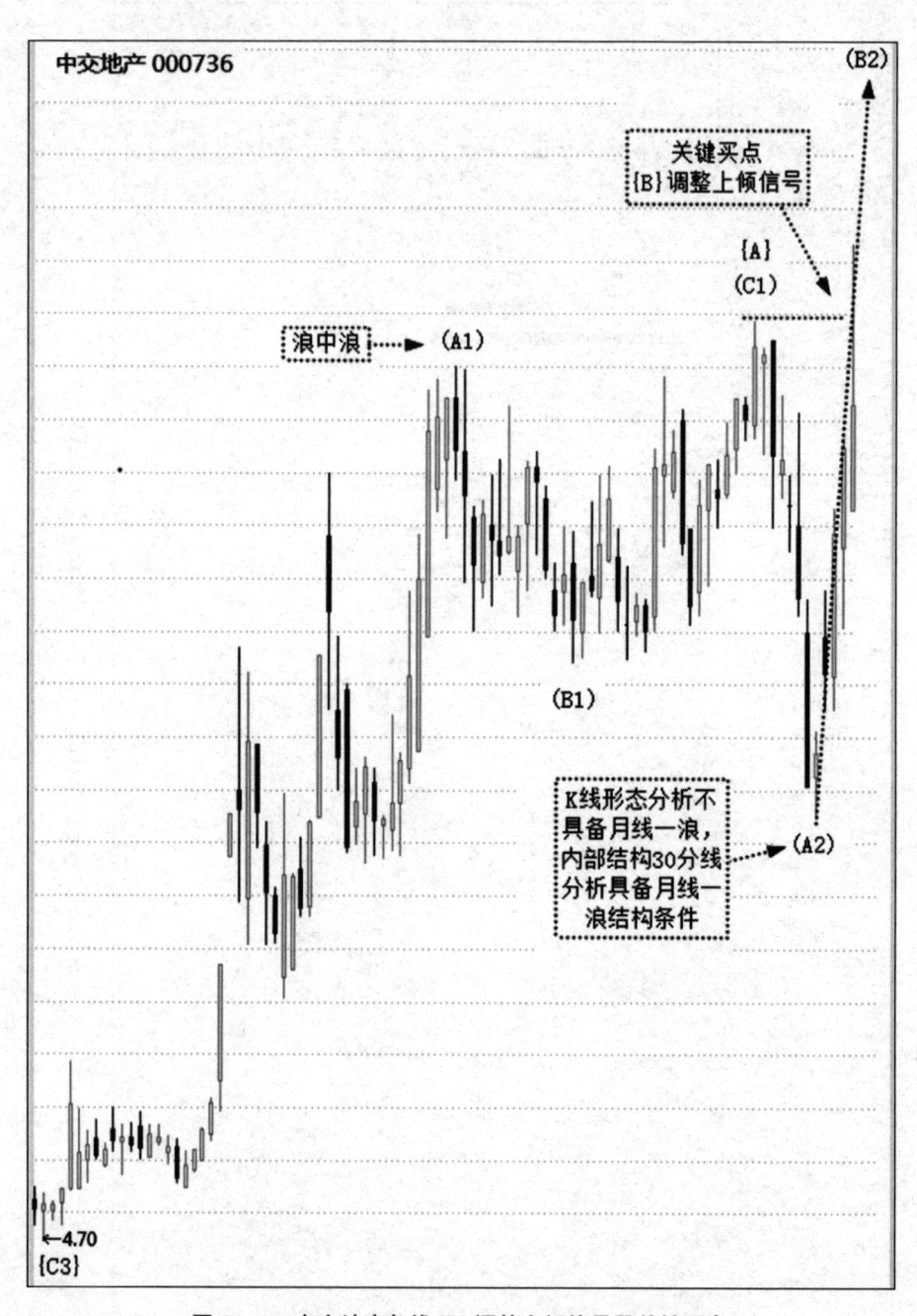

图 10-5　中交地产年线 {B} 调整上倾信号及关键买点

第十章　胜率高的几种结构及关键买点

3. 年线 {B} 调整上倾信号及关键买点

中交地产 2022 年 3 月 22 日上破 {A} 高点，是 {B} 调整预期上倾信号和关键买点（见图 10-5），设止损于（A2）低点以下。（A1）是周线三浪"镰刀"式浪中浪,（A2）从日线、周线形态和结构分析看都不具备月线条件，但从 30 分线结构和月线看具备月线调整条件，且在后市上破 {A} 高点之时验证为月线一浪。

中交地产自高点 11.16 元开始调整至 4.7 元，是以年线为基础的三组三浪（见图 10-6），即以年线三浪为基础的三浪。上破 {B3} 高点，是以年线三浪为基础的三浪调整为三角形结构形成的最初信号和关键买点，并预期后市强劲上涨。上破 {A1} 高点三角形结构成立。

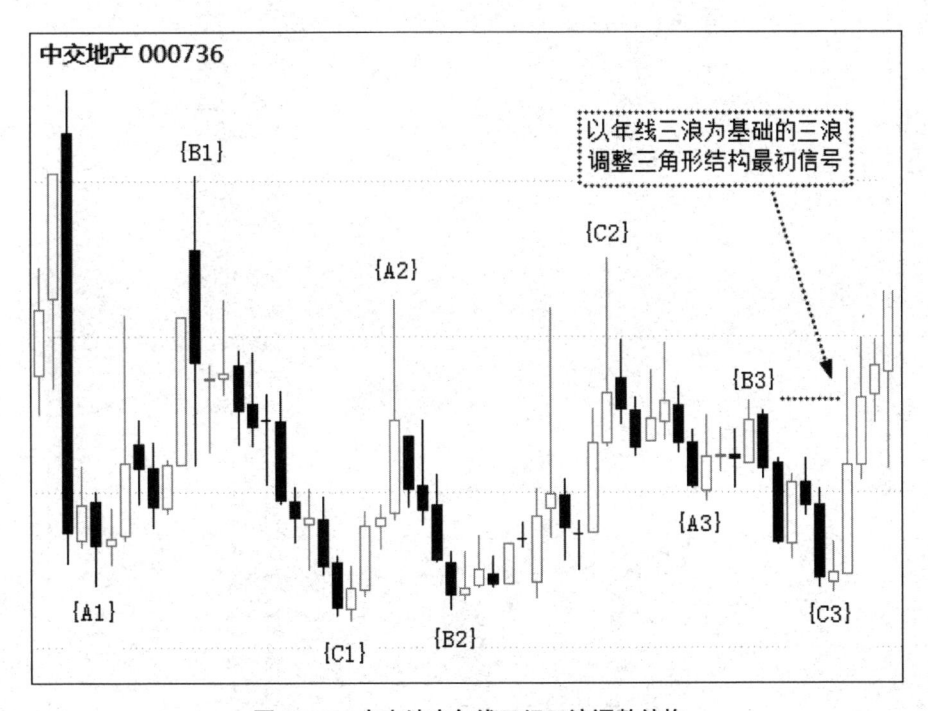

图 10-6　中交地产年线三组三浪调整结构

4. 日线 {b} 调整上倾信号及关键买点

2021年12月3日上午，上证50指数60分线（b2）上破 {a} 高点之时是 {b} 调整上倾信号和关键买点（见图10-7）。精准买点在（b2）上破 {a} 高点之时（图10-8），此点不但是"B3下移"调整结束的信号，还是"C3上移"上涨预期强劲的信号，且（b2）存在分解可能性。可设止损于（a2）低点以下。

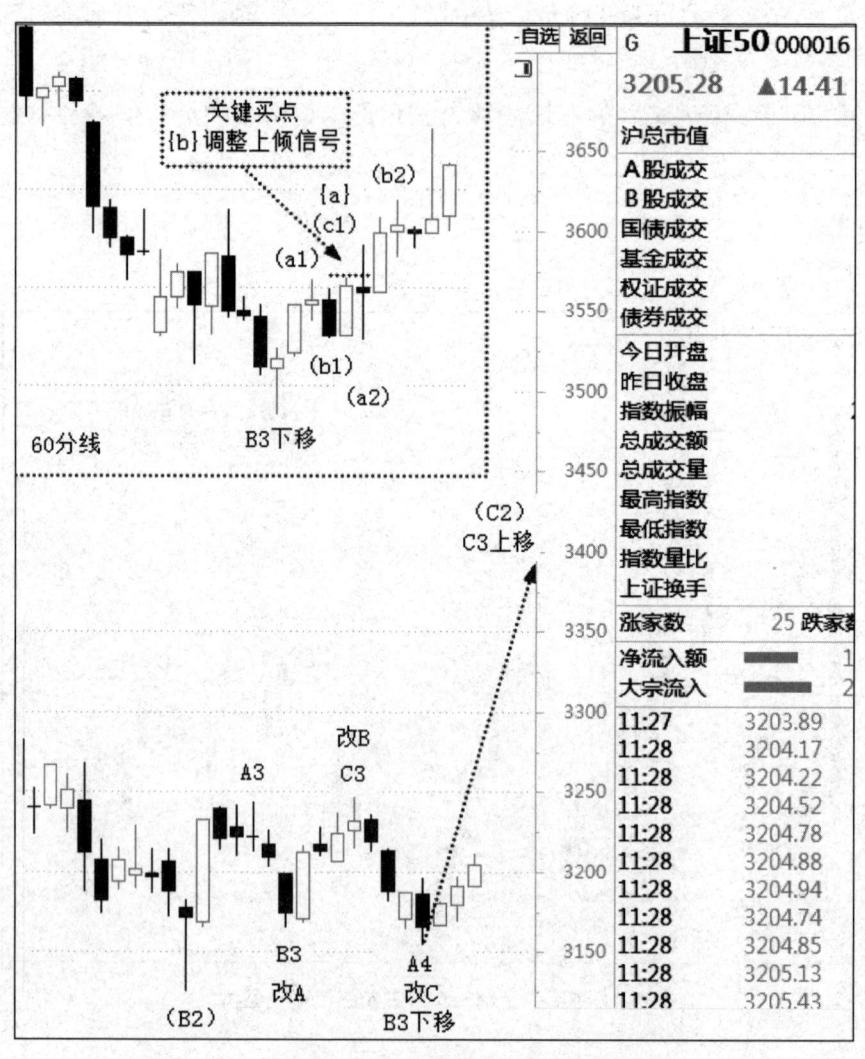

图10-7　上证50日线 {b} 调整上倾信号及关键买点（1）

图 10-8　上证 50 日线 {b} 调整上倾信号及关键买点（2）

　　2022 年 2 月 7 日昊华能源 30 分线（b2）上破 {a} 高点，是 {b} 调整预期演变成上倾信号和关键买点（见图 10-9），可设止损于（a2）或未来（c2）低点以下。此点也是之前 C 调整隐藏的转势信号，以及周线上涨预期强劲信号。如之前 C 调整幅度相对较少，此点也是之前月线调整预期结束的信号。

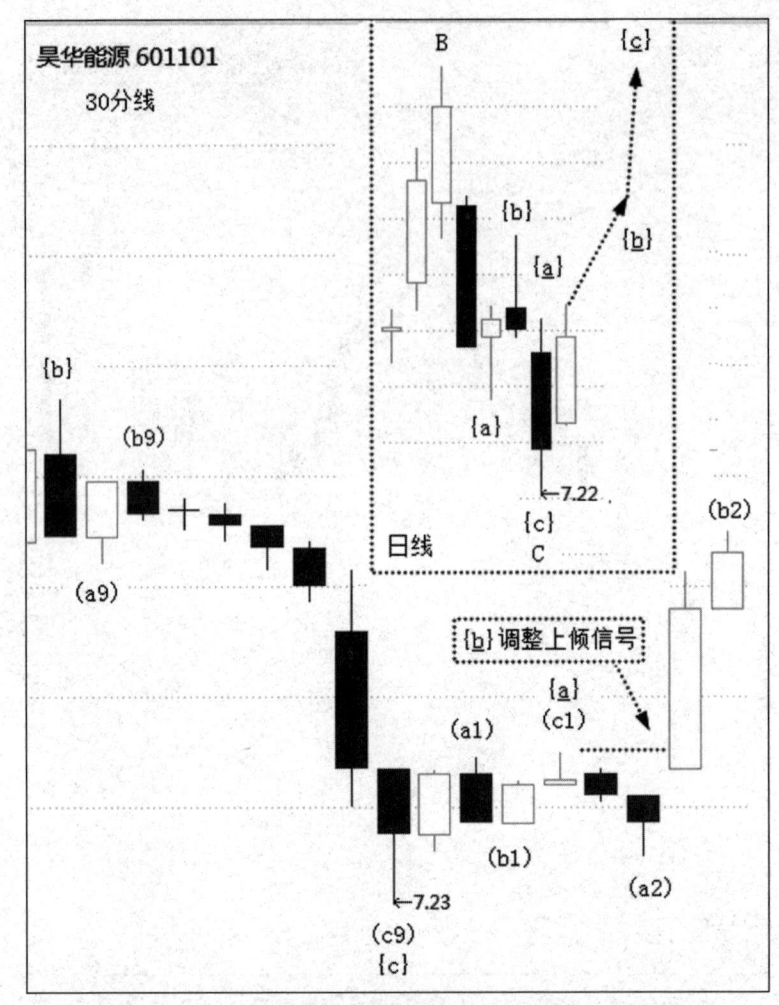

图 10-9 昊华能源日线 {b} 调整上倾信号及关键买点

二、月线（B）调整上倾信号及关键买点

1. (B) 调整上倾

周线 C0 上破（A）高点是月线（B）调整上倾信号（见图 10-10），但此时有两种可能：其一，上破之时 A2、A0、B0 三浪构成三角形结构的"或（B）"调整，自 A8（由 C0 更改而来）低点预期强劲的"或（C）"上涨。其二，C2 下破 C0 低点，A3 再次上破 B2 高点，确定（B）

288

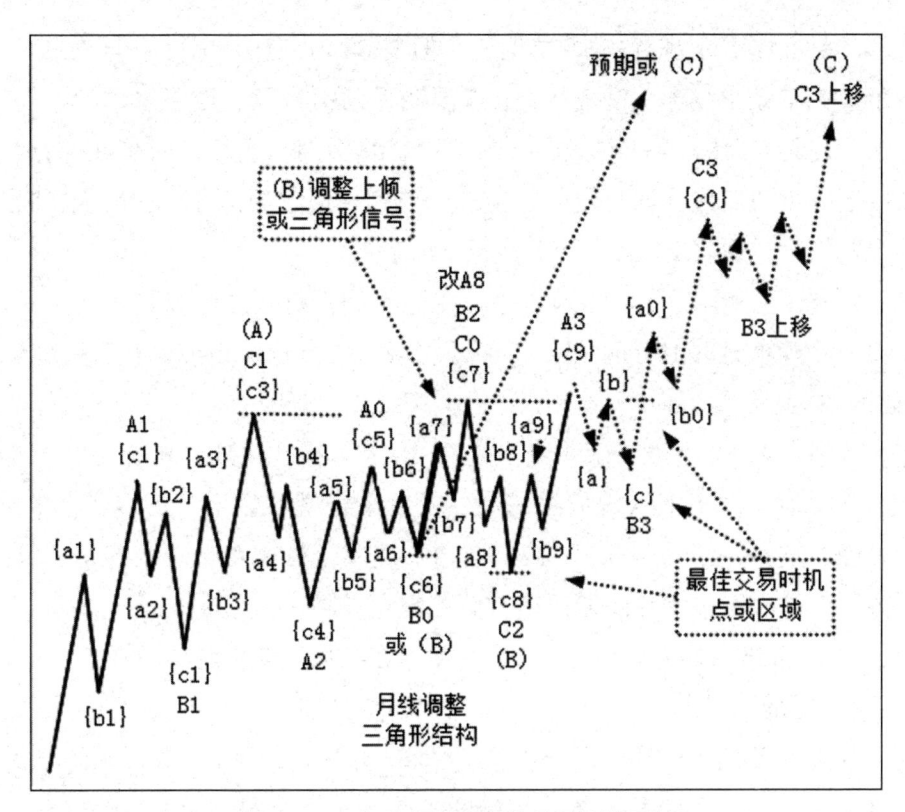

图 10-10 （B）调整上倾信号及关键买点

调整上倾结构在 C2 低点结束，并预期（C）强劲上涨。

关键买点：其一，C0 上破（A）高点之时但止损点在 C2 低点以下，其二，C2 以及 B3 调整具备结构条件或出现结束信号之时，对应止损点在 C2、B3 低点以下。

2022 年 1 月 17 日，数据港 B2 上破（C1）高点是"（B1）上移"调整上倾信号和关键买点，设止损于 A2 或 C2 低点以下（见图 10-11）。

2 月 8 日，{c3} 上破 {a3} 高点是 C2 调整结束信号（见图 10-11 内的 30 分线）和"（B1）上移"调整上倾信号及关键买点，设止损于 C2 低点以下。目标为自 C2 低点开始的预期"（C1）上移"上涨具备结构条件主动出局。

2月18日上破A3高点之时，不但是B3内{a4}、{b4}、{c4}三浪三角形调整结束信号，还是C3上涨预期强劲信号和关键买点，设止损于B3低点以下。后市上破B2高点验证此次判断成功，如在B2高点以下发出预期月线调整信号，则是之前判断失败的信号。如出现判断失败信号，则（C1）结束点上移至B2高点。

有了C3上涨预期强劲涨势，在此涨停板打开之时就可买入（见图中涨停板打开时分时线），目标为上破B2高点，止损设在B3低点以下。

为什么B2上破（C1）高点是"(B1)上移"调整上倾信号？

因为（C1）上涨内周线三浪二次分解极端状态下，还多了个B2上涨，这是一个博未来"(B2)上移"调整上倾的结构。关键是要等待一个风险回报比好的博调整上倾关键点。

C1下破A1低点是"(B1)下移"在A1高点结束和预期"(C1)下移"再创新低信号，但A2上破B1高点是确立（B1）调整在C1低点结束和预期（C1）上涨的信号["(B1)下移"改(A1)]。A2、"B2再上移"、"C2再上移"构成极端的（C1）上涨，再一个B2上涨已是周线三浪上涨三次分解。这个B2上涨有两种完全不同的可能，其一是"(B1)上移"调整周线A2、B2、C2三浪预期上倾结构中的B2浪反弹。其二是（C1）结束点上移至B2高点，后市运行月线调整。区分两种结构的关键，是B2高点是否被上破和未来C2低点是否被下破。需逆势精准抓C2之底，或找到C2调整转势点，这才算找到风险回报比好的交易点。{c3}上破{a3}高点之时就是C2调整转势点和认定"(B1)上移"调整为上倾结构的信号点，设止损于C2低点以下。

（C1）上涨还有三个好的买点：其一，{a}、{b}、{c}三浪回调距离A2低点达到可接受止损空间之时（设止损于A2低点以下）。其二，{a1}上破{b}高点之时（见图10-11中的60分线）。其三，{a}、{b}、{c}三浪回调距离{a1}低点达到可接受止损空间之时（设止损于{a1}低点以下）。

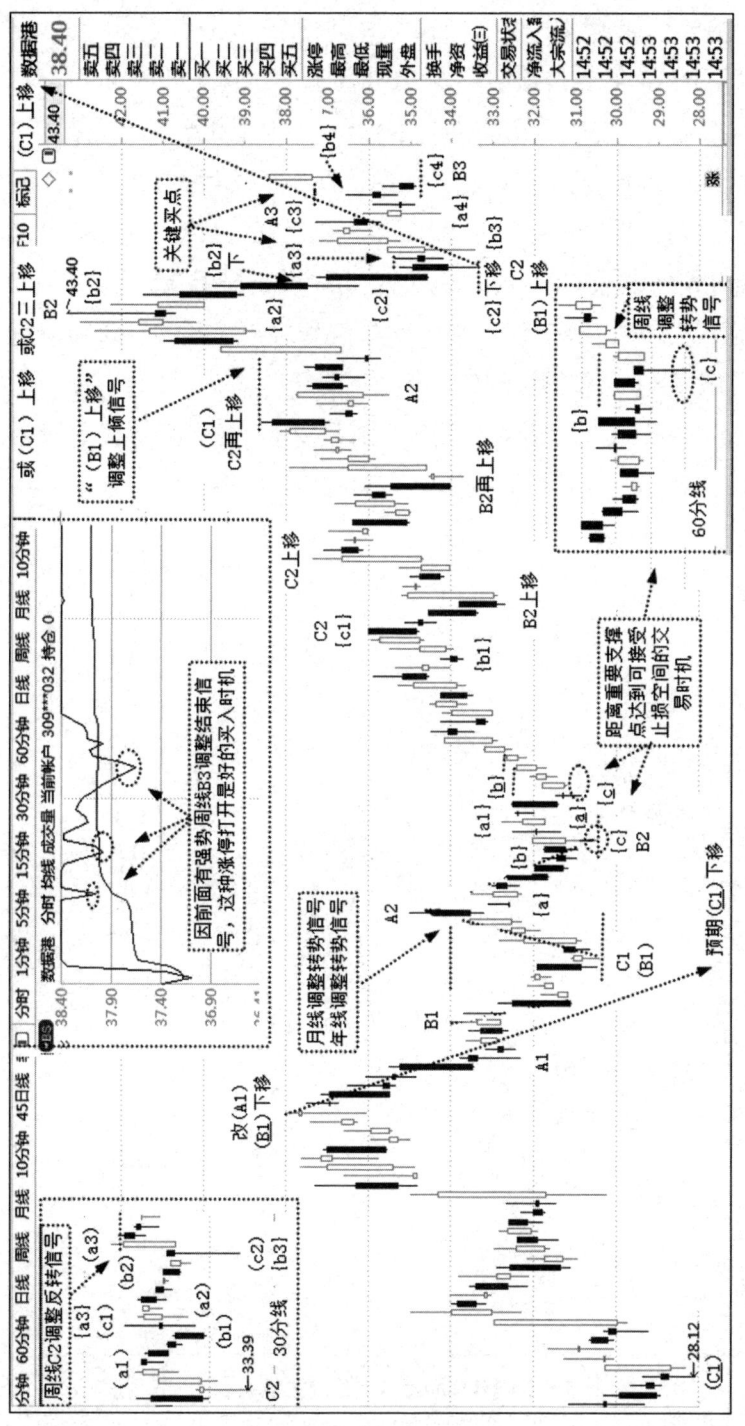

图10-11 数据港"(B)上移"调整上倾信号及关键买点

2.（B）调整预期上倾

周线 A2 下破 B1 低点是预期月线（B）调整信号（见图 10-12），日线 {c2} 上破 {a2} 高点，是 B2 反弹内 {a}、{b}、{c} 三浪上涨演变成复杂"双节棍"结构信号。如 A2 调整幅度相对较少，日线三浪上涨发出演变成复杂"双节棍"结构信号之时可预期 B2 后市上破（A）高点，则此点可认为是（B）调整预期上倾的信号和关键买点，可设止损于 {a2} 低点以下。另外，需关注 {a}、{b}、{c} 三浪实际上涨幅度和结束信号，以及结束点所处位置对月线（B）调整的影响。

如 {a}、{b}、{c} 三浪上破 (A) 高点，则是（B）调整演变成上倾结

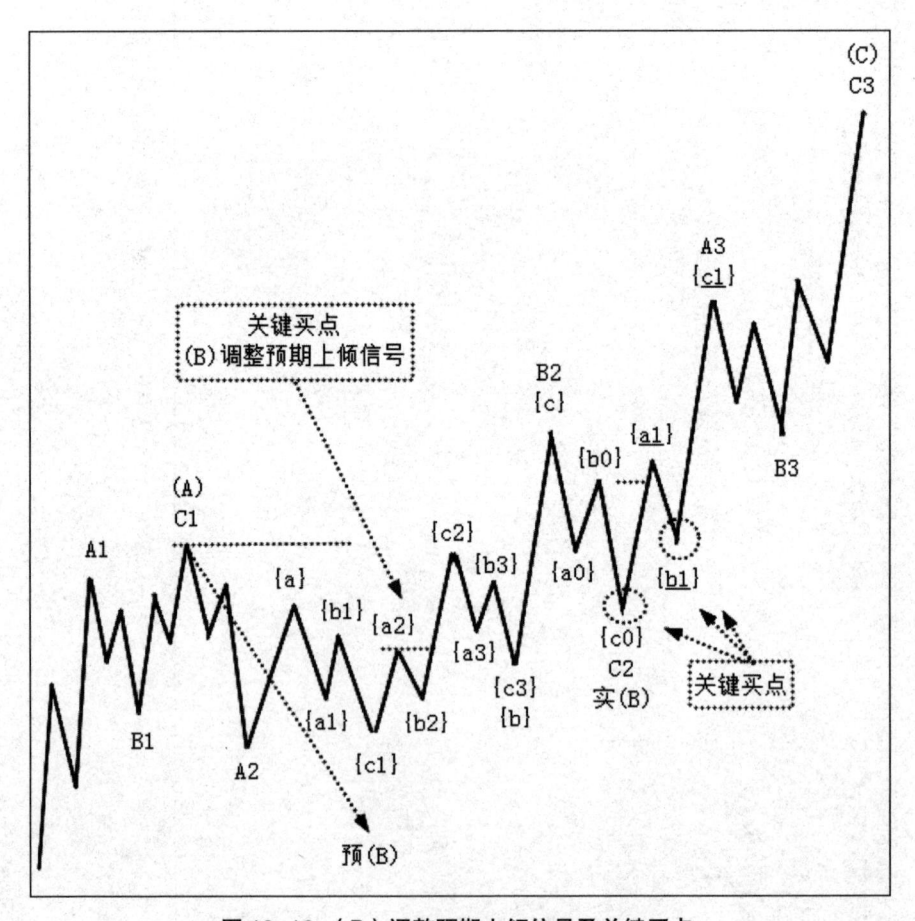

图 10-12 （B）调整预期上倾信号及关键买点

构信号，不但验证 {c2} 上破 {a2} 高点买点成功，还可把目标上调为预期强劲（C）上涨具备结束条件之时。还有一个关键买点，是在 C2 调整具备结构条件逆势抓 C2 之底，或出现结束信号之时顺预期（C）上涨之势，设止损于 C2 低点以下。

如 {a}、{b}、{c} 三浪上涨出现结束信号，验证未能上破 A2 高点，则是预期（B）调整正常运行的信号，需主动出局。因后市还有一个 C2 调整，且不排除 A2、B2、C2 三浪复杂演变而有大幅下跌可能性。

2021 年 12 月 22 日，金财互联 B2 上破（A）高点，是（B）调整上倾信号（见图 10-13），因之前 A2 已下破 B1 低点预期（B）调整。

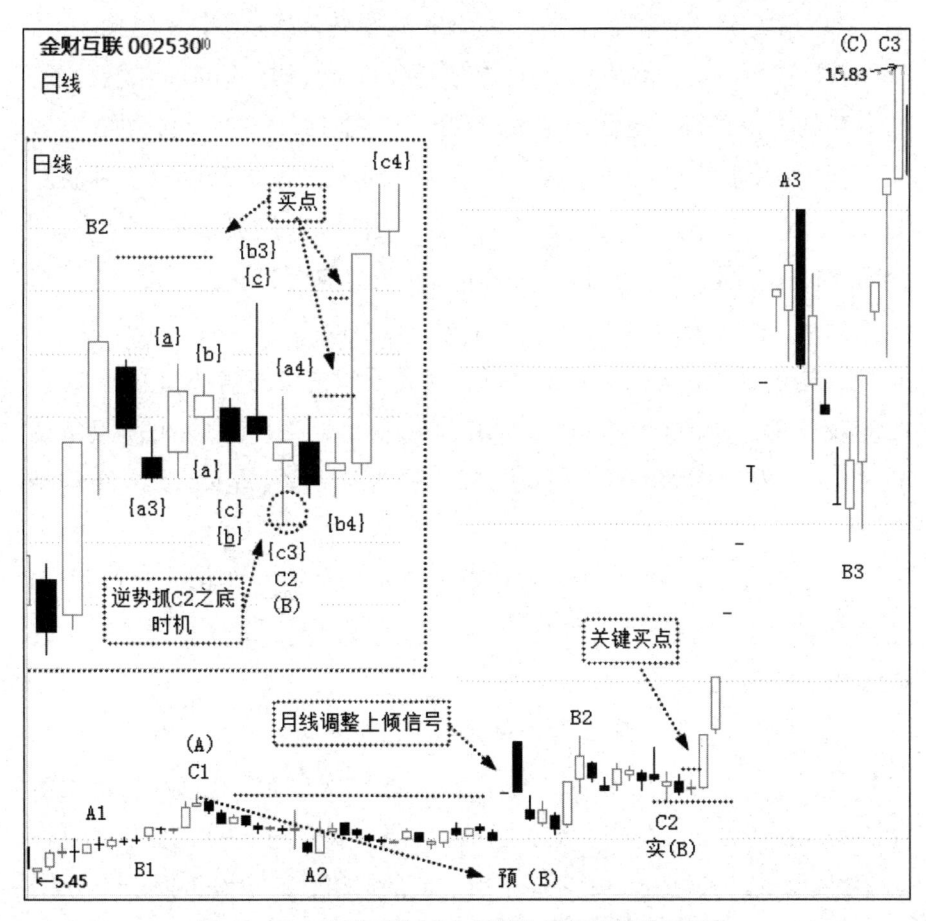

图 10-13 金财互联（B）调整上倾信号及关键买点

今 B2 上破（A）高点，是（B）调整上倾信号，并预期（C）强劲。关键买点在 C2 调整内日线三浪一次、二次分解或出现结束信号之时。

根据 C2 内日线 {a3}、{b3}、{c3} 三浪"双节棍"结构特性，2022年1月10日逆势抓 {c3} 之底是逆势抓 C2 之底时机，也是交易预期（C）上涨时机，设止损于 {c3} 低点以下（见图 10-13 内的日线放大图）。13日 {c4} 上破 {a4} 高点，发出 C2 调整结束信号之时也是关键买点，设止损于 {a4} 低点以下。上破 {b3}、B2 高点也是关键买点，但风险回报比明显没有前面的好，但结构稳定且成功率高了。C3 上破 A3 高点是（C）具备结构条件主动出局时机，后市随时面临月线调整可能性。

如图 10-14，国联证券的 11.88 元位置具备月线三浪调整结构条件，周线 A1、B1、C1 三浪（其中 B1 浪形态分析是日线一浪内部结构分析，具备日线三浪条件，见图中的 60 分线）构成月线（A）上涨，A2 下破 B1 低点预期月线"（C3）下移"调整并再创新低。但日线 {a} 上涨就接近（A）高点（上涨有力表现），{a1}、{b1}、{c1} 形成蓄势"双节棍"结构，{c2} 上破 {a2} 高点是 {a}、{b}、{c} 三浪演变成复杂"双节棍"结构的信号，因本身距离（A）高点不远，此点就是后市 B2 上破（A）高点的最初信号，也是 (B) 调整预期演变成上倾结构的信号和关键买点，设止损于 {a2} 或 {a} 低点以下。2021 年 12 月 6 日上破（A）高点是确定（B）调整为上倾信号，可把目标上调为（C）强劲上涨具备结构条件之时。

{a}、{b}、{c} 三浪复杂"双节棍"结构的结束点是 B2，逆势抓 C2 之底和 C2 出现结束信号之时，就是交易预期（C）上涨关键买点，设止损于 C2 低点以下。

C2 结束，后市实际没有走出（C）上涨有两种可能：其一是之前结构有问题，再次详细检查结构；其二是 B2 分解成 A0、B0、C0 三浪了，即（B）结束点要变。那么逆势抓自 C0 高点开始的"实 C2 下移"调整之底，成为逆势抓（B）演变后之底的时机，必须设止损于"实 C2 下移"低点以下（不接受再次下破"实 C2 下移"低点的变化，因再次

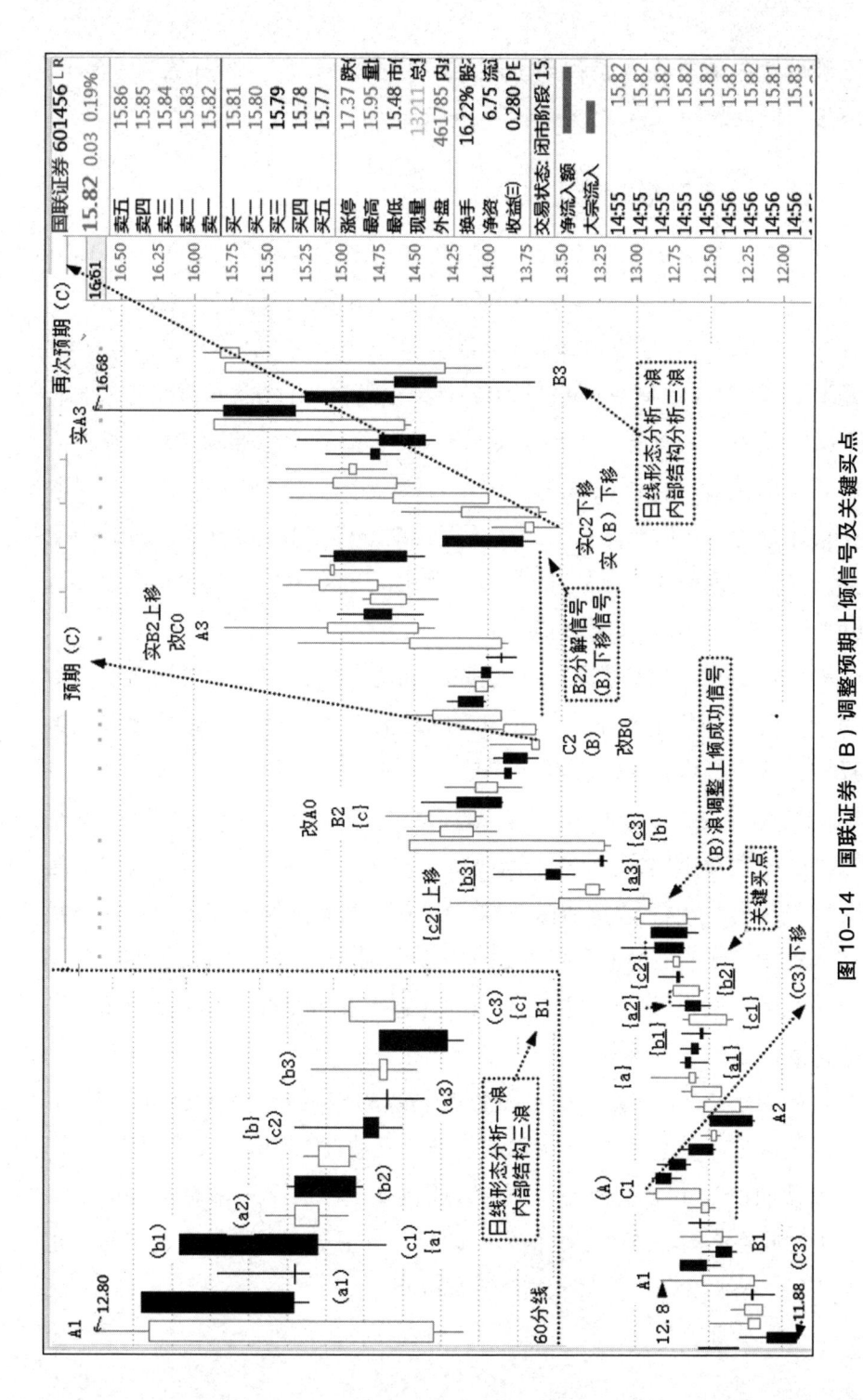

第十章 胜率高的几种结构及关键买点

图10-14 国联证券（B）调整预期上倾信号及关键买点

下破就是之前月线调整预期上倾结构失败的信号），目标为自"实C2下移"低点开始，再次预期（C）上涨。

三、一点三级顺势（共振）

月线（A1）、（B1）、（C1）三浪构成年线上涨趋势（见图10-15），周线A4、B4、C4三浪构成"（B1）上移"调整，日线{a}上破"{b}下移"高点和{b}调整收在{a}低点以上验证B5收在A5低点以上，不但是自{a}低点开始预期C5上涨顺势点，也是自A5低点开始预期"（C1）上移"顺势点，还是自（A1）低点开始年线{A}上涨的顺势点。此点因所处特殊位置，可同时成为周线、月线、年线的上涨顺势点，是风险回报比好的买入时机之一。后市不但预期{a}、{b}、{c}三浪上涨还可复杂演变，也预期A5、B5、C5三浪上涨也可复杂演变，且（A1）、（B1）、（C1）三浪上涨还可继续复杂演变。

任何买点，后市都存在有利和不利的变化，关键是要知道后市如何走有利，如何走算不利，如何判断趋势发生了反转，是哪个级别的反转，这些可给是否持有提供依据。

如在此一点三级顺势买入，最低目标应定位为周线上涨具备结构条件之时主动出局，如C5上涨具备结构条件之时主动出局。正常目标应定位为月线上涨具备结构条件之时主动出局，如上破（C1）高点后或A5、B5、C5三浪上涨一次二次分解就是预期的"（C1）上移"主动出局时机。长线目标还可定位为年线{A}上涨内月线三浪二次分解具备结构条件之时（不推荐）。

同时要知道一点三级顺势交易失败的信号：{a7}下破{b6}低点，不但是自{a7}高点预期C6下跌的信号，还是自A6(由"B5上移"更改)高点预期（C2）下跌的信号。那么此点就是（B2）上涨转势和验证月线上涨收在{A}高点以下的信号，即是一点三级顺势交易失败信号，也是年线{A}上涨转势信号和被动出局时机。

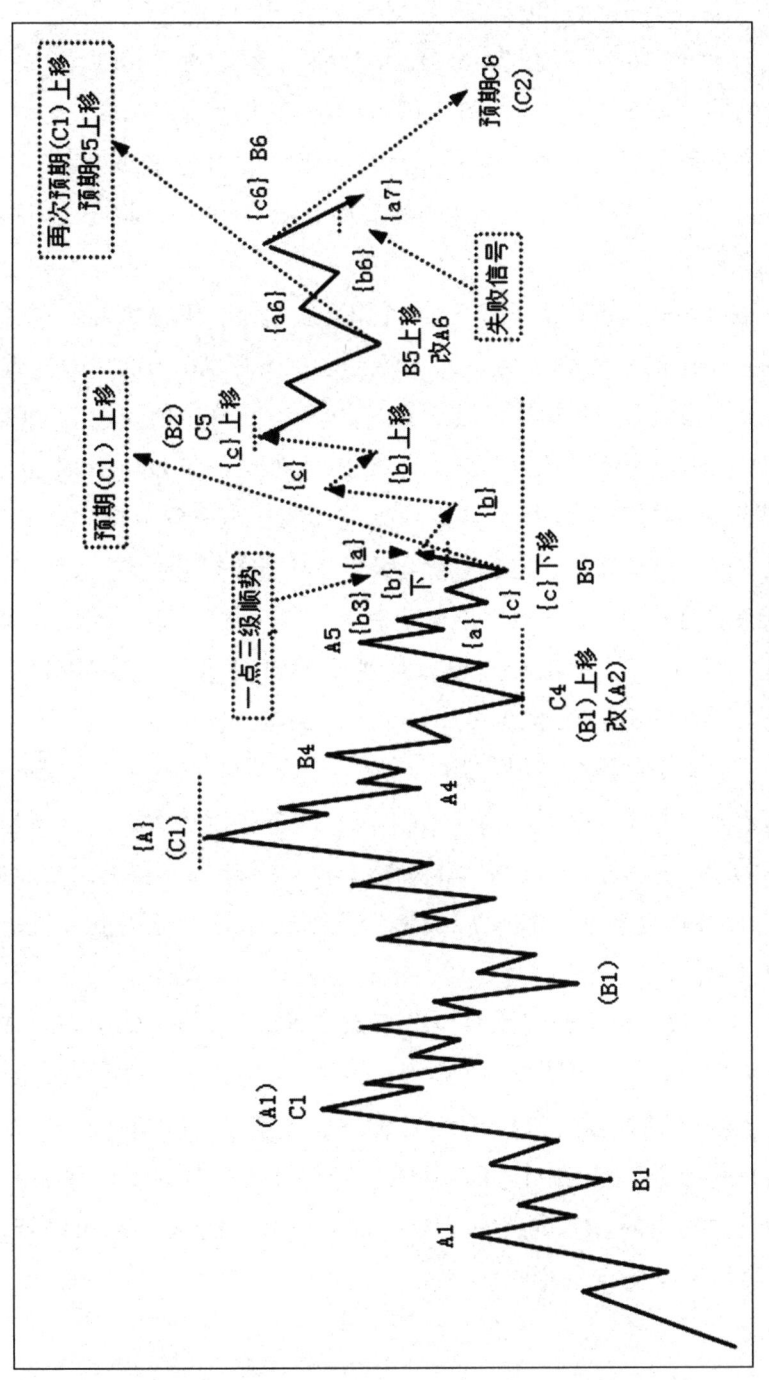

第十章 胜率高的几种结构及关键买点

图 10-15 一点三级顺势点

片仔癀自89.24元开始至136.01元具备月线（A3）、（B3）、（C3）三浪上涨条件（见图10-16），A0上破B4高点之时，是"（B3）上移"调整转势信号和预期的月线"（C3）上移"、年线{A3}上涨顺势点（因止损点高而不适合直接交易）。A0调整直接下破C4低点，验证之前顺势时机失败。

A0下破C4低点有两种完全不同可能性：其一，下破之时，是预期年线调整中（B0）反弹下倾信号［见图10-16中A0、B0、C0三浪构成的（B0）反弹］，并预期（C0）重挫。其二，A0位应更改为"C4下移"和"（B3）下移"，B4改A，C4改B，A0改C和B4，此时A4、B4、C4三浪为不规则底结构，即不规则的周线三浪"双节棍"结构。根据"双节棍"结构特性，"C4下移"低点是月线多空分界点，那么日线{a0}调整验证收在{a}低点以上的点就是"C4下移"结束和转势信号，也是预期周线A5上涨和逆势抓月线"（B3）下移"之底的时机，可设止损于"C4下移"低点以下。

{a5}上破{b1}高点就是周线C5、月线、年线上涨三级共振顺势点，设止损于B5低点以下。由于{c1}本身调整幅度较大，后市{c5}上破{a5}高点［见图10-16中60分线（a2）上破{a5}高点］之时验证{b5}调整幅度较小，预期后市上涨强劲，应是关键买点，设止损于{b5}低点以下。

因"C4下移"低点是月线多空分界点，则{a}上破（b0）高点和（c）上破（a）高点（见图10-16中60分线）之时，这两个预期运行周线上涨的点，都是非常好的博多时机，设止损于"C4下移"低点以下。目标可直接定位为自"C4下移"低点开始，月线上涨具备结构条件之时主动出局。需重点关注A5、B5、C5三浪结构、结束信号、结束点对年线趋势方向的影响。

第十章 胜率高的几种结构及关键买点

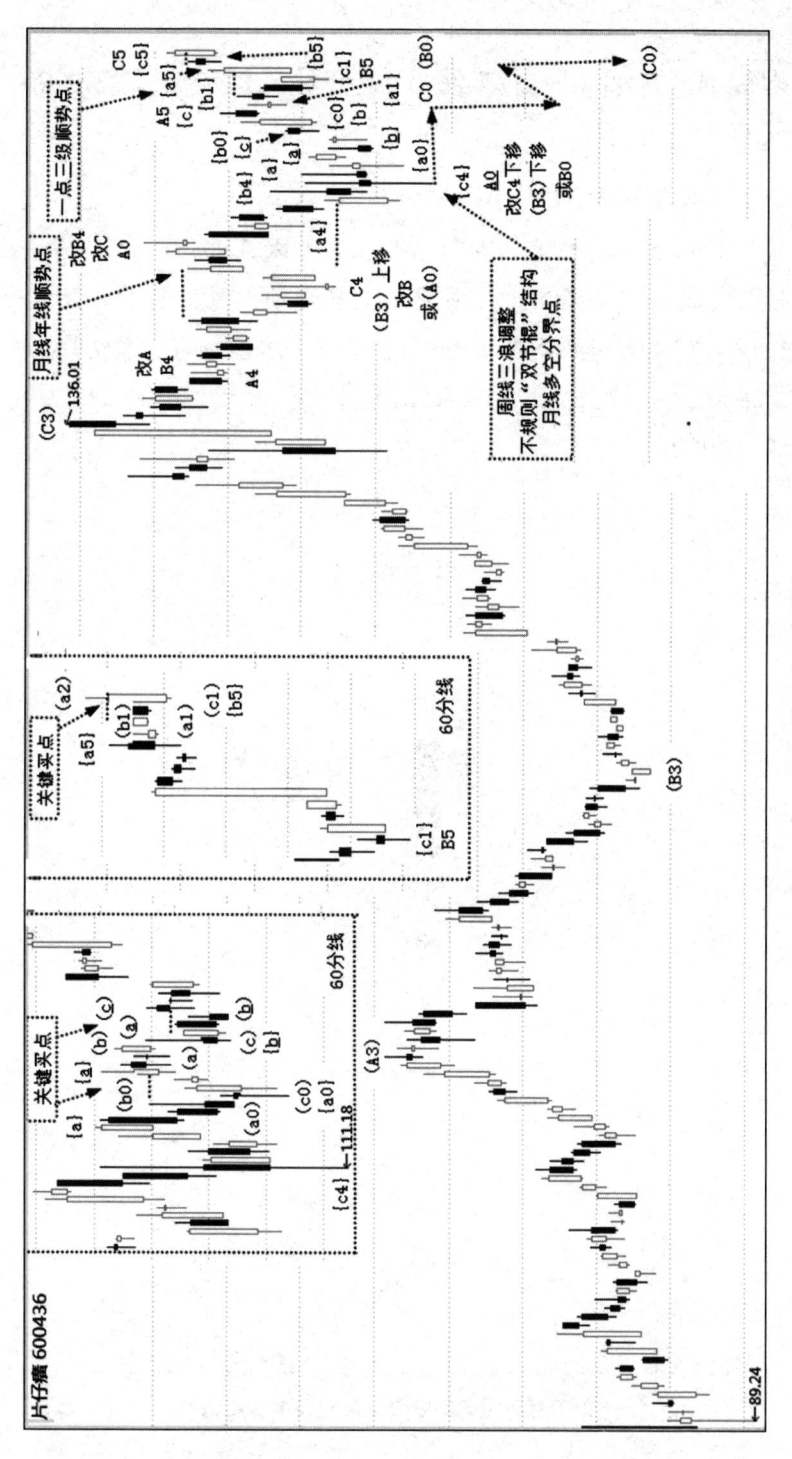

图 10-16 片仔癀一点三级顺势

四、周线 B、月线（B）、年线 {B}、年线三浪调整三角形结构及关键买点

1. 周线 B 调整三角形结构成立和关键买点

2022年3月4日，金种子酒60分线（a）上破A高点，是周线B调整三角形结构成立和关键买点，预期C上涨强劲，设止损于B低点以下（见图10-17）。(b)回调越接近（a）低点，越是风险回报比好的

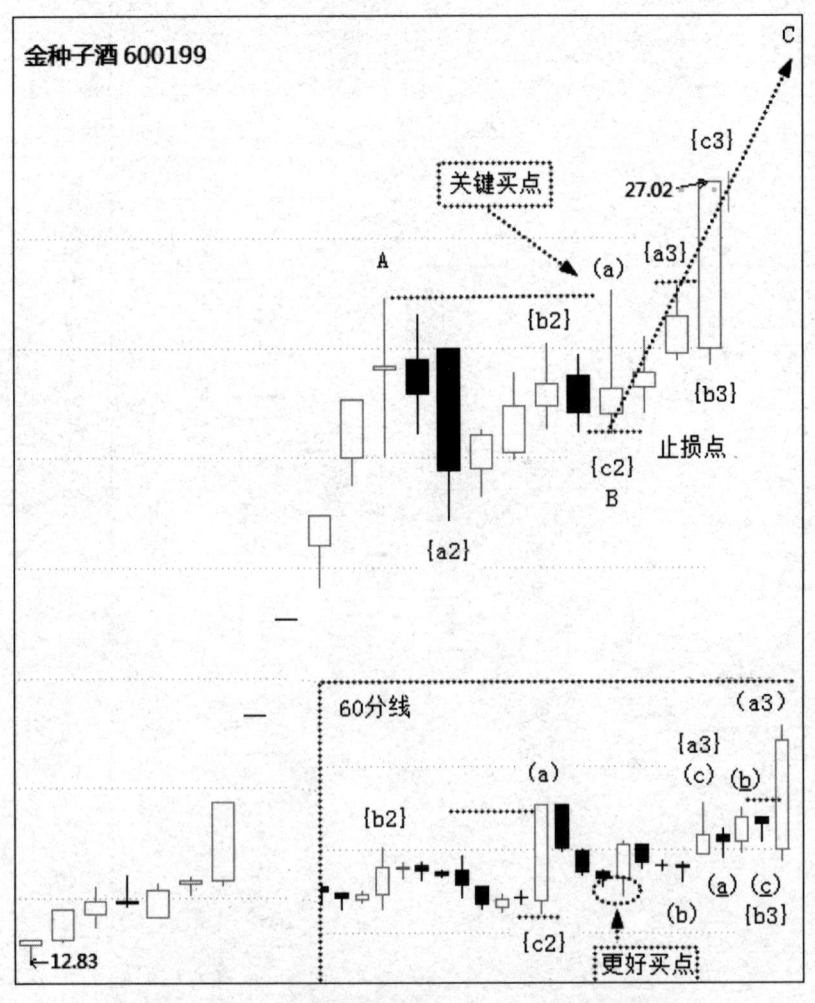

图10-17　金种子酒周线调整三角形成立及关键买点

买点（见图 60 分线）。(a3) 上破 {a3} 高点，确立 C 上涨，验证之前交易成功，且因 {b3} 调整是 60 分线（a）、(b)、(c) 三浪三角形，再次预期 {c3} 上涨强劲，止损点上移至 {b3} 低点以下，盈利后主动出局。

2. 月线（B）调整具备三角形条件及关键买点

东方证券自 8.27 元开始上涨至 10.4 元具备月线（A）结构条件。周线 A2、B2、C2 三浪调整具备三角形条件（见图 10-18）。{a4} 未上破 {b3} 高点时 C2 调整趋势依然向下，但当 60 分线（a1）上破（b）高点（见图 10-18，60 分线），发出 C2 调整结束信号，并预期周线

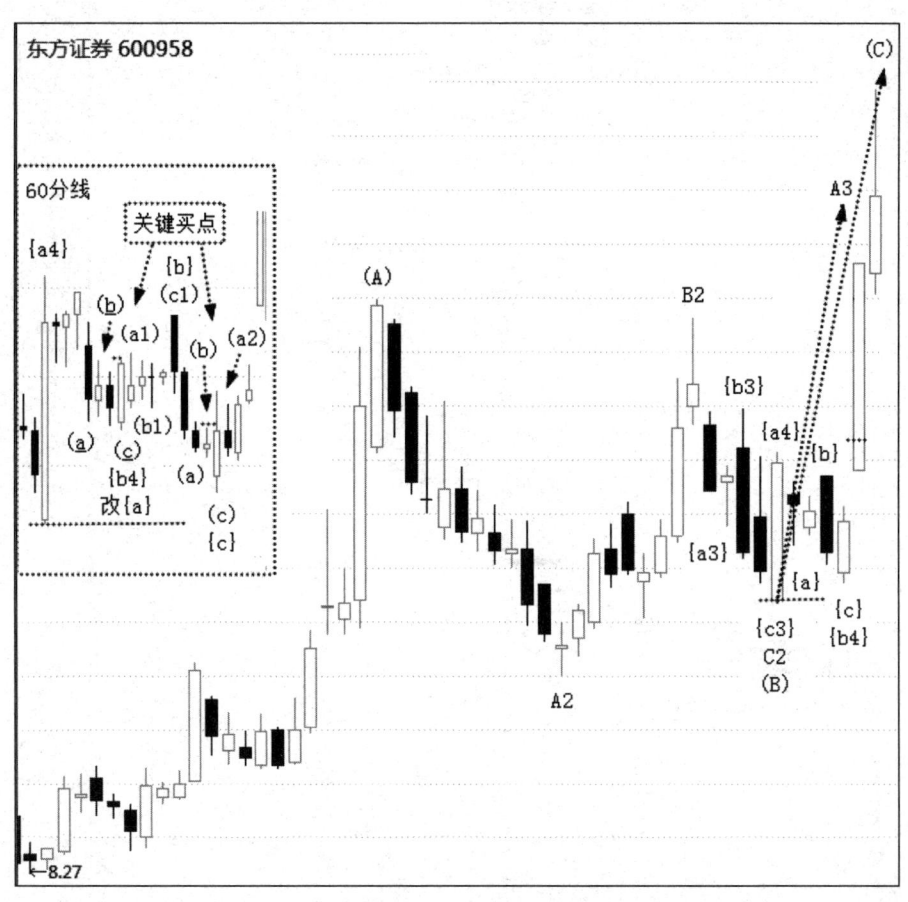

图 10-18　东方证券月线（B）调整具备三角形条件及关键买点

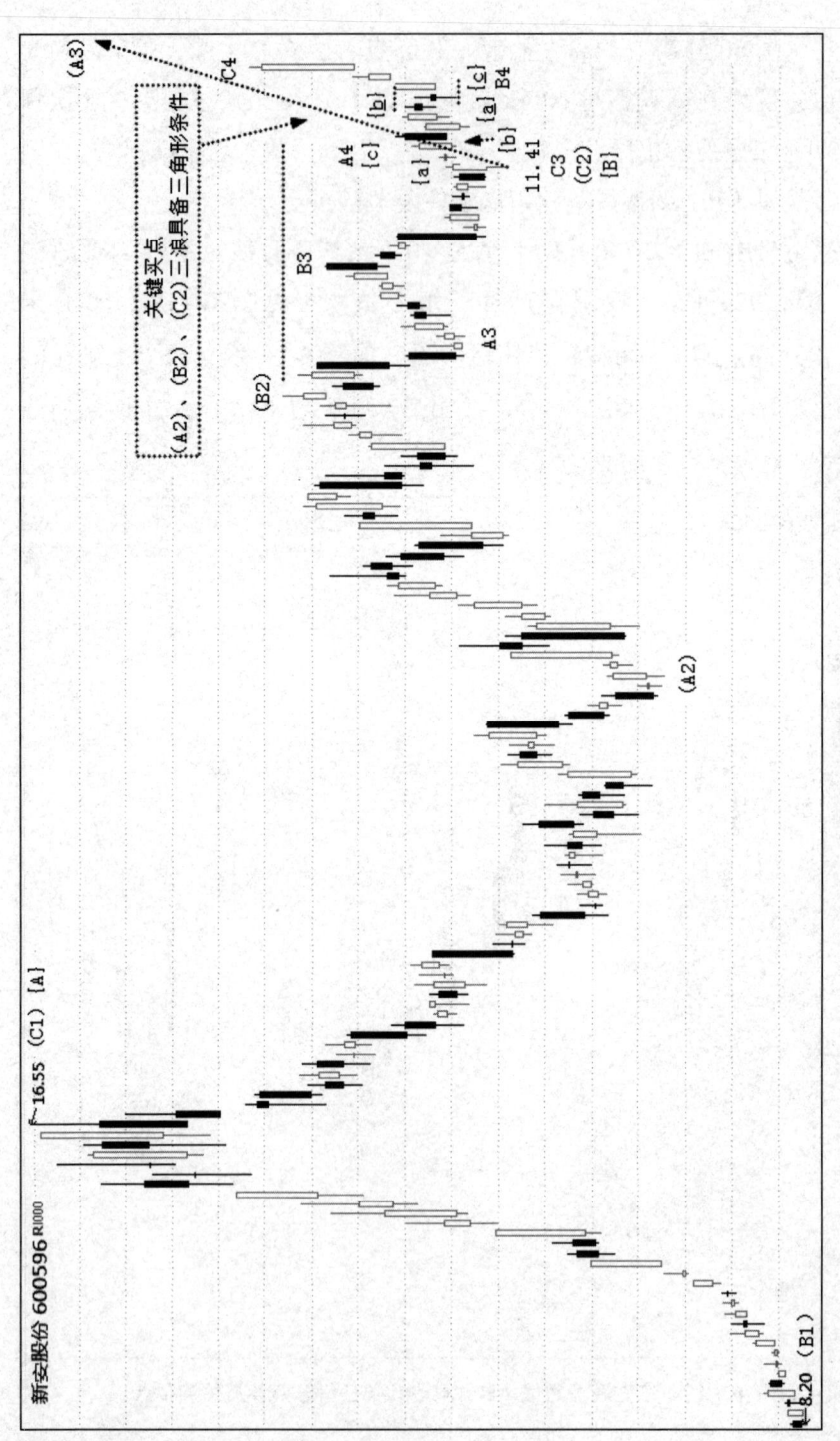

图 10-19 新安股份周线 {B} 调整具备三角形条件及关键买点

A3 上涨之时，是月线（B）调整 A2、B2、C2 三浪三角形在 C2 低点结束的最初信号和关键买点，并预期（C）上涨强劲，设止损于 C2 低点以下。（a）下破（b1）低点，验证 {b} 反弹未上破 {a4} 高点，则是（a1）上破（b）高点交易失败的最初信号，但因还没下破 {a4} 低点这个重要支撑点（如下破 {a4} 低点则是验证之前交易失败的信号），还存在继续演变成周线上涨蓄势结构的可能性。60 分钱（a2）上破（b）高点，验证日线 {c} 调整收在 {a4} 反弹低点以上，预期周线上涨形成蓄势结构，再次预期 A3 上涨强劲，并且是（B）调整三角形在 C2 低点预期结束信号和关键买点，同时预期（C）上涨强劲，设止损于 C2 低点以下。后市上破（A）高点验证（B）调整三角形成立，目标明确为（C）上涨大幅具备结构条件之时主动出局。

3. 年线 {B} 调整具备三角形条件及关键买点

新安股份在 16.55 元具备年线 {A} 上涨结构条件，再调整至 11.41 元具备月线（A2）、（B2）、（C2）三浪三角形 {B} 浪结构条件（见图 10-19）。2021 年 5 月 6 日 C4 上破 A4 高点，是 B4 调整日线 {a}、{b}、{c} 三浪三角形结构强势结束信号，也是自 A4 低点开始（A3）上涨预期强劲信号和关键买点，设止损于 B4 低点以下。此点也是年线 {B} 调整内（A2）、（B2）、（C2）三浪预期三角形信号和关键买点，目标可直接定位为年线上涨具备结构条件之时主动出局。后市上破 {A} 高点验定月线三浪调整三角形成立。

4. 年线三浪调整具备三角形条件及关键买点

片仔癀自高点 129.23 元开始调整至 2019 年 8 月 12 日的低点 89.24 元，具备年线 {A2}、{B2}、{C2} 三浪调整三角形条件（见图 10-20），周线 C5 下破 A5 低点，验证 A4、B4、C4 三浪上涨收在（B3）高点以下，是（B3）下移至 C4 高点和预期（C3）下移信号。但当日线 {a3} 上破 A6 高点，验证 B6 调整幅度小（见图 10-20 内的

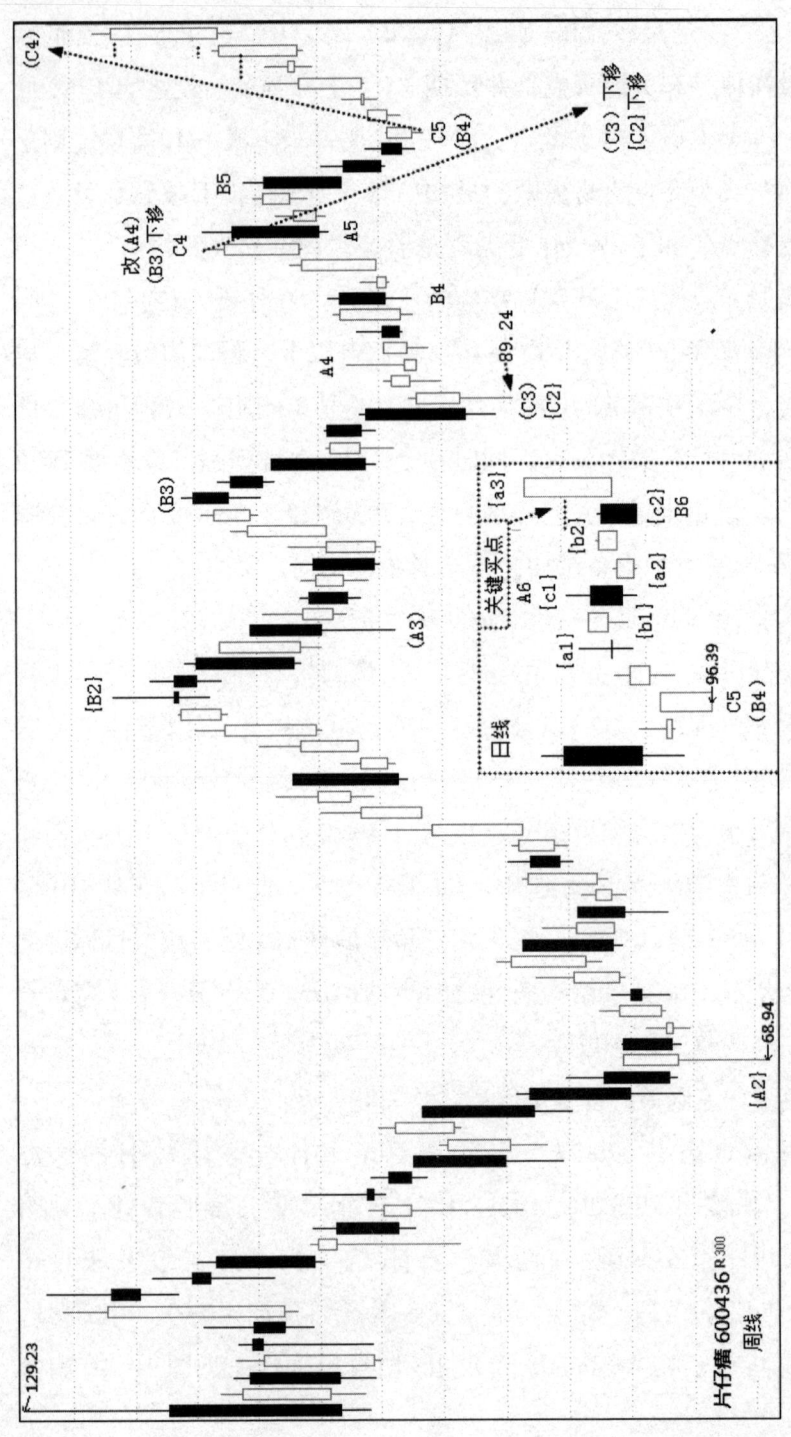

图 10-20 片仔癀年线三浪调整具备三角形条件及关键买点

日线图），发出自 A6 低点预期运行强劲（C4）上涨信号之时，也是 A5、B5、54 三浪构成的月线（B4）调整在 C5 低点结束的信号，还自 A4 低点开始预期月线（A4）、（B4）、（C4）三浪上涨信号［此时"（B3）下移"应改为（A4）］。那么此点也是年线 {A2}、{B2}、{C2} 三浪调整三角形结构预期在（C3）低点结束信号和关键买点，可设止损于 B6 低点以下，目标可直接定位为自（A4）低点开始的年线三浪上涨具备结构条件之时。后市上破 {A2} 高点确定年线三浪调整三角形结构成立和买点成功。

西部矿业 2022 年 2 月 10 日上破（B3）高点之时，是自 19.74 元至 12.05 元的调整，具备年线 {A2}、{B2}、{C2} 三浪三角形结构条件信号（见图 10-21 和图 10-22），此点也是自（C3）低点开始预期年线 {A3} 上涨信号和顺势点。但因距离止损点较远，不是好的交易时机，耐心等待日线三浪调整至极端情况或出现结束信号，应有好的买点。

2022 年 2 月 17 日 {c} 上破 {a} 高点（见图 10-22），是周线 B4 调整结束信号和关键买点，可设止损于 B4 低点以下，目标为月线（A4）上涨具备结构条件之时主动出局。后市上破 A4 高点验证此点交易成功。可关注 A4、B4、C4 三浪结构、结束信号、结束点对年线趋势方向的影响。如（A4）上破 {A2} 高点确定年线三浪调整三角形成立。

如日线 {a}、{b}、{c} 三浪上涨在 A4 高点以下结束，则是 B4 分解信号。可重点关注周线调整距离重要支撑点 A4 低点达到可接受止损空间的买入时机，和周线调整逆势抓底及出现结束信号带来的买点，并设止损于 A4 低点以下。

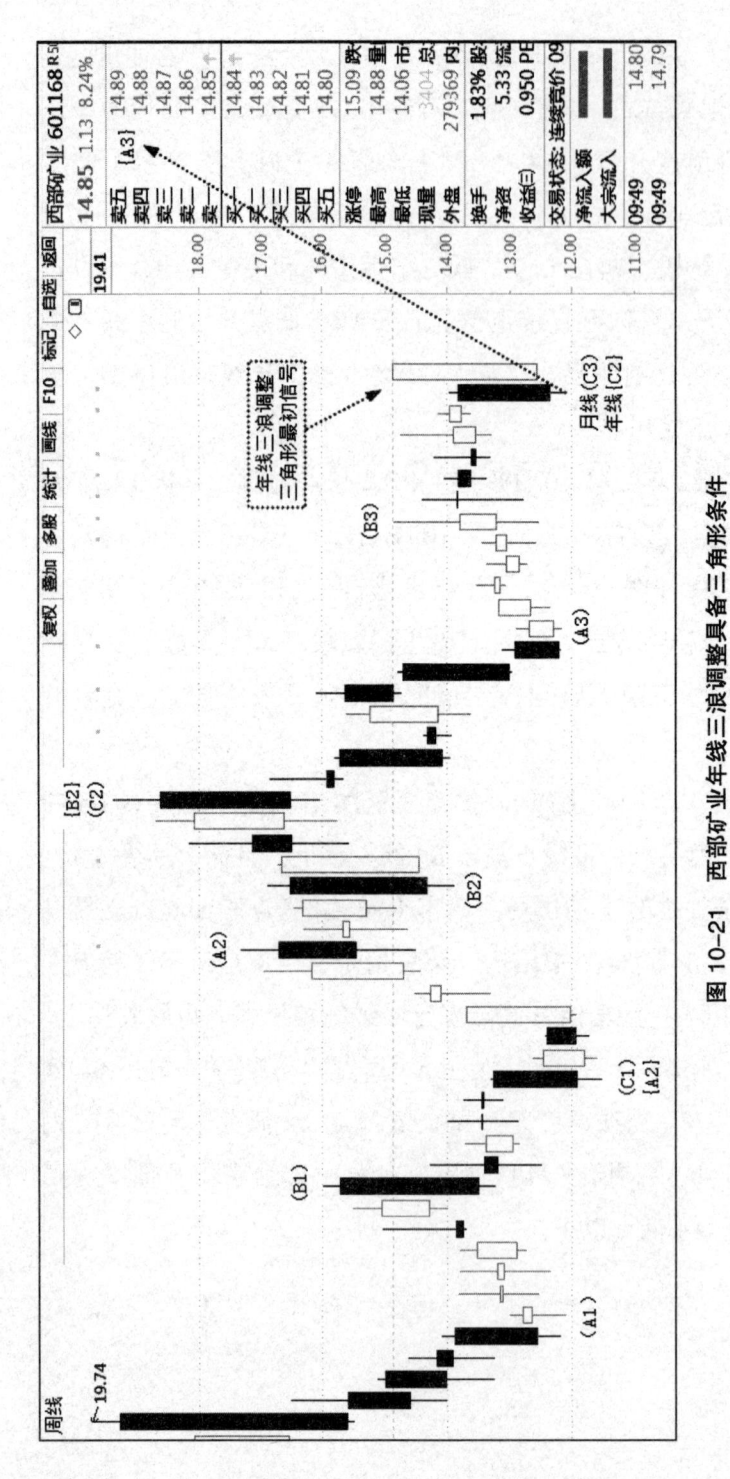

图 10-21 西部矿业年线三浪调整具备三角形条件

图 10-22　西部矿业关键买点

五、周期、结构配合造就关键买点

市场各种品种、周期、结构，有时没有好的买点，有时有挺好的买点。单独一个结构有时难以找到好的买点，但与合适的周期、结构配合起来看可大大提高胜率和风险回报比。

1.（C）调整内周线三浪二次分解具备结构条件之时刚好具备月线三浪三角形条件，应是逆势精准抓月线之底博年线上涨时机。

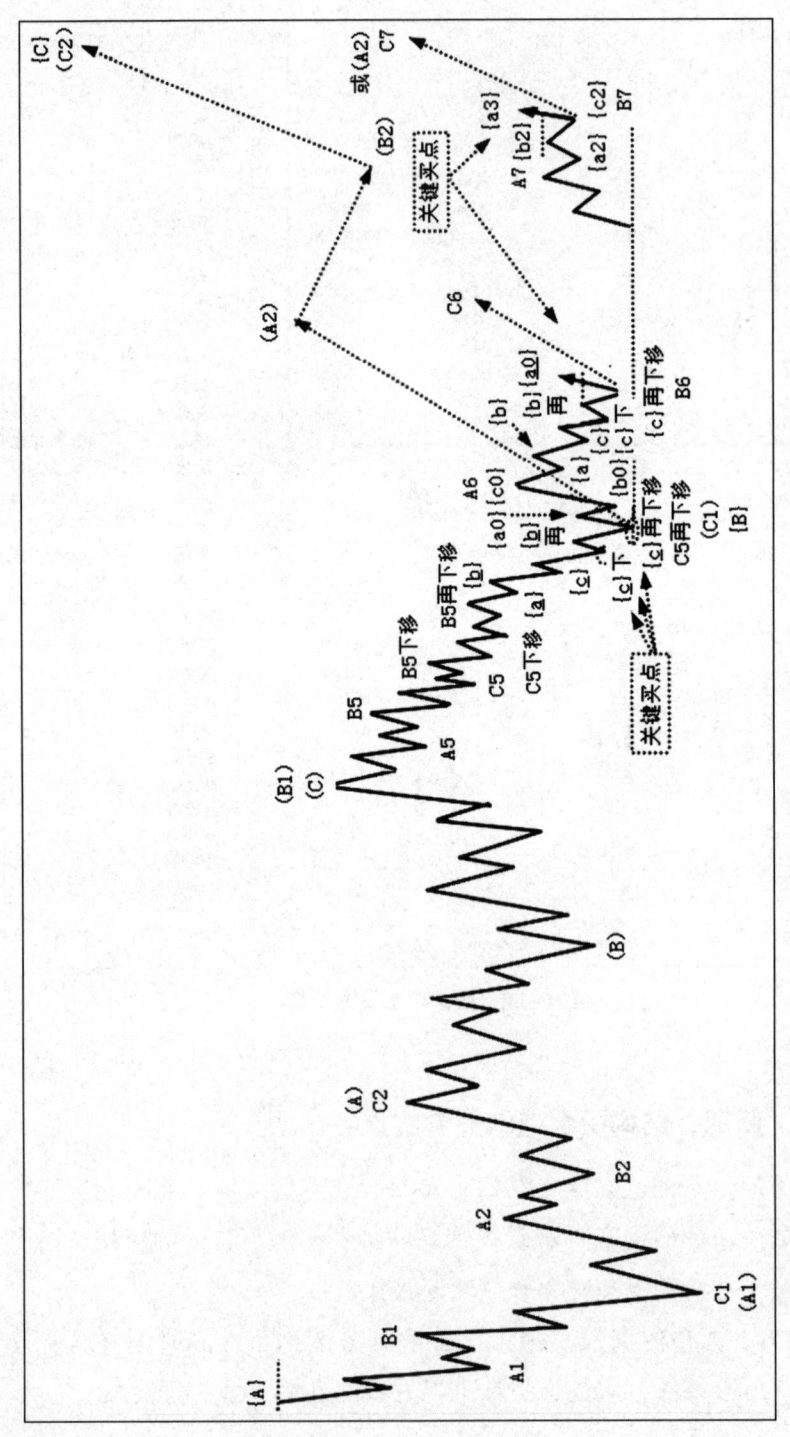

图 10-23 月线三浪逆势抓月线（C）之底博年线上涨的关键买点

（A1）调整后（A）、（B）、（C）三浪反弹未上破（A1）高点，具备（B1）分解条件（见图10-23），关键是（C1）调整内周线A5、B5、C5三浪二次分解具备结构条件也没下破（A1）低点，（C1）就有故意压低吸筹的嫌疑。"C5再下移"内部结构日线{a}、{b}、{c}三浪一次分解、二次分解、出现结束信号（b0）调整验证收在{a0}低点以上）之时，不但是逆势抓（C1）之底时机，还是博（A1）、（B1）、（C1）三浪调整三角形未来成立的关键买点，可设止损于"C5再下移"低点以下。

{a0}上破"{b}再下移"高点，是B6调整结束信号和预期C6、（A2）上涨关键买点，可设止损于A6低点以下。此点也是博月线三浪调整三角形结构未来成立的关键买点。需关注预期的日线{a0}、{b0}、{c0}三浪结构、结束信号、结束点对月线趋势方向的影响；和周线A6、B6、C6三浪结构、结束信号、结束点对年线趋势方向的影响。如上破{A}高点验证月线三浪调整三角形成立，预期自{B}低点开始{C}上涨强劲。

{a3}上破A7高点，是预期C7上涨强劲信号，同时是博（A1）、（B1）、（C1）三浪调整三角形结构未来成立的关键买点，可设止损于B7低点以下。需重点关注预期的日线{a3}、{b3}、{c3}三浪结构、结束信号、结束点对月线趋势方向的影响和周线A7、B7、C7三浪结构、结束信号、结束点对年线趋势方向的影响。

华友钴业58.4元至33.65元具备月线（A2）、（B2）、（C2）三浪三角形条件（见图10-24），（C2）内周线A3、B3、C3三浪是"镰刀"式调整结构，逆势抓周线C3之底就可逆势抓到月线（C2）调整之底并博年线{B}调整之底。C3内部结构日线{a3}、{b3}、{c3}三浪［其中{c0}内（a）、（b）、（c）三浪是复杂"双节棍"结构，见图10-24内的60分线图］也是"镰刀"式调整（见图10-24内的日线图）。逆势抓日线{c3}调整之底就可同时抓到周线、月线之底，且可博年线{B}调整之底。{c3}内部结构（a）、(b)、(c)三浪是普通调整结构，

309

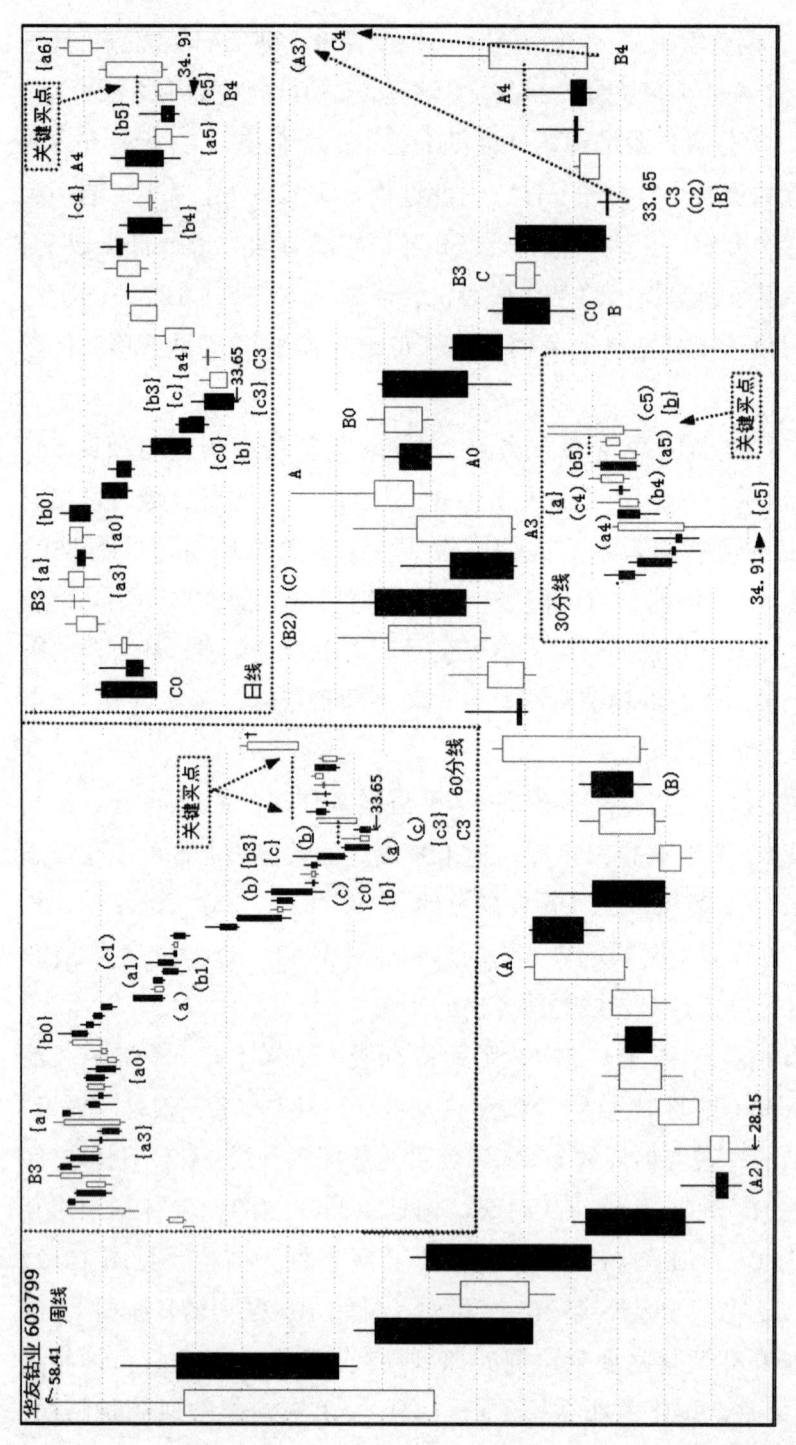

图 10-24 华友钴业抓月线（C2）之底、博年线上涨的关键买点

上破（b）、{b3}高点之时就是逆势抓月线（C2）之底、博年线上涨的关键买点，可设止损于C3低点以下。

日线{a5}下破{b4}低点，是验证周线A4收在B3高点以下和预期月线（C2）下移的信号。但当{a6}再上破{b5}高点，不但是周线B4调整结束的信号，也是月线（C2）确定在C3低点结束和自A4低点开始预期（A3）上涨信号和关键买点（设止损于B4低点以下），还是（A2）、（B2）、（C2）三浪预期三角形结构最初信号和关键买点。

后市上破A4高点，是（C2）确立在C3低点结束和运行月线（A3）上涨信号，也是（A2）、（B2）、（C2）三浪调整再次预期三角形信号。上破58.41元验证月线三浪调整三角形成立，此时目标可考虑上调为年线上涨具备结构条件时主动出局。

上破{b5}高点之前有个隐藏的周线调整转势信号（见图中的30分线），上破{a}高点是{b}调整结束和B4调整隐藏的转势信号及关键买点，设止损于B4低点以下，后市上破{b5}、A4高点验证此点交易成功。

2. 月线（C）内部结构周线三浪调整"双节棍"结构月线多空分界点附近，逆势抓月线之底的同时博年线上涨。

月线（A2）、（B2）、（C2）三浪调整中（C2）内部结构周线A3、B3、C3三浪是"双节棍"结构（见图10-25）。根据"双节棍"结构特性，C3低点是月线多空分界点，逆势抓周线C3之底就可直接抓到月线（C2）之底。C3内部结构日线{a}、{b}、{c}三浪是"镰刀"式，根据"镰刀"式结构特性逆势抓日线{c}之底就可抓到周线C3之底。那么逆势抓日线{c}之底时机，不但是逆势抓周线C3之底时机，还是逆势抓月线（C2）之底的时机和关键买点，可设止损于C3低点以下，目标为月线（A3）上涨具备结构条件之时主动出局。如（A2）、（B2）、（C2）三浪处在合适位置，此点同时是博年线之底的时机之一。如在C3低点以上出现月线调整转势信号，就是验证之前抓月线之底成功的信号。如在C3低点以上出现年线调整转势信号，就是验证之前抓年线之底成功的信号。

{b1}调整出现结束信号验证收在{a1}低点以上的点也是逆势抓月

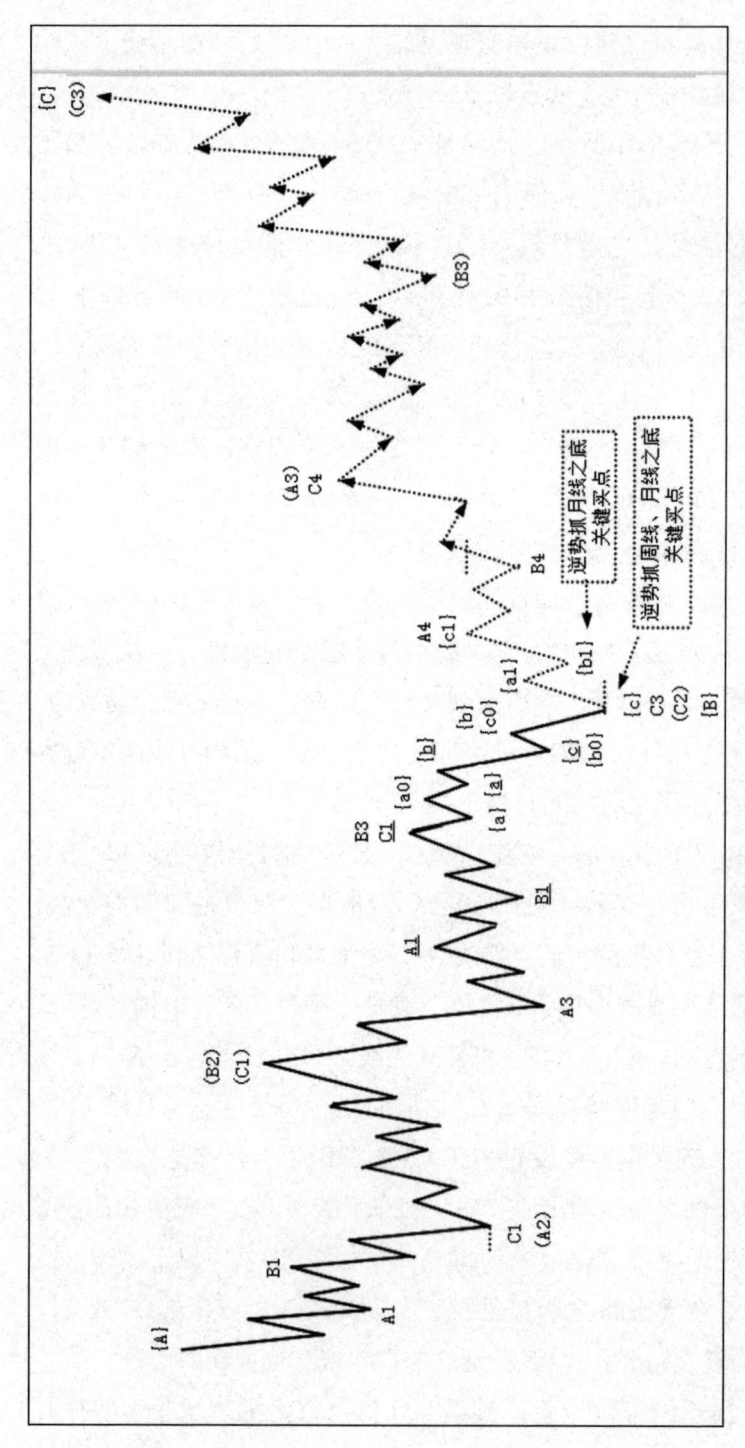

图 10-25 月线（C）内部结构周线三浪调整"双节棍"结构月线多空分界点附近，逆势抓月线之底

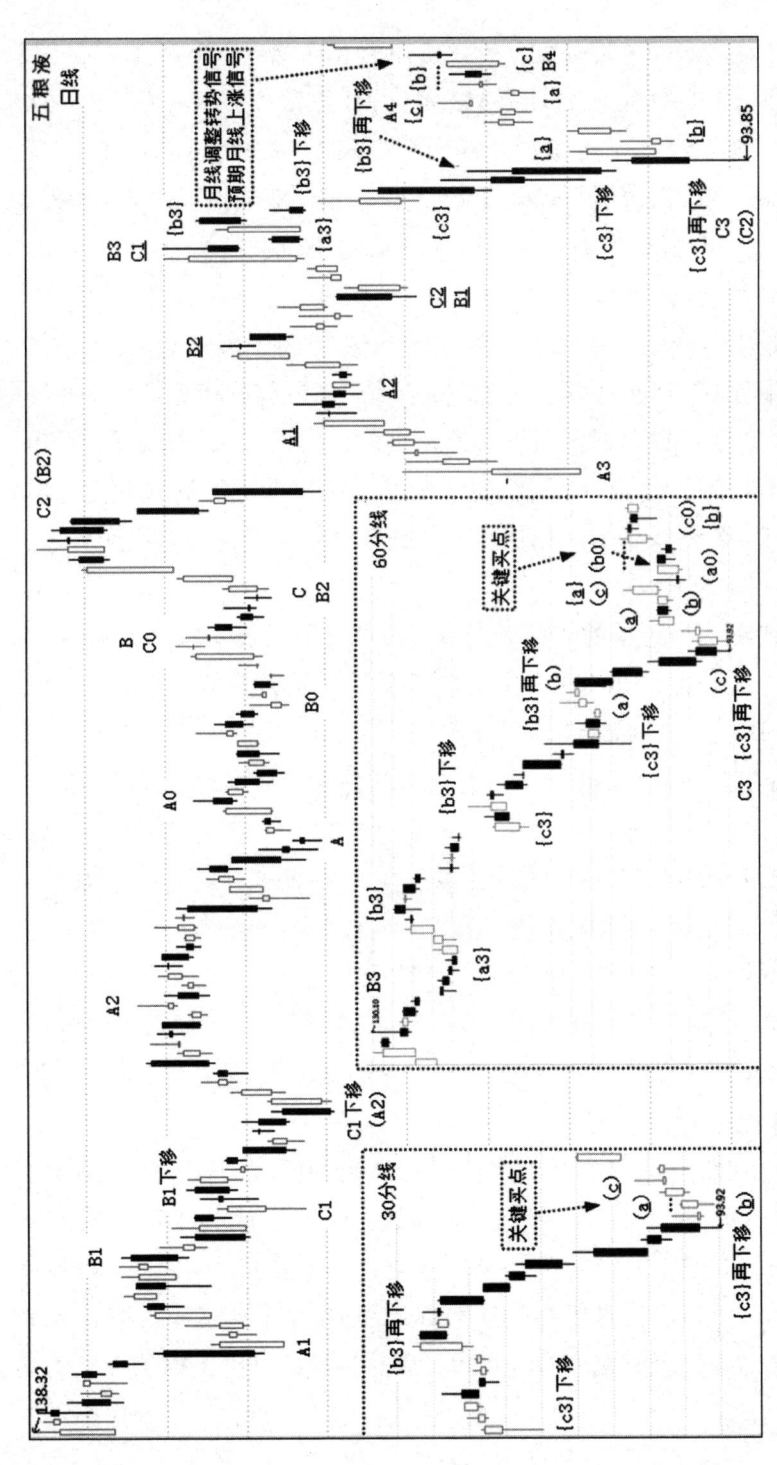

第十章　胜率高的几种结构及关键买点

图 10-26　五粮液月线（C2）内部结构周线三浪"双节棍"月线多空分界点附近逆势抓月线之底及关键买点

线（C2）调整之底的关键买点，可设止损于 {a1} 低点以下。

五粮液自 138.32 元开始周线 A1、B1、C1 三浪调整"剪刀"式一次分解构成月线（A2），A2、B2、C2 三浪"镰刀"式横盘构成（B2）反弹，A3、B3、C3"双节棍"式构成（C2），根据"双节棍"式结构特性，逆势抓 C3 之底时机就是逆势抓（C2）之底时机及关键买点（见图 10-26）。C3 内部结构日线 {a3}、{b3}、{c3} 三浪形态分析是"剪刀"式一次分解，内部结构分析具备二次分解结构条件（见图中 60 分线）。2020 年 3 月 24 日上破日线 {a} 高点之时就是周线 C3 调整的转势信号，和逆势抓月线（C2）之底时机及关键买点，可设止损于 C3 低点以下。后市 C4 上破 A4 高点出现（C2）调整转势信号，确定此点抓底成功。上破 A4 高点是 B4 调整强势结束和月线上涨预期强劲信号以及月线顺势点，可设止损于 B4 低点以下。

30 分线有一个更早的逆势抓周线、月线之底关键买点（见图中 30 分线），(c) 上破（a）高发出"{c3} 再下移"调整转势信号之时，可设止损于"{c3} 再下移"低点以下。

3. 明显的月线（B）或"（B）上移"调整内部结构周线三浪二次分解或周线三浪"双节棍"结构多空分界点附近，是逆势抓月线之底顺年线上涨之势交易（C）或"（C）上移"关键买点。

2021 年 11 月 5 日凯撒文化上破之前（C）高点之时，预期自（C）低点开始运行月线（A）、（B）、（C）三浪上涨（见图 10-27）。（B）调整内部结构周线 A2、B2、C2 三浪运行至 2022 年 3 月 15 日低点区域：

（1）目前价格距离重要支撑点（A）低点已达到可接受止损空间，3 月 9 日也曾接近（A）低点。

（2）A2、B2、C2 三浪已二次分解到达极端区域，且 C2 内部结构日线 {a3}、{b3}、{c3} 是"双节棍"式结构，其 {c3} 低点是周线多空分界点。逆势抓日线 {c3} 之底和 {c3} 转势之时 [见图 10-27 内的 60 分线 (c) 上破 (a) 高点]，是更好的逆势抓周线 C2 和月线（B）之底的时机和关键买点，以及交易预期（C）上涨的时机，可设止损于（A）以下，目标为上破（A）高点或（C）上涨具备结构条件之时主动出局。

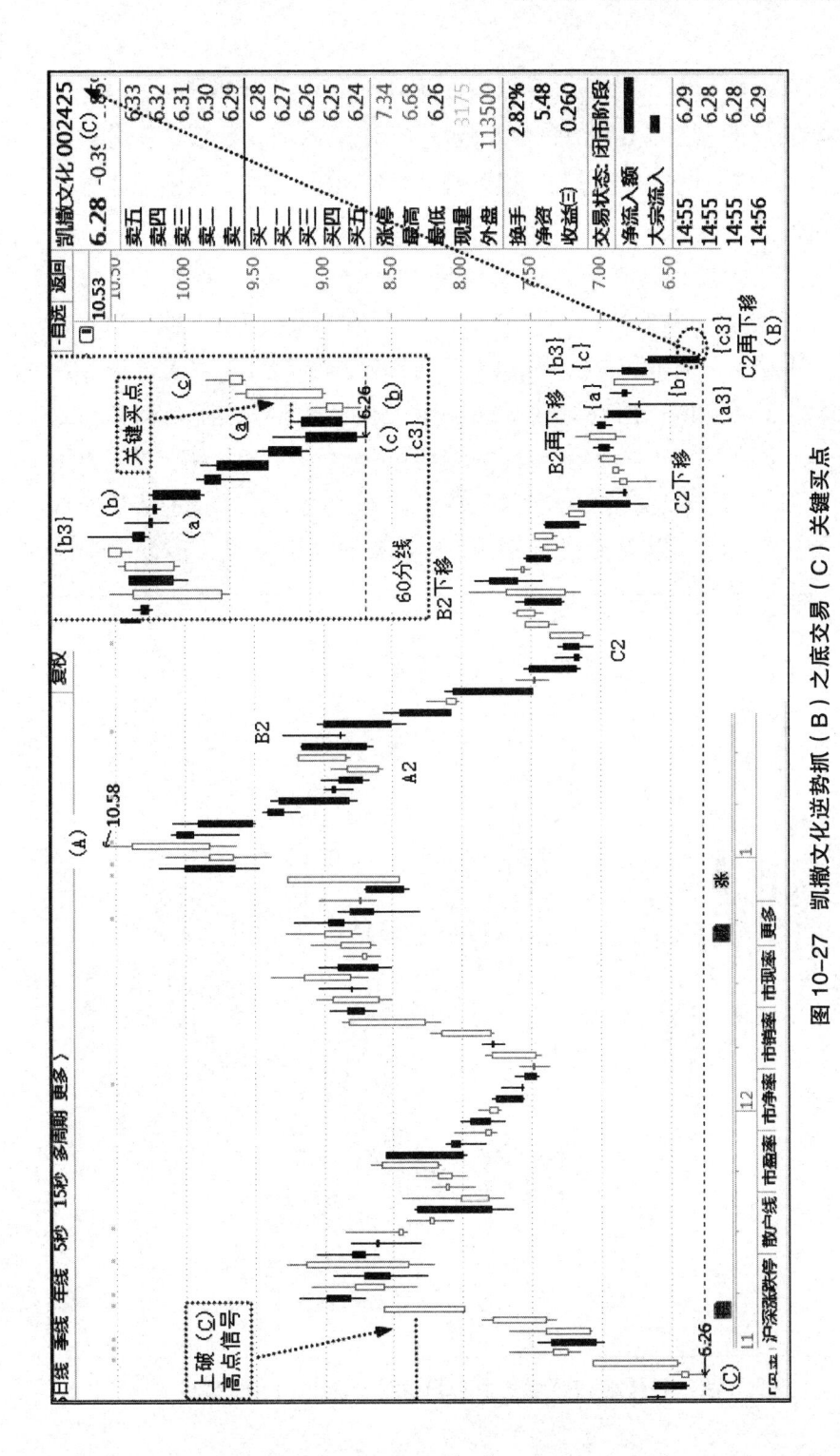

第十章 胜率高的几种结构及关键买点

图 10-27 凯撒文化逆势抓（B）之底交易（C）关键买点

后市上破"B2再下移"高点验证逆势抓（B）之底成功。

4.明显的月线（B）调整内蓄势的（C）浪内周线三浪二次分解或周线三浪"双节棍"结构，是逆势抓（C）、（B）之底、顺预期年线上涨的关键买点。

月线（A）上破前面月线三浪调整（B1）高点（未画）成为明确（A）（见图10-28），（A）、（B）、（C）三浪调整在（A）低点以上是蓄势，具备（B）浪结构条件。（C）内部结构A3、B3、C3三浪二次分解，"C3再下移"内部结构日线{a}、{b}、{c}三浪具备结构条件之时，"{c}下移""{c}再下移"具备结构条件之时，{a}上破"{b}再下移"高点之时、{b}调整验证收在{a}低点以上之时，都是逆势抓月线（C）、（B）之底，以及交易预期（C）上涨的关键买点，可设止损于

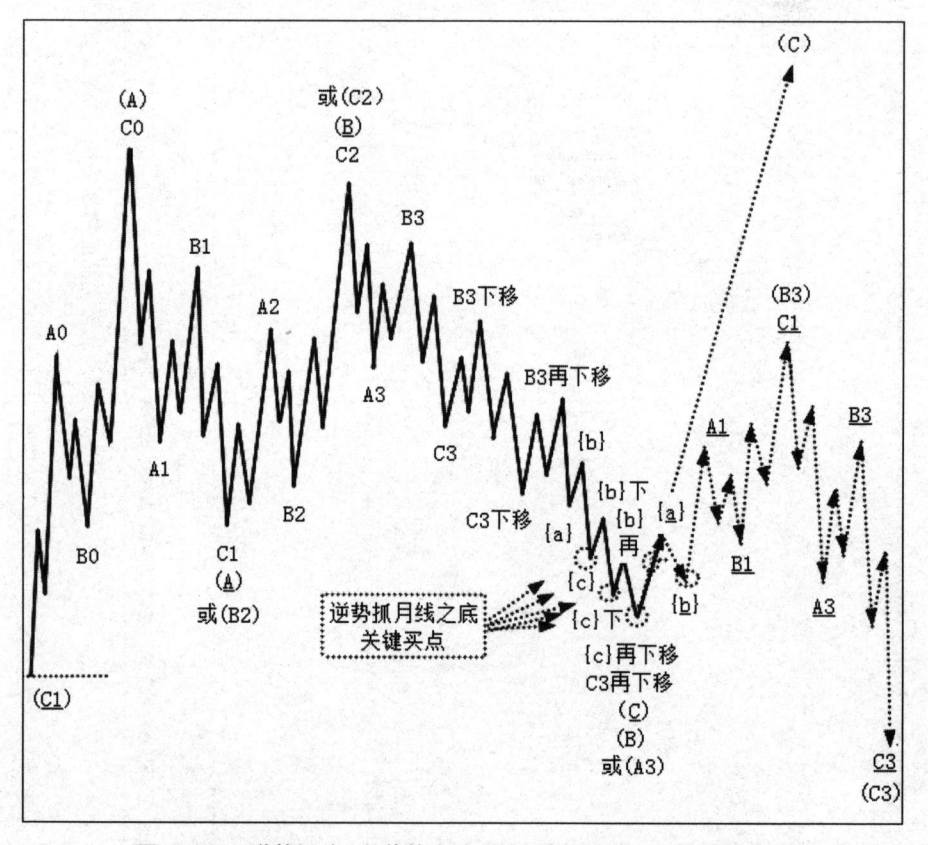

图10-28 逆势抓（B）蓄势中（C）之底交易（C）的关键买点

(A)或"C3再下移"低点以下。

以上分析是没考虑本段结构所处位置，而所处位置不同则结果不同，实际走势也变化多端。随月线三浪上涨所处位置不同无非有以下几种情况：

（1）图10-28中的月线（C1）低点是年线下跌的具备结构条件点，后市面临月线三浪反弹的可能。如图10-29的（C1）、"（C1）下移"、"（C1）再下移"后都面临月线（A）、（B）、（C）三浪反弹的可能。

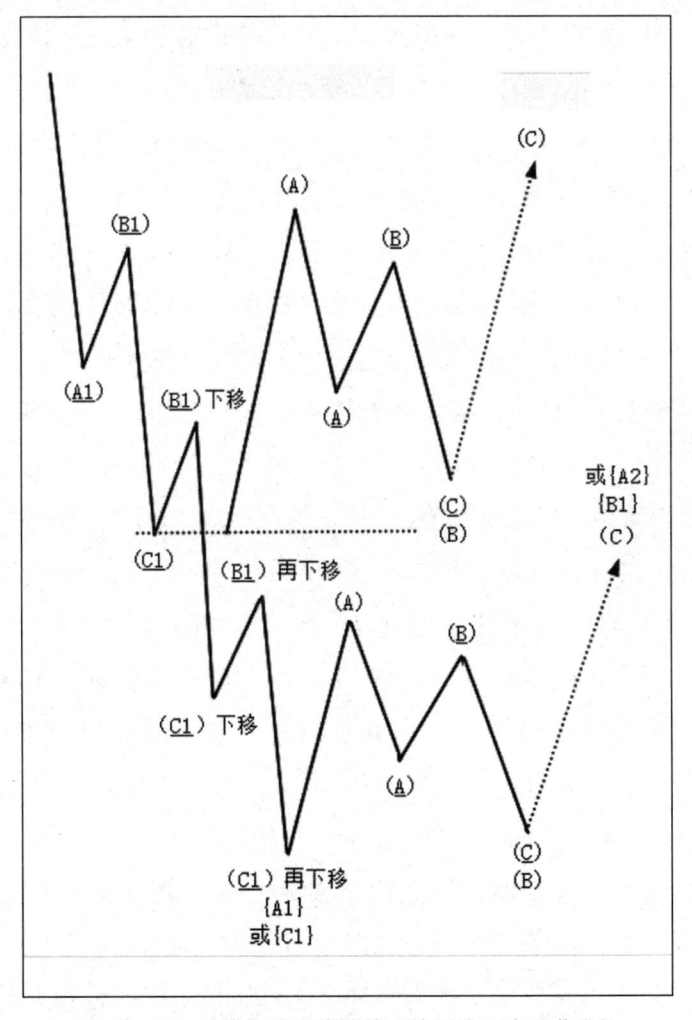

图10-29　处在月线三浪调整后的月线三浪反弹阶段

① 图 10-28 的（C1）如处在图 10-29 的（C1）、"（C1）下移"位置，须等待（A）上破前面月线调整的高点，发出年线调整结束信号，再在蓄势的（C）处逆势抓（C）、（B）之底，交易预期（C）上涨。

② 图 10-28 的（C1）如处在图 10-29 的"（C1）再下移"位置，有（A）上破"（B1）再下移"高点发出年线调整结束信号更好，如无也可在蓄势的（C）处逆势抓（C）、（B）之底，交易预期（C）上涨，但必须设止损于"（C1）再下移"低点以下。

（2）图 10-28 中（C1）低点如处在图 10-30 的（C1）位置，后市也面临月线（A）、（B）、（C）三浪上涨的可能：

先有（A）上破（B1）高点，才有年线上涨的顺势。精准逆势抓（C）、（B）之底，才可交易预期（C）上涨。实际（C）上涨也有以下几种可能性：

① （C）浪如预期般上破（A）、{C1} 高点，盈利达到目标主动出局。

② （C）浪后市上破（A）高点，但未能上破 {C1} 高点［如"或（C）"］，此时因后市存在两种可能性［其一是月线回调不下破（C）低点，后继续上破 {C1} 高点，其二是自"或（C）"高点开始运行年线调整，而发出年线三浪上涨转势信号］，需在"或（C）"上涨出现转势信号、验证收在 {C1} 低点以下之时主动出局。

③ （C）浪后市未能上破（A）高点［如"或或（C）"］，当自（B）低点开始的预期（C）上涨出现转势信号，验证收在（A）高点以下之时，应首先是（A）、（B）、（C）三浪上涨无力和年线 {A1}、{B1}、{C1} 三浪上涨转势信号，以及被动出局时机。需注意回避自"或或（C）"高点（具备 {B2} 条件）开始的年线下跌，和自 {C1} 高点开始的年线三浪下跌，即此时"或或（C）"高点成为年线级别多空分界点，在其以下基本看空。除非在（B）或（A）低点以上再次出现自"或或（C）"高点开始的月线调整转势信号，使预期的（A）、

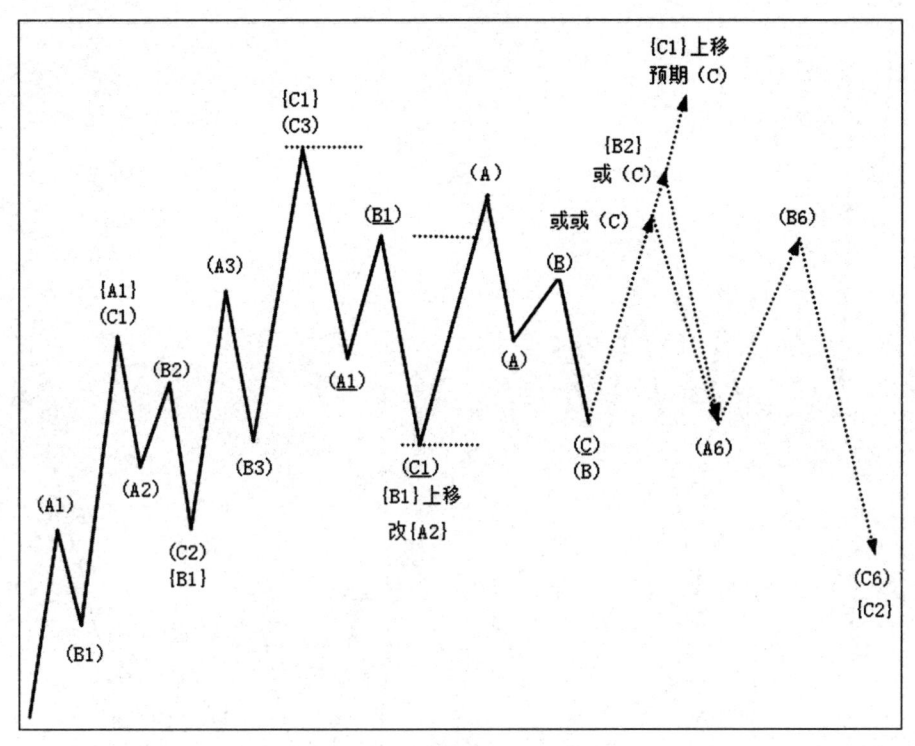

第十章 胜率高的几种结构及关键买点

图 10-30 年线三浪上涨顺势位

（B）、（C）三浪上涨继续看涨。

（3）图 10-28 中（C1）低点如处在年线三浪下跌的具备结构条件点，后市也面临月线三浪反弹的可能，见图 10-31 中（C9）、"（C9）下移"、（C11）。

此两位置基本和图 10-29 中（C1）、"（C1）下移"一样，需有（A）上破前面月线调整高点作为年线调整转势信号，然后才可逆势抓（C）、（B）之底，交易预期（C）上涨，且必设止损于（A）低点以下。单看位置，相对来说在上破（B11）高点后交易较稳妥。

319

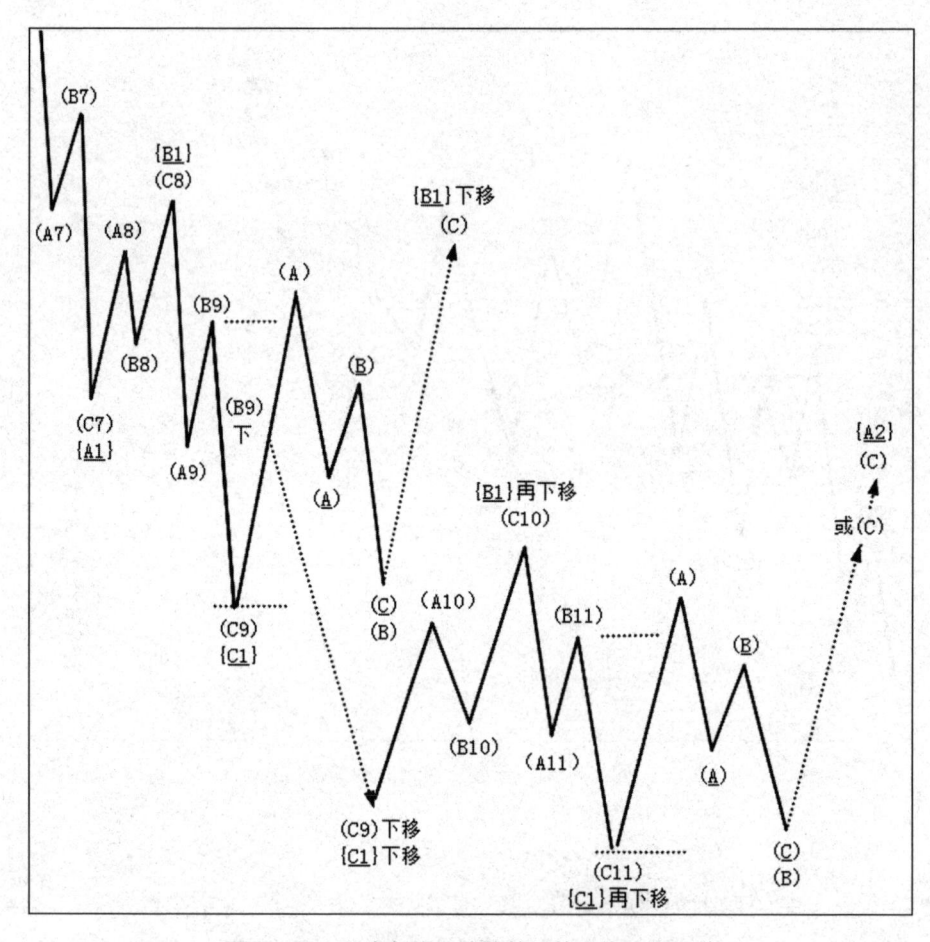

图 10-31 处在年线三浪调整后的月线三浪反弹

    长城证券在上破 2021 年 7 月 1 日高点 11.86 元之时，认定为明确的（A3）（见图 10-32），并预期（A3）、（B3）、（C3）三浪上涨。（C）下破（A）低点后，月线（C）内部结构周线 A3、B3、C3 三浪调整已是二次分解极端区域，2022 年 3 月 9 日日线 {a}、{b}、{c} 三浪调整 "双节棍" 结构的 {c} 浪内，60 分线（a）、（b）、（c）三浪二次分解 "（c）再下移"（见图中 60 分线）距离（A3）低点达到可接受止损空间，就是逆势抓日线 {c}、周线 "C3 下移"、月线（C）、（B3）之底，交易预期（C3）的关键买点，可设止损于（A3）低点以下。

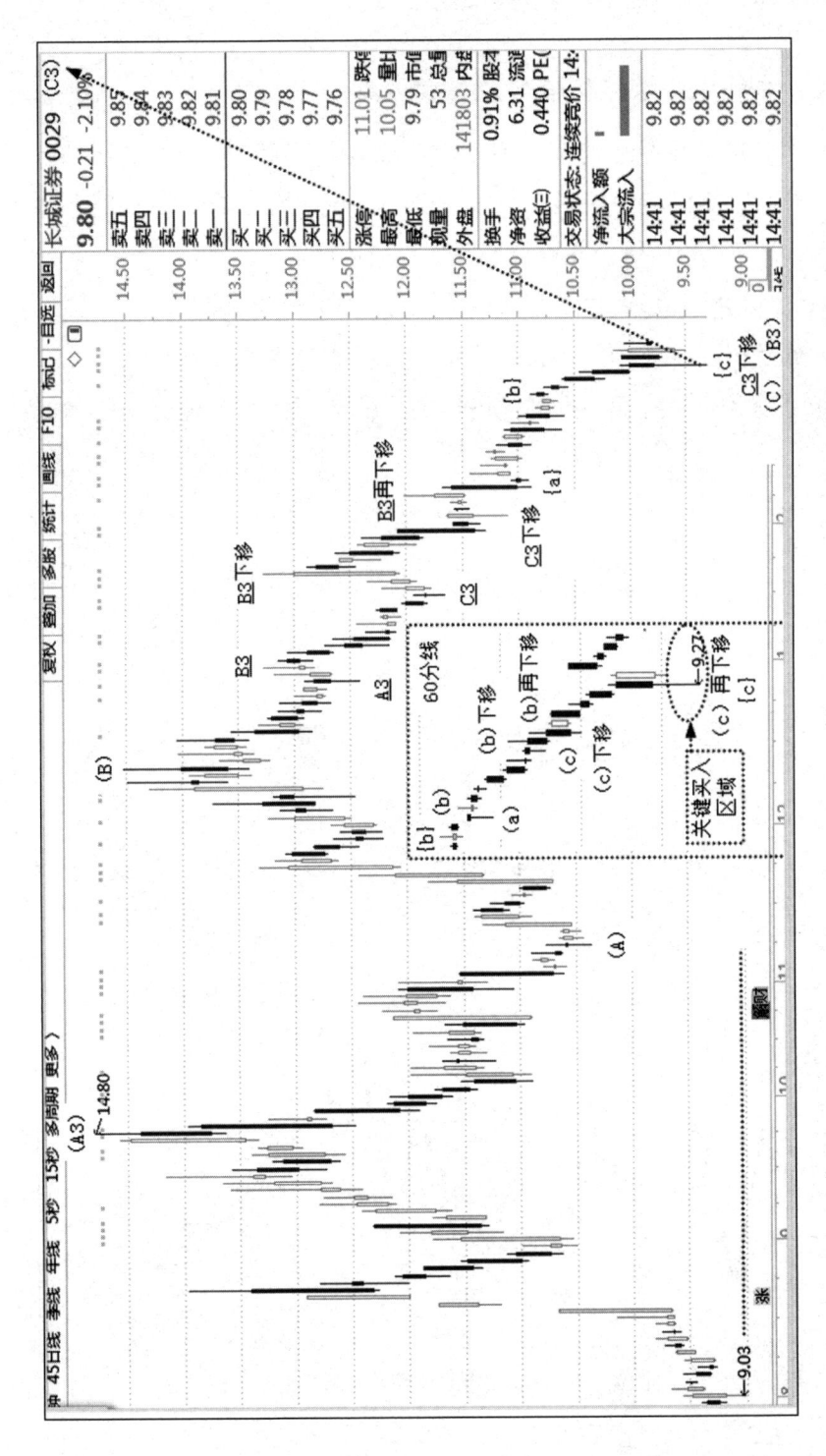

第十章　胜率高的几种结构及关键买点

图 10-32　长城证券（B3）分解浪（C）内周线三浪调整二次分解的逆势抓底交易预期（C3）之关键买点

六、月线浪中浪结构信号及关键买点

各个周期、各种结构都有浪中浪，周期越小越容易出现浪中浪，之前只能事后数出浪中浪形，对实际交易没用。现在能提前发现未来会运行浪中浪结构信号，便可把握关键买点运行。

{a1}上破{b}、A0高点是预期后市运行月线浪中浪信号和关键买点，可设止损于B0低点以下。预测后市自A2低点开始预期运行A2、B2、C2三浪"镰刀"式上涨，同时预测自A1低点开始预期运行A1、B1、

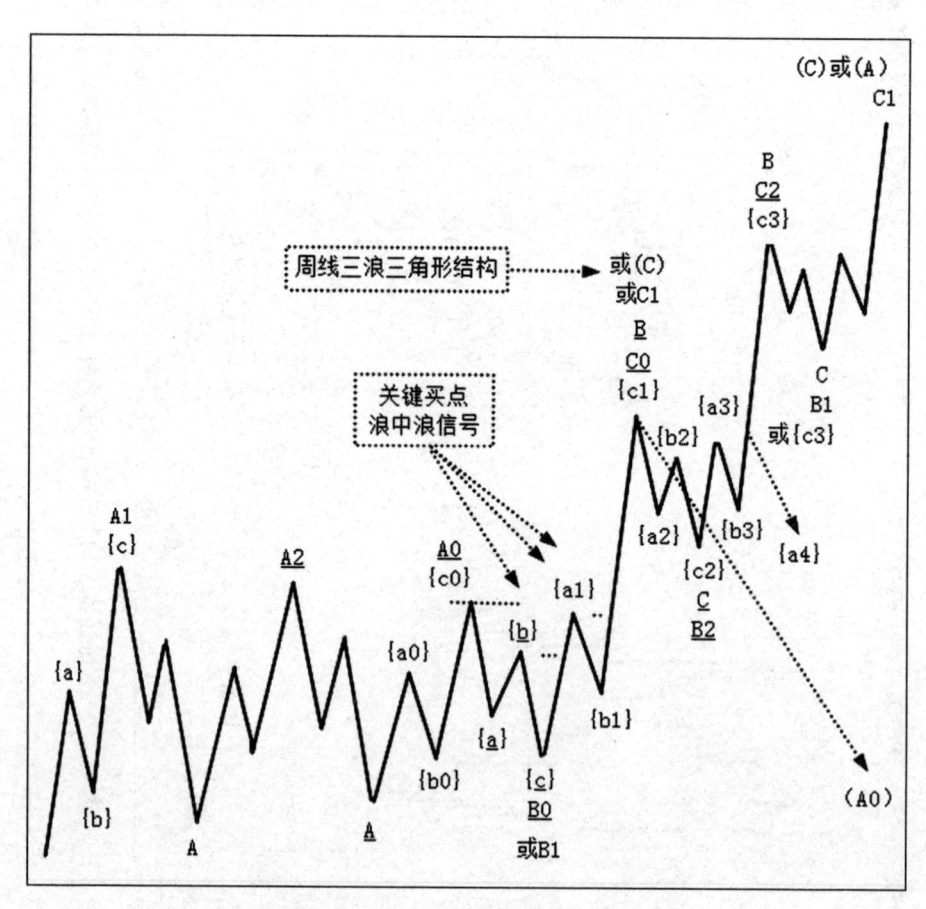

图10-33 月线浪中浪信号及关键买点

C1 三浪"镰刀"式上涨（即 A2、B2、C2 三浪是 A1、B1、C1 三浪"镰刀"式上涨结构中 B 浪的分解浪），看似复杂，但自 A1 低点开始至 C1 高点其实就是周线 A1、B1、C1 三浪"镰刀"式结构中包含 A2、B2、C2 三浪"镰刀"式结构的浪中浪。实际走势中每一周线内部结构日线三浪常有不同的结构和形态。

浪中浪信号出现后也不是一成不变的，如 A1 至"或 C1"高点本身就具备月线上涨结构条件，即 A1、或 B1、"或 C1"三浪三角形结构构成的月线"或（C）"浪。如自 C0 高点开始出现月线调整信号（如 {a4} 下破 {b3} 低点），则是本结构为三角形信号，也需主动出局。

这种结构在 {b0} 调整验证收在 {a0} 低点以上之时，本身就是周线三浪上涨预期"镰刀"式月线顺势点，设止损于 {a0} 低点以下。

C1 具备结构条件或出现结束信号之时是主动出局最佳时机，此时结构已完整，后市随时面临月线调整的可能性。

年线浪中浪的例子不少，如准油股份在 2022 年 2 月 7 日 {a1} 上破月线（B1）高点，是自（A）低点开始年线上涨预期演变成浪中浪信号和关键买点，可设止损于 {a1} 低点以下（见图 10-34）。上破（B1）高点不但是自（C1）低点开始预期运行月线上涨信号，也是自（A3）低点开始预期运行（A3）、（B3）、（C3）三浪上涨信号，还是自（A2）低点开始预期运行（A2）、（B2）、（C2）三浪上涨信号，也是自（A）低点开始预期（A）、（B）、（C）三浪演变成复杂"双节棍"结构信号。即此点是自（A）低点开始（A）、（B）、（C）三浪上涨演变成浪中浪结构信号。如基本面好或有消息刺激的个股，有这种信号更是风险回报比好的中长线买点。后市如有更接近 {a1} 低点，或出现周线调整强势结束信号，更是关键买点。

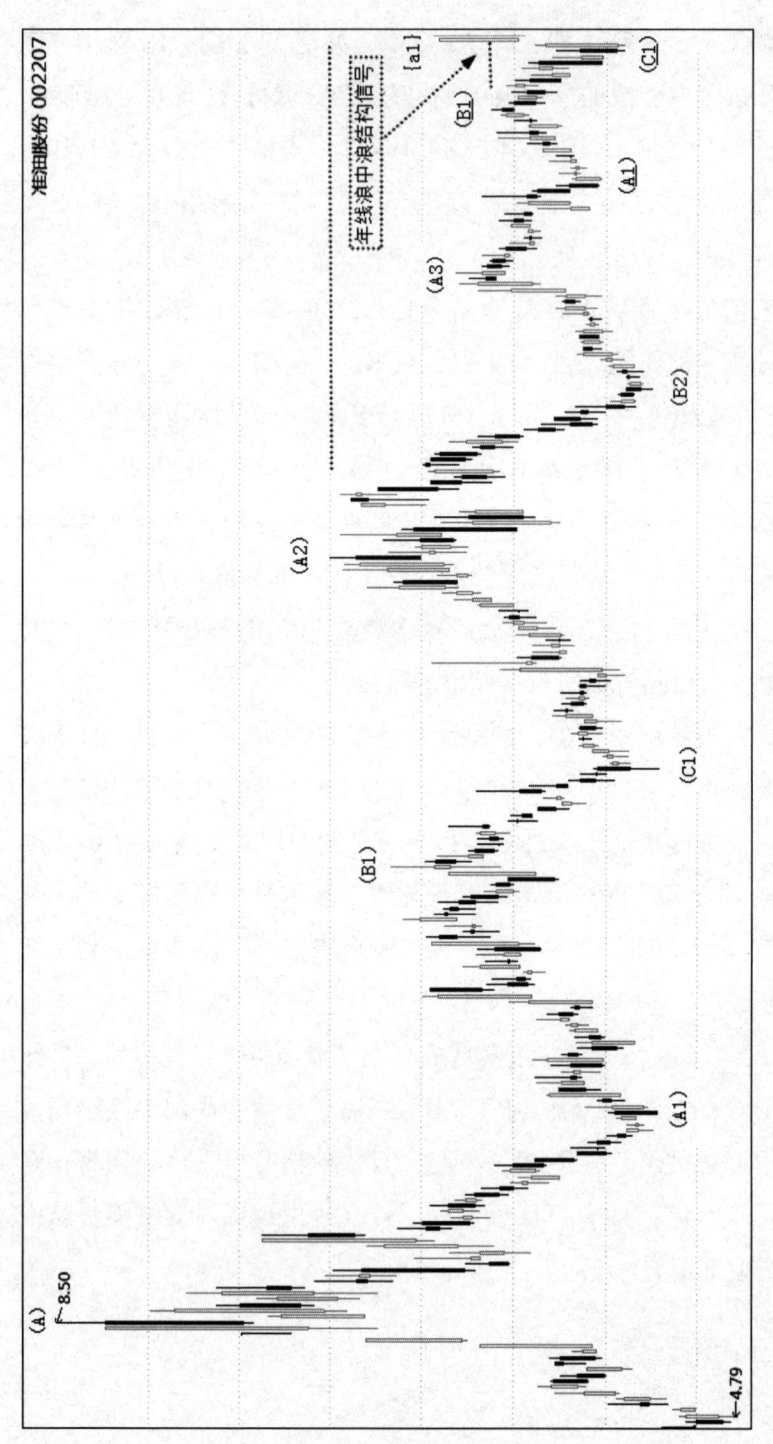

图 10-34 准油股份年线浪中浪信号

七、月线调整稳健买点

逆势抓日线"{c} 再下移"之底，是逆势抓周线"C1 再下移"和月线（A）之底的关键买点（见图 10-35），但此时即使成功抓到"C1 再下移"之底，也不能排除 A1、B1、C1 三浪三次分解的可能性，即此时交易的目标可能还是 A2 反弹。也不能排除"C1 再下移"有继续演变的可能性，如发生演变则下面没有支撑点。但如逆势成功抓到"{c2} 再下移"之底，不但可排除 A1、B1、C1 三浪三次分解的可能性，也是顺势交易预期 C2 上涨的时机。相对来说，比在"{c} 再下移"逆势抓"C1 再下移"之底稳很多，明确地止损于 A2 低点以下。如在 {a3} 上破"{b2}

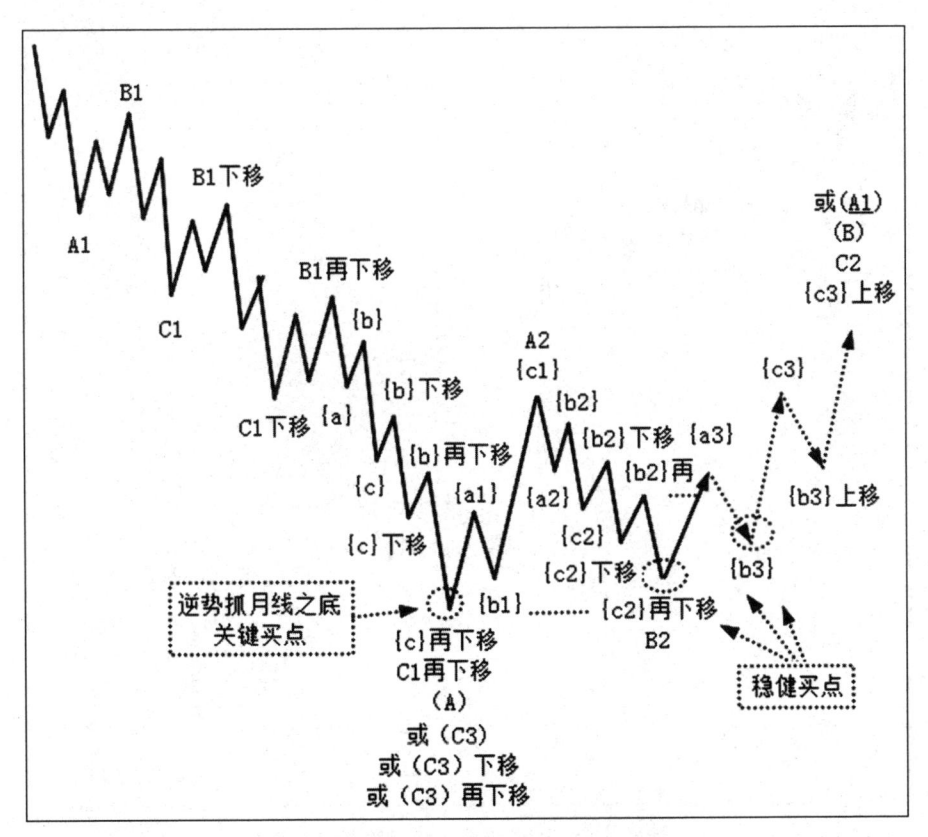

图 10-35　月线调整稳健买点

再下移"高点或 {b3} 调整验证收在 {a3} 低点以下的关键点买更稳。后市目标跟目前所处的位置有很大关系。如在（A）位，则目标为（B）反弹具备结构条件时主动出局；如在年线调整中"（C3）下移"、"（C3）再下移"位，则根据个股基本面等，可考虑上调为月线、年线上涨具备结构条件时主动出局。

  2022 年 2 月 24 日、28 日证券指数就具备了逆势抓周线三浪二次分解之底的时机（见图 10-36），实际走势是"C3 再下移"出现了演变，也可说是 A3、B3、C3 三浪发生了三次分解，最后才在 3 月 9 日逆势成功抓到月线之底。逆势抓"{c9} 再下移"之底和在 {c} 上破 {a}

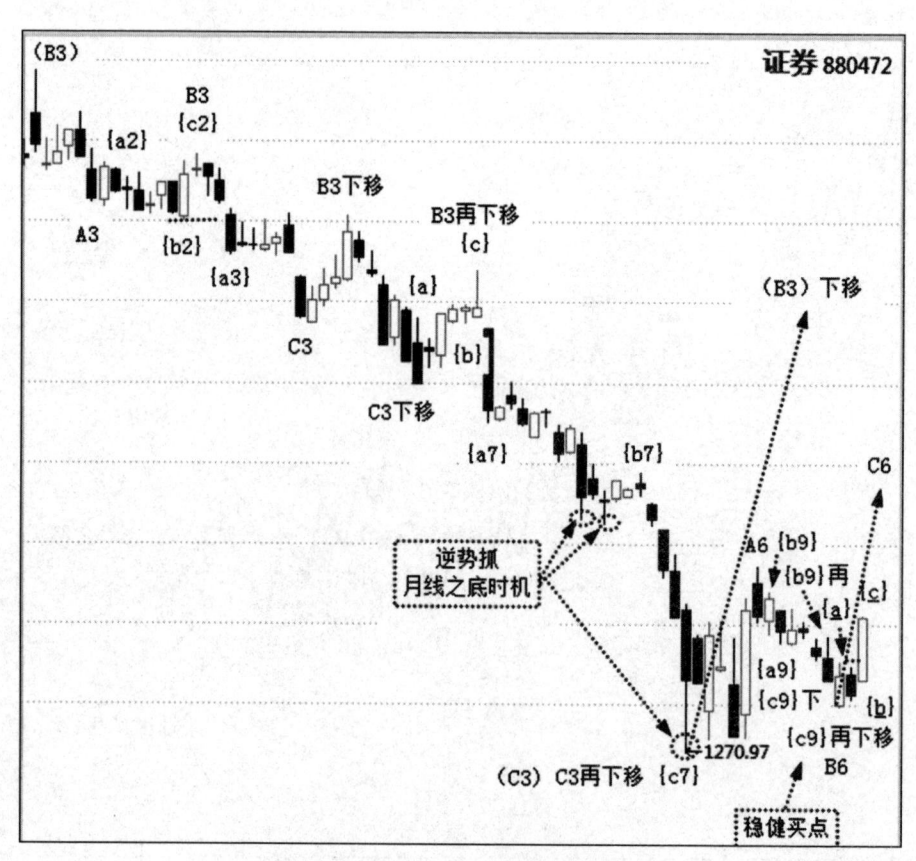

图 10-36　证券指数月线调整稳健买点

高点之时买入，即回避了"C3 再下移"的继续演变，也回避了 A3、B3、C3 三浪三次分解的可能性，且有明确的止损点在 A6 低点以下，即在"{c9} 再下移"位置逆势抓底比在 {c7} 位置逆势抓底要稳。

八、低位承接有力结构及关键买点

1. 年线三浪调整低位承接有力结构及关键买点

年线 {A1}、{B1}、{C1} 三浪调整在（C3）低点具备结构条件（见图 10-37），月线（A4）、(B4)、(C4) 三浪具备年线反弹条件。(A5) 下破（B4）低点，不但验证"{B1} 下移"在（C4）高点结束，还预期年线"{C1} 下移"调整下破前低。但当日线 {a1} 上破周线 A1 高点，发出周线 C1、月线（A1）上涨预期强劲信号之时，是低位承接有力结构的关键买点，此点还是年线 {B2} 调整内部结构（A5）、(B5)、(C5) 三浪预期三角形信号，也是 {A1}、{B1}、{C1} 三浪在（C3）低点预期结束的信号。此时"{B1} 下移"可更改为 {A2}，需重点关注预期的日线 {a1}、{b1}、{c1} 三浪结构、结束信号、结束点对月线、年线、年线三浪趋势方向的影响，和周线 A1、B1、C1 三浪结构、结束信号、结束点对年线、年线三浪趋势方向的影响。(A1) 上破 {A2} 高点验证买点和预测成功。

如周线调整是调整幅度较小、时间短的上破也易成功。

如（A1）上涨在（B5）高点以下出现结束信号，则是（A5）、(B5)、(C5) 三浪调整预期"镰刀"式信号，再次预期年线 {C1} 下移。此信号出现之时必须主动出局回避预期的年线下跌。如（A1）上涨在（C4）高点以下（B5）高点以上出现结束信号，则是月线三浪调整预期"双节棍"信号，也必须主动出局回避预期的年线调整。

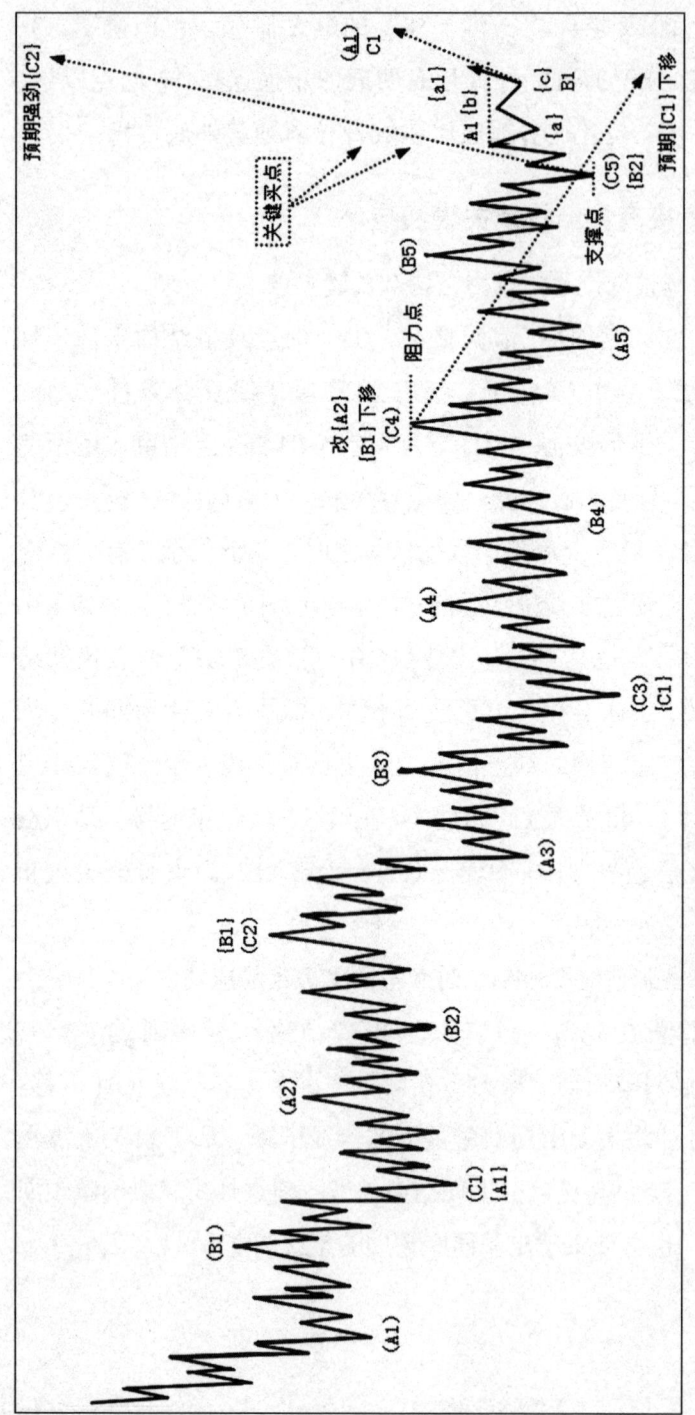

图 10-37 年线三浪调整低位承接有力结构及关键买点

2. 月线三浪调整低位承接有力结构及关键买点

月线（A1）、(B1)、(C1) 三浪调整在"(C1) 下移"低点具备年线 {C} 调整结构条件（见图 10-38），A7 下 B6 低点验证"(B1) 再下移"在 C6 高点结束，并预期 (C1) 调整再下移。但当日线 {a1} 上破 B7 高点，发出周线 C7 调整为三角形之时，同时也是 A7、B7、C7 三浪调整具备三角形结构条件的信号和关键买点，可设止损于 {c} 低点以下，防止结构变化。需重点关注预期的 {a1}、{b1}、{c1} 三浪结构、结束信号、结束点对月线、年线趋势方向的影响。

预期强劲的 A8 上破"(B1) 再下移"高点，是确定 A7、B7、C7 三浪三角形成立信号和关键买点，也是 (C2) 上涨预期强劲和之前买点成功信号，还是年线 {C} 调整在"(C1) 下移"低点结束和自 A6 低点开始确定年线上涨的信号。

这两个低位承接有力结构，一般出现在小盘股，机构低位吸筹后，再次打压诱空，然后快速拉升，一气呵成。关注小盘股的就会见到这

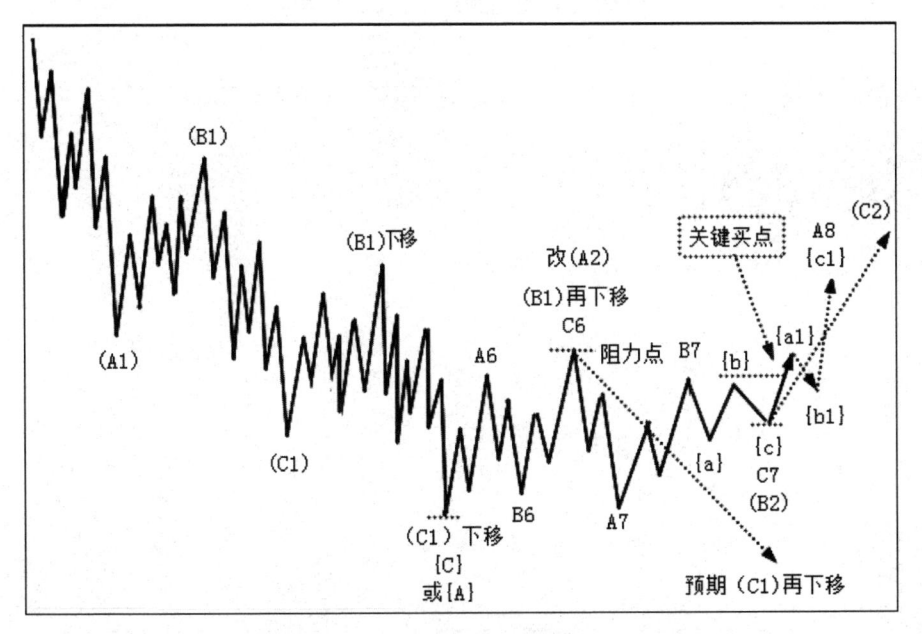

图 10-38　月线三浪调整低位承接有力及关键买点

种结构实例。这里就不举实例了。

2021年9月24日红宝丽开始调整至3.39元具备月线三浪调整"镰刀"式结构条件（见图10-39），周线A1、B1、C1三浪"镰刀"式反

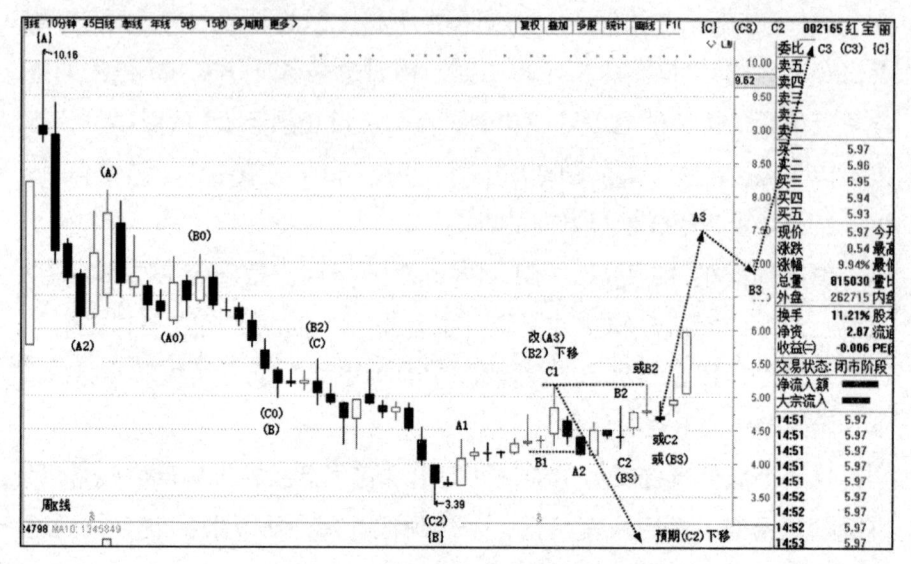

图10-39 红宝丽低位承接有力结构

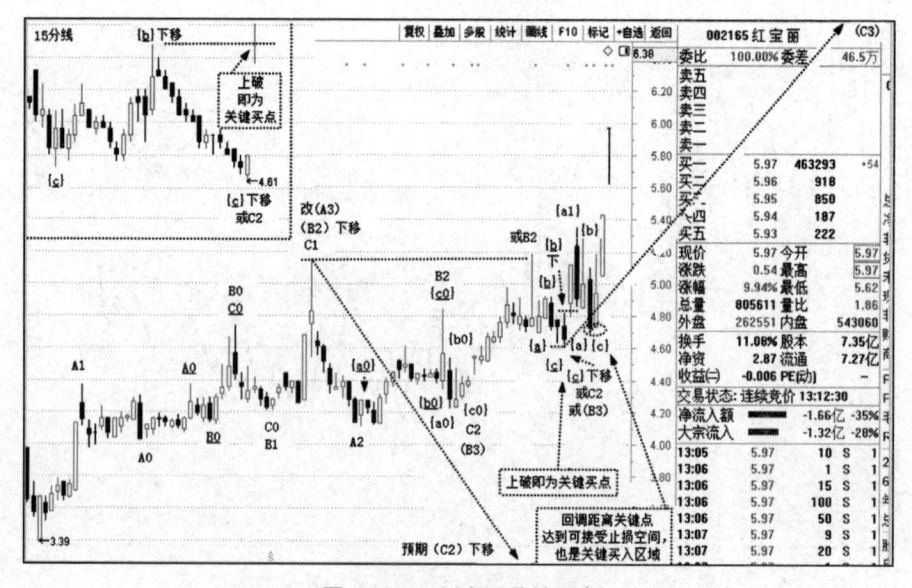

图10-40 红宝丽关键买点

弹具备月线上涨结构条件（见图 10-40），A2 下破 B1 低点确定月线反弹结束，验证月线反弹收在之前月线三浪调整中（B2）反弹高点以下，认定本段上涨为之前月线三浪调整中的月线反弹，标注为"(B2)下移"，并预期（C2）下移。此点是之前月线（A2）、(B2)、(C2) 三浪"镰刀"式调整演变成浪中浪结构信号。需重点关注预期的 A2、B2、C2 三浪调整结构、形态、结束信号、结束点位置对年线趋势方向的影响。

如图 10-40，日线 {a0} 下破 {b0} 低点验证 B2 反弹收在 A2 高点以下，同时验证之前的判断没有错，持续预期月线"(C2)下移"调整。但当"或 B2"上破"(B2)下移"高点之时，是 A2、B2、C2 三浪调整确定为三角形结构信号 [见（B3）]。也是 A2、"或 B2"、"或 C2" 三浪调整确定为上倾结构信号 [见月线"或（B3）"]。具体是哪种目前无法肯定，只有后市验证才可肯定。但从运行时间平衡的角度来看是周线三浪调整上倾结构的"或（B3）"可能性大。无论是哪种，此时"(B2)下移"应改为（A3），并自（B3）或"或（B3）"结束点开始预期运行（C3）强劲上涨。此点也是年线 {B} 调整确定在（C2）低点结束信号，（C2）低点同时是预期 {C} 上涨的起点。

我们把月线（B3）结束点定位为"或 C2"低点，日线 {a1} 上破"{b} 下移"高点（见图 10-40 的 15 分线）不单是周线"或 C2"调整结束信号，也是月线（B3）调整上倾结构结束信号和关键买点，设止损于"或 C2"低点以下，目标为强劲的（C3）上涨上破年线 {A} 浪高点主动出局或出现月线（C3）上涨结束信号被动出局。后市日线 {a}、{c} 浪调整具备结束条件或出现结束信号，都是风险回报比好的买入时机。

在（A3）高点以下没有出现预期运行强劲的周线上涨信号，也就没有预期要上破（A3）高点的信号，但实际走势（B3）调整上破了（A3）高点，成为调整上倾结构。这种结构比那种结构更强，更能预期（C）浪强劲上涨，更能体现低位承接有力结构成立。

"剪刀"式、"镰刀"式、"双节棍"式等结构的结构特性以及各结构、形态形成过程见《精准数浪》，划分浪形应从大往小，首先找到大周期浪形起点、终点，然后通过内部结构小周期或更小周期验证对错，并找到小周期每浪起点、终点。预测未来走势结构可从小往大预测，通过小周期处在大周期内次一级三浪位置对大周期趋势方向影响，来对大周期方向和结构进行预测，进而找到大周期预期轨迹中的关键点买卖。

这个市场，

该逆势抓底之时去等待顺势而为不对；

该顺势而为之时去等待逆势抓底也不对；

该主动回避之时再持有也不对；

该持有的时候主动出局也不对。

要解决这些问题，可通过学习浪形内部结构轻松分析，建议选择月线、年线预期上涨顺势点或上涨顺势点（具体交易时机在周线、日线甚至60分线的某个点）。

波浪理论内部结构分析创始人陈晓东在此抛砖引玉，交流邮箱：289964@ourmail.cn。新书《波浪理论选板块选个股》期待与您再次相见。

第十章配套讲解视频：

10-0 胜率高的几种结构及关键买点

10-1-0 调整上倾信号及关键买点

10-1-1 周线调整上倾信号及关键买点

10-1-2 月线调整上倾信号及关键买点

10-1-3 年线调整上倾信号及关键买点

10-1-4 日线{b}调整上倾信号及关键买点

10-2-0 月线（B）调整上倾信号及关键买点

第十章 胜率高的几种结构及关键买点

10-2-1　月线调整上倾

10-2-2　月线调整预期上倾

10-3-1　一点三级顺势

10-3-2　片仔癀一点三级顺势交易点

10-4-0　各级 B 浪调整三角形和关键买点

10-4-1　周线 B 浪调整三角形

10-4-2　月线（B）浪调整三角形

10-4-3　年线 {B} 浪调整三角形

10-4-4-1　年线三浪调整三角形案例分析（一）

10-4-4-2　年线三浪调整三角形案例分析（二）

10-5-0　周期、结构配合造就关键买点

10-5-1-1　逆势抓月线之底博年线上涨

10-5-1-2　华友钴业抓月线底博年线上涨关键买点

10-5-2-1　月线多空分界点抓月线之底的同时博年线上涨

10-5-2-2　五粮液抓月线底的同时博年线上涨

10-5-3　抓月线之底顺年线上涨之势关键买点

10-5-4-1　抓月线之底顺预期年线上涨的关键买点

10-5-4-2　长城证券抓月线底交易预期月线上涨买点

10-6-1　月线浪中浪结构信号及关键买点

10-6-2　准油股份年线浪中浪信号

10-7-1　月线调整稳健买点

10-7-2　证券指数月线调整稳健买点

10-8-0　低位承接有力结构及关键买点

10-8-1-1　年线三浪调整低位承接有力

10-8-1-2　软件服务低位承接成功信号及顺势买点

10-8-2-1　月线三浪调整低位承接有力

10-8-2-2　红宝丽低位承接有力结构买点